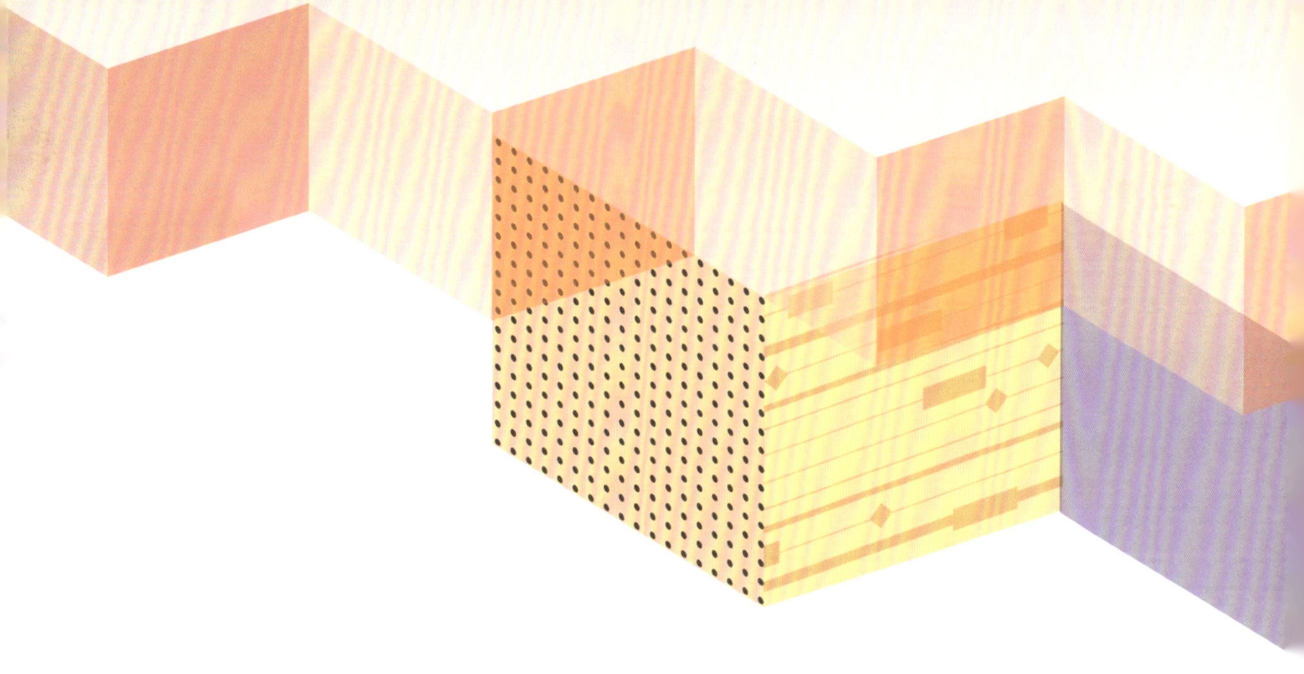

北京高等教育精品教材

BEIJING GAODENG JIAOYU JINGPIN JIAOCAI

新媒体概论（第九版）

◎ 宫承波 主编

中国广播影视出版社

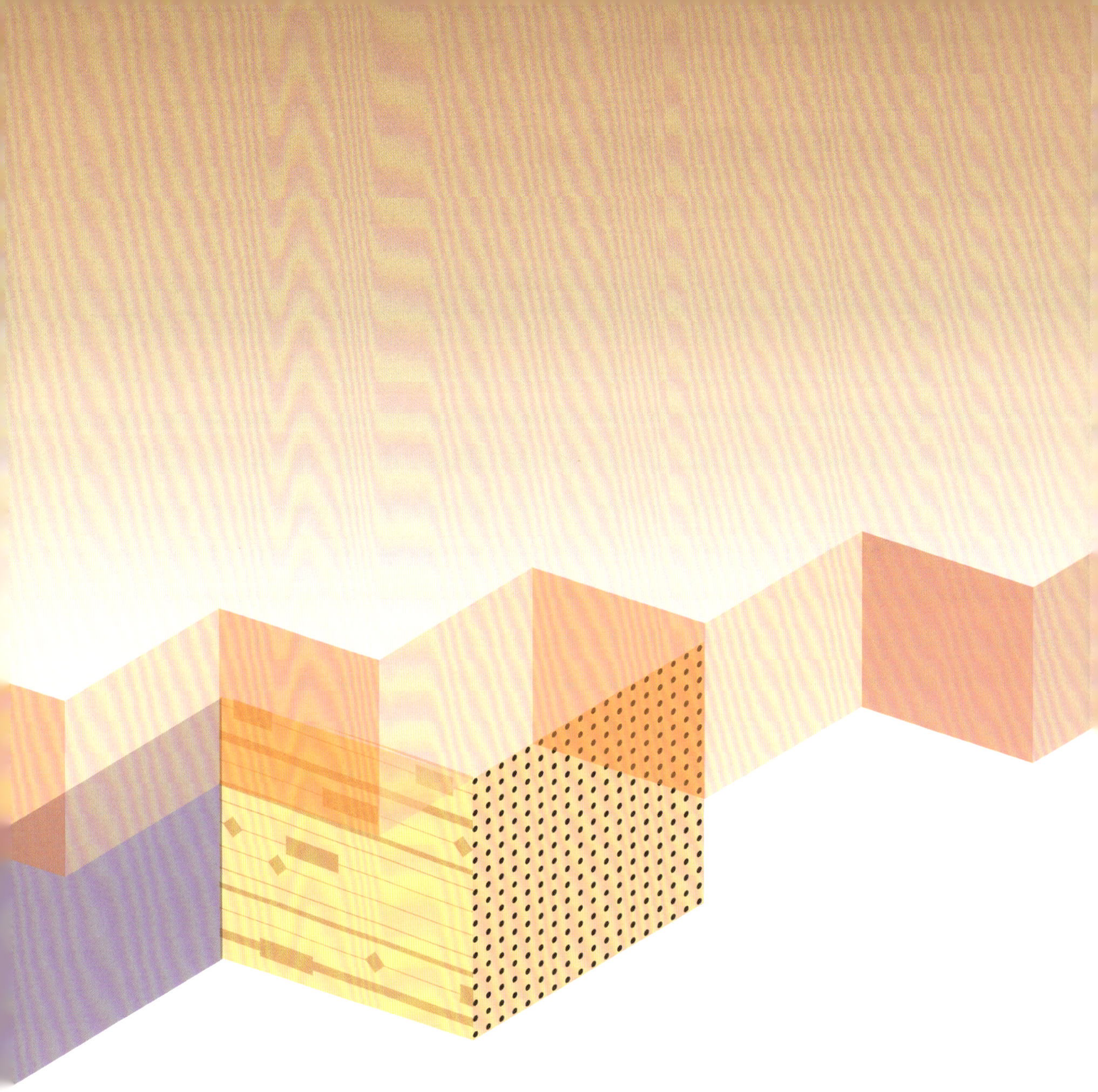

《新媒体概论》(第九版)编写组

主　编　宫承波

副主编　詹　骞　范松楠　闫玉刚　张晶晶　孙　宇

执笔人员

第一单元	第一至三章	孙　宇　宫承波
第二单元	第四章	詹　骞
	第五章	杨鉴琳
	第六章	屠怡文
	第七章	徐瀚祺
第三单元	第八章	王　哲
	第九章	付砾乐
	第十章	朱逸伦
	第十一章	陈　曦
	第十二章	吕永洁
	第十三章	王伟鲜
第四单元	第十四至十六章	范松楠
第五单元	第十七章	闫玉刚　张　隽
	第十八章	闫玉刚　蒋珍珍
第六单元	第十九至二十一章	张晶晶　蒋海升
第七单元	第二十二至二十三章	孙　宇　宫承波

代总序

扫码可见全书PPT

拥抱创意时代

在传媒业界，所谓“媒体创意”现象早已是司空见惯的客观现实，但若要问什么是媒体创意，人们却大多说不清楚。作为一种新生事物，人们对其语焉不详，甚至有些疑惑，都是正常现象。由于我们创办了一个媒体创意专业，所以也就时常有人向我询问，作为该专业的负责人，当然是回避不了的。

从逻辑学的角度说，一个事物的概念可以分为内涵性的概念和外延性的概念，内涵性的概念是对所指事物的特征和本质属性的概括，外延性的概念则是对所指事物的集合的概括。关于媒体创意，我们不妨把两者结合起来做一个界定：创新性、创造性思维在传媒领域的运用，其要旨在于因势而变、不断推陈出新，它是市场化时代媒介生存与发展的必要手段，是传媒发展的第一生产力；其基本内涵，指现代传媒面向市场需求和变化，在信息建构与传播和媒介经营与管理的各个领域、各个层面、各个环节所采取的具有创新性或创造性的策略和构思——其视野开阔，内涵丰富，涉及传媒运作的方方面面，对此，可简要地概括为创意传播、创意经营和创意管理三大领域和范畴。

为什么要进行媒体创意呢？有人说是媒介竞争的产物，这当然没有错，但仅仅认识至此还是粗浅的。其更为深层的原因，是随着经济发展和物质生活水平的提高，广大受众的精神文化需求提高了，这当然也包括对大众传媒的需求——正是广大受众这种不断增长的精神文化需求引发了媒介竞争，由媒介竞争进而催生了媒体创意。事实上，这是媒体创意热兴的根本原因，也是近年来媒体创意产业以至整个文化创意产业迅速崛起的根本原因。

创意产业的发展呼唤创意产业人才，呼唤创意产业教育。笔者认为，文化创意产业的发展大体上可以说需要三方面的人才，即创意方面的人才、创意经营方面的人才和创意管理方面的人才，这也就决定了创意产业教育的三大领域，即创意教育、创意经营教育和创意管理教育。媒体创意专业正是应媒体创意产业发展需求，由中国传媒大学创办的一个面向传媒领域的属于创意教育方面的专业，可以说是回应业界需求、拥抱创意时代的产物。本专业自2003年起开始招生，经过几年来的努力和探索，如今专业定位已经明确，办学模式已基本成型，专业培养方案和教学计划已基本稳定。

我们的媒体创意专业是如何定位的呢？

笔者认为，所谓媒体创意教育，从整体上说，其终极目标应当是培养面向传媒市场需求和变化，能够为大众传媒的信息建构与传播和媒介经营与管理等不断地提供创新性、创造性策略和构思的专业的职业化的媒体“创意人”，也即人们常说的所谓“媒介军师”。从人才规格上说，这是一种以创新性、创造性思维为核心，集人文艺术素养、传播智慧以及媒介经营策略、管理策略等于一体，面向现代传媒整体运营的素质高、能力强的现代复合型人才。这是我们媒体创意专业的教育理想。然而，教育是循序渐进的、是分层次的，作为本科层次的媒体创意专业，其教育目标的设定还应当实事求是、从实际出发，目标过高、过大，不仅不能够顺利实现，而且实施起来容易失去重点和方位感，容易在办学上流于宽泛。

正是因此，我们采取了适当收拢、收缩培养口径，同时与一定的职业岗位相结合的思路。根据业界需求和本校、本专业优势，目前我们将媒体创意专业教育的重点定位在“创意传播”领域。所谓创意传播，根据笔者的理解和界定，它既包括信息传播与媒介运用的策略和智慧，也应当包括媒介信息建构的技能、技巧，即我手达我心，想到了就能做到。比如，为了强化视觉冲击力，利用现代电子技术、数字技术创造新潮的视觉语言，进行超现实、跨媒体的艺术表现、特技表现，等等。这样的专业定位，意在与当前传媒业界兴起的所谓创意策划职业相结合，同时兼顾到多数本科生毕业后要从操作层面的具体工作做起的现实。这样的专业定位，无疑也蕴含了抓创意产业教育“牛鼻子”的意图。根据上文所述创意产业教育的三大范畴，所谓创意传播，无疑属于创意教育范畴——创意教育是以培养创意人才为目标的，应当说是整个文化创意产业教育的基础和核心。因为，如果没有创意人才、没有创意，那么所谓创意经营、创意管理也就成了一句空话。

总之，媒体创意专业是一个以培养专业的媒体"创意人"为目标的专业，是一个创意智慧与创意的技术、技能相融合、相交叉的专业，其培养目标可以做这样的简要概括和表述：培养现代大众传媒创新发展所需要的传播"创意人"（也可以称作初级媒体"创意人"）。从人才规格上说，这是一种以创造性、创新性思维为核心，集人文艺术素养、传播策略和智慧以及现代传播的技能、技巧于一体的面向现代传媒传播业务的现代复合型人才。

从上述培养目标出发，本专业秉持中国传媒大学新闻传播学科多年来积淀而成的"宽口径、厚基础、高素质、强能力"的教育理念，同时结合本专业的内在要求，在办学模式上也就自然地体现出以下几方面的特色：

其一是综合性、交叉性。

智慧源于心胸，心胸源于眼界。创意不是从天上掉下来的，靠所谓天分，靠小聪明、小火花或许能竞一时之秀，但却不能长久。没有开阔的知识视野和理论视野，智慧往往就会陷于黔驴技穷的困境，创意就会成为无源之水、无本之木。只有在丰富的信息交流与碰撞中，在多学科知识、多维理论的交叉与融合中，智慧之树才能常青，创意活水才会"汩汩"而来。

为贯彻上述思想，我们认为，必须倡导学生广开视野、广取思维、广泛接触社会人生，即"读万卷书，行万里路"。在培养方式上，我们一直强调和重视基础知识与基本理论教学：一方面，以创新、创意能力的培养为核心、为旨归，打破现有的专业壁垒，强调多学科知识、多学科理论的交叉与融合；另一方面，则引导学生对大众传媒的信息建构与传播以及媒介经营与管理等现代传媒运作的主体领域及其前沿动态进行全面、深入的了解，对现代传媒运营有一个整体性、综合性把握。总之，我们要求学生应具有相对开阔的知识视野，较为扎实的理论功底，对现代传媒及其运营的全面了解和把握，并掌握创新思维原理，这是从事创意传播的必要前提。只有具备这样的前提和基础，才能进一步将创新思维原理成功地应用到现代传媒领域，形成相关领域的创意策划能力。

其二是艺术性。

我们知道，大众传媒的一个重要功能是消遣、娱乐，文艺、艺术传播是其中的重要组成部分，不懂艺术何谈创意？著名美学家王朝闻先生就曾经指出："不通一艺莫谈艺。"更为重要的是，想象力是创意之母，而艺术与美学教育则是培养想象力的重要手段。大家都知道英国是发展创意产业的先驱，在那里，作为创意教育的手段，文学艺术教育受到高度重视。1998 年英国国会的一个报告就曾指出："想象力主要源于文学熏陶。文艺可以使数学、科学与技术更加多彩……"

因此我们认为，艺术与美学教育是媒体创意教育不可或缺的重要组成部分，并坚持从以下两个方面予以保证：其一，在生源选拔方面按艺术类招生，从选才上把好艺术素养关；其二，从培养措施上对艺术素养和美学教育予以着重加强，设置一大批文学、艺术和美学类课程，从而使学生通晓文学艺术以及大众文化领域的基础知识、基本观念，并掌握有关必要的技能、技巧。

其三是实践性。

不言而喻，媒体创意专业是一个实践性较强的专业，加强实践教学本是专业教学的题中应有之义。所以，本专业教育的一个重点，就是要面向传媒业界实践，开展强有力的职业化的模拟训练，强调高素质教育和强职业技能教育的互补与互助，从而有效地促进学生由知识向能力的转化。尤其对本科生来说，将来一般都要从具体工作做起，为了有利于就业，操作层面的技能、技巧教育就更是必不可少的。

因此，我们充分发扬中国传媒大学的传统优势，重视媒介信息建构与传播的具体操作能力的培养，重视案例教学，通过一系列实践教学和职业化的模拟训练，努力使学生具备较强的传媒文本读解能力，熟练掌握对色彩、声音、画面、图形、文字等传播符号的操控技术，并能够在创造性、创新性思维指导下灵活运用媒介信息建构与传播的技能、技巧。另外，我们还通过“请进来”“送出去”等措施，密切跟踪业界前沿，同时与业界展开必要的互动。近年来，我们曾聘请大量业界专家、校友走进校园授课或举办讲座，带来业界前沿的动态信息；同时，还借助于多年来中国传媒大学与传媒业界所结成的良好的业务联系，利用每年暑假时间成建制地安排学生到业界实习。经过几年来的实践，学生们普遍反映，摸一摸真刀真枪，感觉就是不一样！

其四是个性化。

所谓个性化，也即教育“产品”多向出口。现代传媒运营是一个庞大的系统，面对这样一个庞大、复杂的系统，作为本科教育，笔者认为，其教育目标还应当实事求是，有放有收。因此，在广播、电视、网络、报刊等多种媒体中，在信息建构与传播的多个领域，我们提倡学生既有专业共性，又有个性专长，倡导学生根据个人兴趣，自主选择主攻方向，发展创新思维，努力形成个人的业务专长和优势。

为支持和促进学生的个性化成长与发展，本专业在二年级主要学习公共基础课和有关现代传媒教育的平台性课程，从三年级开始则多向开设选修课，并全面实行导师制。几年来的实践证明，这些做法都是务实的、有效的，受到学生、家长的欢迎，得到传媒业界的肯定。

上述这些认识，已经成为我们建设媒体创意专业的指导思想。2005 年上半年以来，

XINMEITIGAILUN

第一单元

新媒体概说

2020 年 9 月，中共中央办公厅、国务院办公厅印发了《关于加快推进媒体深度融合发展的意见》，要求推动传统媒体和新兴媒体在体制机制、政策措施、流程管理、人才技术等方面加快融合步伐。如今，借助新媒体传播优势推动媒体深度融合发展，已成为构建全媒体传播体系的关键一环。

近年来，新媒体越来越受到人们的关注，业界的繁荣、社会的重视也促使学界对新媒体的研究逐步加强。所谓新媒体，是伴随着科技进步而发展起来的一系列“新”的媒体的统称。作为本书的第一单元，“新媒体概说”将对新媒体的概念、用户和技术等进行相对宏观的阐述。“新媒体”不仅是一个时间性、物质性概念，还是一个技术性概念。新媒体用户突破传统媒体受众的信息接收角色，发展出信息传播者、关系连接者和社会参与者等多种角色。

技术发展是新媒体发展的先驱，没有数字技术、网络技术、移动通信技术、智能技术等技术的推动，就没有新媒体的今天和未来，对技术的了解是认识新媒体的重要途径。我们正在进入 5G 技术全面应用的时代。5G 技术具有大宽带、高可靠、低延时及大连接的优势，随着这一通信技术在世界范围内的正式商用和逐步普及，场景、体验和算法成为更加关键的媒体生态要素，信息传播的格局正在发生进一步的深刻变化，将对新媒体未来的发展产生深远的影响。

第一章

什么是新媒体

扫码可见
第一章PPT

第一节　关于新媒体的界定

在全书的开始，我们有必要对“媒体”和“媒介”这两个经常混用的概念做一下说明。两个词语均来自于英文单词中的“media/medium”，并无概念上的本质区别，只是在使用习惯上有细微的差别。一般来说，媒介是整体的抽象名词，媒体则是个体的具象名词；也有的学者认为媒介指的是语言、文字、声音、图像等内容信息，而媒体指的是书本、报纸、杂志、广播、电视等传播媒介及其机构。在本书中，“媒介”与“媒体”以及“新媒介”与“新媒体”的概念等同，未作区分。

“新媒体”这一概念最早可以追溯到50多年前。1967年，美国哥伦比亚广播电视网(CBS)技术研究所所长P. 高尔德马克(P. Goldmark)发表了一份关于开发电子录像(EVR)商品的计划书，他在计划书中将“电子录像”称作“New Media”(新媒体)，“新媒体”概念由此诞生。随后，美国传播政策总统特别委员会主席E. 罗斯托(E. Rostow)在向当时的美国总统尼克松提交的报告书中也多次提到“New Media”这一概念。“新媒体”一词随后开始在美国流行，不久便成为全世界的热门话题。

近年来，随着新媒体在我国的迅猛发展，“新媒体”一词也成为国内业界和学界炙手可热的新词汇，越来越多的媒体从业者、IT人士和学者开始关注、探讨新媒体。尽管如此，对新媒体的许多基本问题，比如界定问题，国内研究者们众说纷纭、各执一词，并未形成较为统一的认识。

对此我们认为，从严格意义上说，新媒体并非一个科学的概念，因为“新”是相对于“旧”来说的，任何事物在诞生之始都是以新面目出现，但随着时间的流逝，“新”“旧”之间的界限会逐渐模糊，直至消失。鉴于此，本书试图从时间性、物质性和技术性三个维度来对新媒体做出相对客观的界定。

首先，“新媒体”是一个时间性概念。我们知道，媒体作为一种工具，其物质形态是随着技术的发展而不断演变的。从最早的口口相传、结绳记事到文字的诞生、印刷术的发明，从书籍的广泛普及再到近代新闻报业的崛起、广播电视等电子媒体的壮大，直至当前以数字和网络等技术为支撑的一系列新媒体的兴盛，媒介形态始终处于一个不断发展、演化的过程之中。所以所谓“新媒体”，只是在与“旧媒体”的对照中所产生的时间性、历史性概念。例如广播、电视相对于印刷媒体是“新媒体”，但相对于网络媒体便是“旧媒体”了。在媒介发展史上，每一次媒介技术的变革都会带来所谓的“新媒体”，特别是在知识爆炸、技术更新迅速的今天，各类新媒体层出不穷，新媒体的外延更是不断被拓展。仅以社交类媒体为例，在短短几年中，微博、微信、移动办公平台等新媒体形态纷纷冒了出来。在信息时代，不仅是新的技术变革和物质形态的变化可以产生新媒体，新的软件开发、新的信息服务方式的推出都可称之为一种新媒体的诞生。可以预期的是，今日的新媒体在未来同样会被归入“旧媒体”的范畴。从这一角度说，本书所界定的新媒体立足于当下，指的是相对于报刊、广播、电影、电视等传统媒体而言的新的媒体形态。

其次，“新媒体”是一个物质性概念。在数字化时代，电视机、收音机、计算机、手机和智能音箱等各类媒介终端可被称作“媒介物”，而其承载的信息内容、媒体软件或信息服务方式则可视为“数码物”。对广播、电视等传统媒体而言，其媒介物和数码物在名称的使用上一般是相同的，即广播、电视既能指代媒介终端，又能指代媒介内容（如看电视、听广播）。因而，我们往往会忽视对传统媒体的物质性探讨。但由于新媒体终端和服务的扩充，新媒体的物质性则要复杂一些。首先，出现媒介物与数码物并非完全对应的情况：作为新媒体的媒介物可能承载多种数码物，如智能手机包含了各种软件、程序、网页、算法等；一种数码物也可能存在多种新媒体的媒介物之中，如可以在计算机、智能手机、平板电脑甚至是智能电视、智能可穿戴设备上使用微信。其次，媒介物和数码物的类型都在快速增长，媒介物和数码物的分离、组合促进了新媒体形态的丰富：一种情况是新的媒介物作为新媒体被凸显，如智能手机、智能可穿戴设备、智能音箱；另一种情况是数码物作为新媒体形态的增多，如新闻客户端、搜索引擎、微博和智能音频。最后，不同媒体形态之间不再是完全区隔的状态，除了功能的可连接性，我们还可以从物质性视角将一定范围的新媒体划分层级，例如“智能手机—微信—腾讯新闻小程序—主流媒体及自媒体账号”（从高到低层级），可以看出，这种划分不仅实现了媒介物和数码物的连接，而且使我们能更加直观探究纷繁多样却处于较低层级的新媒体形态。总之，新媒体是物质性的，不论是互联网电视、智能手机、智能可穿戴设备等媒介物，还是微博、微信、小程序等数码物，都是新媒体形态的一员。

最后，“新媒体”是一个技术性概念。当下的新媒体指的是依托数字技术、网络技术、移动通信技术、智能技术等基础技术或新兴科技而产生的向用户提供信息服务的一系列新的工具或手段，在“万物皆媒”条件下，其种类仍在急剧扩充。其中有的属于新的媒体形式，有的则属于新的媒体硬件、新的媒体软件或新的信息服务方式。从传播学视角看，它们又可以分为两类：

一类可以称作新兴媒体，是新媒体的典型形态，以桌面互联网媒体、移动互联网媒体、智能媒体、互动电视媒体为代表。它们依托全新的传播技术，以改变传播形态为主要诉求，强调体验和互动，内容生产日趋分散化和个性化。

另一类则可以称作新型媒体，包括户外彩屏、楼宇电视和车载移动电视等。它是在传统媒体基础上依托新技术衍生而来的，其传播形态并未发生根本性改变，但是信息质量有效提高，传播范围更加宽广，到达了以前无法覆盖的区域。

综上所述，我们对“新媒体”这一概念作广义和狭义两种界定。广义上的“新媒体”，是利用数字技术、网络技术、移动通信技术和智能技术，通过互联网、宽带局域网、无线通信网和卫星等渠道，以电视、计算机和移动终端等为主要输出终端，向用户提供视频、音频、语音数据服务、社交服务、休闲游戏、远程办公、在线教育等集成信息和娱乐服务的所有新的传播手段或传播形式的总称，包括“新兴媒体”，也包括“新型媒体”；而狭义上的“新媒体”则专指“新兴媒体”。（详见第二单元）

本书对新媒体的审视基本依据广义上的界定及其视野而展开；其中，某些理论概括和阐述，则主要聚焦“新兴媒体”。

第二节　新媒体传播的基本特点

一、超媒体性

超媒体性是指在多种媒体中非线性地组织和呈现信息。美国学者尼葛洛庞帝在其《数字化生存》中指出，超媒体是超文本的延伸。所谓超文本是一种按照信息之间关系非线性地存储、组织、管理和浏览信息的计算机技术，主要表现为受众可以根据自己的兴趣和需求通过点击链接选择性地阅读文本信息内容。“超文本”是在早期网络只能传输文本信息的条件下提出的概念，而现在，依靠数字技术对多媒介信息的整合，新媒体可以为信息使用者提供文本、图片、声音、影像等多媒体信息，这些多媒体信息同样按照超文本的方式组织，用户通过点击、滑动或扫描二维码等方式，不仅可以获得文本信息，还可以获得相关音频、图像、视频、互动等信息或服务，这便是新媒体的超媒体特性。

二、交互性

交互性是新媒体区别于传统媒体的最突出特点。它包括两层含义：信息发送者和接收者之间的信息交流是双向的；参与个体在信息交流过程中都拥有自主权。面对面的信息交流、电话就具有很强的交互性；而作为大众传播媒介的报刊、广播、电视，其信息的传播具有单向性，信息反馈不方便，交互性比较差。

互联网特别是移动互联网的普及为人们提供了廉价且便捷的传播渠道，这就使任何拥有联网信息终端的个人既可以是信息的接受者也可以是发送者，真正实现了信息的双向交流。新媒体使参与者对信息交流过程具有平等的控制权，参与者可以依据自己的兴趣和需要选择性地交流信息。例如，在微博中，用户能够自主选择关注哪些账号、浏览哪些信息，还可以随时随地发布文字、图片、视频等内容，又可以进行点赞、转发、分享、发送弹幕等互动；而 VR/AR、可穿戴设备等技术让用户得以进入沉浸式的传播状态，能够发生更加深层次的互动，未来与新媒体的交互将是万物互联式的交互，交互由“刻意”变为自然。由此可见，在新媒体环境中，交流双方真正实现了信息的交互传播。

三、超时空性

由于传统的大众媒体主要依靠地面的信息传递系统，同时国家之间出于文化控制的需要对境外媒体在本国的传播进行限制，所以传统大众媒体所传播的大部分信息被限制在国家和地区范围内，并未真正实现信息的全球化传播。而新媒体利用连接全球电脑的互联网和通信卫星完全打破了地理区域的限制，只要有相应的信息接收设备，在地球的任何角落都可以接收到新媒体传播的信息。另外，移动互联网的发展，还使新媒体摆脱了有线网络的限制，提高了用户接收信息的即时性。

新媒体还大大缩短了信息交互传播的速度，甚至实现了信息的“零时间”即时传播。传统大众媒体的信息交流是单向的，受众不能直接进行反馈，只能利用其他媒介，如书信、电话等进行反馈，而且反馈也是延迟的。而新媒体，无论是早期的网络社区，还是现在以微信为代表的社交类媒体都使信息的交互传播突破了时空限制。在移动办公平台中，不同用户可以在其中发起线上讨论，还可以举行实时视频会议、多人网络授课，这就是新媒体突破时空限制进行信息传播与互动的代表。

四、个性化

新媒体环境下，用户往往拥有专属的信息终端，如手机、智能音箱等；并且这些信息终端在网络中都有一个固定的信息标识，如 IP 地址、手机号、微信号、电子邮箱等。在这种条件下，用户对信息具有极高的控制权，可以通过新媒体定制、选择、检索信息。另外，用户在长期使用新媒体过程中形成的信息接收习惯也有机会被记录，形成特定的信息接收标签，信息传播者可以根据信息标识和信息接收标签确定一个或多个用户向其传播特定信息。这样，每一个新媒体用户都可以发布和接收完全个性化的信息，大众传播转变为“小众传播”，甚至是“一对一传播”。随着大数据技术、算法推荐技术、机器学习技术等的应用和发展，新媒体将更加智能，从而提供更加个性化的内容和服务。

五、虚拟化

新媒体基于数字化的信息，塑造并存在于一定的虚拟空间当中。数字化信息以比特（“0”或“1”）的排列组合来表示和传播，人们可以方便地通过调整比特的排列来修改信息甚至制作虚拟的信息。文字、声音、影像、互动场景等在内的数字化信息都是由技术人员利用数字技术模拟真实世界信息制作出来的。近年来，人工智能的概念从计算机科学的专业层面延伸至大众视野，机器人记者和围棋手正是新媒体虚拟性的一种表现，VR、AR 和 MR 技术让人能够完全沉浸到虚拟环境或虚拟和现实复合的环境当中，将新媒体的虚拟化特点直观地呈现到人们面前。

新媒体的虚拟信息传播不仅指信息呈现的虚拟性，还指传播关系的虚拟性。人类之间信息传播的目的是在人与人之间建立关系，进行信息的沟通和交流。在传统媒体环境下，传播者和受众的角色是特定的，至少传播者的角色是特定的，人们知道信息的来源。然而在新媒体环境下，传播者和受众的角色大部分是匿名的，被赋予了“虚拟角色”，交流双方在这种条件下开展交流活动。所以，建立在虚拟数字信息交流基础上的人际关系也具有一定的虚拟性，而这种虚拟的人际关系将极大地改变传统社会的人际关系模型。

六、平台化

新媒体带有深刻的平台化基因。虽然被称为“新媒体”，但新媒体并不局限于“媒体”的信息传播属性，而是逐步发展出了丰富多样的“平台”属性。在这个意义上讲，新媒体不仅是纯粹的信息传播平台，还可能带有学习教育、休闲娱乐、购物交易、移动办公、社会交往等平台属性。对早期的论坛来说，人们在上面发布各种类型的内容，实质上就具有了平台化的特征。在微博、今日头条等新媒体中，平台的入驻者可能是个人，也可能是一种组织，如新闻媒体、企业、行政机构，还有可能是某一虚拟形象，如虚拟偶像。随着“万物皆媒”时代的到来，新媒体存在的场景将进一步拓展，新媒体的平台化特征也会越来越明显。

本章思考题

1. 请举例说明新媒体概念的内涵和外延。
2. 请从传播学视角对新媒体的特点进行分析。

本章参考文献

1. 宫承波．新媒体的多维审视[M]．北京：中国广播电视出版社，2008.
2. 匡文波．“新媒体”概念辨析[J]．国际新闻界，2008(6).
3. 彭兰．“新媒体”概念界定的三条线索[J]．新闻与传播研究，2016(3).
4. 景东，苏宝华．新媒体定义新论[J]．新闻界，2008(3).
5. 魏文利，杨强，杨娜．新媒体平台化特征分析[J]．科技传播，2018(6).
6. 郭炜华．探究新媒体[J]．中国传媒科技，2006(3).
7. 张志君．新媒体研究与发展策略[J]．现代视听，2008(2).
8. 章戈浩，张磊．物是人非与睹物思人：媒体与文化分析的物质性转向[J]．全球传媒学刊，2019(2).

第二章

新媒体用户审视

扫码可见
第二章PPT

新媒体的发展在施拉姆的"七分钟比喻"中,大概只是白驹过隙,惊鸿一瞥。但正是这"一瞬间",却给人类社会的信息获取、信息互动、人际交往,乃至社会整体结构带来了翻天覆地的变化。新媒体的社会地位在不断变化、不断上升,从单维度的通信工具、技术名词发展为多维度的信息公共平台、舆论构建平台、娱乐休闲平台和社会生活平台,成为公众日常生活中不可或缺的一部分。它的超时空性、跨地域性打通了天然的物理鸿沟,把地球变为一个村落;它的开放性、透明性和多重应用把现实世界和数字世界融为一体。如今,新媒体用户已不仅仅是传播内容的接收者,还拓展出信息传播者、关系连接者和社会参与者等多方面的角色。

第一节　信息传播者:传播过程中的新媒体用户

信息传播者主要是针对媒体与用户的关系而言的,即相对于媒体而言的用户。在传统广播、电视等传统媒体的传播过程中,用户一般被称为"受众",表明用户往往只是被动地接收媒体信息,自主选择的空间较小。而新媒体则让受众的地位得到极大的提升,由"受众"升级为"用户",这意味着新媒体的受众不再是被动的信息接收者,而转为包含信息生产、接收和交互等多重含义的信息传播者。

一、信息生产:积极的内容生产与隐蔽的行为生产

庞大的用户数量是网民能够生产出丰富内容的基础,丰富的内容资源成为新媒体的巨大优势,从而能够进一步激发网民的参与热情——这,正是新媒体的活力所在。

(一)生产基础:庞大的用户数量

截至2020年12月,我国网民规模达9.89亿,互联网普及率为70.4%,手机网民规模达9.86亿,占总网民数量的99.7%。[①] 庞大的用户数量既是新媒体发展的基石,也凸显出当下

---

① 中国互联网络信息中心(CNNIC):《第47次中国互联网络发展状况统计报告》,中国互联网络信息中心,2021年2月,http://cnnic.cn/gywm/xwzx/rdxw/20172017_7084/202102/t20210203_71364.htm,访问日期:2021年5月2日。

新媒体的主流地位。互联网在我国发展之初，只被人们看作是一种技术性工具，使用者局限在高知群体和技术工作者中，普通公众对互联网可望而不可即。新媒体的使用终端种类和功能也很有限，比如手机最初被看作是财富和地位的象征，仅有语音通话功能。随着互联网的普及，新媒体使用终端的性价比逐步趋于理性，日益贴近大众的消费能力；与新媒体相关的各种新技术、新概念、新形态不断推出；基于网络连接的新媒体至今已成为人们日常生活的重要组成部分，覆盖度不断提升，为网民积极尝试和参与新媒体信息生产奠定了基础。图2-1 即为我国近几年网民规模和互联网普及率增长趋势图。

图 2-1　我国网民规模和互联网普及率历年增长趋势[①]

(二)生产动力：强烈的参与精神

“公共领域”这一概念最早由汉娜·阿伦特提出，之后由哈贝马斯诠释。理想的“公共领域”需同时满足“位于权利之外”“全民参与”并开展“理性讨论”、讨论的问题要符合“公共利益”等条件，因此具有强烈的乌托邦色彩。[②] 但“公共领域”寄托着大众的理想，是人们不断追求的目标。新媒体的传播特性使其在一定程度上具备了“公共领域”的特征，启动了独立个体进行自我传播的时代，从而强烈地激发了公众的参与热情。

新媒体的发展动因具有多重性，既有技术力量的推动，也有市场利益的诉求，但如果从用户层面探寻新媒体发展的核心动力，普通公众对话语权的诉求则一定要提及。新媒体的主要特征就是开辟了自由的空间和通道，让每个普通公众都有机会表达自己的情感、传播自己的思想、提出自己的质疑。诚然，这一空间不可避免地会遭到政治权力的干预和商业利益的侵蚀，但相较于传统媒体时代所有的传播媒介都由专门机构牢牢把控、个体话语难以表达的境地，新媒体的表达和传播空间相对而言已经“自由、平等”很多。论坛、微博、微信、短视

① 中国互联网络信息中心(CNNIC)：《第 47 次中国互联网络发展状况统计报告》，中国互联网络信息中心，2021 年 2 月，http://cnnic.cn/gywm/xwzx/rdxw/20172017_7084/202102/t20210203_71364.htm，访问日期：2021 年 5 月 2 日。

② 张跣：《微博与公共领域》，《文艺研究》2010 年第 12 期。

频应用等新媒体打造了开放自由的参与空间和“表演”场所，开辟了信息时代的“公共领域”。

（三）生产形式：内容生产+行为生产

传统媒体时代内容出版受到严格把关，内容传播区分成了泾渭分明的传者和受者，内容生产者局限于某些特殊群体之中，广大草根智慧缺乏施展的空间。而 UGC（User Generated Content，用户生产内容）是目前新媒体内容生产的一个重要特征，鲜明地昭示了新媒体用户的创造活力。这些未经主流意识疏导的、带着鲜明草根风格的内容，也正是新媒体的魅力所在，吸引了大批受众、观阅者，培育出大量草根作家、艺术家。在新媒体时代，人人都可以做导演，人人都可以办公众账号，人人都可以成为媒体。微信公众号内容与形式花样迭出、直播平台上明星与粉丝直接互动、微博上永不落幕的新闻发布会，构成了信息时代独特的文化景观。当下，以微博和微信为代表的社交媒体成为用户常用软件，终端和网络的相互融合，让“两微”的内容生产更迅捷，也使网民更及时地把握热点信息并创作热门话题。

此外，用户参与新媒体的各种行为也会产生大量数据，包括用户在新媒体中注册时产生的个人信息，发生浏览、点赞、转发以及更复杂的互动行为时产生的行为数据。这些数据与内容生产不同，并非用户有意识地生产，而是用户在新媒体活动过程中形成的行为数据。可以说，用户在新媒体世界中的一举一动都有可能被记录，正因为如此，这些行为数据的产生是相对隐蔽的，用户自身有时都可能无法意识到。这些数据在新媒体时代具有巨大的价值，通过研究个体行为数据、不同用户行为的关联数据和用户群体的大数据，可以对新媒体用户的“生存”习惯有更加深刻的理解。

二、信息接收：日益凸显与不断摇摆的主动接收

新媒体提供的内容更加丰富庞大，并且种类繁多、针对性强、更新速率快，能够帮助用户更好地满足多方面的信息获取需求。对新媒体用户来说，信息获取和接收依然是很重要的组成部分。只不过新媒体用户的信息接收，呈现出与传统媒体时代不同的特点。新媒体用户的主动性接收日益凸显，用户可以不受使用空间和时间的约束，根据自己的需要，选择自己想使用的信息终端、接收的信息形式、获取的视听内容、体验的互动与服务等。用户接收的信息源也更加多样，他们可以选择是否关注或添加某个信息源，决定接收信息源的种类、信息类型、接收方式和接收频率等。新媒体通过相关技术可以深入了解每个用户的基础画像、需求方向和行为特征，实现点对点传播和定制化传播，给予了用户个性化的信息接收体验。在这种语境下，结合用户使用新媒体的场景，新媒体用户培养出了全新的信息接收习惯，碎片化、浅层次的信息接收成为主流。

在主动接收的特征被日益凸显的同时，我们也要注意到新媒体用户的主动接收事实上并不是那么主动，而是不断“摇摆”的。这种“摇摆”可以从两个维度来看：

一是媒体在构建自由接收环境和推送重点内容之间“摇摆”。新媒体为用户提供了海量内容与主动接收机制，营造出传统媒体无法比拟的自由接收环境；但新媒体依然可以通过筛选、排序和强调等方式影响用户的信息接收状态，使用户优先接收到传播者认为更重要的内容；此外，看似完全由机器掌控的算法推荐背后也受到新媒体运营方的影响。以微博推出的

热搜功能为例，热搜会实时生成热点话题榜单并排序呈现，这种排序的基础是基于算法计算和生成的，用户也可选择兴趣和人群进行热搜定制化设置。但微博运营方也会选取一些有潜力的话题推荐到热搜里，部分热搜话题也可能因为触犯法规等原因被撤下。使用热搜功能的用户虽然有较多内容选择，但其阅读兴趣也会受到话题排序的影响。

二是新媒体用户在主动接收和被动接收之间"摇摆"。在一些情况下，新媒体用户对自己想要获取的信息较为明确，他们通过搜索、订阅等方式寻求相关信息，这时候用户接收信息的主动性程度是较高的。但在很多情况下，新媒体用户对自身想要获取的信息并不那么明确，他们或是仅仅为打发时间和休闲娱乐，或是对信息的获取范围较为广泛。这个时候就需要新媒体为他们发现和探索可能想要获取的内容，意味着新媒体用户将信息接收的主动性某种程度上让渡给了新媒体，因此又带有了一定意义的"被动"接收含义。以用户观看短视频内容为例，新媒体用户可能会搜索某一短视频内容或者专门查看某一订阅账号，但大部分时候还是漫无目的地"刷"视频，观看由平台推荐的短视频内容。此外，部分新媒体用户由于媒介素养不高，其媒介使用水平和对媒介信息的理解能力均有限，也可能造成自身停留在被动接收的局面。

因此，虽然新媒体提供给用户自主接收信息的空间，但这种自主性是一种有限的选择，新媒体依然能够以直接或间接的方式影响用户的信息接收行为。加之新媒体用户自身因素的影响，新媒体用户信息接收的"摇摆"状态将会成为常态。

三、信息交互：反馈基础上的多元交互形式

信息交互是新媒体赋予新媒体用户的全新交互方式，在某些场景下，信息交互甚至成为用户使用新媒体的全部内容。新媒体让用户实现的不只是基础的信息反馈，与传统媒体的信息反馈相比，新媒体具有明显的优势，用户能收到即时的信息反馈，用户在发送信息的一瞬间就能收到发送成功与否的反馈或是其想要了解的内容。

在信息反馈基础上，新媒体更拓展出了多元的信息交互形式。在算法层面，信息交互可以理解为新媒体环境下人们输入的信息往往经过算法处理，其所收到的信息反馈是由算法加工或分发的，这种信息交互可能基于用户的使用行为、地理位置、生理信息和社交状况等。在硬件层面，人们与新媒体终端设备进行互动，如智能手机的屏幕交互、智能音频的语音交互、体感游戏的身体交互形式。在应用层面，信息交互形式更为丰富，如社交媒体的点赞和分享、H5 页面的测试问题、网络视频的弹幕互动、互动影视的游戏交互。随着万物皆媒时代的到来，环境交互则是新媒体正在发展的交互形式，人与物、物与物的交互得到立体化呈现，家庭（智慧家居）、交通（智能汽车）、城市（智慧城市）等环境交互形式将进一步应用和拓展。

第二节　关系连接者：社交网络中的新媒体用户

在传统媒体中，受众与其他受众的联系并不紧密，连接的形式也很有限。而新媒体构建了与他人进行互动的社交网络，用户成为社交网络中的一个个节点，每一位用户都是关系连

接者。在通过新媒体构建新“自我”的基础上，新媒体用户实现了现实环境人际关系的迁移与衍化，也创建了一些不同于现实环境的新连接关系。

一、新媒体用户的“自我”构建

米德认为，作为社会实体的自我本质上是一种社会存在，必须把它当作整个社会系统和社会过程的组成部分来考虑，个体自我只有通过社会关系及其中不断进行的互动过程才能产生和存在。[①] 而在新媒体环境下，受到个体自我、新媒体和他者反馈的影响，不同于个体自我的新媒体“自我”得以构建。

在各类新媒体特别是社交属性较强的新媒体中，用户在其账号中设置个人资料、发布个性化内容、不断与他人进行互动，会对新媒体用户的“自我”产生影响。首先，从客观角度来讲，新媒体无法完整复制新媒体用户的所有属性和状态，依据各类新媒体的特点，新媒体一般只能突出用户的部分特征，因此，与现实环境中的新媒体用户相比，新媒体用户的“自我”是个体自我的片段化呈现。其次，从用户主观角度来讲，新媒体用户可能为了某种目的或受到新媒体环境氛围的影响，对新媒体中的“自我”加以修饰，如匿名状态下的用户隐藏真实信息、利用图片处理软件对照片进行美化、精心设计发布的文字，导致新媒体用户的“自我”与现实自我之间存在一定的差异。最后，新媒体及其他用户给予某一新媒体用户的反馈也是社会关系的一部分，会对个体自我产生影响，用户据此进一步调整新媒体上的“自我”。总之，新媒体用户的“自我”以个体自我为基础，但存在一定的差异，是一种媒介化的“自我”。而新媒体用户的关系连接就是在新媒体“自我”构建基础上展开的。

二、新媒体用户的关系迁移与衍化

新媒体用户的关系网络同样受到现实环境人际关系的影响，表现为对现实环境各种人际关系的迁移，如基于家庭关系的迁移、基于工作关系的迁移和基于学校关系的迁移。但在新媒体环境中，这种人际关系的迁移也不是完全的平移，而是发生了一定的关系衍化，如新媒体的扁平化特征对原有关系的影响。这里主要以家庭关系为例，解释新媒体用户的关系迁移与衍化。

在家庭关系为基础的微信群聊中，年长世代和年轻世代的身份被迁移到群聊内。研究表明，年长世代与年轻世代同处于微信构建的交流场景中时，年长世代还是会将自己的角色定位为教化者。在亲属群中，可以看到年长世代频繁地分享有关中国社会传统文化的内容，比如孝道、勤劳、诚信等。但在一些情境下，他们的角色关系会发生一定的衍化。年长世代在微信中，包括微信聊天、微信朋友圈，以及微信群中的交流都呈现了一种不同于传统长辈权威的形象。例如，表情包打破了年长世代的话语结构，使得他们不再使用日常生活中面对年轻世代时的严肃的、正式的话语，而是贴近年轻世代的娱乐性话语，试图构造与年轻世代相似的价值和情感共同体。[②]

---

① 李美辉：《米德的自我理论述评》，《兰州学刊》2005 年第 3 期。

② 李会林：《年长世代的微信使用对亲属关系的影响——基于差序格局的分析》，硕士学位论文，南京大学，2018。

三、新媒体用户的新连接关系

除了对现实环境人际关系的迁移和衍化，新媒体还创建了与现实环境十分不同的新连接关系，比如社区用户的关系、网络游戏玩家的关系、创作者与订阅者的关系，等等。由于新媒体用户的新连接关系类型繁多，且新应用的出现也可能促进新关系类型的出现，本节不会一一列举，而是以新闻评论区和粉丝社群为例进行介绍。

新闻评论区主要是指出现在新闻网页、微博账号、新闻公众号或新闻客户端等新媒体渠道的评论功能区，新媒体用户可以在此发表自己的观点。他们的身份各异，但并不影响他们的评论行为，他们基于共同的新闻话题展开讨论。新闻评论区的关系主要是临时性的、松散的，随着新闻热度的消退，这种讨论随时可能终止。

而新媒体环境的粉丝社群是一种组织性较强的连接关系。当下国内娱乐产业受韩国"练习生"制、"养成系"偶像培养模式影响，经过"超级女生"、TFboys以及"偶像练习生""创造101""青春有你"等偶像制造实践，陪伴偶像成长、帮助偶像出道的明星制造模式渐趋形成，并被疯狂复制。这一模式催生了有组织的粉丝社群大规模、深度参与偶像制造，要求粉丝既能短期集中打投刷数据，还要长期关注维持流量热度；既有线上数据指标，又需要线下应援。根本上是借助媒介工具（从最初的手机，到现今各种网络平台）完成投票、打榜、刷数据，或应援、宣传、做公益。为了完成上述活动，粉丝社群需要更好地沟通、协商，在使用微博、QQ、微信等兼具内容分享与人际社交的平台时，粉丝连接与群体身份得以强化，并逐渐形成社群内部沟通的密语行话和具备一定强制性、约束性的集体规范。[①]

第三节　社会参与者：社会活动中的新媒体用户

随着新媒体平台属性的增强，入驻主体的增多，用户可以在新媒体平台开展许多类型的社会活动，实现广泛的社会参与。对新媒体用户来说，他们通过新媒体参与到各类社会活动中，有机会获取社会服务和劳动报酬，实现人生价值乃至发挥社会影响。如今，社会活动中较具代表性的新媒体用户身份有：作为服务对象的新媒体用户、作为劳动主体的新媒体用户和作为治理主体的新媒体用户。

一、作为服务对象的新媒体用户

新媒体用户的"用户"一词实质上就是服务对象的一种，随着新媒体的发展，新媒体用户能够获取的服务内容已不局限于基本的信息获取，而发展出广泛的社会服务，如政务服务、消费服务。

新媒体使新媒体用户成为政务服务对象。在地方媒体自有平台上接入政务服务入口，是近两年地方融媒体中心建设中非常明显的趋势。以湖北广播电视台为例，由湖北广电、长

① 赵丽瑾：《粉丝社群的组织结构与动员机制研究》，《现代传播（中国传媒大学学报）》2020年第8期。

江传媒集团建设运营的“长江云”客户端，首页底端专设服务栏，在嵌入自身的特色服务以外，也接入了政府多个政务服务入口，“鄂汇办”一栏里，新媒体用户可以进入全省政务平台入口，更可获取多达47项查询服务，包括社会保障、医疗健康、交通出行、公积金等。①

新媒体还使新媒体用户成为消费服务对象。新媒体用户可以在新媒体中购买他们想要获取的服务，比如办理新媒体会员订阅服务、在电商平台购买商品、充值网络游戏。知识付费是新媒体用户作为消费服务对象一种比较有特色的模式。知识付费模式脱胎于内容付费，当前市场上流行的知识以音频类为主，文字、视频类为辅，尽管其载体和原有付费音乐和付费视频等形式类似，但其内核“知识”却与音乐、视频大相径庭。前者是为解决移动互联网用户知识焦虑，以有针对性和可操作性的高场景度的价值信息为主；而后者则是用户日常生活休闲娱乐的“调味品”。线上知识付费平台的兴起缘自用户在知识盈余的压力下的渴望与焦虑，是一种内容消费的升级形式。尽管总体上未来信息生产和分享领域将长期维持免费为主、付费为辅的格局，但知识付费将会受到越来越多用户的青睐。②

二、作为劳动主体的新媒体用户

作为劳动主体的新媒体用户有三方面的含义：一是用户的新媒体使用行为客观上为新媒体平台带来利益，如平台影响力、广告收益和用户数据，使用户成为新媒体平台某种意义上的劳动者；二是新媒体更新了传统的工作方式，部分工作流程由线下场景转移到新媒体场景，如移动办公平台可以实现考勤、会议、信息收集等功能，现实的劳动主体成为新媒体场景中的劳动主体；三是基于新的传播过程和关系连接，新媒体促进了新职业的出现，并以新媒体用户（新媒体节点）的姿态出现，如网络作家、网约车司机、网络主播和外卖配送员。

这里以网络主播为例介绍作为劳动主体的新媒体用户，网络主播直播工作的展开，天然需要依赖于新媒体提供的直播媒介。直播媒介最重要的特征便是平台属性，而网络主播则是遵从直播协议而利用直播的平台属性展开工作的数字经济从业者。网络直播过程中能展现出实时性，建构了更为接近日常对话的真实感。这在很大程度上扩展了人们在互联网世界中的情感表达空间。因而，大量的观众进入直播间与网络主播进行互动，寻求情感满足与情感支持。相应地，网络主播在直播互动过程之中，或多或少地付出自己的情感能量。由此可见，网络主播职业是一个充满情感交流的行业。网络主播据此获取一定的经济收益，这种收益主要来自观众打赏、平台激励或公会分成。直播平台的主要功能便是通过其直播产品构建网络主播进行直播工作的工作场景，并将这种工作场景中所产生的直播数字内容这样的非物质劳动转换成经济资本的市场交易机制。③

三、作为治理主体的新媒体用户

在国家治理现代化目标的实现过程中，治理是多元、协同的共治形态，党和政府的履行

① 汪艳、乔飞：《融媒时代，“新闻+政务服务商务”发展初探》，《新闻前哨》2021年第4期。
② 喻国明、郭超凯：《线上知识付费：主要类型、形态架构与发展模式》，《编辑学刊》2017年第5期。
③ 胡鹏辉、余富强：《网络主播与情感劳动：一项探索性研究》，《新闻与传播研究》2019年第2期。

职责之外，社会组织、企业、社群、个体都应在治理的环节中扮演一定的角色。媒体已经成为人类社会赖以生存和发展的"基础设施"，是构造我们社会现实的"操作系统"，也是实现社会治理的新场景。新媒体已成为人们社会生活的重要工具和场域，承载了社会转型期多种社会主体在生产、生活等多方面的需求；各级党政机关也纷纷入驻新媒体提供政务服务、接受问政监督，并定期发布新信息和新政策，解决群众的各类现实问题，新媒体成为新时代社会治理所依托的新场景。如果我们再对这一场景进行展望，智慧社会将成为未来社会的生存架构，新媒体则成为智慧社会的平台应用，为智慧社会的运行提供所需的信息、数据和服务，既是用户生活的联络中枢和连接器，也是社会治理的底层场景。①

从这个意义上说，普通民众通过新媒体平台成为新媒体用户，进而转变为治理主体，参与到社会治理的过程中来。一方面，新媒体用户可以表达关于社会建设的各种意见，提供有益于问题解决的信息，为社会建设贡献自身的力量。另一方面，新媒体用户能够对社会存在的各种不公平、不和谐乃至违法犯罪等现象进行揭露，发挥舆论监督的作用。新媒体用户通过"团圆系统"助力失踪儿童找回就是新媒体用户参与社会治理的典型案例。公安部于2016年5月建成公安部儿童失踪信息紧急发布平台"团圆系统"，这一系统以失踪地为中心，通过多个新媒体应用和平台向一定范围内的用户推送失踪儿童信息，发动新媒体用户的力量助力失踪儿童的找回。截至2021年3月，"团圆系统"共发布了4722条儿童失踪信息，找回率达到98.1%。②

本章思考题

1. 试分析新媒体环境下的信息接收对用户的影响。
2. 请分析新媒体环境下用户的关系连接有哪些基本特点？
3. 请从不同角度理解作为劳动主体的新媒体用户。

本章参考文献

1. 宫承波．新媒体的多维审视[M]．北京：中国广播电视出版社，2008.
2. 张跣．微博与公共领域[J]．文艺研究，2010(12).
3. 赵丽瑾．粉丝社群的组织结构与动员机制研究[J]．现代传播(中国传媒大学学报)，2020(8).
4. 喻国明，郭超凯．线上知识付费：主要类型、形态架构与发展模式[J]．编辑学刊，2017(5).
5. 胡鹏辉，余富强．网络主播与情感劳动：一项探索性研究[J]．新闻与传播研究，2019(2).
6. 曾润喜，张军兴．媒体融合发展与我国社会治理的关系[J]．青年记者，2020(1).

① 曾润喜、张军兴：《媒体融合发展与我国社会治理的关系》，《青年记者》2020年第1期。

② 《儿童失踪信息紧急发布平台"团圆系统"找回率达98.1%》，海外网，2021年3月15日，http://news.haiwainet.cn/n/2021/0315/c3541083-32020927.html，访问日期：2021年5月2日。

第三章

新媒体技术依托审视

扫码可见
第三章PPT

媒体作为技术革新的产物，其外在形态与传播方式，天然地与技术不可分割。新媒体更是如此，其每一次升级与变革，都离不开新媒体技术的迭代演进。无论是一直推动新媒体发展的数字技术、计算机网络技术和移动通信技术，还是近几年在媒体领域得到广泛应用的智能技术，都显示出新媒体背后技术逻辑对传媒生态的主导性作用。当物联网、区块链、人工智能等成为技术界的研发热点时，可穿戴设备、区块链媒体、智能音频等各种新媒体形态亦成为媒体行业的新宠。信息技术的发展与进步一直都是改变世界、改变生活的重要变革性力量。我们正经历着空前的新媒体技术迅猛发展时期，这些新技术对媒体引发的巨大变革，已引发了媒介生态的全方位重塑，对人类的信息传播模式也必然造成持续而深远的影响。

第一节　新媒体的数字技术依托

数字技术是信息社会的基础，也是新媒体的根本技术，当下的新媒体无不以“数字”的方式呈现，正是因此，也有人称新媒体为“数字媒体”。

一、数字技术的原理与发展

（一）数字技术的原理

数字技术是一种与计算机相生相伴的信息编码技术，它以数字“0”或“1”作为信息存储的最小单位——比特（bit）。文字、图形、图像、声音等任何信息都可以通过数字技术转换成为一系列“0”和“1”组合排列，供计算机识别，并在数字编码的基础上，通过计算机、光缆、通信卫星等设备进行存储、处理和传播。简言之，数字技术就是将各类信息数字化的技术。

从传播学的角度看，信息的数字化过程（图3-1）是一个典型的“编码—译码”的过程。具体来说，信息的数字化包括两个方面：一是将人类可感知到的模拟信息数字化（模/数转换），亦即对要发送的模拟信息进行编码；二是将数字化的信息进行还原，转换为人类可理解的模拟信息（数/模转换），亦即对接收到的数字信息进行译码。

具体到新媒体，这种信息的数字化主要表现在：任何新媒体的信息（网络信息、数字电视

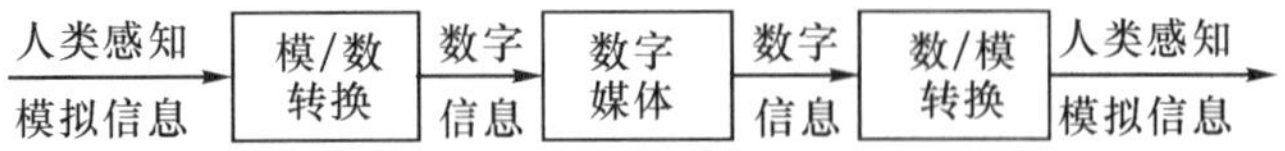

图 3-1　信息的数字化[①]

信息、移动和智能终端信息等）都是已经编码或自动生成的二进制数字信息，可以自由进入信息系统的汪洋大海，为各种基于数字技术的媒体所共享。这种共享性正是新媒体最重要的特性之一，实现了信息的多样化传播，整合了媒体资源，在一定程度上实现了信息时代人类的传播理想——任何时间或地点，通过任何媒体，使任何人的信息得以传播和接收。因此，数字技术是新媒体当之无愧的技术基石。同时，以下也是数字技术之所以对新媒体具有基础性作用的几个考量要素。

首先，数字技术使多种媒体的融合成为可能。统一的数字编码技术使文字、图像、视频、声音以及客观世界存在的任何信息都可以通过数字“0”和“1”来表达，各种信息可以融合为一体，通过数字设备加工和传播。智能手机属于数字移动终端，用户安装微信后通就可以编辑和分享文字、语音、图片、视频、文章、链接等数字化的内容，在一对一聊天界面、群聊、朋友圈中进行人际交流，使用不同的小程序满足使用者的个性化需求，实现丰富的线上数字生活。

其次，数字技术使信息的交互成为可能。由于各类信息都已统一为数字格式，使得信息的采集、传递和接收系统实现了技术上的统一，任何相互连接的信息终端之间都可以进行数字信息的交互传播。这使人与人、人与物、物与物之间的信息传播与交换成为可能。

最后，数字技术是软件技术和智能技术的基础。目前，软件程序是所有自动化电子设备的核心，包括计算机、智能终端、数字电视在内的新媒体都是依靠软件系统来工作，而诸如网络社区、微信、微博等所有的社交类新媒体更是以软件为存在的基础。没有各类软件的开发，新媒体就无法工作甚至根本不可能出现，而各类软件的编程、工作都是在数字技术的基础上完成的。

由此可见，数字技术为新媒体的出现提供了可能，为新媒体的发展提供了原动力。与传统媒体（尤其是电视）所依托的模拟技术相比，数字技术不仅使用户得以体验多种形态、清晰流畅的数字内容，同时也为媒体从业人员带来了难以想象的高效和便利。数字时代的到来，是媒介发展史上令人瞩目的里程碑。

（二）数字技术的发展

近年来数字技术的新发展，催生了多种新媒体技术的涌现，进而推动了新媒体的飞速发展，流媒体技术、大数据技术和云计算技术即是其中的典型。需要说明的是，由于数字技术是信息社会的基础性技术，网络技术、移动通信技术和智能技术的一些代表技术也可以纳入到数字技术的类型之中。

---

① 张文俊：《数字新媒体概论》，复旦大学出版社，2009，第 4 页。

1. 流媒体技术(Streaming Media Technology)

流媒体技术,简单而言就是把连续的影像和声音信息经过压缩处理后放到网站服务器上,让用户一边下载一边收看、收听,而不需要等整个压缩文件下载到自己机器后才能观看收听的网络传输技术。该技术先在用户端的计算机上创造一个缓冲区,在播放前预先下载一段资料作为缓冲,当网络实际链接速度小于播放所耗资料的速度时,播放程序就会取用这一小段缓冲区的资料,避免播放的中断,同时也保证播放的品质。流媒体是流媒体技术的核心,它将普通的多媒体通过特殊编码变成在网络中使用流式传输的连续时基媒体,可以适应在网络上边下载、边播放的方式。[①] 互联网上多媒体信息的激增,以及用户对音视频信息快速浏览的需求是流媒体技术产生的现实动力。流媒体技术克服了需要下载到本地才能观看的限制,在其支持下,用户可以一边下载一边观看或收听,大大提升了用户体验。

在互联网上,对流媒体技术应用得最普遍的是网络电视和网络广播。网络电视所采用的是基于P2P(Peer-to-Peer,对等网络系统)的流媒体形式,使得播放效果更加流畅,并且可实现多个频道的自由选择,满足了网络用户在手机上看电视直播和点播节目的需求。网络广播也是基于同样的原理,只不过从网络电视的视频传播变为音频传播。在手机媒体中,流媒体技术更是成为一项关键技术,目前通过移动广播网提供的手机电视业务大多采用了移动流媒体技术,把手机电视内容作为一种数据业务发送给用户,用户在享受随时随地、便捷收看的同时,又能欣赏到清晰、丰富的电视节目。

2. 大数据技术(Big Data Technology)

国际数据中心(IDC)在2011年的报告中定义了大数据:"大数据技术描述了一个技术和体系的新时代,被设计于从大规模多样化的数据中通过高速捕获、发现和分析技术提取数据的价值[②]"。简单来说,大数据是指无法在一定时间范围内用常规软件工具进行捕捉、管理和处理的数据集合,它具有大量、高速、多样、低价值密度、真实的特征。从大数据价值链来分,我们可以将大数据技术大致分为数据生成技术、数据获取技术、数据存储技术和数据分析技术。

大数据技术在媒体领域的应用主要体现在以下三个方面:一是进行数据转化和扩张,将传统媒体的内容批量数字化,并尽可能扩大数据来源;二是搭建基于大数据技术的大数据资源平台、智能生产和传播平台以及用户沉淀平台[③];三是开发丰富多样的数据产品,现在基于大数据技术的媒体产品主要为数据新闻。

3. 云计算技术(Cloud Computing Technology)

从信息领域的角度对云计算的定义,是分布处理(Distributed Computing)、并行处理(Parallel Computing)和网格计算(Grid Computing)技术的结合运用。从用户的应用角度来理解,云计算是通过一个巨大的数据中心来协同全球各地的各种数据计算资源,随时随地满足用

---

① 庄捷:《流媒体原理与应用》,中国广播电视出版社,2007,第5页。

② 李学龙、龚海刚:《大数据系统综述》,《中国科学:信息科学》2015年第1期。

③ 郭全中、胡洁:《大数据时代背景下的传统媒体出路》,《新闻前哨》2017年第3期。

户的各种需求。被誉为“革命性计算模型”的云计算是目前业界的研究热点，谷歌、微软等IT巨头都在开发基于此技术的应用，云计算正在成为新媒体发展所需依托的超级技术平台。在“云”里，有成千上万台计算机为网民提供服务；但在“云”外，用户只会看到一个简洁明了的使用界面。

数字技术的发展，新媒体的不断涌现，都在诠释以人（用户）为本的服务理念，不断改善着人们获取信息、分享内容和互相沟通的方式。云计算更是志在努力让数据、资源和服务紧紧围绕每一个人，使互联网世界的初衷——自由、平等和分享精神惠及全球网民。

二、数字技术对媒体的影响

（一）重塑传媒从业人员的工作方式

数字技术对新媒体和传统媒体从业人员的工作方式都产生了巨大影响。在数字技术的支撑下，媒体从业人员可以采用全新的、更具创造性的方式工作，信息的采集、加工、发送更加简易，成本更低廉，极大地提高了媒体从业人员的工作效率。

具体来说，数字技术极大地简化并改进了新闻采访的各环节。在采访阶段，记者可以利用数字录音、数字摄影等手段直接采集数字化信息，必要的话还可通过无线网络直接上传至互联网，从而减少新闻报道的环节，使新闻的现场直播报道更具时效性。在信息的编辑加工阶段，非线性、数字化的编辑方式取代了繁杂的线性编辑，文本、图片、声音、图像等不同形式的信息经数字化后，加工更加高效便捷。在信息的播发阶段，数字技术催生的各种新媒体形态提供了多种传播渠道，从桌面互联网到移动互联网，信息得以被全方位地展示给受众，提高了信息的到达率。

数字技术不仅大大改变和简化了信息采编及传播的各环节，而且完全改变了媒体从业人员的工作方式和工作内容。基于数字技术的新媒体行业为从业人员提供了全新的岗位，如网络直播、网络综艺、网络电视剧的出现等，新媒体行业的潜质被不断发掘，新兴领域不断被创造出来。

（二）实现了传播方式的巨变

在数字技术出现之前，传统媒体往往是通过单一的形式传播信息，如报刊通过图文、广播通过声音、电视通过图像和声音等。数字技术的诞生则带来了信息传播内容的巨变，通过数字技术的整合，新媒体打破了不同媒介形态之间的界限，将文本、音频、视频等传播形态融为一体，向用户提供着多媒体的信息内容。尤其是流媒体技术的诞生为网民带来了网络阅听的狂欢，大数据技术、云计算技术的广泛应用使信息与用户的匹配更加方便。

数字技术给新媒体内容带来的另一个巨变是虚拟信息的产生。如果说传统媒体时代产生的信息均为实际的、可感知的信息，那么数字技术下的新媒体时代则开启了数字化的虚拟信息。数字化赋予了人们制造虚拟信息的权利，网民既可以在互联网上生成第二身份，更可以通过微博、视频网站、短视频平台等制作出丰富的数字内容。与此同时，人们制造虚拟信息的能力迅速地转变为生产力，创造出影响力巨大的数字内容产业。

第二节　新媒体的网络技术依托

麦克卢汉在《理解媒介：论人的延伸》中指出："任何媒介对个人和社会的任何影响，都是由新的尺度产生的；我们的任何一种延伸，都是要在我们的事物中引进一种新的尺度。"而基于通信技术的计算机网络则正是当下新媒体社会引进的最根本的尺度。所谓计算机网络，是指将地理位置不同的具有独立功能的多台计算机及其外部设备，通过通信线路连接起来，在网络操作系统、网络管理软件及网络通信协议的管理和协调下，实现资源共享和信息传递的计算机系统。简单地说，计算机网络就是通过有线（电缆、电话线等）或无线通信技术将两台以上的计算机互联起来的集合。计算机网络技术与数字技术的结合，使得网络中的计算机实现了信息的数字化交互传播。

一、计算机网络的实现与升级

（一）计算机网络的实现

当下，网络新媒体的各项应用和服务完全基于一种最为实用和优越的计算机网络——因特网（Internet）。因特网的前身是美国国防部高级研究计划局（ARPA）主持研制的ARPANET（阿帕网），它于1969年正式启用，当时仅连接了4台计算机，供科学家们进行计算机联网实验。因特网是由许多小的子网互联而成的一个逻辑网，每个子网中连接着若干台计算机。这些计算机基于一些协议族——其中最重要的是TCP/IP协议——并通过许多交换机和公共互联网连接在一起，以实现相互交流信息资源的目的。信息的自由分享是发展因特网初衷，网络中任何一台计算机都可以访问其他任何一台计算机中公开的信息。同时，因特网也是一个资源共享的集合，汇总全球信息资源。

伴随因特网经常出现的另外一个词是"互联网"。互联网是指将两台或者是两台以上的计算机终端、客户端、服务端通过通信技术进行互联组成的网络，由广域网、局域网及单机按照一定的通信协议组成的国际互联网，可以说是网上之网。互联网与因特网最大的区别在于联网计算机数量的不同，互联网的规模可大可小，即便连接的是两台计算机也可称互联网，而因特网是已经固定的由上千万台设备组成的互联网。因此，互联网包括了因特网。值得注意的是，虽然从技术角度来说，互联网和因特网是两个不同的概念，但是在一些非技术领域，比如新闻传播领域，对两者的界定并不清晰，甚至两者可以等同。

除此之外，与互联网和因特网经常一起出现的另一个概念是万维网（WWW），万维网可看作是因特网上的一大重要应用——浏览网页，借助万维网的可视性和易操作性，借助无法数计的HTTP（Hyper Text Transport Protocol）网页，因特网才得以在全世界普及。Web站点的诞生使因特网的发展取得爆炸性突破，其特点是将分散存在的信息片段无缝地组织成为站点，从而成为无数个网络节点和网页的集合。

从技术角度来看，Web站点是因特网上那些支持超文本传输协议HTTP的客户机与服务器的集合，通过它可以浏览世界各地的超媒体文件，内容包括文字、图形、声音、动画、资料库以及各式各样的软件。通过 Web 站点，互联网上的资源可以在一个网页里比较直观地表示出来，而且资源之间在网页上可以来回链接。这种利用互联网络实现人类海量资源共享的技术，就叫作“Web1.0”。①

除网页浏览外，因特网提供的其他服务还包括文件传输（FTP）、电子邮件（E-mail）、远程登录（Telnet）、Usenet 新闻组等。现在，随着各类基于因特网的软件和信息服务的推出，因特网已经成为各类新媒体存在的大平台，即时通信、网络电视、网络游戏等新媒体形式都可以看作是因特网上推出的新服务。

（二）计算机网络的升级

计算机网络技术的发展可谓是一日千里，从 Web1.0 更新迭代到 Web3.0，都离不开网络技术的更新和推动。

1. 从 Web1.0 到 Web2.0

Web1.0 的本质是聚合和搜索。在 Web1.0 时代，用户主要通过使用互联网浏览器获取信息，这种接收方式只解决了用户对信息搜索、聚合的要求，但本质上仍然是单向传播模式，无法避免你传我受的传播状况。

Web2.0 的出现则打破了 Web1.0 时代单一的信息接收方式，填补了 Web1.0 在参与、沟通、交流上的空白。它更注重开发用户的主动性，使用户掌握信息自主权，极大地满足了网络用户个性化和互动性的需求。在 Web2.0 的应用中，用户不仅可以使用各类浏览器、RSS 阅读器等浏览互联网，还可以创造互联网内容，成为网站内容的生产者。在 Web2.0 时代，除了 Web1.0 时代的门户网站、即时通信、搜索引擎等得到新的发展外，更涌现出很多新的媒体形态，比如 Blog（博客）、Tag（社会化标签）、Wiki（维客）、RSS（简易聚合）、SNS（社交网络）等。

2. 从 Web2.0 到 Web3.0

Web2.0 鼓励用户用最简便的方法发布内容，与之相伴随的是大量未经验证、质量参差不齐的信息开始纷纷涌现，这使得互联网环境的纯净度大打折扣；与此同时，Web2.0 时代产生的海量信息使得搜索引擎越来越难以应对，这对互联网搜索等关键技术构成了新的挑战。正是基于以上问题，Web3.0 念浮出水面。作为 Web2.0 的替代物，Web3.0 仍然是建立在 Web2.0 的基础之上，并且实现了更加智能化的人与人、人与机器的交流模式。

目前关于 Web3.0 的说法有十多种，被引用最多的是“网站内的信息可以直接和其他网站相关信息进行交互，能通过第三方信息平台同时对多家网站的信息进行聚合使用；用户在互联网上拥有自己的数据，并能在不同网站上使用”。从以上定义可以看出，个性化、用户体验和信息整合成为 Web3.0 的关键词。

---

① 刘畅：《网人合一·类像世界·体验经济——从 Web1.0 到 Web3.0 的启示》，《云南社会科学》2008 年第 2 期。

总体来看,Web3.0 具有以下四种典型特征①:

第一,数据整合。Web3.0 将应用 Mashup(内容聚合技术)对用户生成的内容信息进行整合,使得内容信息的特征更加明显,便于检索;同时,用户还可自由整合数据资源,开放的 API(应用程序编程接口)会给更多兴趣用户开发更多的应用程序,实现更多的单元组织,从而实现用户自由组织单元的聚合。

第二,个性设置。Web3.0 在对 UGC(用户生产内容)筛选性过滤的基础上同时引入偏好信息处理与个性化搜索引擎,对用户的行为特征进行分析,从而使用户能够更加迅速、准确地搜索到自己感兴趣的内容,避免了大量信息带来的搜索疲劳。同时,用户在进行信息浏览、生成时,还可对需要的显示、色彩、像素、框架等元素进行自由设置。

第三,用户体验。Web3.0 具有良好的人性化用户体验,友好的人机交互界面和智能化的 UI 界面都能更好地体现用户需求。

第四,模块定制。Web3.0 具有良好的模块定制功能,将实现不同终端的兼容,适合于电脑、手机、平板电脑、智能音箱和各种专用终端等的平台定制。

二、当下新媒体领域网络技术发展重点

(一)Wi-Fi 6 技术

Wi-Fi,在中文里又称作“行动热点”,是 Wi-Fi 联盟制造商的商标作为产品的品牌认证,是一个创建于 IEEE 802.11 标准的无线局域网技术。使用 Wi-Fi 可以简单地理解为无线上网,几乎所有智能手机、平板电脑和笔记本电脑都支持 Wi-Fi 上网,是当今使用最广的一种无线网络传输技术。在家庭环境、办公环境和一些公共空间内,用户实际上使用的就是 Wi-Fi 上网,而非其他移动通信技术。相比于移动通信技术,用户使用 Wi-Fi 网络性价比更高。此外,在同一 Wi-Fi 网络场景下,可以实现更加便捷多样的服务,如多个用户之间资源的快速共享、智能家居的控制、公共服务信息的获取等。对部分使用场景来说,加密程度足够高的 Wi-Fi 网络也能够提升信息安全水平。

最新的 Wi-Fi 技术 Wi-Fi 6,又称为 IEEE 802.11ax,被视为 5G 的竞争对手。目标是支持室内室外场景、提高频谱效率和提升密集用户环境下 4 倍实际吞吐量。11ax 支持 2.4GHz 和 5GHz 频段,向下兼容 a/b/g/n/ac,最高带宽为 2.4Gbps,最高速率可达 9.6Gbps。和上一代的 Wi-Fi 技术标准相比,Wi-Fi 6 的数据传输速度提高了四成,能够支持增强和虚拟现实(AR/VR),扩大了网络容量。在传输速率、功耗、空间、性能等方面,Wi-Fi 6 都有着较大提升。随着 Wi-Fi 6 的普及,对各类新媒体终端的使用和连接,Wi-Fi 6 技术将提供极为强大的网络支持,提升新媒体使用的场景体验。

---

① 徐璐、曹三省:《Web2.0 技术应用及 Web3.0 发展趋势》,《中国传媒科技》2008 年第 5 期;周珍妮、陈碧荣:《Web3.0——全新的互联网时代》,《科技广场》2008 年第 7 期。

（二）物联网技术

物联网也称传感网，是指物与物、人与物之间实现智能化，其技术基础是无线射频识别系统（Radio Frequency Identification），可通过无线数据通信网络进行信息采集和物品的识别，进而通过开放性的计算机网络实现信息的交互和共享，被誉为继计算机、互联网和移动通信网之后的第三次浪潮。物联网进一步开拓了"人的延伸"，让人与物理系统实现协调一致。在2005年突尼斯的信息社会世界峰会（WSIS）上，国际电信联盟（ITU）发布了《ITU互联网报告2005：物联网》，第一次提出了物联网的概念。报告指出，无所不在的"物联网"通信时代即将来临，世界上所有的物体从轮胎到牙刷、从房屋到纸巾，都可以通过因特网主动进行信息交换。我国于2009年在无锡成立了"国家传感网创新示范区""维纳传感网工程技术研发中心"，试图在这一新兴领域中走在全球前列，先行制定出国际标准，紧紧把握住这一新兴战略性产业。

物联网的出现给全面革新信息采集方式带来了新的发展机遇，对传媒行业真正实现智能化传播、互动化传播和高效率传播具有重要意义。首先，物联网将进一步优化媒体资源的融合和共享，各类终端及其承载的媒介内容将无缝对接。其次，物联网技术结合其他媒介技术产生的多元化信息表达方式，将创造新的媒体形态，形成包括物基媒体（基于物的媒体，如机器新闻采集）、物向媒体（以人以外的各类"物"为受众的媒体，如动物看护媒体）在内的"物联网新媒体"①。最后，物联网是促进"万物皆媒"时代全面到来的关键力量，万物互联环境下人在传播过程中的角色将进一步转化，媒介信息环境与客观环境进一步融合。

（三）区块链技术

区块链技术是当下最受关注的一种新型互联网技术，它是一种公开的、分布式的账簿，可以有效核查和永久记录各方之间的交易。具体来说，它是由网络上一个个储存区块组成的相互连接的链条，在每个区块中，储存着一定时间内网络链条中所有交流信息的数据。由于数据在每个区块上都有实时记录，也就使得区块链具备去中心化和不可篡改的特点。

"区块链+媒体"的应用创新，将积极推动数字经济发展和全媒体传播体系建设。媒体的新闻作品、文学作品、摄影作品、创意设计作品，乃至用户浏览数据、互动评论内容，都可作为数字经济的内容承载，均是价值巨大的数字资产，并可通过资本化运作获得融资回报。开发运作媒体数字资产，既发展壮大了媒体数字经济产业，也夯实了建设全媒体传播体系的内容基础。区块链还有助于加强数字版权保护，区块链会记录新媒体采用传统媒体资源的痕迹，有利于维护传统媒体内容版权。还可以通过股权众筹等模式，推动媒体产品进入文化金融市场，实现媒体产品有形化、资产化、资本化。②

---

① 曹三省、鲁丹：《万物互联时代的"物联网新媒体"》，《新闻与写作》2016年第1期。

② 张光辉：《以5G等新技术和数字经济为重点打造全媒体传播体系助力国家治理体系和治理能力现代化》，中共中央党校（国家行政学院），2020年1月3日，https://www.ccps.gov.cn/xylt/202001/t20200103_137278.shtml，访问日期：2021年4月27日。

第三节 新媒体的移动通信技术依托

移动通信是移动体之间的通信,或移动体与固定体之间的通信。移动体可以是人,也可以是汽车、火车、轮船等在移动状态中的物体。① 如今的移动通信已经像水和空气一样不可或缺,这种无处不在的服务深刻改变了社会生产方式和人们的生活方式。随着移动通信技术的快速发展,整个行业与社会经济各领域融合渗透程度逐渐加深,促使很多新业态、新模式层出不穷地出现,共享经济、移动支付、电商直播等都得益于移动通信的发展。

移动通信技术使数字信息的传播摆脱了电线、光缆等实体网络的限制,通过无线网络实现随时随地的传播。"移动化"作为新媒体的重要特征之一,可以让用户随时随地地获取信息与服务,移动通信技术为 Web2.0 甚至 Web3.0 式的新型应用提供了传播的通路。依托移动通信技术发展起的移动互联网,使传统媒体获得转型发展的机会,也使网络媒体向移动互联网迁移。在移动通信技术和其他新媒体技术的共同作用下,微信、新闻客户端等原生于移动互联网的新媒体形态不断出现。

一、移动通信技术的发展

(一)第一代移动通信技术(1G)

第一代移动通信技术(1G,1st Generation)是指最早在世界上使用的模拟制式移动通信技术。1983 年,蜂窝式电话系统开始在美国使用。1987 年 11 月,我国引进了第一套模拟移动通信设备,拉开了我国移动通信产业发展的序幕。当时的移动通信设备缺点十分明显,除了体积较大以外,其频率利用率低,支持的用户数量十分有限,通话质量、保密性、安全性、业务功能均不理想。因此,那时的手机,其全部功能就是可移动的通信工具,并且这种移动性十分有限。2001 年 12 月 31 日,我国彻底关闭了模拟移动通信网。

(二)第二代移动通信技术(2G)

20 世纪 90 年代初期,随着数字技术和微型电子芯片技术的发展以及移动通信终端硬件和软件的进一步数字化,第二代移动通信技术(2G,2nd Generation)发展起来。第二代移动通信技术采用数字的时分多址(TDMA)和码分多址(CDMA)技术,以 GSM、PDC、CDMA、D-AMPS 等系统为代表,以数字语音传输技术为核心。与第一代模拟蜂窝移动通信相比,第二代移动通信系统采用了数字化制式,具有保密性强、业务丰富、标准化程度高等特点,在通话质量、安全性等方面都比第一代有了很大的进步,这使移动通信得到了空前的发展,从过去

① 《移动通信(数据通信术语)》,百度百科,2021 年 4 月 7 日,http://bk.baidu.com/view/19195.htm,访问日期:2021 年 4 月 27 日。

的补充地位跃居主导地位。

由于第二代移动通信技术只能提供窄带业务，无法满足人们对移动宽带多媒体业务的需求，因此出现了介于2G和3G之间的2.5G移动通信技术，GPRS是2.5G技术的代表。2.5G技术的出现使手机逐渐从话音平台演进为多功能媒体平台，手机报纸、手机广播、手机电视等媒体因此被开发出来，手机用户可以通过网络浏览、收发电子邮件、音频与视频播放以及游戏等满足多方面的需求。可以说，正是2.5G技术催生了手机由通信工具向大众媒体的演化。

（三）第三代移动通信技术（3G）

第三代移动通信技术（3G，3rd Generation）是指将无线通信与国际互联网等多媒体通信相结合的新一代移动通信系统。与第一代移动通信技术和第二代移动通信技术相比，3G最大的特点是其超越了手机所依赖的无线通信技术，而把无线技术与网络信息技术相结合，由此实现了传统手机和电脑的融合，使手机成为新的“个人通信终端”。

全球3G技术标准包括欧洲的WCDMA、美国的CDMA2000、中国自主研发的TD-SCDMA和WiMAX四种。3G网络首先在日本和韩国建成，日本移动通信龙头NTTDoCoMo于2001年10月1日全球第一个开通3G服务，该服务基于WCDMA标准。随后，3G网络在世界范围内发展势头越来越强劲，全球3G的商用得以普及。

手机上网以其特有的便捷性获得了很多网民的认可，急剧增长的移动网民数量为3G的商用提供了前提。2008年4月1日，中国移动通信集团公司在北京、上海、天津、沈阳、广州、深圳、厦门和秦皇岛8个城市，启动3G的“中国标准”TD-SCDMA社会化业务测试和试商用，这标志着我国第三代移动通信（3G）标准TD的商业化应用的起航。2009年1月7日，我国工业与信息化部为中国移动、中国电信和中国联通发放三张3G牌照，其中，中国移动获得基于TD-SCDMA制式的3G牌照，中国电信增加基于CDMA2000制式的3G牌照，中国联通获得基于WCDMA制式的3G牌照，这标志着我国进入3G时代，2009年也由此成为我国的3G元年。

（四）第四代移动通信技术（4G）

第四代移动通信技术（4G，4th Generation）是在3G基础上发展起来的。4G在应用上集合了3G技术与WLAN技术，能够在极短时间内向用户传递清晰的视频图像，或者是能够满足用户所有在线的要求。2013年12月4日工信部正式向三大运营商发布4G牌照，中国移动、中国电信和中国联通均获得TD-LTE牌照。2014年，中国4G产业大规模启动，中国从此步入移动互联快速发展的时代。

相对于3G而言，4G在技术和应用上有质的飞跃，数据传输速度达到3G速率的50倍，可以支持双向下载传递文件、图片、影像，接收高分辨率的数字电影和电视节目，观看视频直播，还可以与其他玩家一起联机玩手机网游。获得普及的4G手机成为一个小型的移动电脑，是一个可以提供多媒体信息服务的综合性信息接发终端。经过几年的建设，我国已拥有全球规模最大的4G网络，移动宽带网速为33.49Mbps，比全球平均水平高出22%，自2015年以来，流量单价下降90%以上，4G网络的“提速降费”目标已经实现。可以说，4G技术支持下的移动终端功能满足了人们大部分生活场景的使用需求，即便5G已经启动建设，4G在短期内依然不会退出历史舞台。

（五）第五代移动通信技术（5G）

随着经济社会及物联网技术的迅速发展，云计算、社交网络、车联网等新型移动通信业务不断产生，对移动通信技术提出了更高层次的需求，第五代移动通信技术（5G，5th generation）应运而生。5G技术是4G技术的延伸，其追求的是高数据速率、减少延迟、节省能源、降低成本、提高系统容量和大规模设备连接。国际电信联盟（ITU）规范要求速度高达20Gbit/s，可以实现宽信道带宽和大容量多进多出（MIMO）。

2016年6月1日，我国5G推进组在第一届全球5G大会上正式发布了《5G网络架构设计》白皮书，这体现出我国5G网络技术研究的新成果，也意味着我国对5G的研发已经从概念探讨进入到实质推进阶段。2019年6月6日，工信部正式向中国电信、中国移动、中国联通、中国广电发放5G商用牌照，中国正式进入5G商用元年。

5G移动通信技术将大幅提升移动互联网用户业务体验，满足物联网应用的海量需求，金融领域的5G+无人银行、交通领域的5G+自动驾驶、医疗领域的5G+医疗、民生领域的5G+环保等都进入应用阶段。在传媒领域，5G的到来不仅意味着更快的信息传播速度，更代表着媒体生态的进一步变革，对这一前景和5G对新媒体的影响，我们将在本章的第五节具体探讨。

图3-2清晰地指出了不同代际的移动通信技术及其主要的应用服务，有助于我们更好地理解不同代际移动通信技术的差异与优势。

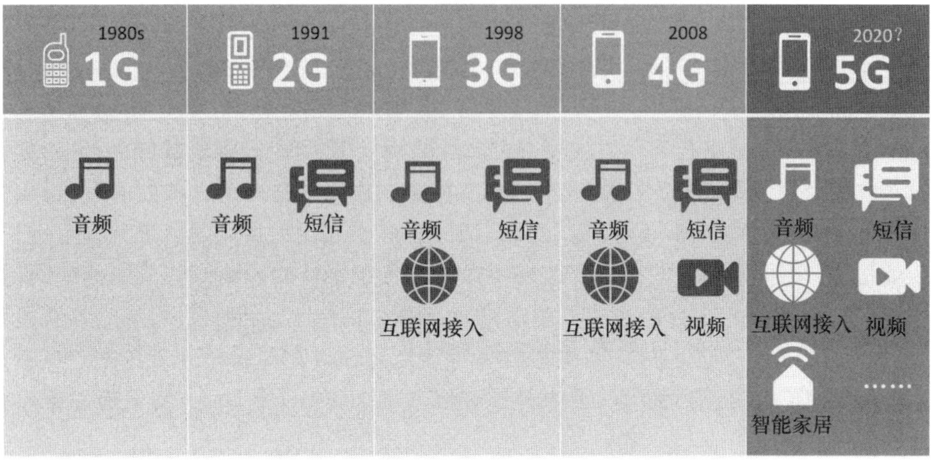

图3-2 移动通信技术及其核心应用①

① 前瞻产业研究院：《2019年中国5G产业发展现状及趋势分析报告》，中国大数据产业观察，2019年6月，http://www.cbdio.com/BigData/2019-06/03/content_6136947.htm，访问日期：2021年4月27日。

二、移动通信技术对媒体的影响

（一）推动传统媒体转型发展

在移动通信技术的支持下，特别是4G广泛应用之后，移动终端所承载的移动媒体占据了人们大部分的媒体接触时间。移动媒体拥有便携性、实时性和交互性的优势，改变了用户的信息接收习惯，也改变了媒介信息的传播方式，进而不断冲击原有媒体格局，传统媒体在这种形势下危机重重。在移动媒体的冲击下，一些传统媒体不得不关停，而一些传统媒体主动进军移动终端，比如开设公众号和移动新闻客户端等，寻求新的转型突破口，以拓展自身生存空间。2014年7月，《东方早报》正式上线澎湃新闻网站和新闻客户端，以其优质内容、问答互动、扁平化传播等特点，新闻类App中占据了一席之地。2017年1月1日起，《东方早报》休刊，但其核心功能在澎湃新闻中得以保留。

（二）网络媒体向移动互联网迁移

移动互联网是将移动通信技术和互联网技术融合后产生的一个全国性的、以宽带IP为核心的，可同时提供话音、传真、数据、图像、多媒体等高品质电信服务的新一代开放的基础网络，是国家信息化建设的重要组成部分。简单地说，移动互联网能让用户在移动中通过移动终端，如手机、iPad等随时随地地访问互联网，获取信息、使用商务、娱乐等各种应用或服务。在移动互联网发展初期，各类网站就启动了移动互联网的兼容工作，网络媒体通过移动互联网也获得了更多的发展机遇。这其中的发展不只是简单的迁移，也伴随着功能的升级和用户交互体验的变化。比如，从电脑网络游戏发展为手机游戏，操作方式便从鼠标和键盘点击，变成手指直接操作，交互体验更强。

（三）丰富和扩充新媒体形态

移动通信技术使信息传播的方式获得极大的革新，也产生了一批新的媒体形态，促进了新媒体形态数量的快速增长。在移动通信技术在媒体领域广泛应用之前的时期，新媒体的主要形态为桌面互联网媒体；而在移动互联网时代，移动互联网媒体的数量大幅度增长，成为新媒体形态中的多数。一些移动互联网媒体是由传统媒体和网络媒体演变而来的，如移动音频、手机电视、手机游戏等；还有一些由移动互联网发展起的全新媒体形态，如新闻聚合客户端、微信等。此外，智能音频、可穿戴设备等智能媒体也需要移动通信技术的支持。总之，自移动通信技术广泛应用以来，新媒体形态进入了快速增长的阶段，我们追溯新媒体形态的步伐也更快了。

第四节　新媒体的智能技术依托

智能技术在媒体领域带来的理念和实践变革，为新媒体的发展开拓了新的空间，媒体智能化已经成为媒体发展的主导性趋势之一。这一趋势不仅重塑着媒体组织的生产和运营方式,也深刻改变着整个社会的信息传播方式和传播关系。

一、智能技术的核心:人工智能

人工智能技术是媒体智能技术的核心技术。人工智能指由机器等人造物展现出的智能,即人造物对环境、信息等进行感知并在此基础上采取相应的符合其设计目标的行动。从13世纪欧洲哲学家拉蒙·柳利最早提出"逻辑机"的设想,到1955年美国科学家约翰·麦卡锡第一次明确提出"人工智能"(Artificial Intelligence)一词并开始严肃探讨如何制造一台模拟人类各方面智能的机器,人工智能开始飞速发展。

20世纪90年代至今,由于网络技术特别是国际互联网技术的发展,人工智能开始由单个智能主体研究转向基于网络环境下的分布式人工智能研究。不仅研究基于同一目标的分布式问题求解,而且研究多个智能主体的多目标问题求解,将人工智能面向实用。①

近年来,人工智能技术开始进入媒体领域。2010年,美国《洛杉矶时报》率先在其关于城市犯罪的博客报道(Homicide Report)中采用计算机程序自动生成稿件;2014年,美联社开始使用WordSmith平台自动写作公司季度财报,成为较早采用人工智能写作的世界级新闻媒体。目前,不少全球重要新闻机构,如福布斯、纽约时报、新华社等——也都纷纷尝试将人工智能技术应用于新闻生产。除了新闻生产,人工智能技术还全面进入内容分发、内容审核、人机交互等领域,给世界的媒体行业带来了翻天覆地的变化。

我国媒体也积极将人工智能技术引入到实践当中。例如,江苏网络电视台在对用户数据进行计算建模实现了精准推送的基础上,推出了"荔枝云"系统,将相关的实践应用拓展到了智能视频剪辑和大数据分析。此外,大型媒体集团还多方与人工智能技术公司开展合作,如新华社与阿里巴巴成立了新华智云,专门进行人工智能技术研发。②

二、媒体智能技术主要类型

媒体智能技术虽然以人工智能技术为核心,但并不等同于人工智能技术,它是一个技术群落,③还包括机器学习、算法推荐、识别交互等技术,同时需要数字技术(如云计算)、网络技术(如物联网)、移动通信技术(如5G)等技术的配合。

(一)机器学习技术

机器学习技术指的是计算机模拟或实现人类的学习行为,以获取新的知识或技能,重新

① 朱祝武:《人工智能发展综述》,《中国西部科技》2011年第17期。

② 田丽:《我国媒体人工智能发展现状与问题》,《新闻战线》2019年第23期。

③ 阿里研究院:《从互联网+到智能+——智能技术群落的聚变与赋能》,网经社,2019年4月,http://www.aliresearch.com/Blog/Article/detail/id/21774.html,访问日期:2021年4月27日。

组织已有的知识结构使之不断改善自身性能。① 深度学习是人工智能中发展迅速的领域之一，可帮助计算机理解大量图像、声音和文本形式的数据。利用多层次的神经网络，现在的计算机能像人类一样观察、学习复杂的情况，并做出相应的反应，有时甚至比人类做得还好。这样便给媒体提供了一种截然不同的方式，用于思考数据、技术以及人类所提供的产品和服务，这也是实现媒体自我“进化”的重要方式。

（二）计算机视觉技术

计算机视觉是指用摄影机和电脑代替人眼对目标进行识别、跟踪和测量等机器视觉，并进一步做图形处理，使电脑处理成为更适合人眼观察或传送给仪器检测的图像。② 计算机视觉的基本目标是使计算机具备人类的视觉能力，能看懂图像内容、理解动态场景、自动提取视觉数据中蕴含的语义概念等。部分计算机视觉的研究成果已经得到应用，如图像分类、目标检测、人脸识别、智能视频监控等。将计算机视觉应用到媒体当中，可以创新媒体产品交互方式，实现更加复杂的智能交互活动。人民日报新媒体在2019年国庆节前夕推出了《56个民族服装任你选 快秀出你的爱国Style》H5产品，用户可以上传自己的照片，选择不同民族的服装进行换装，体验各族服装，生成海报或者头像进行分享与传播，这里实现该效果应用到的“人脸融合”技术就是计算机视觉的代表。

（三）算法推荐技术

算法推荐，简单而言就是通过用户的浏览记录以及行为对用户行为进行“画像”，从而为用户推送符合其偏好的信息，即基于算法对用户进行个性化推送。目前，就媒体的算法推送而言，一般有三种策略。一是内容推荐，也称作用户画像算法，基于内容推荐算法的原理是计算机挖掘用户喜好和历史浏览关注记录，总结出用户的兴趣图谱，然后计算每条新闻与用户画像的相似度，将相似度最高的内容推荐给用户。二是协同过滤推荐，较为常见是基于用户的协同过滤，即当用户喜欢那些具有相似兴趣用户喜欢的内容时，那么就会推荐给该用户。第三种是常见的单因子推荐，即基于媒体内容的点击量、阅读量、点赞或转发量等某单一因子的量值实现对用户的推荐。此外，越来越多的平台开始采用多种算法混合的策略来进行推送。

（四）语音交互技术

语音交互是现阶段媒体迈向智能化的应用重点。斯坦福大学人工智能科学家吴恩达认为，当语音识别技术的准确率达到99%，将会引起行业颠覆性的发展。语音交互技术逐渐成熟，搭载语音识别技术的终端从集成平台，如智能手机中的语音助手，到垂直领域的具体应

---

① 清华大学-中国工程院知识智能联合研究中心：《2019人工智能发展报告》，个人图书馆，2019年12月，http://www.360doc.com/content/19/1208/18/29968938_878315721.shtml，访问日期：2021年4月27日。

② 《计算机视觉》，百度百科，2021年4月16日，https://baike.baidu.com/item/计算机视觉?fr=aladdin，访问日期：2021年4月27日。

用，如教育、公共服务、汽车、客服、医疗保健等，迎来了蓬勃发展。据预测，到2023年，全球有超过90%的智能手机将会搭载全新的语音助手，语音交互走向大众化。语音交互技术的进步创造了媒体与用户接触的更多场景。对媒体而言，内容生产与分发、媒介经营、用户反馈等全链条均可由智能语音交互带来优化。

（五）沉浸式技术

学术意义上的“沉浸式”来源于匈牙利籍著名心理学家米哈里·契克森米哈1975年提出的沉浸理论。该理论认为，当人们在进行某些日常活动时，会完全投入情境当中，过滤掉所有不相关的知觉，进入一种沉浸的状态。当沉浸理论延伸到人机互动媒体上时，就出现了沉浸式媒体。AR的专业术语是增强现实技术，VR是虚拟现实技术，MR是混合现实技术，将这些技术运用在媒体形式上，就出现了沉浸式媒体技术。沉浸式媒体技术所生成的虚拟时空环境，不只给体验者带来视听感官上的刺激，还形成了内容、进程和场景等多维度的沉浸交互体验。随着沉浸式技术的成熟，作用于人的感官将不只局限于视听，触、嗅、味等感觉将一进步拓展。目前常见的沉浸式媒体技术应用有沉浸式影视、沉浸式游戏、沉浸式广告等。

（六）传感器技术

传感器是一种检测装置，能感受到被测量的信息，并能将感受到的信息，按一定规律变换成为电信号或其他所需形式的信息输出，以满足信息的传输、处理、存储、显示、记录和控制等要求。传感器是媒体从业者获得信息的一种方式，传媒从业者在制作传感器新闻或其他媒体产品时，需要用不同类型的传感器获得数据、收集数据，按一定的要求分析数据，将分析后的数据结合计算机技术和视觉传达技术用受众容易理解和接受的呈现方式融入媒体产品制作过程中。[①] 个人传感器则是以智能可穿戴设备为代表的用户端技术，它可以收集用户个性化的数据信息，包括地理位置、环境信息、运动状态、健康数据等，以便媒体对用户进行更加有针对性的内容与服务提供。

三、智能技术对媒体的影响

长期以来，以报纸、广播、电视为代表的传统媒体和各种类型的新媒体形成了相对独立的发展体系。虽然近些年一直在强调和尝试不同媒体间的融合发展，但始终未能实现深层次的融合。而智能技术的发展冲击了不同介质媒体的自循环体系，让各种媒体向智能化融合方向发展。媒体融合不再是简单的迁移或相加，也不仅仅是全方位的融合，而是在融合的各个环节上表现出智能融合的特点。智能技术对传播的深刻影响在于赋能，力图不断提升内容生产力，建立供给与需求的精准连接，加快信息流动从量大到质优的转变。[②] 智能融合是指基于智能技术发展之下，人体、物体、内容、数据、终端以高效率的方式无缝连接，包含但

① 王娟、何琰：《未来传媒业主力军——传感器新闻》，《科技传播》2016年第22期。
② 卢维林、宫承波：《赋能视角下媒体组织智能化思考》，《青年记者》2019年第27期。

不限于渠道、终端、机制、机构、内容等领域和要素的整体融合，呈现生态型融合的状态。

智能技术改造着原有媒体，传统媒体和新媒体都带上了智能化的特征。智能技术还催生了新的媒体形态——智能媒体，如今以智能音频、智能可穿戴设备、写作机器人为代表的智能媒体丰富了新媒体形态。智能技术全面融入了媒体运作的各个环节，重塑媒体内容生产模式，使其面临升级转型，同时也助力媒体生产和运营，推动传媒行业新发展。例如，在媒体内容分发机制方面，形成了人工分发、社交分发和算法分发相融合的局面，改写传统媒体时代的大众传播规则。又例如，智能技术助力电视媒体探索创新发展的路径，人工智能拓展了电视内容传播的场景，沉浸式技术带来了新的电视观看与互动形式等。智能技术同时深刻改变着媒体产业，一批新兴的媒体产业领域诞生，从而延长媒体产业链条，成为媒体产业新的增长点。

智能技术打造全新的媒介接触场景，使我们所处的时代走向万物互联的前奏。万物皆媒描述了未来泛媒化的趋势，指的是在智能融合基础上实现物体的媒介化和人体的媒介化，即人机合一、万物皆媒。万物皆媒最终改变的是人和媒介的互动关系，人本身是媒介、一切物体都是媒介，达到高维的互动层次。

智能技术给媒体行业带来新的发展机遇，也带来了诸多的挑战。这些挑战可能来自伦理层面，包括如何防止智能算法所隐含的价值观偏见；也可能来自法律层面，如智能技术与用户隐私权保护、著作权保护的矛盾日益凸显。只有以有力的制度规范和良好的环境保障把握好技术发展与伦理、法律等之间的平衡，才能充分有效地发挥出智能技术特有的功能，从而为数字经济和社会文化的双重健康发展提供助力。①

第五节　5G时代与新媒体变革

5G技术最直接的影响就是信息传输速率的提升，而5G技术追求的绝不仅仅是速度，它支撑起来的是一个新时代——5G时代。在5G时代，新媒体将突破4G时代阻碍其发展的诸多限制，真正实现从传播内容、传播场景，再到传播关系全方位的传播要素解放。

一、5G技术对新媒体传播内容的再造

5G技术将为人工智能发展带来新动能，促进人工智能深度介入新媒体内容生产，形成“人机协同”的内容生产格局。人工智能在5G时代的内容生产角色将由“辅助生产者”转向“协同生产者”。在内容采集阶段，过去主要是采集者利用各种智能设备在现场进行记录和采访，这种信息采集往往是残缺且不及时的；5G时代的传感器等智能设备则变得更加“主动”，可以实时记录任何现实和虚拟时空的信息现场，并将采集内容进行大批量存储，实现采集信息的即时性、全面性和多角度可回溯性，让记者在内的信息采集者能够以最大可能还原

① 宫承波：《加强智媒规范，保护人权隐私》，《新闻论坛》2018年第6期。

事实信息。在内容加工阶段,4G 时代的内容自动化生产长期局限于文字信息,且内容程式化明显、分析能力有限;在 5G 技术的助力下,超高清、全景化、实时化的批量图像和视频自动化生产成为可能,并且自动化生产的所有类型内容的深度将得到大幅度提升,甚至还可以做到"千人千面"的定制化生产。

相比于比 4G 技术,5G 技术在用户体验速率、流量密度、时延、移动性和峰值速率等方面都具备更高的性能。依托于 5G 的技术优势,以视觉化传播为主的新媒体内容生态将迎来新突破。尽管视觉化已成为网络传播的重要特征,但需要指出的是,在 5G 之前的网络传输能力下,移动视频并没能做到通畅、无障碍的传播。① 首先,5G 技术将推动"超视频"的发展,"4K、8K、VR/AR+直播"形式的视频内容成为常态,新媒体视觉内容的品质接近极致。其次,5G 技术将使信息反馈延迟接近于无,新媒体视觉内容的双向互动体验、沉浸互动体验和游戏互动体验将进一步被开拓。最后,5G 时代新媒体用户生产的视觉内容比重将继续提升,融合直播、互动、VR/AR 和智能场景的短视频、中长视频都将成为用户创作的发力重点,用户生产高质量视觉内容的积极性被激发。

理想的内容分发机制并不是一味给用户推送同一范畴的兴趣信息,而应向"价值信息"升级。5G 时代的内容分发机制会在加强精准性的基础上,重构内容分发的算法模型,挖掘用户的边际兴趣,提升信息传播的匹配性和内容本身的附加价值。5G 时代的内容分发形式也会更加多样,借助生理、情感、环境和社交等多维度个人数据信息,自然对话式分发、智能家居和交通场景分发等分发形式将被广泛应用。此外,5G 时代的内容分发将朝着"融合分发"的方向进一步发展,分发主体、机制、途径、算法的多样与融合,将用户陷入"回音室效应"的可能性大大降低。

二、5G 技术对新媒体传播场景的升维

场景传播实质上就是特定情境下的个性化传播和精准服务,它是移动互联网时代的产物。与 PC 时代不同,移动传播的本质是基于场景的服务,即对场景(情境)的感知和信息(服务)的适配。② 5G 技术可以更好地支持大规模传播终端的实时连接、虚拟现实(VR)和增强现实(AR)等应用,实现传播场景的升维,使场景的价值在 5G 时代得以凸显。

从平面场景到立体场景的升维。5G 时代之前的场景以平面场景为主,平面场景包含两方面的含义:一方面,平面场景下用户与终端设备的连接手段主要依靠屏幕,连接的形式极其有限,限制了应用场景;另一方面,用户在平面场景中承担支配媒介的角色,用户与媒介相互独立、分离感较强。而 5G 技术改写了平面场景主导的格局,平面场景依然发挥着重要作用,但成为立体场景的一部分。立体场景下用户与设备的连接更加自然多样,除了屏幕式连接,语音、手势、动作、眼睛、神态、神经等形式都加入到连接范畴;5G 技术使更多的物体成为媒介,用户与媒介的角色对等趋势加强,人可以不刻意接触实体媒介达成传播目的,但这没

---

① 谭汪洋:《5G 时代视觉传播的能化突破与发展空间》,《新闻记者》2019 年第 8 期。

② 喻国明、王佳鑫、马子越:《场景:5G 时代 VR 改写传播领域的关键应用》,《现代视听》2019 年第 8 期。

有加强分离感，反而让用户成为传播过程中的自然存在，人本身亦是媒介，是场景的有机构成要素。

从单一场景到叠加场景的升维。按照场景的界面形式，可以将其划分为现实性场景、虚拟性场景以及现实增强性场景。① 4G 时代的新媒体场景主要是虚拟性场景，社交类媒体、音视频应用等满足了用户与虚拟内容的连接需求；此时，新媒体也悄然介入现实性场景当中，但这种介入是初级介入，即新媒体往往是伴随状态。可以说，4G 时代的现实性场景只是新媒体的初级介入，而未深刻影响场景，也未塑造出应用广泛的新场景。而 5G 技术塑造出 5G 家庭新媒体、5G 个人移动新媒体和 5G 车载新媒体，不仅拓宽了新媒体信息传播的应用场景，也为社会各领域和垂直行业创新新媒体传播生态提供了现实可能。② 在 5G 新场景下，现实性场景与虚拟性场景的界限被打破，新媒体深度介入现实性场景，现实增强性场景被创造，各种具体场景能够进行自由组合，场景呈现“叠加态”。

从真实场景到“拟真实”场景的升维。从内容的真实性来说，在 4G 时代的大部分时刻，我们很容易辨认出场景的内容、感受和体验是否是真实的。而虚拟现实（VR）、增强现实（AR）等沉浸式技术在 5G 时代将实现突破性发展与应用，真实场景与媒介构建的信息场景变得越来越难以辨认，新媒体信息场景升维到“拟真实”场景。从场景形式上看，“拟真实”场景是虚拟性场景或现实增强性场景，但与以往的场景的区别在于沉浸式技术构建的各类场景与现实性场景几无差别，我们完全沉浸在这种复合空间当中，以至于我们愿意相信“拟真实”即是真实。

三、5G 技术对新媒体传播关系的重塑

媒介技术关系的改变是塑造新型传播关系的重要基础。从技术哲学的视角，我们可以简略地描绘自第一次工业革命以来媒介技术发展的特征与趋势：技术嵌入文化阶段，以工业机器技术为代表，媒介技术主要是加强人体的感官；技术嵌入身体阶段，以信息技术为代表，主要是转换人体的感官；5G 时代，或可划为技术制造身体的阶段，以 5G 技术、人工智能为表征，技术正在创造人体的感官，甚至创造非人体的感官。③ 总之，对于 5G 时代的传播来说，技术对人体的嵌入程度加深，新的人体感官体验在发现或创造，人与人、物与物、人与物、人与社会的关系将被重塑，“万物皆媒”的传播格局正在形成。

5G 时代人与人的关系更多通过虚拟在场的方式来连接。虚拟在场指的是通过虚拟技术把人用符号、影像等方法展现出来，即使我们的肉体不在时，也能让我们和传播者或受传者产生一种全真模拟在场感。④ 在 4G 时代，以网络人际互动、网络社群互动为代表的人人关系

---

① 喻国明、王佳鑫、马子越：《场景：5G 时代 VR 改写传播领域的关键应用》，《现代视听》2019 年第 8 期。

② 卢迪、邱子欣：《5G 新媒体三大应用场景的入口构建与特征》，《现代传播（中国传媒大学学报）》2019 年第 7 期。

③ 孙玮：《媒介的隐没与赛博人的崛起——5G 时代的传播与人》，微信公众号“全媒派”，2019 年 7 月 12 日，https://mp.weixin.qq.com/s/S0c5wJMXzVay0uhoPIk7cg，访问日期：2021 年 4 月 27 日。

④ 包甜甜、常奕晨：《沉浸传播时代虚拟在场的思考》，《传播与版权》2019 年第 7 期。

已经实现了基础的虚拟在场。5G 时代的虚拟在场将进一步升级，借助于沉浸式技术，打造异地的个人虚拟现实影像或全息影像，使影像更加逼真，且人与人的互动维度更加丰富。

5G 时代物与物的关系则是万物互联。5G 技术是物联网得以广泛应用的基础技术之一，使无限量物体之间的通信成为可能。许多物体因此被打上了"信息标记（一般为传感器）"，这个标记使它可以接收或传输各类信息，物体被媒介化，实现了一定意义上的"万物皆媒"。物与物的关系不再是互相独立的个体，而是密切关联的传播节点，它们的关系可能造就全新的信息生产者，共同采集、加工、分发信息，如"媒体大脑"；也有可能造就问题解决协作者，共同保证某一传播生态的和谐运转，如智慧家居、无人驾驶汽车；甚至可能是竞争者，参加某一竞技类比赛，如机器之间的象棋比赛。

5G 时代人与物的关系将同时存在两个极端：完全嵌入或完全"分离"。完全嵌入的情形是，未来人也像物体一样被打上"信息标记"，标记是人体不能缺失的一部分（甚至是芯片植入），否则很多活动无法正常开展。完全"分离"的情形有两种：一种是物理意义上的，人所处的所有场景中物体都被媒介化，人与物不用接触就可发生传播过程，从而完成大部分传播活动；一种是功能意义上的，机器学习人的智慧，相对独立于人进行"思考"，与人形成互补关系，如机器自动化生产内容。不论是完全嵌入，还是完全"分离"，人与物实则保持着高度密切的联系，形成一种如影随形的"共生关系"，这种关系将为人机之间形成更多的互动与协作提供可能，甚至最终形成"人机合一"的局面。①

在人与人、物与物和人与物的关系被重塑的同时，个人与社会的关系也在发生深层次变革。对即将形成的 5G 社会，采集、生产和传播信息的未必是人，发生信息交互的也未必是人；在某些信息传播环节，人或许更多是指挥者、引路者，而不是执行者；但在某些环节，人或许不再是主导者，而变成了协作者、辅助者，甚至朝着旁观者的方向发展。这些都让我们思考人在这社会系统中处于怎样的地位。在这个新的社会关系系统中，除了原有的媒介，更多的物体成为媒介，人也成为广泛意义上的媒介，媒介因此变得隐没，因为它是生活中极其自然的存在——新媒体的价值也将被重新定义。

总之，技术的发展激荡着时代的脉搏，时代的需求又成为技术前进的原动力。数字技术、网络技术、移动通信技术、智能技术相互融合、相互支撑、相互促进，共同构建起一个无缝连接的复合式生存空间。在这个空间中，虚拟与现实相融合，为人们创造出数字化生存的多种可能性。

本章思考题

1. 试概述新媒体的四大技术依托。
2. 你了解物联网吗？请思考物联网的普及会给人们的生活带来哪些变化。
3. 请思考智能技术在媒体领域的应用有可能给社会带来哪些伦理与法律问题。
4. 请从多个角度分析 5G 技术对新媒体产生的影响。

---

① 彭兰：《万物皆媒——新一轮技术驱动的泛媒化趋势》，《编辑之友》2016 年第 3 期。

本章参考文献

1. 玛丽·吉科. 超连接:互联网、数字媒体和技术——社会生活[M]. 黄雅兰,译.2 版. 北京:清华大学出版社,2019.

2. 帕夫利克. 新媒体技术:文化和商业前景[M]. 周勇,译.2 版. 北京:清华大学出版社,2005.

3. 张文俊. 数字新媒体概论[M]. 上海:复旦大学出版社,2009.

4. 李学龙,龚海刚. 大数据系统综述[J]. 中国科学:信息科学,2015(1).

5. 郭全中,胡洁. 大数据时代背景下的传统媒体出路[J]. 新闻前哨,2017(3).

6. 曹三省,鲁丹. 万物互联时代的“物联网新媒体”[J]. 新闻与写作,2016(1).

7. 朱祝武. 人工智能发展综述[J]. 中国西部科技,2011(17).

8. 田丽. 我国媒体人工智能发展现状与问题[J]. 新闻战线,2019(23).

9. 王娟,何琰. 未来传媒业主力军——传感器新闻[J]. 科技传播,2016(22).

10. 卢维林,官承波. 赋能视角下媒体组织智能化思考[J]. 青年记者,2019(27).

11. 官承波. 加强智媒规范,保护人权隐私[J]. 新闻论坛,2018(6).

12. 谭汪洋.5G 时代视觉传播的能化突破与发展空间[J]. 新闻记者,2019(8).

13. 喻国明,王佳鑫,马子越. 场景:5G 时代 VR 改写传播领域的关键应用[J]. 现代视听,2019(8).

14. 卢迪,邱子欣.5G 新媒体三大应用场景的入口构建与特征[J]. 现代传播(中国传媒大学学报),2019(7).

15. 彭兰. 万物皆媒——新一轮技术驱动的泛媒化趋势[J]. 编辑之友,2016(3).

16. 孙宇,马晓丹. 立体、叠加与拟真实:5G 时代传播场景升维的基本方向[J]. 中国出版,2020(19).

XINMEITIGAILUN

第二单元

新媒体形态论

新媒体在发展演化过程中，各种形态层出不穷，从门户兴盛的Web1.0时代，到社会化媒体崛起的Web2.0时代，再到大数据、云计算、AI、VR/AR/MR云集的移动互联网时代，技术所催生的新媒体形态发生了翻天覆地的变化。这种变化离不开底层技术的驱动、社会需求的助力、政治力量的博弈和经济力量的制衡，正是社会生态中多维度力量的竞合关系推动了新媒体形态的巨变。正如美国著名新媒体专家罗杰・菲德勒所指出的那样："传播媒介的形态变化，通常是由于可感知的需要、竞争和政治压力，以及社会和技术革新的复杂相互作用引起的。"[①]用户需求的增长，草根话语的勃兴，国际软实力的较量，创意产业链的构建与绞合，媒体行业的协同发展，和新媒体技术一道促成了新媒体各种形态的裂变、分化与再聚合。

本书将新媒体形态划分为六大类：

一是网络媒体。网络媒体是新媒体最原初和最基本的形态，也是阐发出"新媒体"这一概念的核心应用领域。传统的桌面互联网服务及早期的门户网站等，开启了人机交互的沟通模式，引发了"互动""虚拟"等重要命题。随后，移动互联网与移动终端的发展，把大量的网络用户迁移到了移动互联网上，新的应用开始不断地开疆拓土。移动终端的智能化逐渐消融了"桌面端"与"移动端"之间的界线，因此二者可以统合到"网络媒体"这一大概念之下。

二是聚合类媒体。聚合类媒体是利用各种网络技术，将分散的互联网资源按照一定逻辑加以整合的媒体形态，并通过用户主动发出信息需求获取内容，或通过多样化、个性化、智能化方式推送到用户使用的终端设备上，从而满足用户"一站式访问"获取各类信息的需求。

---

① 罗杰・菲德勒：《媒介形态变化：认识新媒体》，明安香译，华夏出版社，2000，第19页。

三是社交类媒体。社交媒体扎根于网络媒体之上，依托于传统的人际网络关系，将日常的人际交流映射到互联网络之中，再借助于互联网络的连通性和无限延展性将日常人际交流再扩大和再深化，形成了独特的、个体可以随身携带的电子交流场域。

四是智能媒体。人工智能技术在传媒领域的全面渗透使媒体的发展、进化与融合进入到了一个新的阶段。未来传媒业的发展，很大程度上将与人工智能技术的引入和应用关联在一起。在媒体朝着智能化方向演进的过程中，很多媒体都带上了智能化的特征，还发展出了新的媒体形态，我们把这类媒体形态归为智能媒体。

五是互动电视媒体，其依托数字技术和网络技术发展而成，开辟了双向互动的电视传播模式，主要形态包括数字电视、IPTV和OTT-TV。

六是新型媒体，其基本保持着传统媒体的单向传播特性，但提供了新型的服务，获得了更广阔的传播范围，主要形态包括户外彩屏、楼宇电视和车载移动电视等。

第四章

新媒体形态演变概观

扫码可见
第四章PPT

第一节　网络媒体发展及形态

一、网络媒体发展历程

从20世纪90年代中叶至今，我国网络媒体经历了萌芽、成长、转型调整、全面发展以及进入移动互联网时代等几个发展阶段。

（一）拓荒探路：网络媒体的萌芽（1994—1998年）

1969年被认为是互联网的诞生年，美国国防部启动用于核战时通信的计算机网络开发计划阿帕网（ARPANET），即今天互联网的雏形。此后ARPANET技术开始向大学等研究机构普及。1983年，阿帕网宣布将过去的通信协议“NCP（网络控制协议）”向新协议“TCP/IP（传输控制协议/互联网协议）”过渡，美国全国性互联网才真正建立起来。1991年，欧洲粒子物理研究所科学家提姆·伯纳斯·李开发出了万维网（World Wide Web）以及便捷的浏览器软件，此后互联网开始向社会大众普及。从1994年开始，国际互联网的发展开始从科研教育领域向商业性计算机网络转变，一批以搜索引擎服务来吸引用户的商业门户网站（如Yahoo!）开始亮相，从而引发了全球性的互联网热潮。

中国是这次全球性互联网热潮的践行者。早在1987年，北京计算机应用技术研究所就建成了我国第一个互联网电子邮件节点；1987年9月14日，钱天白教授向世界发出了我国第一封电子邮件：“Across the Great Wall we can reach every corner in the world（越过长城，走向世界）”，从而揭开了中国人使用互联网的序幕。1994年4月20日，中国与国际互联网相联的网络信道开通，首次加入国际互联网大家庭，开始踏上互联网征程。

1995年5月，张树新创立了第一家互联网服务提供公司——瀛海威时空，教育和培养了中国第一代网民。1997年，我国开始引入门户网站的概念，互联网成为一种日趋独立的新媒体。这一年，中国三大商业门户网站开始起步，张朝阳创办了爱特信ITC网站，次年2月，推出“搜狐”；6月，丁磊创办了网易公司；9月，王志东四通利方获得风投，次年12月，与台湾华渊资讯网合并，取名“新浪”。新浪、网易、搜狐这三大门户网站在互联网的萌芽阶段相继诞生，并日趋活跃，成为日后中国诸多商业网站中的领头羊。

值得一提的是，互联网开始发展的20世纪90年代中期，也是传统新闻媒体网络化的初始阶段。早在1987年，位于美国硅谷的《圣何塞信使报》就已经利用互联网传送报纸内容。[①] 1995年1月12日，由教育部主办的《神州学人》杂志通过互联网发行了《神州学人周刊》电子版，成为国内刊物上网的开拓者，由此拉开了国内网络媒体发展的序幕。1995年12月，《中国日报》网站开通，在国内开全国性日报办网站之先河。1995年4月中国新闻社香港分社开通网站；次年12月，中央电视台建立网站（www. cctv. com），标志着中国广播电视媒体开始向网络传播领域进军。在这一时期，中国传统媒体网络化的主要目标是借助网络改善发行状况，提高自己在海外的影响力，但从形式上看，还不免有些原始、粗糙，内容也多是印刷版的翻版。[②] 即便如此，它们依旧是传统媒体中勇敢的尝试者，中国传统媒体的网络化由此迈出了第一步。

（二）快速成长：网络媒体飞跃发展（1999—2000年上半年）

从1999年到2000年上半年，受全球互联网高热、亢奋的影响，国内互联网空间异常活跃，各类网站开始兴起，中文网站建设和网民数量呈指数增长，新闻网站成为网民获取新闻信息的重要途径，中国网络媒体的发展进入了一个飞跃发展的阶段。

国内的商业网站在这一阶段获得飞速成长，尤其是新浪、搜狐和网易三大网站，逐渐发展成为国内门户网站中的中坚力量。同时，经过萌芽期的发展，全国已有1/7的报纸办起了自己的网络版，进入这一阶段后，中国传统媒体开始了第二次触网潮。

2000年1月，国务院新闻办公室在北京举行了国内首次互联网网络新闻宣传工作会议，由此拉开了网络媒体规范发展的序幕，网络传播、网络新闻正式被纳入法制化管理轨道。同年4月，国务院新闻办网络新闻管理局成立，负责统筹全国互联网络新闻宣传工作，网络新闻传播管理体制初具雏形。2000年5月，中宣部、中央外宣办下发《国际互联网新闻宣传事业发展纲要（2000—2002）》，这一文件提出了互联网新闻事业建设的指导原则。

（三）转型调整：网络媒体破冰而行（2000年下半年至2004年）

1. 商业网站曲折发展

2000年，国内几大门户网站刚刚在纳斯达克上市，就经历了全球互联网经济的泡沫和纳斯达克市场惊心动魄的动荡，这给整个互联网产业发展带来了灾难性的影响。国内许多商业网站都没能熬过这个网络泡沫的严冬，纷纷倒闭。风云一时的263首都在线、FM365等商业网站开始另谋他途，仅新浪、搜狐、网易等几家在苦苦支撑，国内商业网站由此进入了一个调整与重新探索的时期。

在巨大的生存压力下，一路狂奔的国内商业网站开始放慢速度，重新审视自己的经营模式，进行以盈利为目标的艰难转型。国内商业网站的盈利模式已经从单纯的以网络广告为主要收入来源，拓宽到以增值服务、网络游戏、网络广告三大渠道为主的多元化收入渠道。

---

① 闵大洪：《数字传媒概要》，复旦大学出版社，2003，第77页。

② 彭兰：《中国网络媒体的第一个十年》，清华大学出版社，2006，第33页。

2. 网络媒体改版,舆论引导能力增强

商业网站的寒冬却并未过多影响到媒体网站的发展。这一阶段,媒体网站仍在其既定的轨道上平稳运行,只不过经过前一阶段的发展,媒体网站此时进入了调整期,人民网、新华网、央视国际等重点新闻网站相继调整定位,升级改版,进一步提高了网络新闻报道的权威性和时效性。

此外,这一阶段国内外的重大突发事件也促进了网络新闻与网络舆论的飞速成长。“哥伦比亚”号飞机失事、美伊战争、“非典”暴发等重大事件的发生,使得国内网站的新闻业务水平获得历练与提高,无论是新闻报道的速度与数量,还是报道的深度,国内网站都有很大提升。

3. 2004 年:网络媒体发展的第二个转折点

2004 年被誉为中国网络媒体发展的第二个拐点。到 2004 年 4 月,我国依法取得登载新闻资格的网站有 163 家,全国有 1400 多家新闻单位在网上提供新闻服务。新浪、搜狐等商业门户网站以快速全面的内容、免费丰富的服务获得网民青睐;由传统新闻媒体创办的综合性新闻网站迅速崛起,这些网站不仅成为人们获取信息的重要渠道,也成为其他网站登载新闻的主要来源。

以博客为代表的网络传播新形态此时也开始崭露头角。2003 年的“木子美事件”,引发了 2003 年年底到 2004 年的博客热潮。2004 年,博客数量突破了百万并日益主流化,博客开始成为互联网上的一种普遍现象,其个人媒体的性质使它成为网络迈入 Web2. 0 时代的标志之一。

2003 年 12 月,中国互联网协会互联网新闻信息服务工作委员会在北京成立,其首批成员单位签署了《互联网新闻信息服务自律公约》,标志着网络媒体行业自律机制的建立。与此同时,国内各网站也开始关注自身的社会责任与自律问题。

(四)全面发展:网络媒体的主流化成长(2005—2009 年)

1. 网络媒体从边缘成为主流

2005 年以后,中国网络媒体日趋成熟,进入全面发展的新阶段。经过互联网十多年的发展,新闻网站的影响力和公信力日益壮大,以新华网和人民网为代表的中央重点新闻网站已经成为中国网络新闻影响力的重要主导者。2006 年 7 月,中华全国新闻工作者协会主办的第 16 届“中国新闻奖”揭晓,网络新闻作品首次纳入该奖评选,网络媒体作为主流媒体的地位得到官方认可。2008 年是我国的网络舆论年,这一年,在“5・12”汶川地震、北京奥运会等重大主题新闻中,网络媒体均发挥了前所未有的作用。

这一时期,网络音频、视频网站出现爆发式增长。2004 年 11 月,乐视网成立掀开了中国视频网站的序幕,而 YouTube 在美国的成功,促使国内如土豆网、56. com、优酷网在内的大批视频分享网络成立,到 2007 年,中国视频分享网站已经超过 200 家。此外,新兴的垂直类互联网公司继续崛起,挑战着传统的主流门户网站。

2. 社交媒体的产生与初步发展

到2005年,博客进入大众化阶段,拉开了中国网络媒体以社交媒体、自媒体为标志的新阶段。国外社交产品推动了社交网络的深度发展。2002年,LinkedIn成立,2003年,运用丰富的多媒体个性化空间吸引注意力的MySpace成立,2004年,复制线下真实人际关系来到线上低成本管理的Facebook成立,这些优秀的社交网络产品或者服务形态,一直遵循社交网络的"低成本替代"原则,降低人们社交的时间与成本,取得了长足发展。国外社交网络如火如荼发展之际,中国社交网络产品相继出现,如2005年成立的人人网,2007年成立的饭否网,2008年成立的开心网等,拉开了中国社交网络大赛,传统互联网正迈向一个全新的时代——社交媒体时代。

3. 网络媒体进一步纳入规范化发展道路

2005年9月25日,国务院新闻办公室、信息产业部联合发布《互联网新闻信息服务管理规定》,同时废除了2000年颁布的《互联网站从事登载新闻业务管理暂行规定》,这成为网络新闻媒体史上又一标志性的大事件。从2009年下半年起,新浪、搜狐、网易等门户网站纷纷开启测试微博与微信功能,进一步丰富了新闻的传播方式。[①]

(五)移动网络媒体的诞生与发展(2010年至今)

1. 智能手机和通信网络的发展

2007年1月,苹果正式推出了第一款真正意义上的智能手机iPhone。2009年,3G牌照正式向中国三大运营商电信、联通、移动发布。以iPad和iPhone为代表的平板电脑和智能手机,在2010年将中国网络媒体全面带入了移动新媒体时代,智能终端为信息显示提供了载体,而通信网络为信息传递提供了通道。截至2020年12月,我国网民规模为9.89亿,其中,网民使用手机上网的比例达99.7%。[②] 2020年6月6日上午,工信部向中国电信、中国移动、中国联通、中国广电发放了5G商用牌照,标志着中国正式进入5G时代。

2009年8月,新浪推出"微博",由此拉开了中国微信息社交网络时代的大幕。2010年新华网、人民网、凤凰网以及和讯财经等多家传统新闻媒体推出了微博产品,具有LBS功能的基于真实位置的社区街旁网诞生;具有O2O性质的互联网团购网站美团网正式开始运营。2011年,具有革命性的移动端语音即时通信平台微信正式推出。微博和微信等移动社交产品的出现,掀起了自媒体的第二次高潮。

2. 移动互联网时期的网络媒体

随着移动互联网时代在中国的全面到来,媒体基于移动平台的转型时期正式拉开帷幕。

---

① 国家互联网信息办公室、北京市互联网信息办公室主编:《中国互联网20年:网络媒体篇》,电子工业出版社,2014,第33页。

② 中国互联网络信息中心(CNNIC):《第47次中国互联网络发展状况统计报告》,中国互联网络信息中心,2021年2月,http://cnnic.cn/hlwfzyj/hlwxzbg/hlwtjbg/202102/P020210203334633480104.pdf,访问日期:2021年3月26日。

传统媒体最先试水新闻客户端，如《人民日报》、央视新闻、澎湃新闻以及并读新闻客户端等，此类客户端主要依托传统媒体提供新闻信息，内容的差异化不明显。2012年，以今日头条为代表的聚合类新闻客户端迅速发展起来，这类客户端更多地显现出平台属性，即整合其他网站或自媒体信息，同时对用户个人数据进行挖掘，通过算法将个性化资讯推送给用户，成为当前移动新闻市场最有竞争力的应用之一。

在移动资讯应用市场，垂直类资讯应用渗透率不断提升，如“第一财经”“梨视频”等，且容易聚集高忠诚度的用户形成社群，便于在此基础上开展付费内容业务。① 此外，“新闻+社交”也成为移动媒体发展的重要方向，国内的移动新闻客户端开始尝试在整合新闻信息的基础上链接用户的社交关系，在产品形态、功能升级以及界面呈现上不断强化社交功能，继“信息流”之后，“社交流”将成为新的内容呈现方式。②

目前，我国移动互联网市场已经全面进入存量时代。用户结构渐趋稳定，用户的网络使用程度在进一步加深。③

3. 边缘化的门户业务

2010年，建立在PC端优势上的门户开始遭遇第一次全面的冲击：网民主要上网时间开始从PC转向手机。以高密度、大容量聚合内容与服务的门户网站，在这场终端注意力大转移中，成为最大的输家之一，门户网站由此全面进入边缘化阶段。

2015年至2016年，美国电信巨头威瑞森（Verizon）相继收购了老牌门户AOL和雅虎。国内，BAT不仅在收入和市场价值的绝对数上超越了三大门户，而且拉开差距的速度很快。直到今天，门户并没有死亡，但互联网的门户时代的已经远去。随着移动互联网时代的全面到来，媒体特性不再是互联网最重要的特性之一，互联网已经成为真正的、全方位的生活方式，严格意义上的媒体消费也已不再是主流网民的主流消费。④

二、门户网站

门户网站译自英文“Portal Site”，被理解为人们进入互联网的始发地，是一个为了满足网民对信息与服务的不同需求而产生的信息共享的网络枢纽。在这个枢纽中，网民为了相同的目的——获取信息而来，又为了各自不同的目的而去。于是，门户网站就成为集合众多内容、提供多样服务的“大门厅”，以便最大限度地成为人们上网的首选。⑤

---

① 彭兰：《网络传播概论（第四版）》，中国人民大学出版社，2017，第147页。

② 唐辰：《资讯类客户端的演进之路：社交化将是共同方向》，搜狐网，2017年11月，http://www.sohu.com/a/205991700_135562，访问日期：2021年3月26日。

③ QustiMobile研究院：《QuestMobile2020中国移动互联网年度大报告》，QustiMobile，2021年1月，https://www.questmobile.com.cn/research/report-new/142，访问日期：2021年3月26日。

④ 方兴东、钟祥铭：《中国门户网站之发展历程、规律和启示——反思门户思维对中国互联网和传统媒体转型的内在影响》，《新闻与写作》2019年第2期。

⑤ 杜骏飞：《网络传播概论》，福建人民出版社，2004，第62页。

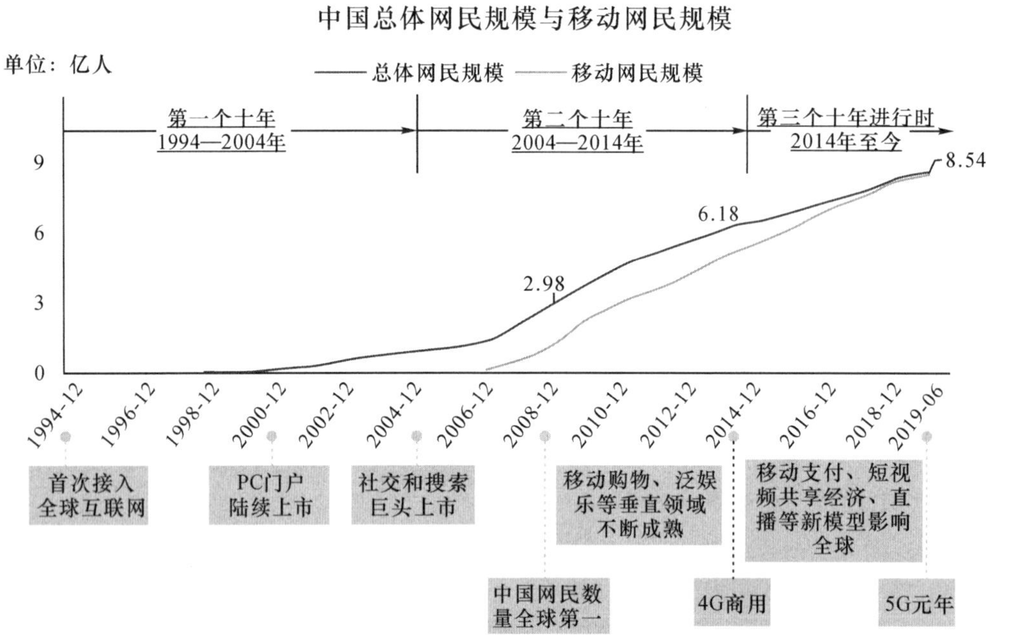

图4-1　1994年12月至2019年6月中国网民规模发展状况①

在早期的发展中，门户网站主要向用户提供信息检索服务，如门户网站的鼻祖Yahoo！即以分类搜索起家。随着Web2.0的蓬勃发展与门户网站自身的成长，门户网站从单一的搜索门户扩展到集内容服务、信息服务、网上交易、虚拟社区于一体的综合性门户，②如国外的AOL、MSN，国内的新浪、搜狐、网易、腾讯等。同时，随着市场的细分趋势，门户网站又从大众化的商业门户、综合门户发展到分众化的政府门户、个人门户、垂直门户等第二代门户。

（一）门户网站的类型与特征

门户网站从最初的搜索引擎服务发展到集多种功能于一体的一站式服务，其内涵与外延不断被拓展。根据不同的划分标准，门户网站可以分为不同的类型。比如按门户网站的内容分，可以分为新闻网站、行业网站和综合性门户网站；按门户网站的功能分，可以分为服务型网站、展示型网站和交易型网站；按门户网站的创建者分，可以分为个人网站和机构网站。

门户网站作为一种比较有代表性的新媒体，既拥有网络媒体的共性，早期也包含着自身的一些独特性：如稳定而庞大的用户群、网民的依赖性与高黏性、巨大的吸纳能力等。

---

① QuestMobile研究院：《Qusetmobile2019中国移动互联网八大关键词》，QustiMobile，2020年1月，https://www.questmobile.com.cn/research/report-new/79，访问时间：2021年3月26日。

② 屠忠俊主编：《网络传播概论》，武汉大学出版社，2007，第125页。

（二）门户网站的式微与转型

新媒体环境下，与门户网站功能相似但又具有突出优势的聚合类媒体应用不断涌现，对用户的争夺大战愈演愈烈。一方面，随着智能手机和移动互联网的普及，传统 PC 端门户网站逐渐被边缘化，移动资讯领域成为各大互联网公司争夺的重要资源，也深受各路资本青睐，如今日头条、一点资讯等信息聚合类新闻客户端都在以更能读懂用户的方式进行着各种方式的用户竞争。另一方面，这些移动资讯类客户端强调信息流和精准推送，更加符合用户的阅读习惯，并能更积极推动其客户端与智能手机生产商进行合作，实现预装，提前收获用户，而门户网站在这一方面处于劣势地位。

内容变现是门户网站实现可持续发展的动力，在移动设备使用率远高于 PC 端的当下，如何根据用户移动端的使用探索出有效的内容变现方式，是门户网站面临的重要挑战。如目前较为常见的信息流广告，就是在不损害用户体验之下的一种适应移动端特性的变现方式。作为要同内容聚合应用竞争的门户网站，如何强化创新意识，创造性地开辟新盈利模式，从而促进内容变现，是门户网站亟须解决的问题。①

三、网络视频

从广义上看，所有基于网络传输的各式各类的视频服务，都可视为网络视频，包括基于公共互联网传播的在线视频服务（视频网站、网络电视台、直播/点播客户端、微视频等）、OTT-TV（互联网电视）、实时视频（如视频聊天、视频会议、在线教育、影像监控）；基于电信专网传播的 IPTV；基于广电网的高清互动电视；以及基于数字化广播电视网传播的公共视听媒体（如移动电视、楼宇电视）和移动多媒体数字广播（CMMB）等。狭义的“网络视频”专指互联网在线视频（Online Video），即以互联网与移动互联网为载体的在线视频产品和服务，包括视频分享网站、视频客户端，与互动电视、公共视听媒体等不同属于一个门类。② 目前学界和业界惯用的“网络视频”更倾向于其狭义概念。

（一）网络视频的类型

随着新媒体技术的发展以及多平台的不断融合，网络视频的种类日趋丰富，根据不同的标准可以划分为不同的种类。从网络视频的内容产品角度来划分，网络视频可以是网络新闻、网络综艺、网络影视剧、网络纪录片、网络广告等影像节目类型；从网络视频的内容来源来看，网络视频可以分为用户创作视频（如 B 站、YouTube）和专业机构创作视频，其中，专业机构创作视频又可以分为广电系统创作的网络视频（如芒果 TV、CNTV）和互联网公司创作的视频（如爱奇艺、优酷和腾讯视频）；从网络视频的时长来分，网络视频可以分为长视频和短视频；从拍摄和播放的时间关系来看，网络视频又可以分为直播视频与录播视频。

---

① 黄楚新、郭海威：《媒介演进视域下中国门户网站发展转型研究》，《新闻与写作》2019 年第 2 期。

② 何白：《中国网络视频产业发展研究》，厦门大学博士论文，2017，第 7 页。

（二）网络视频的现状和趋势

截至2020年12月，我国网络视频用户规模达9.27亿，占网民总体的93.7%，其中，短视频用户规模为8.73亿，占网民整体的88.3%。[①] 头部视频平台优势继续凸显，在线视频平台用户、内容、流量均向爱奇艺、优酷、腾讯视频集中，短视频平台中抖音、快手月活用户遥遥领先，直播平台中花椒、斗鱼、YY和虎牙稳居第一阵营，市场格局更加明晰。各类网络视频平台加速生态布局，内容、宣发、体验、付费多端链路结合，平台整体协同能力逐渐凸显。[②]

经历了上半场的野蛮生长和江湖混战，下半场的短视频行业将逐步过渡到规范发展、深耕细作的新阶段。[③] 2019年1月，中国网络视听节目服务协会发布《网络短视频平台管理规范》和《网络短视频内容审核标准细则》，为快速发展的短视频行业提供了规范的运营方向。同年3月，国家互联网信息办公室指导组织抖音、快手、火山小视频视点上线"青少年防沉迷系统"，进一步加大对短视频平台的内容质量监管。规范发展的同时，"短视频+电商""短视频+社交""短视频+旅游"等模式逐渐成熟，不仅为短视频行业发展带来了新的价值增长点，也助力了其他行业的多样化和垂直化发展。此外，短视频产业的快速发展也引发了传统媒体和政务部门的关注和入驻，拓展了短视频平台的社会功能，《人民日报》、新华社、中央电视台等主流媒体和共青团中央、中国长安网、平安北京等政务媒体在抖音、快手等短视频平台开设了账号。截至2020年年底，共有26098个政务号入驻抖音，抖音成为政务和媒体信息传播的新平台。[④]

抖音及快手是短视频领域中优势明显的头部应用。快手发展起步早，用户基础深厚，且积极发展电商和游戏直播等业务；抖音虽然发展时间较短，但入驻KOL数量多，带货推广情况良好，也成为用户最多的短视频平台。

2019年，各大直播平台继续推动"直播+"布局，与电竞、综艺、文化、旅游、教育等产业相结合，努力构建多元化、差异化、高品质直播生态体系，成为行业发展的主要动力。2020年上半年，受到全球范围暴发的新冠肺炎疫情影响，电商直播发展势头迅猛。在政府层面，电商直播成为各级政府提振经济、拉动消费新增长点的重要手段；在企业层面，各大互联网公司的涌入和积极布局使得电商直播迅速发展壮大；在用户层面，电商直播激发和满足了新冠疫

---

① 中国互联网络信息中心（CNNIC）：《第47次中国互联网络发展状况统计报告》，中国互联网络信息中心，2021年2月，http://cnnic.cn/hlwfzyj/hlwxzbg/hlwtjbg/202102/P020210203334633480104.pdf，访问日期：2021年3月26日。

② 王晓红、王芯蕊：《网络视频的生态融合与跨界赋能》，《中国新闻传播研究》2019年第3期。

③ 赵子忠、付姝姣：《2018年中国短视频行业发展报告》，载《全球传播生态发展报告（2019）》，社会科学文献出版社，2019，第151页。

④ 中国互联网络信息中心（CNNIC）：《第47次中国互联网络发展状况统计报告》，中国互联网络信息中心，2021年2月，http://cnnic.cn/hlwfzyj/hlwxzbg/hlwtjbg/202102/P020210203334633480104.pdf，访问日期：2021年3月26日。

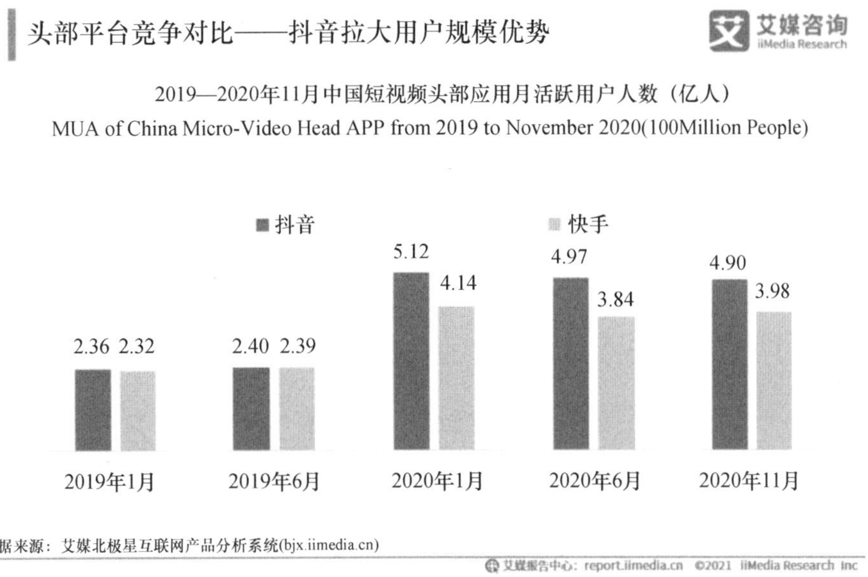

图 4-2 短视频头部应用月活跃用户人数对比①

情期间用户的线上购物需求，并与抗疫救灾、脱贫助农等具体目标实现了有机结合。②

四、网络出版

出版活动是满足人类传递信息、保存知识、传承文化等需求的重要方式。长久以来，传统的出版为我们留下了内容丰富、载体各异的皇皇巨著。而互联网时代所开辟的网络出版则拓展了传统出版的物理空间和行为空间，以比特流方式承载丰富的多媒体形态，从单维度的权威出版向多维度的草根出版改变。

（一）网络出版的界定与特点

2002 年 6 月 27 日，新闻出版总署和信息产业部颁布了《互联网出版管理暂行规定》，对网络出版的定义进行了明确的界定，该规定所称的互联网出版也就是网络出版，是指互联网信息服务提供者将自己创作或他人创作的作品经过选择和编辑加工，登载在互联网上或者通过互联网发送到用户端，供公众浏览、阅读、使用或者下载的在线传播行为。其作品主要包括：（一）已正式出版的图书、报纸、期刊、音像制品、电子出版物等出版物内容或者在其他媒体上公开发表的作品；（二）经过编辑加工的文学、艺术和自然科学、社会科学、工程技术等

① 艾媒咨询：《2020—2021 短视频头部市场竞争状况专题研究报告》，艾媒网，2021 年 1 月，https://www.iimedia.cn/c400/76654.html，访问日期：2021 年 3 月 26 日。

② 中国互联网络信息中心（CNNIC）：《第 46 次中国互联网络发展状况统计报告》，中国互联网络信息中心，2020 年 9 月，http://cnnic.cn/hlwfzyj/hlwxzbg/hlwtjbg/202009/P020210205509651950014.pdf，访问日期：2021 年 3 月 26 日。

方面的作品。①

从广义上来看，凡是通过互联网这一技术媒介，以文字、图片、音频、视频等形式传播知识、信息、观点的活动都可以称为网络出版。从狭义上来讲，网络出版指的是那些具有合法出版资格的出版机构，以互联网为载体和流通渠道出版并销售数字出版物的行为。这一概念肯定了网络出版是传统出版手段在电子与网络时代的新形式，主体的合法性、作品的数字化、流通的网络化和交易的电子化构成了网络出版的基本要素。②

1. 网络出版的分类

从网络技术层面简单而言，网络出版包括手机出版与有线网络出版两大领域。

按出版主体划分，网络出版可以分为个人直接出版、出版机构直接出版和网络公司等代理机构代理出版。

按出版的内容分，网络出版可以细分为网络学术出版、网络文学出版、网络报纸出版、网络期刊出版、网络图书出版、网络游戏出版、网络音像出版等。

按出版形式分，网络出版可以分为简单出版、多媒体出版、混合出版三种类型。

2. 网络出版的传播特点

我国目前从事网络出版的单位已不仅限于专业的出版机构，报社、杂志社、影像电子出版社、门户网站、网络游戏公司等诸多商业机构、教育机构，甚至是个人都加入到了网络出版者的阵营中来。

游戏、动画、学术论文、博客文章等都已纳入网络出版的范畴，随着网络出版的不断发展，其内容将会进一步丰富。网络出版从产品形态上来讲是数字化，从流通方式上来讲是网络化，从支付方式上来讲是电子化。网络出版具备了向读者提供个性化服务的特点，根据各自不同的需求，读者可以向出版者提出特殊的定制服务。

（二）网络文学

1. 网络文学的界定与发展概况

网络文学主要是指以传统手法创作出来、在网上发表的原创作品，包括在网上“发表”后又被传统出版物出版的文学作品；同时，网络文学也包括利用网络的多媒体和 Web 交互作用创作出来的文学作品，仅在互联网中存在，其代表有多媒体剧本、接龙小说等。

网络文学作为一种新的文学样式，与传统文学有着千丝万缕的联系，而又彻底颠覆了以往文学的存在样态。1998 年痞子蔡的《第一次的亲密接触》在网络上引起关注，成为中国网络文学发端的标志性事件。1999 年朱威廉在上海创立的“榕树下”，揭开了网络与文学的“黄金时代”。2003 年 10 月起点中文网成功推出在线收费模式。付费阅读、网络作家职业化、用户激励机制等成为中国网络文学独特的商业模式。随后诞生了一批受欢迎的网络写

① 新闻出版总署、信息产业部：《互联网出版管理暂行规定》，中华人民共和国国务院新闻办公室，2004 年 7 月，http://www. scio. gov. cn/wlcb/zcfg/document/306985/306985. htm，访问时间：2021 年 3 月 26 日。

② 周荣庭：《网络出版》，科学出版社，2004，第 6 页。

手，如唐家三少、天蚕土豆、安妮宝贝等，以及为各大出版社争相抢印的网络文学作品，到2008年，以玄幻、历史、言情为代表的类型小说空前繁荣。2010年随着移动端发展，网络阅读从PC端转移到手机端，中国网络文学进入到移动阅读新时代。

目前国内最大的网络文学平台阅文集团成立于2015年3月，“由腾讯文学和盛大文学合并组成，旗下囊括了起点中文网、创世中文网、小说阅读网、潇湘书院、红袖添香、云起书院、QQ阅读、中智博文、华文天下等网文品牌”，从内容、作者、渠道和产业链四个方面对其旗下的海量IP资源进行运营。① 近年来，网络文学IP生态急剧升温，通过对网络文学原创作品进行影视、游戏、动漫等不同内容形式的再开发，延长了网络文学产业链，带动泛娱乐生态链各环节产生联动放大效应。2019年网络文学市场规模达到201.7亿元，网络文学发展逐渐进入稳定期。②

2. 网络文学的特征

网络文学已成为互联网上重要的内容产业，拥有着完整的产业链，成熟的商业模式，为影视、游戏等源源不断提供着素材。在产业链上游，越来越多的90后、95后年轻作家在网络文学平台脱颖而出。数据显示，阅文集团2018年新增作家群体中，90后作家占比超过七成，95后作家占比接近五成。内容创作方面，作品题材日渐多样化，涉及玄幻、言情、科幻、历史、军事、二次元等各垂直细分类题材。③ 在产业链下游，国内网络文学规模已破4亿元，30岁以下网络文学用户占比为73.1%。

另外，国内网络文学平台的海外影响力不断扩大，为行业营收进一步增长提供了空间。阅文集团旗下海外门户“起点国际”累计访问用户超2000万，海外作者超1.2万人。从最初的海外出版授权、到海外平台搭建与网文内容输出，再到目前海外原创内容上线及IP内容输出，完成了从文本输出到模式输出、文化输出的转变，④网络文学出海步伐稳步推进。

（三）网络游戏

网络游戏是人类在21世纪发现的一座魔力金矿，其所创造的产业价值令人惊叹。随着宽带网络的不断升级和游戏技术的日臻成熟，全球网络游戏市场不断融合，产业规模快速增长。同时，移动互联技术的发展让移动端游戏成为日常生活中重要的便携式娱乐内容。

1. 网络游戏的概念与发展概况

网络游戏，又称在线游戏，简称“网游”，是指以互联网为媒介，以游戏运营商服务器和用户计算机为处理终端，以游戏客户端软件为信息交互窗口，可供多人同时参与的，以娱乐、休

---

① 姚婷婷：《阅文集团IP运营研究》，硕士学位论文，南京大学，2016，第24页。

② IP价值官：《2020，文学IP的应“市”之年》，36氪，2021年1月，https://36kr.com/p/1065007567168897，访问日期：2021年3月26日。

③ 阅文集团：《2018年网络文学发展报告》，199IT，2019年2月，http://www.199it.com/archives/834027.html?device=geekTi me.android，访问日期：2021年3月26日。

④ 艾瑞咨询：《2020年中国网络文学出海研究报告》，艾瑞网，2020年9月，http://report.iresearch.cn/report_pdf.aspx? id=3644，访问日期：2021年3月26日。

闲、交流为目的的游戏项目。根据网络游戏内容不同，可将其分为七大类型：角色扮演类游戏、动作类游戏、休闲类游戏、策略类或战略类游戏、棋牌类游戏、模拟类游戏、运动类游戏。网络游戏已成为一个资源整合的交互型媒体平台，包括实时聊天、游戏角色扮演、虚拟社区、虚拟财产交易甚至游戏文化衍生等多种功能，从而“为人们创造了一个具有时空压缩、无边界、开放、自由、匿名等特征的虚实世界，让人们能够在其中从事探险、交往、竞争、互动、建构认同等社会行为”①。

1998 年，联众游戏大厅出现，人们开始在网络上进行棋牌类休闲游戏的对战，之后大量的 PC 端游逐步出现，包括《传奇》《大话西游》等都大获成功，从 1998 年到 2010 年，端游和页游共同构成了 PC 网络游戏发展的黄金 12 年。2010 年，随着移动互联网的发展，移动游戏开始出现，2014 年移动设备的普及基本完成，4G 网络成为主流，移动游戏获得快速发展，《王者荣耀》等多款现象级游戏出现，移动游戏的社交属性在微博、微信的催化下也得到了迅速放大。2016 年起，移动游戏收入占比超过 PC 端游，用户依赖手机玩游戏的习惯逐渐养成。

随着移动游戏的发展，H5 小游戏、小程序中的小游戏等由于门槛低、玩法轻度，适应人们碎片化的移动互联网生活，以及能够利用平台入口切入人们的游戏需求，获得了大量用户的喜爱。微信生态中大量的活跃用户以及小游戏基于社交、易于分享的特质都展现了小游戏发展的巨大潜力。

随着 5G 时代的到来，云游戏作为 5G 新应用领域，引发了高度关注。云游戏是一种以云计算技术为基础的在线游戏方式。游戏中的所有计算（包括画面渲染、数据同步、交互逻辑等）全部在云端服务器进行，并通过互联网接受玩家的输入指令，同时将处理完成后的最终画面结果显示在玩家的前端设备上。用户无须下载游戏，且对显卡、CPU 等设备的要求不高，只需要具备基本的视频解压能力和联网功能即可。云游戏的发展展现了游戏载体轻量化，游戏内容重度化、精品化的趋势。

2. 网络游戏发展的融合态势

随着互联网的普及与网游渗透率的快速提高，中国已成为全球网络游戏用户最集中的地区，我国网络游戏的市场规模在全球占据着相当大的比重，已成为全世界最为活跃的网络游戏市场之一。

(1) 产业融合

网络游戏具有高产业关联度，因此产业融合是网络游戏发展的大势所趋。游戏作为文化产业的重要组成部分，在泛娱乐融合上一直走在前列。泛娱乐是贯通游戏、文学、动漫、影视、戏剧等多种文化创意领域的互动娱乐新生态，本质是内容产品在多元文化娱乐业态之间的迭代开发，通过内容产品连接、受众关联和市场共振，有效地降低产品前期开发风险，同时扩大受众范围，实现规模效应。游戏作为文化产业中的重要一环，和影视、文学、动漫间的融合发展越来越多。

① 黄少华：《网络空间的社会行为：青少年网络行为研究》，人民出版社，2008，第 224 页。

（2）媒体融合

网络游戏的媒体融合趋势，既表现为交互电视网络游戏的出现，还表现为近几年社交媒体与游戏的深度融合。

游戏与社交媒体尤其是视频社交平台的融合造就了各类以游戏为中心的社群。尤其是短视频平台，成为玩家观看游戏教学内容、赛事集锦以及主播日常的重要渠道。社交媒体成为玩家游戏外交流、互动的空间，有利于玩家获取游戏最新消息，增强对游戏的认同感和归属感。KOL 作为游戏优质 UGC 内容的生产者，为游戏文化和游戏氛围的形成起着至关重要的作用。

游戏与电视媒体的融合催化了职业电子竞技和游戏联赛的诞生。通过电视游戏频道、游戏媒体、直播平台，电竞聚集起数亿观众共同观看电竞赛事。电竞赛事已逐渐发展成为一个规模庞大的产业，产生了包含游戏、直播、电子竞技赛事等相关的收益价值链。2018 年以来，中国电子竞技进入爆发期。2019 年，电子竞技员正式成为一种职业，电子竞技的市场规模达到 982.2 亿元，其中，移动电竞成为行业增长主要推动力。①

（3）文化融合

网络游戏所构造的丰富文化环境为全球的文化交流与融合发挥了巨大作用。网络游戏如今已经形成了集全球游戏公司、运营平台、开发商、研发人员以及众多玩家的大型网络社会，这种虚拟且现实的网游“地球村”，催生了具有特色的多元文化元素。

综观网络游戏市场，各种来自不同文化背景的网络游戏都在用不同的文化元素去吸引玩家。同时，国外的网络游戏若想顺利进入本土网游市场，必须进行自身文化与本土文化之间的融合，这也是成功打入出口国网游市场的重要举措。

（四）网络动画

1. 网络动画的发展历程

自 1906 年美国电影胶片动画《一张滑稽面孔的幽默姿态》起，动画片已有超过百年的历史。广义上的网络动画应该包括 Flash 动画、Gif 动画以及通过调用类似 Java Applet 这样的小程序由静态图片制作而成的动态画面等。

伴随动画技术和相关软件工具的不断创新，网络动画亦随之获得了良好的发展契机。1999 年，世界著名的 Flash 动画独立创作人乔·希尔兹（Joe Shields）利用 Flash 软件制作了一部动画短片《搅拌机里的青蛙》，可算是 Flash 动画的肇始。1999 年，在网络动画界赫赫有名的“边城浪子”率先提出了“闪客”这一概念。

随着视频网站如暴风、B 站的兴起，Flash 动画热度不断下降。2009 年“闪客帝国”关闭促使很多独立制作人转战成为网络动画的中坚力量，如曾经的闪客皮三于 2011 创作的《泡芙小姐》火爆网络。②

---

① 艾媒咨询：《中国电子竞技市场运行监测报告》，艾媒网，2020 年 7 月，https://www.iimedia.cn/c400/72491.html，访问日期：2021 年 3 月 26 日。

② 卢晓红：《“互联网+”时代国内网络动画的发展趋势》，《齐齐哈尔大学学报（哲学社会科学版）》2016 年第 8 期。

在国漫领域，腾讯企鹅影视自制国漫一路领跑，2019 年全网国漫播放量过 10 亿的作品中，8 部为腾讯视频独家播出，7 部为企鹅影视自制。2019 年，B 站国创区的月活跃人数首次超过番剧区，总播放时长破 3 亿小时，相比 2018 年增长 125%。①

2. 网络动画特点分析

(1) 网络动画的多维度发展

除娱乐性之外，部分网络动画成为影院动画的试验田，或是作为商业产品的衍生动画而存在。院线动画巨大投资背后是巨大的风险，不理想的市场回报会带来较为严重的后果，甚至导致动画公司破产。在互联网上通过网络动画事先积累一定数量的观众，再进行院线动画制作，是一种有效降低风险的途径。而作为商业产品衍生动画存在的网络动画是顺应"互联网+"时代潮流的产物。

(2) 受众从低龄化向全年龄段发展

随着动画播放段渠道变迁，网络动画内容的广泛性逐渐体现，内容也从单纯的低幼化向全年龄段发展，"动画是给小孩子看的"这一观点被打破。网络动画不再只有少儿类、亲子类题材，腾讯动漫、爱奇艺、优酷土豆、网易云阅读、新浪微博等相继开设了动画频道或在线漫画阅读频道，这一变动在很大程度上改变了动画市场。

五、网络广播

网络广播 (Internet Broadcast) 是指以因特网为传播媒介，向受众提供音频服务的广播，是传统广播和互联网络"联姻"的产物。随着社交应用的不断发展和用户参与度的不断提升，网络广播的形态也在不断变迁。

网络广播的播出形式分为直播和点播两种形式，前者与传统广播形式相似，即按照固定的节目时间表来播出音频节目，主要采取流媒体的技术来实现，适用于一些重大活动和突发事件的在线即时报道；后者是将节目内容依类别存放于服务器中，受众可根据标题或分类选择所喜爱的节目来收听，这种播放形式节约资源，选择性、针对性强，能够合理地满足受众要求。

(一) 网络广播的发展历程

世界上最早进入因特网的广播电台是美国的 ABC 广播公司，其于 1995 年 8 月首先利用因特网进行全球播音，这标志着网络广播的正式诞生。随后，世界上主要的国际广播公司纷纷进军网络。如美国之音网站采用 20 多种语言在互联网上进行新闻广播。与此同时，我国的广播业也不落人后。1996 年年底，广东人民广播电台建立网站，通过互联网播出节目，这标志着中国网络广播的正式诞生。1998 年 8 月，中央人民广播电台注册开通了中央人民广播电台网站，之后正式更名为"中国广播网"，以流媒体音频广播技术支持中央人民广播电台

① 邓瑶：《国漫价值导向与创新转化——2019 年国产动画创作发展综述》，《中国广播电视学刊》2020 年第 2 期。

9 套节目网上直播、270 多个重点栏目在线点播的服务。

(二)移动互联网时代网络广播的新机遇

1. 移动音频发展概况

移动互联网时代物理网络的铺设和移动终端的普及为网络广播的发展带来了新的机遇,“耳朵经济”适应了当下人们“碎片化学习+陪伴感满足”需求,深刻改变了人们的学习与生活方式。目前,已有的网络音频应用软件主要可分为三类:一是包罗万象的聚合型平台,如“喜马拉雅”“蜻蜓 FM”等;二是小众窄播的专业型平台,如聚焦“高效知识服务”的“得到”、瞄准二次元市场的“猫耳 FM”和专注有声书的“懒人听书”等;三是以直播互动为核心业务的音频直播平台,如“荔枝”“KilaKila”等。[①]

2. 移动音频特征

(1)UGC 内容生产

荔枝 FM 和喜马拉雅 FM 上都倡导“人人都能做主播”这一新理念,提供工具让用户上传自己的声音节目,并开设自己的音频频道,极大地刺激了用户的参与积极性,不仅为用户提供了声音的秀场,也为用户的内容选择提供了丰富的音频资源。这种用户生产音频内容、用户构建音频社区的方式是移动互联网背景下网络广播的独特发展途径。

(2)内容付费

内容付费是音频平台成功发展的商业模式之一。2019 年喜马拉雅“123 狂欢节”内容消费总额 8.28 亿元。最早完成付费转型的喜马拉雅,正在向包含了硬知识、泛知识和娱乐类内容在内的内容付费转变。内容付费必须以丰厚的精品内容为基础。内容多、覆盖范围广仅仅只是喜马拉雅能够取得竞争优势地位的基础原因,其背后更深层次的驱动力来自于强大的版权库以及日积月累的高版权壁垒。喜马拉雅不仅打造精品的有声内容,而且通过与出版商签约合作的方式实现对知识产权的有效保护,与中国出版集团、中信出版集团等多家线下出版商签约有声出版协议,并与阅文集团、纵横网等线上出版机构达成排他性合作,目前,已拥有市场上超过 70% 的畅销书有声版权。

(3)全场景生态

相比文字、图片和视频,数字音频有非常强的伴随性,因而其使用场景具有其他形式无可替代的优势。随着移动互联网及 5G 技术的发展,移动音频朝着全场景发展,即硬件制造商、移动音频平台和内容生产商联合,通过构建音频场景生态,满足用户在特定场景下的音频收听需求,并以个人的音频收听习惯和偏好为基础,通过不同设备之间的无缝衔接和切换,融合贯穿不同场景下的音频收听行为。车联网、智能家居与可穿戴设备是目前网络音频平台的主要发展方向。未来,全场景生态可以真正满足用户各个场景的使用需求,将音频与场景深深融合在一起,为用户提供智能化、沉浸式、互动式的体验。

---

① 陈昌凤:《“耳朵经济”:知识与资讯消费新形态》,《人民论坛》2020 年第 5 期。

第二节　聚合类媒体发展概说

聚合类媒体是利用各种网络技术，将分散的互联网资源按照一定逻辑加以整合的媒体形态，并通过用户主动发出信息需求获取内容，或通过多样化、个性化、智能化的方式推送到用户使用的终端设备上，满足用户“一站式访问”获取各类信息的需求。聚合类媒体凭借丰富的内容、实时的发布、个性化的推送、随时随地的互动，被越来越多的用户所认可。

一、聚合类媒体的发展背景

（一）用户个性化和便捷化的信息需求

未加整理的、千篇一律的内容已很难满足用户需要，人们倾向选择那些个性化、便捷化的信息形式。一般来讲，我们每天从某一个传统媒体上看到的新闻信息基本上都是一个模式，而聚合类媒体让每个人看到的新闻信息都不同，甚至可以达到千人千面的程度。另外，聚合类媒体还让来自不同信息源的信息以相对统一的形式呈现出来，聚合到一个平台之中，让用户能够较为集中地获取信息，信息获取便捷度大大提高。

（二）算法推荐和机器学习技术的应用

机器算法在一定程度上决定着信息的意义、信息的流向，以及受众对信息感知的方式。目前，聚合类媒体已经借助算法推荐技术和机器学习技术超越了简单的检索和分发，形成了基于大数据的个性化推荐。聚合类媒体的核心运作逻辑，在于通过信息抓取技术从互联网上广泛采集信息，再借助社交关系或算法匹配，向用户推送符合其兴趣或价值偏好的特定信息。借助算法推荐机制，用户得以从互联网的海量信息中高效地获得感兴趣的信息。

二、聚合类媒体的类型

（一）按照使用终端划分

按照使用终端来划分，聚合类媒体包括桌面聚合媒体和移动聚合媒体。

桌面聚合媒体是以电脑终端为信息接收终端的聚合媒体，由于使用终端的限制，一般不具备个性化推荐的功能，但会按照内容的形式和类型划分出不同的频道供用户选择，桌面聚合媒体是移动聚合媒体的发展基础。移动聚合媒体主要以各类移动终端为信息接收载体，借助机器推荐引擎技术，在分析用户兴趣和行为的基础上，向用户推送个性化信息，核心是基于内容的算法推荐。

（二）按照传播形态划分

按照传播形态的不同，聚合类媒体主要包括聚合网站和聚合 App。

聚合网站是以网站形态聚合各类信息，包括搜索引擎网站，如百度、谷歌；新闻聚合网站，如 Buzzfeed。聚合 App 以 App 传播形态聚合，当我们谈到移动聚合媒体的时候，更多指向的是聚合 App，主要形态是新闻聚合客户端、搜索客户端。

（三）按照获取方式划分

按照获取方式的不同，可以划分为搜索引擎、一般聚合媒体、个性化聚合媒体。

搜索引擎是指根据一定策略从互联网上搜集信息，在对信息进行组织和处理后，为用户提供检索服务，将用户检索相关的信息以聚合的形态展示给用户的系统。一般聚合媒体是用户主动获取信息和自动聚合信息兼具的媒体形态。一方面，一般聚合媒体每隔一段时间从互联网抓取信息展示给用户；但另一方面，这些内容不会主动推送给用户，而是需要用户自己去查看。因此，一般聚合媒体主要是指桌面聚合媒体和不带有个性化推送功能的聚合 App。个性化聚合媒体的概念则与移动聚合媒体一致。

（四）按照聚合内容划分

按照聚合内容划分，聚合类媒体可以划分为新闻聚合媒体、知识聚合媒体、视频聚合媒体等。

新闻聚合媒体是一种新型的新闻内容供应商以特定方式进行整合的新闻传播平台。知识聚合媒体，如果壳网、知乎等，是能够聚合用户形成虚拟社区并在其中进行知识分享、交流学习的问答类媒体平台。视频聚合媒体是一个基于互联网视频资源的视频聚合流媒体服务平台。

第三节　社交类媒体发展概说

社交媒体的迅速发展与移动终端的普及密切相关。移动互联网媒体是所有具有移动便携特性的新兴媒体的总称，包括以手机、平板电脑为代表的各种便携式移动智能终端。随着技术的进步，移动媒体群的形态进一步丰富。鉴于手机媒体在移动媒体群中的典型代表性，本节仅对这一种移动媒体形态的发展历程做简要介绍。

一、移动终端的发展

最初，手机是作为便携式通信工具被发明出来的。1973 年 4 月 3 日，美国摩托罗拉公司的马丁·库帕发明了世界上第一款手机（图 4-3）。它的重量超过了 1000g，而长度、宽度和厚度分别为 10 英寸、1.5 英寸和 3 英寸，由于它是在模拟蜂窝网络的基础上运行的，因此在当时又被称作蜂窝式移动电话。

然而，手机的诞生并不代表手机时代的来临，它只是手机普及道路上的一小步。从研发成功到推出市场，摩托罗拉公司等了整整十年的时间。早期的手机只具备语音通话功能，直到 20 世纪 90 年代末，欧洲老牌的移动运营商 Vodafone 又开发了 SMS 短信息业务。短信作

图 4-3　世界上第一部手机

为移动增值业务的先驱，带动了彩信、彩铃、手机游戏、手机广播、手机电视等后续增值业务的发展。随着手机的普及应用和手机业务的日益丰富，手机已经不仅仅是单纯的个人通信工具，而是演变成为一种新兴媒体，并跻身当今新媒体产业的领跑者之列。人们通过手机不仅可以通话交流，还可以登录互联网、阅读新闻、收看视频等，因此手机最初又被称为"第五媒体"。

手机媒体是伴随第二代移动通信技术发展起来的，从短消息服务到多内容服务的发展过程中，技术的进步及无线网络平台的发展，为手机从通信工具向大众媒体的演变提供了必要条件，衍生出多样化的服务功能。在 5G 时代，手机的使用场景、媒体内容和功能又迎来新一轮的升级改变。截至 2020 年 5 月，据不完全统计，当前我国手机市场中，5G 手机约有 270 款。5G 的终端连接数也已经超过 2 亿。①

二、移动终端下的社交媒体

汤姆·斯丹迪奇指出："人类作为灵长类动物，天生就是社会性动物"，喜欢分享与社交，"人们在社交关系网中评估和维持自己地位的一个主要方法是与别人交流信息和交流关于别人的信息"。② 在社交关系网中，社交媒介不可或缺，是个体表达和人际传播的重要载体。

智能手机和移动互联网的发展，让移动终端媒体成为"携带着体温"的重要媒介，在当下流动的社会交往空间中，手机几乎与它的使用者融为一体。当移动终端媒体成为使用者随时随地的言说平台时，大众的话语开始不断地充塞整个网络空间，传统的熟人社交搭载着移动互联网不断地向外延伸枝蔓，混合着既有的匿名社交，把互联网交往推向"半熟社会"。滋生于手机媒体上的 Facebook、Twitter、微信以及越来越多的小众化、垂直化社交应用等，占据

① 前瞻经济学人：《2020 年中国 5G 手机行业市场规模与发展趋势分析——换机稳序推进》，前瞻产业研究院，2020 年 6 月，https://www.qianzhan.com/analyst/detail/220/200615-32ce0bdd.html，访问日期：2021 年 3 月 26 日。

② 汤姆·斯丹迪奇：《从莎草纸到互联网——社交媒体 2000 年》，林华译，中信出版社，2015，第 13 页。

了人们越来越多的网络时间，构成了蔚为壮观的社交媒体。“无时无处不社交”成为当下大部分国人的日常生活状态，社交媒体也从个人化的情感表达空间进入社会政治、经济、文化参与空间，成为大众发表言论、表达态度、形成舆论的重要场域。在微博和微信分别占据公共社交媒体和熟人朋友圈头把交椅之际，其他社交蓝海亟待开发。①

第四节　智能媒体发展概说

互联网的发展已经由最初的网络化演进到今天的智能化发展阶段。未来互联网发展和竞争的高地就是对广域网络空间中的人与人、人与物、物与物实现其价值匹配与功能整合的高度智能化。这是社会生产方式和运作方式以及“游戏规则”的深刻改变，这是以人工智能技术为代表的下一轮次的互联网发展给我们带来的新的“风口”。② 人工智能技术在传媒领域的全面渗透使媒体的发展、进化与融合进入到一个新的阶段。未来传媒业的发展，很大程度上与人工智能技术的引入和应用关联在一起。在媒体朝着智能化演进的发展阶段，很多媒体都带上了智能化特征，并在智能化的过程中演变出新的产品形态，在本书中我们将之称为智能媒体。

一、媒体智能化：智能媒体时代的到来

1955 年，美国科学家约翰·麦卡锡第一次明确提出“人工智能(Artificial Intelligence)”概念，即以人类的智慧研究、开发、创造出堪与人类大脑相匹敌的“机器脑”。“人工智能”的出现让人类传统的信息处理方式得以升级，“人工智能”也成为一种强大的技术工具。随着人工智能技术发展的高歌猛进，我们已然身处于智能时代的洪流之中。

近年来，人工智能技术开始进入媒体领域。“算法采集、生产和分发内容”的新闻报道模式应运而生，数据新闻、机器人新闻、自动化报道等先后推出，各种创新报道令人目不暇接。这些报道的核心都是“算法”，运用计算机科学去探寻规律、设计系统和理解人类的行为，特别是大数据技术的发展，以前所未有的广度和深度“透视”人类社会。大数据与人工智能是媒体革新的基础，在全球范围内给媒体行业都带来了深远的影响，特别是进入 21 世纪的第二个 10 年，从平台流程到组织机制，各个媒体都在随技术的发展进行着深刻调整，媒体智能化在未来传媒业的发展过程中成为必然的趋势，也标志着智能媒体时代的到来。

人工智能技术在重新定义、结构媒体的同时，也给新闻业带来全新的挑战，一些问题也值得学界与业界的共同思考。高度智能的算法真的比人类更了解自己吗？如何解决算法黑箱以及算法歧视？智能时代，人工智能与人的工作究竟哪个更有价值？人工智能是否会取代人？这些问题的背后，究其根本我们需要将技术思维和人文关照结合起来，更好地推动人

① 焦晓洁：《国内匿名社交 App 发展研究》，《青年记者》2015 年第 32 期。

② 喻国明、兰美娜、李玮：《智能化：未来传播模式创新的核心逻辑——兼论“人工智能+媒体”的基本运作范式》，《新闻与写作》2017 年第 3 期。

工智能技术与媒体融合与发展。

二、媒体智能化的特征

（一）人工智能技术参与新闻生产传播的各个环节

1. 信息采集智能化

信息采集是媒体运行过程中至关重要的环节。过去的信息采集完全依赖人力提供的信息和数据作为新闻制作的原材料。智能媒体时代，以传感器为载体、大数据处理技术为支撑的传感器技术对丰富和优化媒体信息源起到了重要作用，搭载传感器或数据处理器的任何物体都有可能成为信息的采集者。传感器技术一方面拓展了信息来源的途径，另一方面扩增了信息采集的时间维度和空间维度。例如，CCTV4 新推出的融媒体新闻评论节目《中国舆论场》，每期节目通过大数据捕捉一周内全媒体平台的舆论热点作为节目的素材，从而带动全民参与话题讨论。

2. 内容生产智能化

智能媒体的信息生产是人机合一、多元主体、去中心化的模式。写作机器人的出现就是其代表。写作机器人的优势在于在标准化新闻生产，使其生产效率更高，生成的结构性文本精准可读、中立客观。写作机器人的适用范围是有限的，主要涉及财经、体育以及突发自然灾害领域等。当然写作机器人也在逐渐扩大其应用领域，比如中国科技学报社研发的"小柯"，是一款专注于科学新闻报道的写作机器人，《广州日报》研发的"阿同"则用于政府工作报告的分析。此外，写作机器人在判断力与创造力、温度和深度等情感立场表达还有待提升。

智能技术通过各种方式介入音视频新闻生产。例如，计算机视觉能够在图像的识别、处理、转换和编辑方面带来新的新闻生产潜力。定制化的新闻生产作为机器人写作的一种衍生应用逐渐发展起来。用户可使用个人化的模板，由机器人填充数据来形成满足个人偏好的新闻作品。① 在机器深度学习算法的推动下，机器人将根据不同用户的行为习惯、场景偏好、社交兴趣等方面形成一套精准的定制化新闻生产服务，这种精准化到微观的个体用户是以往媒体无法做到的。

3. 互动反馈智能化

在智能媒体环境下，用户与智能媒体的互动和反馈方式更加丰富。如个性化分发，媒体利用算法推荐技术根据用户特点分发其可能会感兴趣的内容；沉浸式体验，通过 VR 和 AR 技术打造媒体场景，让用户沉浸体验媒体内容；语音交互，用户可以通过语音的方式与媒体进行智能互动；对话式新闻，将新闻变成对话，让用户从"看新闻"到"聊新闻"，运用智能对话技术提供留言回复等服务。移动互联网与人工智能的结合创造出许多新的互动反馈场景，

① 郭全中、胡洁：《智能传播平台的构建———以今日头条为例》，《新闻爱好者》2016 年第 6 期。

未来随着技术的成熟,互动化、个性化、智能化的场景将越来越丰富。

(二)人—机关系的再定义

当人工智能技术被引入媒体行业,给新闻工作者带来便利的同时,也带来了职业挑战。人工智能接手了繁复与琐碎的数据搜集,解放了新闻生产力,但新闻工作者依然是整个新闻生产系统的创造者、组织者与维护者。机器是人的"辅助""助手"与"附属",新闻人才是新闻生产的核心。

当人工智能技术开始渗入新闻生产与传播的各个环节时,媒体行业中的人—机关系也开始悄然转变,不再是简单的工具与辅助。人与机器在新闻生产与传播的过程中各自拥有不同的能力、优势与劣势,人机协同将成为未来的常态。人机协同的过程,是人与机器相互学习、相互增强的过程,其理想的结果,是人与机器的共同进化。①

(三)各级云平台的建立

在智能化媒体发展的过程中,媒体通过自身的互联网化实现以互联网为基础链接的平台,即云平台。在此基础上实现个性化的产品创造,满足用户需求。各级媒体都在建立自己的云平台。比如央视新闻的云平台中有四个主要功能系统,包括记者视频回传系统、移动直播系统、账号矩阵系统以及用户上传系统,平台汇集优质的 PGC 与 UGC 内容,逐步实现电视与新媒体的一体化生产与资源共享。从央视到省级卫视再到地方电视台,各具特色的智慧广电应用与原有平台形成互补,提升融传播的速度与力度。

三、智能媒体的主要形态

2017 年,被称为"人工智能应用元年",从这一年开始,人工智能在应用层面的投资开始火爆,其落地形式之一就是智能媒体。智能媒体在传感器领域的代表是智能可穿戴设备,在智能语音交互领域的代表是智能音频,在内容生产特别是新闻生产领域的代表是写作机器人。(详见第七章)

第五节　互动电视媒体发展及形态

从 1983 年开始到 21 世纪初的近 20 年的时间里,中国电视行业取得了长足的发展,逐渐成为国内的主流媒体。在电视行业蓬勃发展的同时,互联网技术也在逐渐发展,传统电视行业面临着以网络为技术基础的视频网站以及快速更新的移动终端设备的双重挑战,中国电视媒体逐渐演化出新的媒体形态,例如数字电视、IPTV、互联网电视等。在新媒体时代,我国

---

① 彭兰:《智媒趋势下内容生产中的人机关系》,《上海交通大学学报(哲学社会科学版)》2020 年第 28 卷(总 131 期)。

电视产业存在着内部深层次的矛盾以及外部复杂形势的挑战，如何将制度创新、技术创新以及模式创新相结合，最终实现电视产业内部各环节的产业联动和资源整合，从而助力我国电视产业摆脱发展困境和实现产业转型是现在亟待解决的问题，也是未来中国电视产业的发展方向。①

一、数字电视

数字电视(Digital Television)，是指从节目摄制、编辑、存储、发射、传输到信号的接收、处理、显示等全过程完全数字化的电视系统。数字电视传输的图像及其伴音信号是经过数字压缩和数字调制后形成的数字电视信号，经过地面无线电波、有线电缆和卫星信号的传送，由数字电视机接收后，通过数字解调和数字音频、视频解码处理，还原成原来的图像和伴音。

(一)数字电视的分类

按信号传输的不同方式，数字电视可分为地面数字电视(地面无线传输)、有线数字电视(有线传输)和卫星数字电视(卫星传输)三类。不同的传输方式各有特点，详见下表。

表 4-1　不同种类数字电视对比②

	传输方式	传输特点	较为适用的区域
有线数字电视	有线电视光线和同轴电缆	双向化，接收质量高，铺网费用高	城市
地面数字电视	无线电波(主要利用甚高频 VHF 和超高频 UHF 频段)	双向化，可实现移动接收，信号会受影响	城乡结合部，平原地区，交通干线区域
卫星数字电视	地球同步卫星	覆盖广，传接均简单高效，易受到建筑物、地形及天气限制，单向传输	农村等广阔、边远地区

(二)数字电视发展历程

我国拥有世界上最大的有线电视网络，并且从发展伊始就具有良好的用户及网络基础。

1. 实验探索(1992—2002 年)

我国数字电视在 1992 年就已正式立项并由国务院亲自成立了相应的领导小组，1999 年完成了有线数字电视转播试验。2001 年 11 月，国家广电总局批准在全国 13 个城市率先开展有线数字电视的商业运营试验。同年 4 月 28 日，苏州有线数字电视正式推出，这也成为我国第一个投入市场运营的有线数字电视。2002 年，中国数字电视产业化进程启动，有线数字电视开始在较大范围内开展。

---

① 熊波：《新媒体时代中国电视产业发展研究》，博士学位论文，武汉大学，2013，第 137 页。

② 宫承波主编：《新媒体概论(第二版)》，中国广播电视出版社，2009，第 277 页。

2. 初步试点(2003—2006 年)

2003 年,数字电视推广试点工作展开,北京、重庆、江西等地陆续开始了数字电视的试播或正式播出。青岛、杭州、佛山等地的数字电视产业模式纷纷出炉。数字电视开始进入大刀阔斧的发展期。在全国主要城市中,数字机顶盒开始大规模地进入家庭。

3. 快速发展(2007—2015 年)

2007 年,全国数字电视产业从全面启动阶段过渡到快速发展阶段。在这一阶段,相关政策的制定对于推动数字电视快速发展发挥了重要作用,如《关于加强广播电视有线网络发展的若干意见》和《关于加强有线电视收费管理等有关问题的通知》等。2015 年,我国有线电视市场进入数字化扫尾阶段,有线电视用户突破 2.51 亿户,数字化率突破 80%,用户规模突破两亿,达到 2.01 亿户,用户结构向智能化、高清化、双向化加速演进发展。①

4. 增速放缓(2016 年至今)

2016 年广西广电网络以及贵州广电网络成功上市,进一步推动了有线电视网络行业的市场化转型。在白热化的市场竞争影响下,2016 年第四季度有线电视用户总数首次出现负增长,四季度环比减少 215.2 万户。② 2020 年 7 月,全国 5000 余座发射台上万部数字电视发射机通过多渠道传输覆盖广大城乡地区,这也标志着:无线模拟电视将退出历史舞台,我国全面进入数字电视时代。

这一阶段,有线数字电视用户持续流失,有线数字化率缓慢增长;有线数字电视缴费用户数量经历了最初的持续下降。2020 年第一季度,我国有线电视用户总量净减 310.4 万户,降到了 2.06 亿户,有线电视在用户家庭电视收视的份额降至 45.58%。③ 这期间,有线电视收视、用户安装、卫视落地等传统业务受到较大的市场竞争影响,但同时新培育的融媒体转型业务起步时间短、规模小,不足以弥补传统业务下滑的缺口。

(三)数字电视的变革

1. 电视技术的变革

数字电视采取了不同的信息编码解码方式,这是与模拟电视最本质的技术上的区别,其信号更加稳定,而且容易实现信号的加密、解密,便于电视节目的条件接收。数字电视信号在传输过程中不会产生噪波、失真的累积,而且可以很容易地实现检错和纠错,抗干扰能力强,图像质量能达到 DVD 或电影胶片的水平。它采用了数字编码方法的数字电视信号经过数字压缩后传输,所占的带宽非常小。这样,相同的带宽条件可提供更多的电视节目,提高频谱资源的使用效率。数字电视利用数字信号进行传输,用户可以方便地实现对电视节目

① 格兰研究:《国网公司发布 2015 年有线电视行业发展公报》,《中国有线电视》2016 年第 S1 期。

② 格兰研究:《2016 年第四季度中国有线电视行业发展公报》,搜狐网,2017 年 1 月,http://www.sohu.com/a/125156064_488920,访问日期:2021 年 3 月 26 日。

③ 格兰研究:《2020 年第一季度中国有线电视行业季度发展报告》,中文互联网数据资讯网-199IT,2020 年 5 月,http://www.199it.com/archives/1049793.html,访问日期:2021 年 3 月 26 日。

的暂停、快进、回放等控制和存储处理。

2. 电视传播模式的变革

数字电视系统采用了开放的中间件技术,能实现各种交互式应用,可与计算机网络互通互连,互动性体验彻底改变以往单向的、被动的收看方式。首先,数字电视提供电子节目菜单,详细而简洁的列表告知当前正在播出的节目内容和节目预告,方便用户按自己的需要选择收看。还可以将不能及时收看的节目通过数字存储功能下载并存储起来以供方便时观看。其次,数字电视提供增强电视的功能,用户可获得更多深入信息。增强电视(Ehanced Broadcasting)指在传送音视频节目的同时,还播送一些链接在节目上的附加信息。再次,通过视频点播服务(VOD),用户可以根据自己的需要在电视上自由点播远程节目库中的视频节目,按次、按片或包月收费。

二、IPTV

IPTV 是 Internet Protocol Television 的缩写。关于其定义众说纷纭,从不同的角度可以给出各种不同的界定。ITU-T 对其定义为:[①]在 IP 网络上传送的包含电视、视频、文本、图形和数据等,提供 QoS/QoE、安全、交互性和可靠性的可管理的多媒体业务。这个定义并不能提供全面通俗的理解。在国内,IPTV 一般被称为交互式网络电视,是一种利用宽带网络,集互联网、多媒体、通信等多种技术于一体,以电视机、计算机或手机为接收终端,向用户提供以视频节目内容为主的交互式服务的新技术和媒体形态。

“IP”与“TV”的关系,从电信和广电两个角度出发分别有不同的理解。在电信领域,IPTV 更多地被理解为宽带增值业务,只是这时 IP 宽带网络所承载的宽带业务是电视节目而已,强调的是 IP;而在广电领域,IPTV 被理解为网络电视,这时的电视是通过 IP 网络传送,关注的是 TV。

(一)IPTV 发展历程

IPTV 是互联网、广电网和电信网“三网融合”的产物。IPTV 既是传统电视业务的互动化延伸,也是传统电信服务的新形态。中国 IPTV 的发展分为几个阶段:

1. 第一阶段:摸索发展阶段(2003—2009 年)

牌照上的摸索:2003 年年底,上海广播电视台(原上海文广新闻传媒集团)在上海率先启动 IPTV 的技术试验和业务试点。2005 年 3 月,广电总局给上海广播电视台颁发全国首张 IP 电视集成运营牌照。之后,广电总局又先后给中央电视台、广东南方广播影视传媒集团颁发集成业务全国运营牌照,给杭州华为颁发集成业务区域运营牌照,给中国国际广播电台颁发 IP 电视内容服务牌照。

运营上的摸索:2004 年,由黑龙江联通(原网通)和上海文广百视通合作,在哈尔滨推出 IPTV 业务试点,将 IPTV 与宽带业务紧密捆绑发展,逐渐扩大规模发展至全国。

---

① ITU-T 是国际电信联盟远程通信标准化组的缩写。

2. 第二个阶段:突破发展阶段(2010—2014 年)

试点上的突破:在三网融合政策实施之前,国家新闻出版广电总局曾经批准的 IPTV 试点城市共计 1 省 12 个市,除了杭州,大部分城市是上海文广的试点城市。三网融合政策设定了 54 个试点地区,试点地区可以申请试点 IPTV 业务,基本覆盖全国。

牌照上的突破:至 2012 年年底,中国电信、中国联通获得广电总局颁发的"信息网络传播视听节目许可证"。在集成播控平台上,《三网融合试点地区 IPTV 集成播控平台建设有关问题的通知》提出了二级播控平台的概念,新型集成播控平台无论在内容丰富性还是业务的规范性方面都优于上海文广的老平台。

运营上的突破:至 2014 年年底,全国 IPTV 用户总数达到 3375.6 万户,用户主要集中在华东地区和中南地区。

3. 第三个阶段:快速发展阶段(2015 年至今)

2015 年对 IPTV 来说是个峰回路转之年,2015 年 8 月国办发"65 号文"全面推广"三网融合"与 IPTV,OTT-TV 受到政策打压。在政策红利下,IPTV 开始展露其"第二春",实现了一年 3000 多万用户的快速增长。

在政策利好以及宽带渗透率逐步提高的背景下,近几年 IPTV 的发展表现出强劲势头。截至 2020 年年底,IPTV 用户总数达 3.15 亿户,全年业务收入为 335 亿元,比 2019 年增长 13.6%。①

2019 年数据显示,整体电视大屏收视呈下降趋势,同期,IPTV 平台收视却逆势上涨。2020 年年初突如其来的新冠肺炎疫情导致用户长时间居家,从而使电视大屏收视有大幅增长。2020 年上半年电视大屏收视较 2019 年下半年增长 20.25%,同期 IPTV 平台收视率增幅达 25.35%,高于整体电视大屏收视增幅。②

2019 年 3 月初,工信部、广电总局、中央广播电视总台发布《超高清视频产业发展行动计划(2019—2022 年)》通知,到 2020 年,全国不少于 5 个省市的 IPTV 平台开展 4K 直播频道传输业务和点播业务;增强 IPTV 网络的承载能力,推动超高清电视在 IPTV 中的应用。2019 年 3 月 27 日,广电总局召开全国 IPTV 建设管理工作,把中国移动的电视业务也纳入了监管体制管理中,移动的 OTT 业务加速转向 IPTV,进一步加剧了 IPTV 的业内竞争。2020 年 3 月,广电总局和工信部相继出台《关于不得在 IPTV 中安装"奇异果 TV"等 App 的通知》和《关于开展 2020 年 IPv6 端到端贯通能力提升专项行动的通知》,在规范 IPTV 业务发展的过程中,促进 IPTV 业务能力的提升。

(二)IPTV 的问题分析

2004 年 7 月发布的《互联网视听节目服务管理规定》明确规定电信等运营商必须获得由

---

① 工业和信息化部网站:《2020 年通信业统计公报》,中华人民共和国中央人民政府,2021 年 1 月,http://www.gov.cn/xinwen/2021-01/26/content_5582523.htm,访问日期:2021 年 3 月 26 日。

② 前瞻产业研究院:《2020 年中国 IPTV 行业市场现状及发展前景分析》,搜狐网,2021 年 1 月,https://www.sohu.com/a/447478293_120868906,访问日期:2021 年 3 月 26 日。

广电总局核发的牌照才能提供信息网络传播视听节目，这就决定了广电在 IPTV 发展过程中的主导地位。在广电总局网站上公布的获得视听节目许可证的单位大多是广电媒体，没有取得牌照的电信部门只能通过与拥有牌照的广电合作来发展业务，两部门的博弈在很大程度上延缓了 IPTV 业务的发展进程。

就当前的 IPTV 运营来看，内容集成和信息传输都存在与 IPTV 政策、要求不一致的问题。《国家广播电视总局关于开展 IPTV 专项治理的通知》(广发〔2019〕45 号)明确了需要治理的六个方面：(1)违反 IPTV 内容审查、播出管理规定的问题；(2)违反境外电视节目管理规定、境外电视节目变相落地的问题；(3)违反电视频道管理规定的问题；(4)未取得 IPTV 内容服务许可的机构违规推出独立 App 或以该机构命名品牌专区的问题；(5)IPTV 违规链接公网的问题；(6)其他不符合 IPTV 管理规定的问题。①

三、OTT-TV

与 IPTV 接近的另一个概念是 OTT-TV，即 Over The Top Television，是指通过互联网向电视机传输 IP 视频以及其他的互联网应用服务，其接收终端一般为互联网电视一体机或者互联网电视机顶盒。OTT-TV 的代表产品有 Google TV、乐视盒子、小米盒子等。这种交互式网络电视的内容及相关服务的传输一般由互联网公司主导，这些互联网公司越过传统的电信运营商，发展基于开放互联网的各种视频及数据服务业务，强调服务与物理网络的无关性。OTT-TV 和 IPTV 一样，让用户对电视的体验从单纯的物理硬件体验上升到了互动体验，更接近新媒体的本质；同时，在产业层面，将内容服务与终端产业打通，改写了传统的电视产业链。②

(一)OTT-TV 的来源与界定

OTT 这一术语源自篮球运动中的"过顶传球"之意，指代互联网公司越过电信运营商，利用其提供的宽带网络直接为网民提供各种服务。OTT 的典型特征在于，网络业务提供商无须拥有自己的传输网络即可开展业务，如微信、互联网电视、手机游戏等。OTT-TV 即被称作互联网电视，或者说基于开放互联网的视频服务。传统的客厅"大屏"，即电视机终端的所有业务是由广电运营商和电信运营商来主导的，包括数字电视和 IPTV 等，已形成较为完备的产业运作模式，有着巨大的商业价值空间。OTT-TV 的出现，削弱了这一稳定的利润形成模式，对广电机构和电信机构构成了一定的冲击。

中国网民在多年的互联网使用及其思想的浸润下，对高品质视频内容的需求越来越强烈，而传统数字电视的线性播放和 IPTV 的有限选择内容呈现出越来越明显的局限性。用户希望把"小屏"上对视频网站的良好体验迁移到客厅的"大屏"上，OTT-TV 正是在这样的需求背景之下发展起来的。国外的 OTT-TV 业务由于不存在国内"广电系"和"电信系"的利益争夺与抗衡，

① 黎建：《IPTV 发展现状及治理研究》，《广播与电视技术》2019 第 10 期。

② 方兴东、李志敏、严峰：《智能电视时代新传播范式引发的产业变革之思考》，《电视研究》2013 年第 12 期。

有着更加开放的业务形态,终端包括电视机、电脑、智能手机、平板电脑等智能终端设备,而国内的OTT-TV终端特指互联网电视一体机或电视机+机顶盒。OTT-TV的市场规模在不断增长,用户群体在不断扩大。截至2020年6月,中国OTT激活量超过2.7亿台。

(二)OTT-TV的管理与规制

和其他国家OTT-TV通过网络提供视听服务不同,我国OTT-TV发展受到了国内行业政策的深刻影响,从业者需要获得国家新闻出版广电总局的批准,取得OTT-TV牌照才有资格播放视频内容。2010年4月,新闻出版广电总局颁布了《互联网电视内容服务管理规范》和《互联网电视集成业务管理规范》,明确互联网电视实行"内容服务+集成业务"双牌照管理制度。2011年10月,新闻出版广电总局又出台《持有互联网电视牌照机构运营管理要求》,对互联网电视市场准入、业务、内容、运营、终端等方面做出了明晰的规定,包括"互联网电视集成平台不能与设立在公共互联网上的网站进行相互链接,不能将公共互联网上的内容直接提供给用户","暂不得开放广播电视节目直播类服务的技术接口",电视终端产品"只能唯一连接互联网电视集成平台,不得有其他访问互联网的通道"等规定。①

监管政策逐步规范化之后,OTT-TV产业链各环节都进入了良性竞争的有序状态,牌照方、广电网络运营商、电信运营商、终端厂商、互联网企业、内容生产商都积极进入OTT-TV领域,获得了合适的定位与角色。

有线电视从节目制作、集成与传输分发都是由广电运营商独立运营的,其产品形态主要为广播电视节目高清直播和视频点播。由于承载网络为广电专网,所以在图像清晰度、安全性、稳定性、可管可控等方面都处于优势。IPTV采取"中央集成播控总平台+省级集成播控分平台"两级架构,由中央和省级广电机构负责电视节目内容,电信运营商负责网络传输,其产品形态非常丰富,包括视频直播、点播、时移回看等。但由于其传输网络采用的是电信IP虚拟专网传输,所以电视图像的总体质量不如有线电视。而OTT-TV采取"内容服务"+"集成业务"的双牌照制度,通过公共互联网进行内容的传输,具有海量的视频点播内容,但不允许提供直播、时移和回看等功能,形成了和有线电视与IPTV的最大的功能差异。②

第六节 新型媒体发展及形态

一、户外彩屏

(一)户外彩屏发展概述

户外彩屏,亦可称作城市彩屏,是户外新媒体的主要形态。2006年4月,分众传媒的城

① 原毅玲:《中国互联网电视演进历程及发展趋势》,《广播与电视技术》2015年第11期。
② 原毅玲:《中国互联网电视演进历程及发展趋势》,《广播与电视技术》2015年第11期。

市彩屏联播网开始在上海投入运营。该网络的覆盖目标是繁华商圈、时尚区域、地标性地段的户外 LED 媒体,锁定的是中高受众群体上下班、购物途中的时间空隙,以全新的户外高清晰影视形式吸引受众注意力。

有人曾经用"位置差之毫厘,价值失之千里"来比喻户外彩屏对位置选择的苛刻性,但由于极低的广告千人成本,户外彩屏仍然吸引了大量运营商。凤凰都市、郁金香、香榭丽等知名户外 LED 广告商都是户外彩屏的领跑者,其内容主要由四大类组成,包括宣传类内容、公益类内容、便民类内容以及商业广告。

看中城市彩屏发展潜力的不仅有户外新媒体的运营商,城市的管理者对城市彩屏的支持力度也成为推动城市彩屏产业发展的重要因素。随着经济的日益发展,越来越多的传统户外广告公司向新技术领域迈进,实现多元化发展。对城市来说,城市彩屏的发展规模不仅可以作为城市经济发展的衡量指标,同时也将直接影响城市的"脸面"。

(二)户外彩屏的盈利模式

户外彩屏在盈利模式上秉承了传统户外媒体以广告收入为主的传统,此外也加入了灵活的资本运作要素。从 2000 年开始,中国的户外广告市场每年都以两位数的幅度增长。到 2016 年我国户外彩屏广告市场规模约 131.02 亿元,至今仍在持续增长。[①] 户外广告以其低廉的价格、较高的到达率和良好的短期回报率,越来越吸引务实的广告主将其作为媒介组合策略中一个重要部分。

户外彩屏与传统户外媒体最大的不同在于引入了数字视频技术。在表现方式上,户外彩屏往往以更加委婉含蓄的方式呈现广告。或者说,户外彩屏所呈现的广告内容是"软性"的。而在信息爆炸时代,"内容为王"也成为户外彩屏广告市场攫取利润的准则。以声色俱全的视频作为载体,往往会更加吸引受众的注意。

(三)影响户外彩屏发展的因素

1. 垄断渠道资源是户外彩屏产业发展的起点

影响户外彩屏发展的首要因素是渠道资源,某种意义上说就是占据一个或者多个细分市场的渠道媒体。但渠道资源是有限的,尤其是现在商业价值最大的半垄断、半开放的渠道市场,比如公交、航空、地铁、轻轨,包括这些交通工具相应的辅助场所(如航空港、地铁站、轻轨站、公交站)内所衍生的渠道媒体:LED、视频、DM 杂志、报纸、看板、框架等,这类市场竞争比较有序,利润空间也比其他渠道媒体大。由于竞争对手较少,很容易形成垄断。比如世通华纳在公交车资源方面占有半壁江山,成为其实现长足发展的前提。

2. 新技术推动户外彩屏产业发展

影响户外彩屏发展的第二个因素是技术。当技术发展到一定程度时,其厚积薄发的力

---

① 智研咨询:《2017 年我国户外电子屏广告行业市场规模及竞争格局分析》,中国产业信息,2018 年 1 月,http://www.chyxx.com/industry/201801/607812.html,访问日期:2021 年 3 月 26 日。

量可能会超乎我们的想象。正是新技术的发展，促使新媒体的发展思路和发展路径与传统媒体有了较大区别，也正是得益于数字和视频技术的快速普及，使户外彩屏得到了较大发展。

3. 资本是户外彩屏产业发展的重要支持

近年来，户外新媒体资本非常活跃，而且终极目标都惊人地相似——整合上市。对资本而言，最大目的就是要逐利和扩张。资本的进入，促使新媒体的创新和扩张欲望比任何时候都要强烈。户外新媒体有数十家风投，涉及公交移动电视、户外彩屏、医院媒体、酒店渠道媒体、列车媒体等。每个创始人的资本都在超速增值，但市场容量并未成比例增加。

（四）户外彩屏的现存问题与发展方向

1. 现存问题：缺乏有效的价值评估体系是现存的重要问题

相比强行轰炸式的电视广告，户外彩屏广告等分众广告则更为精准。其覆盖率虽然不如电视广泛，但受众的集中度更高，含金量也就更高。就精准性来说，户外彩屏比一些传统媒体更有优势。但是由于缺失标准，目前的户外彩屏媒体只能借用传统媒体评估方法。广告主也不得不用电视或者报纸的行业标准来看待户外彩屏的特性，而户外彩屏的优势在这样的比较中，往往被弱化甚至淹没。用千人成本等传统广告评估方法体现不了户外彩屏的优势，在吸引广告主的力度上会打折扣。

2. 未来方向：超细分化和大众化并行

自分众传媒成功之后，“细分”的概念已经完全被学界和业界所接受。与之同时，大众化的趋势也有明显发展，主要指向半封闭公共空间中受众人群较大、接触频次较多的渠道媒体。广告主接受这类渠道媒体受众的价值并形成了一定的广告投放习惯，这实际上缩短了公交、地铁、飞机内移动电视的市场培育期，而风险投资的涌入又刺激了这类渠道媒体的扩张。

从两极化的趋势来看，细分化新媒体的大量产生一方面会导致部分新媒体消亡，另一方面也将引发大规模的融合。在过度细分的媒体市场中，各个媒体彼此间替代性强、受众重叠率高，市场容量并不足以支撑这类媒体发展。同时，大量风险投资的进入会扭曲户外彩屏的发展规律，投资者缺乏耐心、急于获利，会加快业内资源整合。而大众化的户外彩屏由于已经占据了较大的市场份额，将在资源整合中处于更加有利的位置。①

二、楼宇电视

楼宇电视是指以数字电视机为接收终端，把楼、场、堂、馆、所等公共场所作为传播空间播放各种信息的新型电视媒体传播形态。按其提供服务的属性进行划分，楼宇电视可分为商业性楼宇电视和公共服务性楼宇电视两种类型。其中，商业性楼宇电视以分众传媒为代表；公共服务性楼宇电视以后起之秀城市电视为典型代表。

---

① 孔乂国：《户外新媒体：行进在途中》，《广告大观（综合版）》2008年第6期。

（一）楼宇电视发展概述

楼宇电视的创始者是一家叫作 Captive Network 的加拿大公司，1995 年，这家公司在加拿大和北美成功地创立了高档场所电视显示媒体。至 2005 年，它的业务已覆盖北美 1100 个商务楼宇，拥有 130 万收视人群，并且与很多知名企业建立了长期合作关系。这一媒介形态传入中国后，其基本运行终端多为 17 寸的多功能、高清晰、超薄液晶电视机，安置于消费能力较高的白领聚集的办公楼宇，以及人流量密集的中高档知名商厦的电梯等候厅等地方，自动循环播放高品位的商业广告、各类娱乐信息和社会公益宣传片。当时楼宇电视一般采用 DVD 播放，可自动定时启动和停止。在技术层面上，楼宇电视采用的是无线同步追踪技术，确保各台电视互相之间同步运行，并已形成了商务楼宇联播网，[1]应用网络技术实现数据库管理和资源共享。商务楼宇联播网的创新之处在于其牢牢抓住了一个媒介的空隙，这个媒介空隙的含金量较高，针对商务人士和都市白领等中高收入阶层。这个媒介空隙的媒体环境单纯，能深入人心，充分吸引目标受众的注意力，这使得楼宇电视在中国得以迅猛发展。从楼宇电视行业的竞争态势看，其发展主要经历了四个阶段：

第一阶段：从楼宇电视传入中国到分众、聚众激烈竞争。

2002 年年末，作为一种新兴媒体传播模式，楼宇电视开始传入中国，并迅速扩展开来。分众传媒自 2003 年 5 月创建商业楼宇联播网以来，至 2005 年 9 月已覆盖全国 54 个城市，拥有 3.5 万块显示屏。而聚众传媒自 2003 年 7 月成立，到 2005 年 9 月底已覆盖全国 43 个城市，拥有 2.5 万块液晶屏。

第二阶段：从分众、聚众平分秋色到分众传媒一统江湖。

2005 年 10 月，全球最大的市场调查公司 AC 尼尔森公布了楼宇广告调查数据，数据表明，国内楼宇电视广告几乎就是聚众传媒和分众传媒的天下，在 12 个主要城市，聚众传媒和分众传媒两大行业巨头共占有楼宇总量 96.5% 的市场份额，在各项指标对比中，聚众、分众基本上是平分秋色。[2]

分众传媒 2005 年在美国纳斯达克成功上市后，以迅雷不及掩耳之势在全国各大城市掀起了“圈地”攻势。2006 年 1 月，分众传媒以 3.25 亿美元获得聚众传媒 100% 的股权。由此，新分众传媒占有中国楼宇电视产业 98% 市场份额，拥有了全国 75 个城市的 6 万多块显示屏，形成一统江湖的新格局。

第三阶段：城市电视介入楼宇电视领域。

2005 年 7 月，以东方公众和北广传媒为代表的城市电视开始逐步进入楼宇电视领域，使得刚刚平静不久的楼宇电视广告市场再起硝烟，打破了分众传媒一统江湖的格局。城市电视实际上就是一个正规的电视频道，各个终端直接接收来自播出中心实时播放的各类信息，包括最新

---

① 商务楼宇联播网：由分众传媒于 2003 年创建，产品线覆盖商业楼宇视频媒体、卖场终端视频媒体、公寓电梯媒体（框架媒介）、户外大型 LED 彩屏媒体、电影院线广告媒体、网络广告媒体等多个针对特征受众、并可以相互有机整合的媒体网络。

② 王海林：《尼尔森楼宇电视数据：聚众分众平分天下》，《新京报》2005 年 10 月 14 日。

最快的新闻资讯、生活资讯、时尚信息、体坛动态、金融动态和股市行情以及奥运宣传。①

第四阶段:移动互联网环境下楼宇电视的发展。

此后,楼宇电视市场一直保持着分众一家独大的格局,分众传媒占据市场份额90%以上,其他包括新潮传媒、华商智汇、华语传媒、城市纵横等共同占据剩余份额。移动互联网的发展给楼宇电视带来了新的发展机会,随着移动互联网红利的逐渐消失,流量价格飞快上涨,广告市场正在把一部分关注度转向拥有稳定流量和多元场景的线下媒体。楼宇电视作为线下流量的重要入口,价值凸显。2017年,新潮的崛起让分众的行业垄断地位受到了挑战,随着阿里巴巴集团战略入股分众传媒,百度投资新潮传媒,线上线下整合营销发展更进一步。楼宇电视可以通过内置Wi-Fi,或扫描二维码与移动端实现多屏结合,提供流量入口,促进即时交易的转化。互联网公司强大数据和技术能力的融入,将帮助楼宇电视建立基于数据和算法的精准广告分发系统,楼宇电视正朝着数据化、精准化、智能化、互动化方向发展。

(二)楼宇电视的传播特征

按照运营目的的不同,楼宇电视可以分为两种,即商业性楼宇电视和公共服务性楼宇电视。商业性楼宇电视,即以追求经济效益为核心目标的楼宇电视,以分众传媒楼宇电视为代表,商业广告是其传播的核心内容。公共服务性楼宇电视则以追求社会效益为核心目标的楼宇电视,以上海公共视频信息平台楼宇电视和北广传媒城市电视为代表。

从媒体经营理念上来看,楼宇电视相对于传统媒体而言更具有自发性。一般的媒体都是广告主细分产品市场,锁定目标市场,选择合适的媒体投放广告。而楼宇电视媒体是在市场需求下诞生的自发为特定广告主定制的媒体,它自己就是一个经过市场细分后的产物。

从市场营销角度来看,楼宇电视媒体最主要的特征表现为它的分众性。楼宇电视的目标受众明确,受众清晰锁定在25—50岁、高收入、高学历、高消费的企业管理层和时尚的白领阶层,他们是社会财富最积极的创造者,也是中高端商品最主要的消费者。正是这种精准的受众市场细分,使楼宇电视成为分众媒体的典型代表。

从传播效果的角度来看,楼宇电视媒体的特点体现为传播的有效性。首先表现为抗干扰性,相对于户外彩屏的环境而言,楼宇电视的传播环境更为安静和封闭,更利于受众接受信息。同时,还表现为对受众接受这种传播形式的强制性。楼宇电视将接收终端设在商业楼宇、高档住宅等公共场所的电梯口和大厅,利用人群被动地在传播空间集结的特点,“强迫”人们收看广告,进而构成了对受众收视的“强制性”。事实证明,受众对这种新生媒体的广告并不是很讨厌,其传播效果是比较好的。

三、车载移动电视

移动电视又称数字电视地面广播,是指采用数字广播技术(主要指地面传输技术)播出,接收终端具有移动性,能够满足移动人群收视需求的电视系统。移动电视是数字电视的一种,其优势在于可以实现移动和便携接收。

① 朱燕艳:《楼宇电视市场面临的重大变局》,《中华工商时报》2006年3月1日。

(一)车载移动电视发展概述

2000年，上海、北京、深圳进行了移动电视试验，推动了移动电视核心技术及运营模式的研究和发展。2002年年底，上海广播科学研究所（现上海市文广科技发展有限公司广播电视事业部）成功完成上海数字电视公交移动接收系统建设，上海市区固定和移动接收覆盖率达95%以上。

2003年1月1日，经国家广电总局批准，上海正式推出以公交车辆为主体的移动电视商业系统，上海东方明珠移动电视有限公司成立。该公司成为中国一家试行、开发、普及移动电视的运营商。2004年5月28日，北京移动电视试播。2004年年底，上海东方明珠移动电视的接收终端达到6000多个，其中包括3000多辆公交车、城市标志景观、轮渡码头、部分三级甲等医院等。2005年，移动电视系统进驻多个城市地铁。至2006年年底，北京移动电视已搭建起公交电视、地铁电视、出租电视、楼宇电视、户外电视、社会车辆电视六大平台，终端超过2万个。到2008年我国车载移动电视终端超60万台。

(二)车载移动电视的传播特点

1. 传播渠道的多样性与伴随性

车载移动电视支持移动接收，受众在移动过程中通过接收终端可以收看到电视节目。该功能可以在公交车、出租车、火车、轮船、飞机等各类流动人群中广泛使用，不仅扩展了传统电视的有效传播范围和影响区域，更突破了传播时空的局限性，使受众可以随时随地获取各类信息，满足了人们的资讯、娱乐需求。移动电视介于广播、户外媒体和传统电视之间，既具有自身的特点又兼具三者的优势。

2. 传播环境的封闭性与强制性

车载移动电视的传播环境主要是公交车、地铁、火车、轮船等交通工具，具有一定的封闭性。车载移动电视只有单一频道，受众处于“强迫收视”的被动接受状态，失去了主动选择不同节目的可能性。受众无论是否将注意力集中在车载移动电视上，都会在一定程度上接触到节目的画面或者声音。

3. 传播受众的开放性与指向性

车载移动电视的受众构成是开放、流动的。由于受众的开放性，车载移动电视拥有潜在、庞大、流动的受众群体，信息覆盖面较广、市场开发潜力巨大。但是，开放、流动的受众却导致了传播效果的不可预测性，交通工具上的乘客是异质群体的短暂聚合，具有匿名性和随机性。从另一个角度来说，车载移动电视针对的是特殊群体，包括乘坐公交、地铁、火车、飞机的人群，因而指向性较强。

本节所讨论的新型媒体，包括户外彩屏、楼宇电视、车载移动电视等。虽然它们有着不同的形态，但却有一致的共同特点，即它们都是垄断性经营的、偏重广告的户外媒体。从传播的角度来看，无论是户外彩屏、楼宇电视还是车载移动电视，它们都具有强制传播与实时传播的特性。在突发事件的应急传播中，这些户外新型媒体能够进行大覆盖面的紧急信息播报,及时传播政府的权威声音并有效引导公众舆论。

本章思考题

1. 迄今为止,我国网络媒体的发展经历了哪几个阶段?请分别简要介绍。

2. 请简述移动终端和社交媒体的关系。

3. 什么是聚合类媒体?

4. 智能媒体的主要特征是怎样的?

5. 数字电视、IPTV 和 OTT-TV 有什么区别?

6. 你对哪一种车载移动电视节目最感兴趣?面对强大的广告经济效益,车载移动电视是否应该坚持将公益广告作为节目资源的一部分?

本章参考文献

1. 汤姆·斯丹迪奇.从莎草纸到互联网——社交媒体2000年[M].林华,译.北京:中信出版社,2015.

2. 宫承波.新媒体的多维审视[M].北京:中国广播电视出版社,2008.

3. 闵大洪.数字传媒概要[M].上海:复旦大学出版社,2003.

4. 彭兰.中国网络媒体的第一个十年[M].北京:清华大学出版社,2006.

5. 彭兰.网络传播概论(第四版)[M].北京:中国人民大学出版社,2017.

6. 匡文波.手机媒体概论[M].北京:中国人民大学出版社,2012.

7. 谢新洲.网络传播理论与实践[M].北京:北京大学出版社,2004.

8. 屠忠俊.网络传播概论[M].武汉:武汉大学出版社,2007.

9. 金震茅.网络广播传播形态研究[M].苏州:苏州大学出版社,2007.

10. 邓炘炘.动力与困窘——中国广播体制改革研究[M].北京:中国经济出版社,2006.

11. 孟伟.声音传播——多媒体传播时代的广播听觉文本[M].北京:中国传媒大学出版社,2006.

12. 冯文,孙立军.动画概论[M].北京:中国电影出版社,2006.

13. 欧阳友权.网络传播与社会文化[M].北京:高等教育出版社,2005.

14. 欧阳友权.网络文学论纲[M].北京:人民文学出版社,2003.

15. 孟建,祁林.网络文化论纲[M].北京:新华出版社,2002.

16. 周荣庭.网络出版[M].北京:科学出版社,2004.

17. 毛晶莹.门户网站的概念与类型分析[A].中国优选法统筹法与经济数学研究会.第10届计算机模拟与信息技术会议论文集[C].中国优选法统筹法与经济数学研究会:管理学报杂志社编辑部,2005:3.

18. 孙靖.网络游戏产业的发展与管理研究[J].同济大学学报(社会科学版),2007(1).

19. 陈琳.我国网络游戏产业发展的问题及对策研究[J].大众文艺(理论),2009(1).

20. 梅克冰．Flash 动画与传统动画之比较[J]．出版与印刷，2003(1).
21. 梁国伟，陈童．Flash 动画：寻找网络虚拟空间的生命运动形式[J]．电影艺术，2007(4).
22. 张守荣．从国内外现状看网络出版的发展趋势[J]．出版与印刷，2008(3).
23. 陈少华，Lorenz Lorenz-Meyer. 2008 年欧洲数字出版发展概况和趋势[J]．出版广角，2008(12).
24. 王强．网络出版对我国传统出版的影响[D/OL]．北京：对外经济贸易大学，2006[2021-03-26]. https://kreader.cnki.net/Kreader/CatalogViewPage.aspx? dbCode = cdmd&filename = 2007011991.nh&tablename = CMFD2007&compose = &first = 1&uid =.
25. 姜天赟．网络出版研究[D/OL]．山东：山东大学，2007[2021-3-26]. https://kreader.cnki.net/Kreader/CatalogViewPage.aspx? dbCode = cdmd&filename = 2007087854.nh&tablename = CMFD2007&compose = &first = 1&uid = WEEvREcwSlJHSldSdmVqMDh6a1dqZUdnaERCWEJvZGRYbVpyR201aDNtND0 = $9A4hF_YAuvQ5obgVAqNKPCYcEjKensW4IQMovwHtwkF4VYPoHbKxJw!!.
26. 张珊珊．网络出版的价值研究[D/OL]．北京：北京邮电大学，2006[2021-3-26]. https://kreader.cnki.net/Kreader/CatalogViewPage.aspx? dbCode = cdmd&filename = 2006136398.nh&tablename = CMFD0506&compose = &first = 1&uid = WEEvREcwSlJHSldSdmVqMDh6a1dqZUdnaERCWEJvZGRYbVpyR201aDNtND0 = $9A4hF_YAuvQ5obgVAqNKPCYcEjKensW4IQMovwHtwkF4VYPoHbKxJw!!.
27. 孙涛，马兵．车载移动电视运营策略探讨[J]．今传媒，2009，000(001).
28. 朱燕艳．楼宇电视市场面临的重大变局[N]．中华工商时报，2006-3-1.
29. 仲灵毓，仲富兰．楼宇液晶电视形态初探[J]．新闻记者，2005(9).
30. 王海林．尼尔森楼宇电视数据：聚众分众平分天下[N]．新京报，2005-10-14.
31. 孔乂国．户外新媒体发展的三个趋势[J]．中国广告，2008(6).
32. 陈岩．攫取百亿户外广告商机！[J]．经理人，2004(3).
33. 李亚馨．比分众传媒城市彩屏联播网 LED 屏更大[N]．第一财经日报，2007-04.
34. 郝凤苓．凤凰卫视打起户外 LED 算盘[N]. 21 世纪经济报道，2009-03.
35. 陈正辉．户外分众媒体成为广告新宠[J]．传媒观察，2004(12).
36. 本刊编辑部．户外新媒体 赛事未尽[J]．广告大观(综合版)，2008(9).
37. 国家互联网信息办公室，北京市互联网信息办公室．中国互联网 20 年：网络媒体篇[M]．北京：电子工业出版社，2014.
38. 原毅玲．中国互联网电视演进历程及发展趋势[J]．广播与电视技术，2015，42(11).
39. 霍凤．“互联网+”战略下的 OTT TV 视频牌照制度[J]．青年记者，2015(32).
40. 智研咨询．2017 年我国户外电子屏广告行业市场规模及竞争格局分析[R/OL](2018-01-07)[2021-03-26]. http://www.chyxx.com/industry/201801/607812.html.
41. 何白．中国网络视频产业发展研究[D/OL]，厦门：厦门大学，2017[2021-3-26]. https://kreader.cnki.net/Kreader/CatalogViewPage.aspx? dbCode = cdmd&filename = 1017269043.nh&tablename = CDFDLAST2020&compose = &first = 1&uid = WEEvREcwSlJHSldSdm-

VqMDh6a1dqZUdnaERCWEJvZGRYbVpyR201aDNtND0 = $9A4hF _
YAuvQ5obgVAqNKPCYcEjKensW4IQMovwHtwkF4VYPoHbKxJw!! .
42. 朱方洁. 从社会资本论视角看网络直播如何实现个人变现[J]. 东南传播,2017(6).
43. 王晓红,王芯蕊. 网络视频的生态融合与跨界赋能[J]. 中国新闻传播研究,2019(3).
44. 黎建. IPTV 发展现状及治理研究[J]. 广播与电视技术,2019,46(10).
45. 格兰研究. 中国有线电视行业季度发展报告[J]. 有线电视技术,2019(11).
46. 杨烁. 2017—2018 年北京网络文学发展报告[M]. 北京:社会科学文献出版社,2019.
47. 方兴东,钟祥铭. 中国门户网站之发展历程、规律和启示——反思门户思维对中国互联网和传统媒体转型的内在影响[J]. 新闻与写作,2019(2).
48. 赵子忠,付姝姣. 2018 年中国短视频行业发展报告[M]//高伟,姜飞. 全球传播生态发展报告(2019),北京:社会科学文献出版社,2019.
49. 喻国明,兰美娜,李玮. 智能化:未来传播模式创新的核心逻辑——兼论“人工智能+媒体”的基本运作范式[J]. 新闻与写作,2017(3).
50. 郭全中,胡洁. 智能传播平台的构建——以今日头条为例[J]. 新闻爱好者,2016(6).
51. 彭兰. 智媒趋势下内容生产中的人机关系[J]. 上海交通大学学报(哲学社会科学版),2020,28(1).
52. 熊波. 新媒体时代中国电视产业发展研究[D/OL]. 武汉:武汉大学,2013[2021-03-26]. https://kns.cnki.net/KCMS/detail/detail.aspx? dbname = CDFD1214&filename =1013210915.nh.
53. 格兰研究. 2016 年第四季度中国有线电视行业发展公报[R/OL]. (2017-01-25)[2021-03-26]. http://www.sohu.com/a/125156064_488920.
54. 格兰研究. 2020 年第一季度中国有线电视行业季度发展报告[R/OL]. (2020-05-15)[2021-03-26]. http://www.199it.com/archives/1049793.html.
55. 观研天下. 2019 年我国 IPTV 发展现状:“政策扶持+运营商捆绑”实现快速发展[R/OL]. (2019-08-10)[2021-03-26]. http://free.chinabaogao.com/chuanmei /201908/0Q04394P2019.html.
56. 工业和信息化部网站. 2020 年通信业统计公报. [R/OL](2021-01-26)[2021-03-26]. http://www.gov.cn/xinwen/2021-01/26/content_5582523.htm.
57. 前瞻产业研究院. 2020 年中国 IPTV 行业市场现状及发展前景分析[R/OL]. (2021-01-29)[2021-03-26]. https://www.sohu.com/a/447478293_120868906.
58. 牛兴侦,宋迪莹. 我国动漫产业驶入快车道——动漫产业的发展现状与趋势分析[J]. 出版广角,2018(18).
59. 邓瑶. 国漫价值导向与创新转化——2019 年国产动画创作发展综述[J]. 中国广播电视学刊,2020(2).

第五章 聚合类媒体

扫码可见
第五章PPT

如前文所述，聚合类媒体可以根据使用终端、传播形态、获取方式和传播内容等划分方法分为不同类型。本章将主要讲述被广泛使用的三种典型的聚合类媒体：搜索引擎、知识聚合媒体和新闻聚合媒体。

第一节　搜索引擎

随着互联网信息的极大丰富，信息海量化正在导致信息垃圾化，信息本身已不再稀缺，只有完成对信息的甄别、加工、提纯，从海量信息中发现真正的知识，才能带来信息的价值提升。① 搜索引擎，就是一种帮助用户在互联网上查询信息的机制，它以一定的计算策略在网络上追踪、捕获各类信息，并按照一定的规则归类、整理和存贮，随时为用户提供查询帮助，从而起到信息导航的作用。高性能的搜索引擎能够充分发掘并利用网站的资源来为商务、教育、科技等各种领域服务。

世界上第一个搜索引擎是由 Alan Emtage 等人于 1990 年发明的 Archie，这是一个 FTP 站点的搜索程序，可以完成在网络上查找标题满足特定条件的所有文件。随着互联网的发展，尤其是万维网的出现，网络世界里开始涌现大量的搜索引擎：1993 年的 Aliweb，1994 年的 Infoseek、Lycos、Yahoo！，1998 年的 Google 等，有的在激烈的竞争中发展壮大，成为主流，有的则一闪而过，湮没无闻。目前我国用户常用的搜索引擎有百度、搜狗、360、神马等。

一、搜索引擎的分类

搜索引擎是一个以技术安身立命的行业，不同的搜索技术会产生不同的查询结果，从初期的分类目录式查找和页面关键词搜索，到页面链接等级搜索，再到互动式个性化搜索，搜索引擎试图去了解用户的需求，努力提供大范围、更新迅速的精准信息，不断朝着智能化、人性化方向发展。

（一）目录式搜索引擎

目录式搜索引擎是最早的一种搜索方式，它将互联网中资源服务器的地址收集起来，按

① 彭鹏：《搜索革命》，企业管理出版社，2004，第 7 页。

照类型的不同划分成不同的目录，在大的目录下再一层层地细分出更加具体的类目，像一棵倒置的大树，根部是抽象的类型划分，叶子则是具体的页面信息。目录式搜索主要以人工或半自动的方式收集信息，手动完成信息摘要，再置于不同的类目下。目录式搜索引擎的典型代表有早期的 Yahoo！和搜狐。

目录式搜索引擎的优势在于搜索的站点面广量大，由人工编制的目录信息准确度高且导航质量高。但相应的缺点亦是显而易见的，人工的介入是以低速度换取高质量，故而难以做到实时的信息更新。

（二）全文搜索引擎

全文搜索引擎与目录式搜索引擎采取完全不同的搜索方法，它通过大规模的程序运行，如网络蜘蛛程序或网络爬虫程序等，按照某种策略主动地在互联网中收集和发现信息，建立起索引数据库。用户查询的关键词可以在数据库中进行匹配，从而得出相应的结果。前文提到的 Infoseek 可算做这类搜索引擎的典范。起步较晚的 Google 和百度也属于全文搜索，前者采用的是 PageRank 搜索算法，后者采用“超链分析”搜索技术。这二者都采取了更优化的算法来为用户搜索更精确的结果，关注点既包括关键词，也包括含有关键词的页面质量。

（三）元搜索引擎

元搜索引擎也称为“搜索引擎的搜索引擎”，它并没有自己的索引数据库，而是处于其他多个搜索引擎之上。元搜索引擎将用户的查询请求同时发送到多个独立搜索引擎上，将它们返回的结果进行重复排除、重新排序后反馈给用户。世界上第一个元搜索引擎是华盛顿大学的硕士生 Eric Selberg 和 Oren Etzioni 建立的 Metacrawler。在我国也曾出现综合了百度和 Google 搜索结果的元搜索引擎 BaiGoogledu 网站。元搜索引擎是搜索的综合，可以同时获得多个搜索源的结果，但它既缺乏独立搜索引擎的特色，也缺乏独到的技术优势，故而还没有哪个元搜索引擎能在互联网获得像独立搜索引擎一样的地位。

（四）垂直搜索引擎

垂直搜索是一种专业的搜索引擎，是全文搜索引擎的细分和延伸，它将注意力集中在某一特定领域和特定的用户需求上。垂直搜索引擎工作时首先像全文搜索引擎一样利用网络蜘蛛在互联网中不间断地收集页面；之后对这些页面中所包含的信息依对象的不同进行区分，如要分辨出一个网页的内容是学术论文还是商品广告；然后分门别类地将内容信息集成到对象信息库中。在网络抓取、对象分类和内容集成之后，垂直搜索引擎就可以利用这些结构化的对象信息为用户的特定需求提供全面、专业、有深度的服务。① 垂直搜索引擎的应用范围很广，如房产搜索、求职搜索、音乐搜索、图片搜索、旅游搜索等。

---

① 李洋：《所搜即所得——垂直搜索》，《互联网周刊》2007 年第 19 期。

（五）移动搜索引擎

移动搜索引擎是基于移动网络、服务于手机终端的搜索技术。移动搜索引擎的最大优势就是可以打破空间的限制，用户可在任何地方通过移动终端搜索自己需要的信息。相比起 PC 端搜索位置的固定，移动搜索更适合搜索即时信息、日常生活信息和区域信息。

如今，“移动搜索+”模式雏形显现，移动搜索逐步向多行业、多领域渗透，搜索框逐步变成 App 应用内嵌的功能模块之一，依托 App 开发应用内小程序也成为移动搜索引擎企业发展的重要方向。同时，基于地理位置的搜索服务检索和用户个性化需求、兴趣点信息推荐模式快速发展，应用场景不断拓宽，搜索平台载体日益丰富。百度加速连接服务战略落地，移动搜索与本地生活深度融合，逐步向提供服务模式转型；搜狗与腾讯系的基于微信、QQ、新闻、QQ 浏览器等合作模式得以全面发展，移动搜索引擎的内容生态建设变得更加紧迫。

二、搜索引擎的传播特征

搜索引擎在实际运作中，已经从一项网络技术和一个信息提供的大平台发展成一种新型且有影响力的媒介公器，能够控制信息的流动，起到舆论引导作用，直接影响人们认知世界的方式，它具有如下特征：①

其一，搜索引擎本身不生产内容却是信息的集大成者。搜索引擎后台程序的不间断运行，为其数据库积累了大量的分类资料，提供给用户查询，搜索引擎上有着巨大的信息流动。从大众搜索关键词的集中度排名上可以追踪到社会情态变化的轨迹，搜索已成为大众生活趣味和关注焦点的探测器。

其二，搜索引擎不能控制信息的内容却能够控制信息的传播。传统媒体和网络媒体在内容的采集上和议题的设置上有着绝对优势，决定了传播的内容。但内容的价值却正在被创造海量信息的网络本身所削减，内容的有效挖掘才是其价值得以展现的前提。搜索引擎可以帮助用户与他们最感兴趣的内容建立直接的联系，实现高度集中、有效的信息获取。

此外，搜索引擎作为人们日常生活中的一个重要信息来源，其社会效益和经济利益之间的平衡会对社会产生潜移默化而又深远的影响。例如，搜索引擎中的竞价排名业务，网站或是信息在搜索结果中排序越靠前，被消费者发现、点击和了解的概率就越大。搜索公司作为既得利益者，理应承担更大的责任，保障受众具有知晓与自身利益相关的事实真相的权利，保障受众在竞价排名的搜索结果中获取真实信息。②

三、搜索引擎的智能化发展趋势

目前的搜索主要依靠计算机的程序搜索来完成对海量信息的筛选，但是人工智能技术的不完善常常导致搜索引擎答非所问，搜索结果离用户的需求相去甚远，还需要用户自己进

① 王眉、陈力丹：《新型传媒搜索引擎职业操守的缺失及应对》，《学习时报》2008 年 12 月 22 日。
② 孙旭培、邸敬存：《魏则西事件“竞价排名”主要法律问题探析》，《青年记者》2016 第 31 期。

行二次筛选。正如维基百科的创始人威尼斯所言："如果你使用 Google 搜索引擎，的确可以获得很多有用的搜索结果，但同时也会得到大量垃圾信息。"因此，单纯依靠数学公式无法产生始终相关的搜索结果，人类的智慧将成为搜索的重要组成部分。

实际上，搜索引擎正在试着让机器更懂人、更理解人们的需求，国内外的搜索引擎正做着各式各样的努力，包括整合搜索、语义搜索、社会化搜索、垂直搜索等。整合搜索是指将不同类型和不同内容的信息进行整合，当输入一个关键词时，会呈现相关的新闻、视频、图片等信息。语义搜索是指通过分析用户的关键词意图来搜索结果。① 社会化搜索是指信息的聚拢、组织与精确定位，用社会化的形式为某一类特定信息量体裁衣。此外，人工智能和算法技术的进步，也使得搜索引擎变得更加个性化，不仅可以跟踪用户搜索痕迹和检索历史，把握每个用户的信息偏好和搜索习惯，还可以根据每个用户的特殊需求和偏好，为其提供个性化的搜索服务，不同的搜索引擎公司也在尝试建立特色搜索体系，以满足各行各业、各种场景下用户的不同搜索需求。②

搜索引擎的技术门槛很高，涉及信息检索、人工智能、计算机网络、分布式处理、数据库、数据挖掘、数字图书馆、自然语言处理等多领域的理论和技术。搜索引擎智能化的发展需要依托扎实的技术力量，它一直努力的方向就是更加智能和人性化。

第二节　知识聚合媒体

知识聚合类媒体以网络知识问答平台最具代表性，用户通常根据自身需要提出或者搜索相关问题，其他用户则基于自身经验和知识进行回答，网站通常设置提问、回答、点赞、回复、收藏等交互方式。知名度较高知识聚合平台有百度知道、新浪爱问、果壳网、知乎和美国硅谷的问答社区 Quora 等。

一、知识聚合媒体的种类

基于搜索引擎的知识聚合平台一般可以分为两类：传统全功能型知识聚合平台和社会化知识聚合社区。

传统全功能型知识聚合平台凭借搜索引擎的优势，在用户搜索的第一时间反馈问题答案。其内容包罗极广，由零散的问答组成，用户以关键字进行搜索、查看他人的回答，或是自行创建新的提问。例如，百度知道是基于搜索引擎的知识问答平台，通过积分制鼓励用户创造答案。新浪爱问是依托于新浪门户网站而建立的知识问答平台，是国内最早的互动问答平台。

社会化知识聚合社区更加强调社交功能。根据平台定位和涉及的内容范围，社会化知识聚合社区又可分为全品类知识聚合社区和垂直类知识聚合社区。垂直类知识聚合社区涉及的内容范

---

① 侯大银：《智能搜索：梦想照进现实》，《互联网周刊》2009 年第 7 期。
② 龙佳：《论搜索引擎的特点与发展态势》，《电脑知识与技术》2019 年第 1 期。

围较窄，通常集中在某一具体垂直领域中。例如果壳网，其创立之初，聚集了一群科学家和科普作者作为主要稿件来源，社区中所探讨的话题大多是与日常生活息息相关的泛科学话题，通过辟谣和科普使其宣称的"科学精神"影响更多的人。全品类知识聚合社区，例如 Quora 和知乎，涵盖了庞大完备的内容索引体系，包含海量话题和关键词，随着新事物和新话题的产生而持续完善。

二、社会化知识聚合社区的传播特性

从本质上来说，传统全功能型知识聚合平台以搜索引擎和网上论坛技术为依托，通过用户提问和回答问题的方式创建知识交流平台，从而实现知识交流与共享。但早期问答平台只是一种远程交流的技术实现，止步于问答，问答过程不受社会关系影响，因而此类问答社区被认为是第一代网络问答社区。"客观来说，问答服务为搜索引擎内容扩充发挥了一定作用，但其只是借助群体智慧来强化了搜索，没有用户之间真正的交互，用户的关系网络并未形成。"①

社会化知识聚合社区不同于传统全功能型知识聚合平台，其社交特性给传播过程带来了新的特征与变化，而以专业和理性讨论为导向的平台价值取向通过算法和互动机制设置影响了内容传播的全过程，社会化知识聚合社区相较于传统全功能型知识聚合平台具有更高的活跃度和影响力。

（一）传受双方：身份合一

在社会化知识聚合平台中，提问者和回答者间建立起双向传播关系，用户既是受众，同时也是传播者，传播者与受众的身份相互转化、合二为一。社交基因在知识社区中的注入构建了知识传播的关系网，在社交关系影响下的信息传播更为通畅，用户愿意和有相同兴趣或相同专业的人来交流问题。

（二）传播过程：意见领袖占据关键地位

社会化知识聚合类媒体的 UGC（User Generated Content 用户生产内容）模式、关注与互动机制决定了以下特征：当内容的质量越高、生产的内容越多时，就越能吸引用户的持续关注。通过用户的投票行为，如点赞、收藏和评论等，优质内容能获得更多曝光机会。内容生产者也有机会将用户对内容的关注转化为自身的粉丝基础，通过其专业知识和相关技能的输出，逐渐发展为知识聚合媒体中的意见领袖，其发布、点赞或是关注的内容得以向其粉丝群体扩散传播，进而成为影响某个话题圈子的重要言论力量。

意见领袖作为主导者，能从网络知识分享行为中获得更多的人际关系、声誉、信任甚至直接获得现实利益。值得注意的是，当意见领袖拥有巨大影响力后，双向交流的平台难免有变为个人表演和单向输出的自媒体的倾向，知识聚合类媒体自身的互动性和未来成长亦将受到影响。

（三）社区构建：用户贡献和架构内容

用户的身份不仅仅是参与者，更是整个社区生态的组织构建者，这一特征在问答类社区

① 刘高勇、邓胜利：《社交问答服务的演变与发展研究》，《图书馆论坛》2013 年第 33 期。

中最为典型。以 Quora 和知乎为例，平台的自我组织机制体现为平台系统通过 Digg（掘客）或者 Wiki（多人协作）的方式帮助用户找到最佳答案。用户通过投票机制进行反馈，使得关于某个话题的知识体系逐步得以构建。作为智能机器人的系统能够自动识别用户的输入错误或表达的不准确，并提示用户修改。当用户提交问题时，系统会显示“主题建议”的实时标签，用户只需把它归档至适合的话题，这个问题就能被推送到相关用户的信息流中。① 此外，知乎采用了“公共编辑”机制，即当某个问题被提出后，其他用户也能够修改该问题的表述。每个用户都可以对提问进行完善，最大限度地调动广大用户的智慧和力量，在不断反思和审视中剔除劣质问题，推动优质问题的呈现。

三、知识聚合媒体的内容特征

（1）专业与通俗并存

社会化知识聚合媒体中用户生产的内容，由于大多专注于某一专业领域或细分领域，因此其中的内容往往具有较高的专业性。但同时，随着用户规模大不断扩大和水平的参差不齐，通俗内容也大量涌现。在科普类内容中这一专业与通俗并存的特征体现得更为明显。但由于平台本身发布内容的门槛不高，也会导致社区中存在着大量“抖机灵”或是无甚意义的内容。

（2）议题面向社会，具有一定时效性

社会化知识聚合媒体的“时事”属性比较强烈，其中讨论的话题通常会关切到当下的社会现象或是社会问题，甚至会成为舆情的发源地。例如，2016 年的“魏则西事件”，魏则西病逝后，以知乎为首的网络社区对百度竞价排名和莆田系医疗机构进行了持续讨伐。这一事件引起诸多媒体关注，激起了广泛的社会舆论，并得到了百度和有关监管部门的回应。

四、知识聚合媒体的经营特点

（一）创收方式：广告与知识付费

广告和知识付费是社会化知识聚合社区的两大创收途径。

在社会化知识聚合媒体中，广告往往表现为整合 PC 端网站和移动端 App 的原生广告，这类广告被巧妙地插入用户信息流之中，进而获得点击率和转化率。2013 年知乎的侧边栏有了第一个试水广告——“高德地图”，之后知乎的广告形式更加丰富多样。果壳网主要采用的是品牌营销广告。②

信息大爆炸时代，庞大的信息量与时间的有限性之间的矛盾提升了人们对高质量信息的需求，也催化了知识付费产品的诞生。延长产品线成为知识聚合媒体在发展中普遍采取的策略之一。知乎在探索盈利模式的过程中，先是于 2016 年推出付费问答服务“值乎”试

① 刘佩、林如鹏：《网络问答社区“知乎”的知识分享与传播行为研究》，《图书情报知识》2015 年第 6 期。

② 许冰清：《创始人“姬十三”说，科学和教育都能让果壳赚到钱》，好奇心日报，2015 年 6 月，http://www.qdaily.com/articles/10145.html，访问日期：2021 年 3 月 26 日。

水,随后陆续推出新产品,例如把线下的讲座搬到线上,打造知乎 Live,推出电子书、讲书、杂志、私家课、盐选专栏等产品。广告和知识服务成为知乎的两大收入模式。①

(二)核心用户:精英群体

知识聚合媒体作为一种相对小众的平台,其诞生之初往往将核心用户群体定位于精英人群之中。诞生于2010年的知乎在2011年至2013年年初坚持采用严格的邀请注册制,第一批用户包括李开复、薛蛮子、徐小平、雷军等知名人士,这群人被创始人周源称为"种子用户"。首批用户的光环和精英色彩奠定了知乎的产品基调,也带动了知乎的迅速蹿红。同年成立的果壳网在创立之初也实行着以科学家或是科普作者为中心的运营模式,为了留住这一核心用户群体,果壳通过多种方式为用户塑造自有的传播渠道,甚至为核心用户群体提供职业形象照的拍摄、演讲技巧指导的服务,果壳网着力于提升核心用户的个人影响力,打造个人品牌,以此巩固该群体与平台自身的合作关系,进行了一场"科技造星运动"。

(1)线上线下联动:用户维系、扩大影响

社会化知识聚合媒体并不局限于将业务停留在线上范畴。举办线上线下联动的活动,充分发挥平台的社交功能,为用户创造更多价值和机遇,成为一种维系用户关系和扩大社会影响的方式。

2011年果壳网开始推出一系列面向大众化网民的线下活动,影响力较大的万有青年烩、果壳公开课等,一定程度上促进了果壳网知名度及用户数的提升。②

"知乎盐 Club"于2013年创办,是一年一度的知乎用户聚会,2019年更名为"新知青年大会"。这一活动旨在为每一年的优秀回答者提供一个展示的平台和交流的空间,将线上交流拓展到线下,为对知乎做出卓越贡献的用户给予奖励。此种活动一方面有助于塑造自身品牌形象,挖掘网络意见领袖的线下价值;另一方面,用户中相关行业从业者的线下交流还有机会带动商业合作,因此具有很好的商业延展价值。③

(2)品牌调性:用户群体的扩大与小众平台之间的矛盾

知识聚合媒体的小众特性与用户群体不断地扩张之间充满着矛盾与冲突。用户数量成几何倍数增长的同时,网站和 App 不可避免地成为用户灌水、娱乐的场所,"老用户"的"怨声载道"屡见不鲜。如何平衡这一矛盾,把握知识聚合媒体的未来方向是经营中的难点。

Quora 的创始人 Adam D'Angelo 是 Facebook 的前任首席技术官,他将"社会化网络服务"模式融入问与答的过程中。例如,通过对问题、答案或回答的订阅,用户可以及时获得所关注话题的最新信息;这一方式打破了信息与信息对接的单一模式,真正实现了信息与人的对接。从某种层面上来说,Quora 更像是一个伪社交网站,问与答是网站的核心。④

---

① 巨潮商业评论:《上市在即,知乎还在学习赚钱》,36氪,2021年1月,https://36kr.com/p/1072332446921865,访问日期:2021年3月26日。

② 黎娟:《果壳网传播要素研究》,《中国报业》2015年第6期。

③ 李升:《社会化化问答社区的发展策略研究》,硕士学位论文,南京师范大学,2015,第7页。

④ 沈波、赖园园:《网络问答社区"Quora"与"知乎"的比较分析》,《管理学刊》2016年第5期。

用户群体扩大带来的另一个影响是问题数量激增，大量的问题无人回答。知乎为了应对这一现象，会在无人回答的问题下方关联相关领域用户，进而邀请可能知道答案的人进行回答，这一举措的效力仍待检验。

第三节 新闻聚合媒体

一、新闻聚合网站

为了满足人们快速、便捷、高效地浏览最新热点新闻的需求，新闻聚合网站通过大数据挖掘和分析用户的阅读需求和习惯，为用户精准画像，从而为网站精准定位；通过网络抓取技术聚合新闻内容，利用计算机算法精准推送；通过设置用户反馈机制，不断修正用户画像和算法体系，提升网站的品牌价值，增强用户的黏性。最典型的新闻聚合网站是美国的Buzzfeed、Reddit。

（一）新闻聚合网站的传播特性

新闻聚合网站是互联网上原生的新闻媒体，它的传播特性与传统媒体有着巨大不同。其传播理念带有明显的互联网色彩，一些传播理念影响了后来的新媒体。

1. 病毒式传播

所谓病毒式传播，是指“受众主动接受数字化信息的同时对其进行加工，并向基于相似信息获取和分享需求的人进行发布和转发，进而形成信息迅速地以人际圈席卷大众群体的无偿复制、几何倍增的传播形式”。[①] 也就是说，病毒式传播是指通过将信息进行包装和改造，使之通过用户的社会人际网络像病毒一样传播和扩散，并利用快速复制的方式传向数以千计、数以百万计的受众的传播方式。

新闻聚合网站最初不生产内容，它所做的是聚合其他网站内容，然后将其传播出去。因此，“传播大于生产”的特性就深植于新闻聚合网站的基因中，典型代表为Buzzfeed。Buzzfeed由赫芬顿邮报的联合创始人之一乔纳·佩雷蒂于2006年在纽约创办，其最初是一个实验性质项目，目的是追踪病毒式信息的传播途径和用户分享行为，后来发展成为互联网新闻聚合网站。

新闻聚合网站一般通过精准的用户分析实现信息的病毒式传播。网站平台注重“内容的情感影响力”，通过算法分析了解用户为什么分享内容，用户愿意分享哪些内容，什么样的用户最乐于分享网站中的内容。乔纳·佩雷蒂说：“当知道了分享的关键因素，我们就像取得了钥匙。”一方面，新闻聚合网站强调解决“为什么有些内容会传播”，因此网站会根据用户的爱好和阅读习惯提供新鲜的、增强用户好感度的内容，把内容当成是送给用户的精心准备的礼物，使得用户乐于接受。另一方面，新闻聚合网站还会有一个电子内容分发系统，根据

---

① 孙喆：《新媒体环境下的病毒式传播——以神曲〈江南style〉为例》，《今传媒》2013年第6期。

用户画像实现精准推送，主动将“礼物”送到用户面前，为用户接触信息提供最大便利。

2. 分享大于搜索

病毒式传播主要有三个环节：一是病毒制造环节，二是病毒网络的组建环节，三是病毒式传播效果的扩大环节。对病毒式传播而言，社交媒体就是最好的病毒式传播网络，能够接入的社交网络的规模决定了内容传播的规模。新闻聚合网站 Buzzfeed 的“分享大于搜索”理念，就是对传播网络的强调。该公司国际新闻部副总裁斯科特·兰姆曾在采访中说：“作为数字出版商，不能总想着把人们吸引进来，还要有往外散发的理念，所以要尽可能把内容散发到外面去。我们是多媒体平台，内容散发的理念是我们作为一家多媒体公司的核心原则。基于此，社交平台对我们来说很重要，我们通过在很多平台开频道、账户的方式让内容尽量通过各种渠道散播出去。”

3. 社交新闻的供应者

新闻聚合网站是一个“社交新闻的供应者”，着重提升用户的分享体验，通过提供适于分享与社交的内容，满足用户塑造自身社交形象的需求。

Reader-first（读者第一）是一条重要准则。网站提供的内容成为社交货币，它能体现或者代表读者的身份，也帮助他们身边的人能够更具象地认识自己。新闻聚合网站的受众主要是 18—34 岁的年轻人，这个群体同时也是社交媒体的主要使用者。网站的分类与传统新闻网站有所不同，摒弃了传统的“政治”“经济”“文化”等严肃分类方式，而是采用更有生活气息、符合年轻人话题特点的分类方式，如 Buzzfeed 的“Quizzes（测验）”“Wedding（婚礼）”等栏目，让受众在有所收获的前提下愿意分享给他人。

另外，新闻聚合网站创新了新闻标题，以 Buzzfeed 的“清单体”最为著名，即将本身并无明确联系的单个事物按照某个主题汇集在一起，从而使汇集起来的事物之间产生出乎意料的联系，从而给人一种意想不到的感觉，例如《感谢伴郎的十三件礼物》《17 种过好夏天的方式》等。这种清单体一方面充分体现了新闻聚合网站的“聚合”特点，同时也通过直接了当的新闻标题及导语吸引受众，在分享过程中提高信息的识别度。

（二）新闻聚合网站的内容特性

1. 大体量的泛娱乐化内容

作为社交化的新闻媒体，新闻聚合网站迎合青年群体的阅读心理，以娱乐信息作为重要的内容部分加以发展。从此类网站的配色上可以看出，鲜艳的红、黄、蓝三色是最常用的色彩，整体上给人一种夸张、欢快、充满活力的气息，使得新闻聚合网站整体气质上呈现出泛娱乐倾向。聚合新闻的内容具有极强的文化包容性，凡是青年人关心的事物几乎无所不包，并且偏重于萌宠、排行榜、探秘解密、明星花边等休闲娱乐话题，挖掘年轻人的视觉兴趣点。

2. 不断加强严肃新闻报道

轻松娱乐的内容是新闻聚合网站得以发展起来的重要武器，但是，过度娱乐化会降低网站的可信度。Buzzfeed 的编辑部在接受采访时曾表示，观众过去常常把他们的网站视为一个可以找到新奇玩意儿的地方，但并不是一个值得信任的地方。因此，新闻聚合网站逐渐增加传统新闻报道，建立起突发新闻和深度报道的制作和发布体系，打造严肃新闻报道品牌。

一些新闻聚合网站花重金从《金融时报》等传统媒体大量招揽编辑记者，分布在纽约、洛杉矶、伦敦等世界各地的主要城市，网站首页上大部分的时政类、经济类、科技类、文化类大稿的执笔者仍旧是网站雇佣的专职记者或作家，以此保证网站内容的整体质量、平衡各类报道的比例，提升该网站在广大受众心中的权威性和公信力。

同时，新闻聚合网站也与《纽约时报》《今日美国》《大西洋月刊》等多家传统主流媒体保持了良好的合作关系。网站上有相当一部分权威报道和评论都转载或援引自这些位于全球各地的传统主流媒体，并加入经过严格挑选的读者点评和深度背景资料。

3. 兼顾短视频与长视频

目前，媒体行业的大部分营收都来自视频，新闻聚合网站也和其他媒体机构一样，需要通过更多的视频新闻以实现营收。虽然早期的新闻聚合网站凭借娱乐类和生活方式类内容在 YouTube 和 Facebook 上吸引了大量的受众群体，但新闻聚合媒体已经不满足于轻短快的短视频发展策略，而将目光投向长视频。

新闻聚合网站已经和知名流媒体合作，如 Hulu 和 Netflix 向 Buzzfeed News 订购了两部以大规模新闻调查报道为背景的长篇纪录片；积极向高端有线电视节目消费群体推出夜间新闻节目；与好莱坞经纪公司合作，帮助自己进行订制流媒体、电影和电视的销售。2012 年，Buzzfeed 在洛杉矶成立视频业务办公室；2014 年，该部门重组成立“Buzzfeed Motion Pictures”，成为该公司最强大的部门，致力于制作视频，进军影视业是其新业务探索的第一步。

（三）新闻聚合网站的经营特点

1. 数据驱动

对当今的互联网媒体而言，数据是它们和用户建立联系、创造收益的重要武器，它不仅可以为高流量文章提供关键线索丰富素材，还可以提升用户的活跃度和忠诚度。

数据对媒体经营的影响主要来自四个方面：第一，数据为内容的病毒式传播提供支撑。基于对“分享大于搜索”理念的追求，新闻聚合网站利用自身的技术优势，开发诸如“病毒式传播指数”等内部指标来量化内容传播的广度和速度，通过追踪内容在社交网络的不同分享者之间的传播路径，帮助网站更好地确定内容投放和传播策略。这种测量方法大大加强了网站对内容传播细节的把握，使得社会口碑传播规律有迹可循，为内容生产者提供了“制造爆款”的理论支撑。第二，新闻聚合网站的开发团队尽力让数据民主化，利用数据工具对分析对象进行可视化呈现，使得分析结果以更加细致、丰富、易懂的方式在编辑团队中共享。第三，数据探测热点话题激发创作灵感。新闻聚合网站的编辑随时关注网络上的热点话题，以此作为内容制作的切入点，然后进行扩充和加工。内容发布后，编辑们紧跟用户反馈，分析哪些内容打动用户，以及用户愿意分享哪些内容。第四，新闻聚合网站运用基于链接点击上升速度的算法，能够精准地给用户推送可能感兴趣的内容。

2. 原生广告

随着网络媒体的发展,广告越来越多地伪装成内容出现,并只能在单独平台付费投放,这就是原生广告。新闻聚合网站通常为客户打造专属广告内容,这种广告页面与其他的普通页面几乎没有差别,但会在页面中的重要位置不经意地嵌入广告信息,不影响整篇文章的阅读,却对用户进行了广告暗示,让用户觉得似乎不是广告但又与某一品牌有一定联系。而且这类广告内容常常与"清单"和"测验"等内容结合,创造出更适合社交媒体平台的"原生广告",将广告营销的内容巧妙"嵌入"新闻资讯中。这种广告模式降低用户的心理抵触,不仅不会造成反感,反而会起到意想不到的效果。

3. 垂直频道

除了开拓更多的新栏目,新闻聚合网站也在挖掘重点栏目的垂直内容价值,其部分垂直栏目的流量甚至已经超过网站主页的流量。这类垂直频道一般根植于其他社交媒体,拥有巨大的订阅用户或粉丝群体,浏览量也远远超过普通频道,相当于从网站主体中孵化出来的"独角兽",具有独立发展的潜能和进一步壮大的前景。因此,部分新闻聚合网站开始尝试推出更多独立身份标识的社交网站账号,以使力量强劲的垂直栏目获得更大的发展空间。如Buzzfeed的"Tasty"栏目,截至2017年,其在Facebook上创建的垂直页面粉丝数量达到8500万,其中2017年4月的点击量达到10亿次,成为Facebook上最大的页面。Buzzfeed正将其视为垂直内容子品牌的模板加以发展和推广,之后又推出美妆栏目、健康栏目等,其中最成熟的分拆来自DIY网页"Nifty",现已拥有2800万粉丝和自己的分支。

4. 多元经营

在受到Google和Facebook等巨型公司的垄断威胁后,一些新闻聚合网站开始实施多元化的经营模式,避免把所有鸡蛋放在一个篮子里。一方面开启多元化的商业模式,降低直销广告占比,增加非直销广告收入;另一方面,以生活方式新闻和服务新闻为导向,拓展栏目应用,如加强垂直栏目的力量,积极拓展新闻在影视方向的发展等。

二、新闻聚合客户端

新闻聚合客户端是在传统新闻客户端的基础上发展起来的形式,增加了精准推送的功能,因此要理解新闻聚合客户端首先要了解传统的新闻客户端。

(1)新闻客户端

新闻客户端,又叫移动新闻客户端、内容阅读客户端或新闻App,是随着智能手机、平板电脑的兴起而出现的适用于移动媒体终端的新闻资讯平台。新闻客户端由门户网站、传统媒体或其他内容提供商针对不同移动媒体的系统而开发,由用户自主选择下载、安装,并具备向用户推送新闻资讯、发布评论、定制新闻、即时微博短信分享等功能。

1. 新闻客户端的种类

新闻客户端可分为门户网站新闻客户端、搜索引擎新闻客户端、专业新闻网站客户端和传统报刊新闻客户端。

门户网站新闻客户端由门户网站开发制作，向用户提供该门户网站的新闻资讯、微博信息、评论发布等内容或服务。在我国，网易、搜狐、新浪、腾讯四大门户网站均已开发出自己的新闻客户端，并根据自身的定位和特点打造各具特色的移动信息终端。

搜索引擎新闻客户端即搜索引擎自主开发的新闻客户端。这类新闻客户端能利用搜索引擎的资源聚合优势整合来自互联网的海量信息，并能根据用户的搜索热度决定资讯编排。

专业新闻网站客户端即由专业化的新闻站点开发的新闻客户端，如新华网、凤凰网等专业化的新闻网站都已经开发出自己的新闻客户端。这类新闻客户端在技术上并不占优势，但其拥有丰富而有特色的独家内容资源及其在新闻聚合上的品牌优势，因此能在短时间内占据相当一部分市场。

传统报刊新闻客户端即由传统报纸或杂志开发的新闻客户端。这类新闻客户端依托传统报刊丰富而有深度的内容资源，能够有效弥补移动终端由于移动性和屏幕制约而造成的内容深度缺失问题。在媒介融合的时代背景下，传统报刊要想获得新生，就必须主动同新媒体相融合。新闻客户端便是继网络报纸杂志、手机报、手机杂志之后传统报刊同新媒体又一次融合的结晶。在我国，《南方周末》《三联生活周刊》《周末画报》《新世纪周刊》等报刊都已开发了自己的新闻客户端，并凭借各自的母体优势迅速发展壮大。

2. 新闻客户端的特点

短小精悍且信息量大。一方面，新闻客户端依托于手机、平板电脑等移动终端，因此其内容长度必然受屏幕大小及移动媒体碎片化使用特点的限制，表现出短小精悍的特点。另一方面，尽管新闻客户端同其他移动媒体应用一样受内容长度限制，但由于它在技术上的优势，其信息承载量相对来说要大得多。相对于手机报等“第一代”资讯类移动应用，新闻客户端不但拥有包括新闻资讯、微博信息、用户评论、天气预报等更多栏目或服务，而且能呈现从文字、图片到声音、影像、超链接的多媒体内容，能为用户提供更多、更丰富的资讯信息。

杂志式的阅读模式。新闻客户端与互联网网页的发散式阅读结构不同，它是一种“准线性”的阅读结构，用户在使用新闻客户端时，会像翻书或杂志那样按顺序一行行、一页页地阅读。这种封闭式、结构化的阅读模式，既能够在很大程度上避免用户在阅读时注意力分散，从而最大限度地抵消移动化、碎片化阅读带来的内容深度上的缺陷，也可以提升其广告效果和广告价值，为新闻客户端带来更多的广告客户及其注意力。

交互性强。相对于传统报刊乃至手机报刊，新闻客户端在交互性上具有无可比拟的优势。传统报刊属于大众传媒，采用传统的大众传播方式，与读者的互动只能局限于少量的读者来信；短信或彩信手机报除了订阅环节之外，几乎与用户没有实质互动，即便是网页版的手机报刊，也很少将用户反馈或评论放在较为重要的位置。相比之下，新闻客户端具有前所未有的交互性。一方面，它在功能上专门设置“用户评论”的栏目，将用户评论及原创信息置于同新闻信息同等重要的位置；另一方面，智能手机、平板电脑等移动终端的技术优势为用户发表评论、反馈信息提供了支撑，移动互联网技术以及不断更新的输入法技术都能大大提升用户在发表评论时的速度和体验。

较强的社会性。移动媒体本身就具有社会属性，因此依托于此的新闻客户端也就天然地具备了社会化特质。新闻客户端是个人化的移动新闻终端，每一个新闻客户端背后都有一位个性化的用户，这就决定了新闻客户端并不是各自独立的，而是具有社会化的特点，用户的社会角色甚至社会关系都会影响到新闻客户端的内容构成。此外，越来越多的新闻客户端整合了微博等社会化媒介或社交媒体，这就更加强化了它的社会化属性。

“付费墙”的应用。当前，“付费墙”越来越多地被用到移动新闻客户端中。内容付费市场的雏形在国内逐渐形成，从读者需求来说，线下的信息分层需求也会于线上出现，而这种超越大众性的需求本身即隐含着付费意愿。从供给层面来说，新闻内容质量的下降已经显性化，引发了各相关方的高度关注。从市场背景来说，知乎、得到、喜马拉雅等新兴平台，以知识付费名义打造的各种实用性、功能性课程，拓宽了付费阅读的用户基础。① 2017年11月6日，财新网在国内率先启动了全网收费的实验。在一般性知识已经不再稀缺的信息时代，提供高质量内容逐渐成为专业媒体的着力点。同时，付费机制实现了信息生产者与接收者的相互筛选，减少了内容和信息推送不精准带来的资源浪费和数据假象，能带来两端体验的共同提升。

（2）新闻聚合客户端

所谓新闻聚合客户端，也称聚合新闻客户端，就是各类媒体机构聚合传统媒体为主的新闻信息，以及自媒体平台热点信息源，结合受众兴趣爱好及浏览历史，基于受众主动搜索、个性订阅等操作，对全平台新闻信息展开精准推送的产品形式。② 今日头条、一点资讯、天天快报、ZAKER新闻就是典型的新闻聚合客户端。原本是传统的新闻客户端，《人民日报》、澎湃新闻、腾讯新闻等，也开始加入推荐版块或个性化推荐功能，朝着新闻聚合方向发展。

新闻聚合客户端形成了一种全新的网络传播模式，既不同于门户时代的传播特点，又不同于其他类型的移动客户端传播形态。可以说，新闻聚合客户端的个性化推荐机制、机器算法与编辑互动的双重运营模式，不仅符合移动互联网的发展逻辑，而且开创了媒体信息生产与传播的新潮流，并逐步进入常态化发展阶段。

1. 新闻聚合客户端的兴起原因

首先，新闻聚合客户端兴起于技术推动下的媒介变革。我们已经进入了大数据时代，大数据使得信息在数量和种类上都在急剧增长，人们的生活与信息获取方式发生了巨大改变。通过大数据，媒体能够收集和分析不同场景中高度个性化的行为信息。基于此，算法推荐技术被应用于媒体产品当中，推荐系统能有效地帮助用户快速发现感兴趣和高质量的信息，提升用户体验，增加用户使用产品时间，并有效地减少用户浏览到重复或者厌恶的信息带来的不利影响。一般情况下，推荐系统越精准，用户体验就越好，用户停留时间也会越长，也越容易留住用户。

用户对内容价值的需求提升是新闻聚合客户端出现的另一原因。移动互联网时代，技术的便利性和易操作性大大降低了网民媒介接触的难度，传播渠道在时间和空间上加速了信息的爆炸式增长。但与此同时，用户越来越难以在海量的信息中发现自己感兴趣的信息。一方面，人们开始排斥新闻信息，避免其过度侵蚀生活空间；另一方面，对于选择被动接受新

① 张继伟：《付费阅读：财新网的思考与实践》，《新闻战线》2018年第5期。

② 徐北春：《聚合新闻客户端传播的五大变革——以“一点资讯”和“今日头条”为例》，《传媒》2017年第3期。

闻信息的人来说，也已经在新闻的“教化”下变得更加浮躁不安。部分媒体在利益的驱使下，用大量边缘性内容充斥信息流。网络媒介让用户获取内容资讯的入口变得更加丰富，但生活节奏日益加快的人们并没有时间去一一阅读，人们急需一种帮他们筛选分析价值内容的新媒介手段。

科技巨头抢占入口的市场背景助推了新闻聚合客户端的兴起。大量商业资本、技术和人才等资源不断地向新媒体倾斜，许多得到了充分注资的科技公司，强势进军媒体领域，甚至也在以科技之名改造着媒体，革新着传统新闻生产方式的各个环节，这些新产生的科技产品成为新闻分发的新渠道。在广泛集中了所有可利用的资源的前提下，新闻聚合客户端成为自媒体和传统媒体机构共同参与其中的新闻大平台，获得人们的一致喜爱并积累了越来越多的用户群体。

传统媒体的转型在一定程度上推动了新闻聚合客户端的兴起，传统新闻传播渠道以大众为目标受众，关注批量生产忽视了对个体用户的真正满足，在迎合移动用户追求多样化新闻的环境中有些力不从心。传统媒体的新闻客户端由于技术薄弱导致内容阅读体验单调，并且其多媒体呈现方式和操作方式上均还有待提高。多元的内容、单一的传播成了阻碍媒体转型融合发展的绊脚石。面对互联网行业的强势扩张，传统媒体在媒介融合过程中呈现出颓势。用户喜欢的是能够提供更多内容的融合性新闻产品，于是个性化推荐的新闻聚合客户端受到追捧。

2. 新闻聚合客户端的传播模式

从新闻生产视角看，新闻聚合客户端是新闻资讯分发平台，而非新闻生产平台，它分离了传统新闻内容的生产和分发，主要负责新闻内容的聚合和个性化的分发。在内容聚合方面，新闻聚合客户端会将新闻网站、公众号、传统新闻客户端和社交媒体的内容不断进行抓取，并通过整合、转码等方式加载到平台上；在个性化分发方面，基于用户画像推荐、协同推荐或标签推荐，系统会将用户可能感兴趣的内容推送到用户查看的信息流或通知栏内。

从交互性来说，新闻聚合客户端的信息交互方式更多样，社交性增强。与传统的新闻客户端相比，新闻聚合客户端的信息交互途径更加丰富。传统新闻客户端的交互方式只是简单的点赞和评论，而新闻聚合客户端增加了多种方式的互动。以今日头条为例，在新闻信息流页，用户可以通过下拉的方式刷新内容；在新闻内容页，用户可以用文字、图片、表情、GIF动图等进行评论，还可以点击“不喜欢”按钮，从而不再接收某作者或某个领域的推荐。此外，今日头条聚合了微头条、图文、短视频、长视频、问答等功能。用户传播行为参与还包括用户提供资讯爆料、发起热门话题讨论、发起问答等，能够使用户实时化地参与社交互动和信息反馈，提升了话题讨论的互动程度，也逐步让新闻聚合客户端社交属性增强。

从用户理念层面来说，精准推荐和UGC（用户生产内容）模式是其主要特征。这一理念指的是，新闻聚合客户端在为用户提供个性化、定制化的精准推荐时，还为媒体机构、自媒体提供信息发布平台，媒体机构或个人能够在这个发布平台上推送自身生成的信息内容，该平台根据相应的技术功能，将推送的信息内容有选择性地精准分发至其他有需求的用户。在今日头条上，很多组织、媒体、明星、普通用户都入驻到其中，为平台提供源源不断的内容。

从新闻把关层面来说，智能把关模式贯穿新闻生产与分发。智能把关模式逐渐“入驻”新闻生产与分发过程，体现在新闻聚合类平台中的新闻内容创作、新闻内容审核、新闻内容分发三个环节，表现出算法式指导、精准化识别、个性化推荐三种不同的把关形态，但值得注意的是，新闻内容审核如果过于倚重“人工智能”，易增加决策失误的风险。尤其在初审阶段，智能算法依据“内容库”中的内容来对海量稿件进行审核，看似公正，实际上难以涵盖更全面客观的状况，人工审核在一定程度上能弥补这一缺陷。

3. 新闻聚合客户端面临的问题

其一，用户长期接收“过滤泡”信息。过滤泡指的是机器推荐算法技术正使用户获取的信息日益个人化、窄化和固化，接收到的信息往往会受到其固有行为记录的影响，并容易被机器算法操控。新闻聚合客户端实质就是一个过滤泡，用户只能收到经由过滤泡的信息，而其他信息都被排除在外，久而久之，信息的价值偏向也会被固化。用户由于受到机器算法的操控，真正的需求信息难以获得，而得到的信息可能是其本不需要的。

部分媒体意识到“过滤泡”“信息茧房”的存在，开始通过技术手段发起“戳泡”运动，尝试在信息分发中摆脱思维定式的桎梏，开放包容地帮助用户接纳全方位的声音。例如，美国BuzzFeed推出“Outside Your Bubble”（你的气泡之外）功能，在一部分传播范围广的新闻底部，加上来自Twitter、Facebook等平台中的评论。谷歌则推出了“逃离泡沫”插件。该插件能够通过对用户的阅读喜好进行分析，针对一些容易被用户接纳的信息向用户进行反向推荐。用户每次访问Facebook时，插件会将不同视角的文章自动导入用户的信息流。①

其二，新闻聚合客户端面临着侵权问题。以新闻聚合客户端为代表的新媒介形式所引发的版权争议从未停止，目前，新闻聚合客户端的内容除了版权合作、入驻媒体或个人供稿外，仍有大量的内容是对互联网数据的大规模爬取。关于新闻聚合客户端内容是否侵权要分具体情况来判别，但解决好侵权问题是新闻聚合客户端实现长远发展必须要面对的问题。目前已有数千家媒体与今日头条达成合作协议或入驻今日头条媒体平台，包括凤凰网、环球网、新华网、新浪网、光明网、北京卫视等，实现互利共赢。②

对用户来说，新闻聚合客户端要达到细分化推送，必须整合用户的各项使用习惯、场景分析以及社交网络状态等，就难免会触及对用户的隐私挖掘。2018年2月9日，北京市海淀法院受理了一起有关今日头条的网络侵权责任纠纷案，一名普通用户因其隐私权遭受侵犯而起诉今日头条，该用户表明手机中的通信录信息被今日头条违规窃取，他要求今日头条停止侵犯隐私行为，索赔一元并公开道歉。针对用户隐私问题的行业行为准则难以在短期内达成一致性的标准，目前只能最大限度地争取行业道德自律，这也是大数据时代难以回避的共同困境。

其三，虚假信息、无聊信息、网上谩骂、人身攻击等内容严重污染了媒体平台的内容池，很多以公共利益为借口进行个体利益表达的文章层出不穷，同时个性化推荐机制诱发某些

---

① 全媒派：《围观良心外网的“戳泡运动”》，全媒派，2017年3月，https://news.qq.com/original/dujiabianyi/paopao.html，访问日期：2021年3月26日。

② 张爱玲：《新闻聚合类应用程序的版权问题研究——以“今日头条”为例》，《中国广播》2015年第8期。

自媒体人为了换取注意力选取大量暴力、色情视点撰写文不对题的文章。个性化推荐技术主要使用协同过滤算法,帮用户过滤掉了不熟悉、不认同的信息,使得人们在不断重复中强化了固有偏见。身处“信息茧房”,接收渠道窄化,缺乏观点的交流碰撞,易在不同群体间树立阻碍沟通的高墙,用户更倾向于接受与自身立场、观点及态度相一致的内容,对相悖的信息会有意无意地回避。与此同时,“今日头条”还提供了便捷的社交服务,用户会选择与自身相似爱好的人交流,继而形成网络社区。在该社区中,每个成员对同一件事情的看法基本一致,这极易造成群体极化。

本章思考题

1. 请简述搜索引擎的构成与分类。
2. 请谈谈你对新闻聚合网站娱乐化的看法。
3. 请简述新闻聚合客户端个性化推荐的优缺点。

本章参考文献

1. 比尔·基尔迪. 谷歌方法[M]. 夏瑞婷,译. 北京:中信出版社,2019.

2. 梁诚. Google与百度:全球两大搜索巨头的技术创新与盈利策略[M]. 北京:中国经济出版社,2007.

3. 彭兰. 网络传播概论(第四版)[M]. 北京:中国人民大学出版社,2017.

4. 杨丽萍,马继涛,张虹霞. 网络搜索引擎分类与发展[C]. //中国科学技术情报学会、中国科学技术信息研究所. 庆祝中国科技信息事业创立暨中国科学技术信息研究所创建50周年学术研讨会论文集. 情报科学. 2006.

5. 顾全. 中文搜索引擎对比研究[D/OL]. 苏州:苏州大学,2006[2021-3-26]. https://kns.cnki.net/KCMS/detail/detail.aspx? dbname=CMFD0506&filename=2006156258.nh.

6. 邓莉丽. 消费文化视野下社会化问答社区的知识传播研究[D/OL]. 南京:南京师范大学,2017[2021-3-26]. https://kns.cnki.net/KCMS/detail/detail.aspx? dbname=CMFD201801&filename=1017282001.nh.

7. 黎娟. 果壳网传播要素研究[J]. 中国报业,2015(6).

8. 李升. 中文社会化问答社区的发展策略研究[D/OL]. 南京:南京师范大学,2015[2021-3-26]. https://kns.cnki.net/KCMS/detail/detail.aspx? dbname=CMFD201601&filename=1015668373.nh.

9. 刁毅刚.《纽约时报》的内容数据开放和新闻客户端战略[J]. 中国记者,2012(2).

10. 徐北春. 聚合新闻客户端传播的五大变革——以“一点资讯”和“今日头条”为例[J]. 传媒,2017(5).

11. 龙佳. 论搜索引擎的特点与发展态势[J]. 电脑知识与技术,2019,15(1).

12. 王燕灵. 平台型媒体的转型发展启示——以新闻聚合网站BuzzFeed为例[J]. 传

媒,2018(9).

13. 杨逸凡. 社会化阅读时代下国内聚合类新闻客户端传播策略研究——以 ZAKER 为例[D/OL]. 北京:中央民族大学,2019[2021-3-26].

https://kns.cnki.net/KCMS/detail/detail.aspx? dbname = CMFD201902&filename = 1019191062.nh.

14. 李蕾. 内容付费及知识变现——移动互联时代专业媒体转型的思考[J]. 青年记者,2017(13).

15. 陈绚. 论智能把关模式在新闻聚合类平台中的应用与优化[J]. 视听,2021(1).

第六章

社交类媒体

扫码可见
第六章PPT

无处不在的社交媒体对网民的生活有着极为重要的积极意义，社交媒体重构了网民的日常交往，更是人们表达自我、展现自我的自媒体平台。截止到2019年12月，整体社交行业用户规模已达11.03亿，用户规模的增长速度已经开始放缓，转型和创新是社交媒体必然的发展方向。传统的社交形式正在向新的社交形态转变，视频化、音频化与陌生人社交成为新的社交媒体转型与发展的重点。微博、微信等主流媒体纷纷推出了视频号进军视频社交的红海。而诞生于2020年的一款音频社交软体Clubhouse，则是开拓了音频社交媒体的蓝海。Clubhouse是一款美国音频社交产品，它的走红得益于2021年2月1日特斯拉CEO埃隆·马斯克的登录与直播分享。通过名人效应，该款App在应用商店的排名大幅度攀升，“邀请码”遭市场热炒，而且公司估值涨到10亿美元，跻身独角兽行列。① 除了由熟人为联结的社交媒体外，陌生人社交媒体也成为社交类媒体发展的新思路，例如陌陌、探探、遇见、Soul等。同时，陌生人社交媒体也在逐渐拓展泛娱乐化和直播社交场景，进行自身社交产品的迭代。

社交媒体行业仍然呈现显著的头部集中特征。社交媒体的头部应用主要是微信、QQ、微博，其中微信是我国当下使用人数最多的社交媒体，但当我们提及互联网社交属性的勃发时，还是得从网络社区说起。

第一节　网络社区、博客与即时通信

网络社区是以现代信息技术为依托，由具有共同兴趣或需要的网民群体在互联网上组成的虚拟生活空间。它极大地扩展了网民的活动空间，并在发展中积极融入新鲜的、有益于信息交流的各种技术元素，一直占据网络媒体的主流地位，成为互联网精神的一个核心概念，也是社交媒体发展的重要源头。SNS则是网络社区的发展变体，以“圈子”的构建、发展和“交往”的密切为目标，以娱乐类应用服务为拉动点，正在细分用户市场，努力拓展互联网的长尾需求。

博客则从最初单一的博客网站，发展成为Web2.0的一种应用元素，成为网络社区中不

① 艾媒网：《数据说|马斯克一夜引爆Clubhouse，“数”读悄然“声”起的“耳朵经济”》，艾媒网，2021年2月25日，https://www.iimedia.cn/c460/77203.html，访问日期：2021年3月26日。

可或缺的功能。现在的任何一个个人空间，都会有“日志”功能，但人们不再满足于单纯的书写，而更向往趣缘圈子的分享和交流。博客的展示价值和社交网络社区的认同价值互为联结，形成了心理上更为亲近的网络社交群体。

即时通信已经成为网民日常中使用最频繁的网络服务，从 PC 时代到移动互联网时代，如今，即时通信已经不仅是人际交流必不可少的工具，也在一些层面影响着人们的生活方式与行为方式。

网络社区、博客和即时通信的发展构筑了网民交流和在线书写的空间，推动了用户进行内容生产和在线创作的积极性，进而搭建起“自媒体”的概念和意识。2003 年 7 月，美国新闻学会媒体中心的两位研究者谢因·波曼与克里斯·威理斯在他们的“自媒体(We Media)”研究报告中就指出：“自媒体是普通大众经由数字科技强化而与全球知识体系相连之后，一种开始理解普通大众如何提供与分享他们本身的事实、他们本身的新闻的途径。”

一、网络社区

网络社区是互联网最早兴起的概念之一，包括早期的 BBS(论坛)、贴吧、个人主页以及融合了 RSS(简易信息聚合)元素的博客、SNS(社交网络服务)网站等，是社会群体互动的最重要的网络场域之一。当前，互联网上的网络社区种类繁多，形式多样，它们以各自不同的传播形态和服务方式聚集起一群具有共同兴趣和需求的网民。目前网络上主要存在四种社区：趣缘型网络社区、社交型网络社区、幻想型网络社区和交易型网络社区。

(一)网络社区的发展与现状

以 1998 年 3 月大型个人社区网站西祠胡同的创办和 1999 年 6 月“全球华人虚拟社区”ChinaRen 的开通为标志，中国成规模网络社区开始出现。1999 年天涯论坛出现，中国的互联网用户逐步由精英人士发展到普通大众。从 2000 年开始，我国的网络社区获得蓬勃发展，尤其是随着 Web2.0 时代的到来，国内网络社区的数量开始出现成倍的密集增长。一些大型的综合社区以及针对专门人群的专业社区更是成为众多网民的必经之地，比如天涯社区、西祠胡同、西陆社区等大型综合社区，以及豆瓣、磨房、铁血军事社区等专业社区，都成为我国最具影响力的网络社区。

2003 年以后，强调实现“真正的人与人对话”的新一代网络社区开始逐渐兴起，最具代表性的当属新型的社交型网络社区，如曾经凭借“偷菜”游戏被追捧的开心网。与传统的网络社区相比，社交型网络社区强化了真实的社会联系，建立了身份认证机制，即“实名注册”，有助于建立起比较完善的信任机制，从而大大增强网络社区的信任度，也有助于增强网络社区带来的更广泛的社会联系。① 可以说，社交型网络社区是以现实社会关系为基础，模拟或重建现实社会的人际关系网。在社交型网络社区里，每个个体的社交关系都可以不断地拓展放大，最后成为一个大型网络。但目前二者依然在网络世界中互存互生，互补互促，共同构

① 程颖：《网络社区中信任问题的探讨》，硕士学位论文，北京大学，2005，第 35 页。

建了美丽的网上新世界。[①]

当下,内容社区成为网络社区的一种发展趋势。内容社区是互联网媒体的一种典型布局模式,具体指依托内容生态的网络社区,其特征包含内容生态机制、社区独有文化、用户交互功能等。[②] 根据网络社区的内容属性来划分,主要可以分为消费类、生活方式类、文娱类以及知识类四种类别。豆瓣、虎扑都属于文娱类话题的网络社区。因为用户群体的差异性,两个网络社区的内容布局策略也各有侧重。豆瓣的用户具有很强的自主性以及文艺化的标签,所以豆瓣平台会依据用户的内容搜寻与分享需求来布局内容模块。虎扑的用户以男性为主,男性用户对体育类话题具有较高的需求。因此,虎扑围绕男性用户特征和兴趣方向搭建内容社区,着重关注体育类话题的分析、讨论以及投票,以及体育商品的测评、装备分享以及商品鉴定。同时,广场内容板块由以体育兴趣专区为主体的局面逐步向契合用户各方兴趣的体育、数码、汽车、游戏等多元局面扩展。小红书则是生活方式话题类网络社区,平台以年轻女性为用户主体,社区内容版块包含美妆、衣着、美食、情感、音乐、摄影、旅行、健身等。用户通过在网络社区中的信息分享与获取,共同探索并构筑关于"美好生活"的内容景观。

(二)网络社区的传播特性

从传播学角度看,网络社区作为虚拟社区的一种,除具备"社区"的基本特征,如人群的聚集活动、共同的行为规范外,还具有互联网赋予的独特的传播特征。

1. 非线性的互动传播模式

在传统网络社区中有大量的参与者,每个参与者都可以自由地搜索自己感兴趣的信息,还可以把自己的信息放到系统中,与他人共享,这种"一对一"或"一对多"的交流形成了一种发散型的网状传播模式。

2. 主客体同一的传播方式

传统网络社区中的传播是传受主客体同一的传播。由于网络社区的开放性和互动性,任何人都可以发布自己需要的信息而成为传者,也可以接受别人发布的信息而成为受者。值得注意的是,在传统网络社区中,把关人并没有消失,意见领袖也依旧存在。

3. 社区建设的自组织性

人们之所以能够在网络社区中交往,是基于相同或相近的兴趣爱好,以及互补的利益需求,不需要任何专门的行政机构来规划,而是其"居民"自组织的结果。[③] 一个网络社区的存在,不仅要求网络管理员提供技术保障,更需要社区成员的参与和投入。在网络社区中,"居民"不再是信息的被动接收者,而是信息的主动提供者;不只是社区设施的使用者,更是社区设施建设的参与者。网络社区所有成员共同建构了这个空间的社会秩序,同时又被这个社

---

① 齐立稳:《我国网络社区的发展历程浅析》,《数位时尚月刊》2014 年第 2 期。

② 上海艾瑞市场咨询有限公司:《中国互联网媒体内容社区模式发展研究报告》,《艾瑞咨询系列研究报告》2020 年第 11 期。

③ 丁义浩:《虚拟社区及虚拟社区交往初探》,《武汉经济管理干部学院学报》2004 年第 3 期。

区所影响。

（三）网络社区的社会影响

网络社区中的信息公开透明、气氛自由民主，这些特质也深刻地影响着现实社会。一些主流社区，如强国论坛、天涯社区、百度贴吧等都积聚了大量的人气，对现实社会的重要现象和事件进行热烈的探讨。在共同探讨相同和相似主题的过程中，网络社区加大了社会阶层间的凝聚力，这种凝聚力不仅体现为地区、人群、阶层的汇聚，有时甚至反映了民族情绪的聚合。

新一代社交网络社区，符合现代人的生活节奏，具有明显的人际传播优势和爆发式迅速传播的特点，能够在很短时间内聚集大量的关注；由于社区用户参与性和分享性都比较高，社区热点事件往往能够借助各种渠道和方式来扩大传播范围。

二、博客

博客是继 E-mail、BBS、ICQ 之后出现的重要网络交流方式。[①] 这种传播方式为个体提供了信息生产、积累、共享、传播的独立空间，可以从事面向多数人的、内容兼具私密性和公开性的信息传播，因此又被称为“自媒体”（We Media）或“个人媒体”。[②]

博客作为 Web2.0 时代的产物，其主要的特点是：更新频繁、信息即时流动，“逆时序”排列文章，优先呈现最新信息；博客的内容由个性化的“帖子”组成，体现个体的思想与智慧；各个“帖子”的内容以“超链接”的形式表现，并与其他网页或者博客实现超链接；博客第一次实现了自我传播、人际传播、组织传播和大众传播等多层次传播方式的集合。

博客以其独特的方式改变着网民的信息生活，改变着媒体的传播方式。自 2002 年 8 月由方兴东等人首次引入中国以来，博客逐渐被中国网民所接受，并从边缘地带进入到网络的主流世界。时至今日，博客最辉煌的时期已经过去，属于博客的时代正在离我们远去。

三、即时通信

即时通信（IM，Instant Messaging）是指通过专门的网络即时讯息软件，依靠互联网和移动通信技术，在用户之间建立起来的直接联系和实时交流的通信系统。随着互联网的迅速发展，即时通信已成为人际传播中最重要的沟通工具之一以及中国社会化网络的重要联结点。

（一）即时通信的特征

即时通信作为互联网上最重要的人际传播工具，在数字环境中最大程度地模拟了“面谈”，传播与接收几乎是同步进行的。与面对面交流相比，即时通信交流具有较强的可控性。用户可以自主选择交流对象，控制交流的节奏，一旦用户想要终止交流，很容易就能找到各

---

① 方兴东、王俊秀：《博客——E 时代的盗火者》，中国方正出版社，2003，第 36 页。

② 刘津：《博客传播》，清华大学出版社，2008，第 6 页。

种借口，而不像面对面交流那样碍于情面维持交谈。

即时通信将身份、地位、阶层有差异的人带到同一传播情景之中，以虚拟、非直接的交流环境能在一定程度上消除差异、降低紧张感，使人们得以更自由地表达，从而满足行动者的参与诉求。

即时通信工具实现了多媒体信息的交互传播，用户可以自由地通过文字、语音、视频等多媒体手段进行交流。即时通信工具中加入的表情符号、网络语言等新兴交流方式，使得整个交流过程更加丰富、生动、有趣味。

（二）即时通信的发展趋势

1. 移动即时通信

截至2020年12月，我国即时通信用户规模达9.81亿，占网民整体的99.2%；我国网民使用手机上网的比例高达99.7%，手机即时通信用户规模达9.78亿。① 传统即时通信工具已经实现从PC端向移动端发展，手机QQ、微信等即时通信软件已成为人们日常生活和工作离不开的工具。

2. 视频化拓展内容呈现形式

长期以来，文字、图片和音频作为即时通信内容的主要呈现形式，面临着内容丰富程度不足等问题。短视频作为内容传播的新形式，为上述问题提供了良好的解决方案。很多即时通信平台推出“视频号”功能，这一功能上线半年后日活跃用户就突破了两亿。

3. 即时通信从大众化服务转向垂直细分

随着移动技术的发展和场景化的到来，细分场景显示出了对即时通信的更大需求，即时通信厂商也在不断寻找特殊使用场景或特定行业的细分市场机会。如腾讯针对驾驶场景，推出生态车联网解决方案，帮助用户实现语音交互、方向盘按键唤起微信等功能；一些大型科技公司推出企业即时通信产品，将企业即时通信与云服务进行融合，使其成为连接企业需求和云端能力的中间节点；钉钉、微信等即时通信产品面向学生和儿童群体开发定制版产品，为未成年人提供简单、纯净、有效的学习工具。未来各个场景与即时通信的使用联系将更加紧密。

第二节　微博

微博，英文译名为MicroBlog或Micro-blogging，是一个基于用户关系的信息分享、传播以及获取平台，是博客在Web2.0时代的新发展，也是最具代表性的社交媒体。社交媒体是互

① 中国互联网络信息中心（CNNIC）：《第47次中国互联网络发展状况统计报告》，中国互联网络信息中心，2021年2月，http://cnnic.cn/gywm/xwzx/rdxw/20172017_7084/202102/t20210203_71364.htm，访问日期：2021年3月26日。

联网上基于用户社会关系的内容生产与交换平台，包含三个层次：底层是社交媒体技术，中间层是社交媒体应用与社交媒体产品，最高层次是社交媒体平台。①

微博用户可以使用电脑、手机等终端，随时随地更新信息，并实现信息的即时分享。微博用户既可以自己书写、发布信息，也可以成为其他用户的关注者或跟随者（follower），与其他用户进行互动。随着微博的发展和技术的进步，微博140字的限制已被取消，内容也不再仅限于文本信息，用户也可以通过微博发布图片、声音、视频等多媒体信息。

世界上最早的微博是美国的Twitter，它于2006年由Obvious公司推出；2009年突然暴发，访问量飞速增长。同时，美国另一个与Twitter功能相近的社交网站Facebook异军突起，用户数量急剧扩张。我国的微博是借鉴Twitter的发展模式迅速兴起的，各大门户网站，如新浪、网易、搜狐、腾讯等都曾推出自己的微博服务，但后期大部分都没有发展起来，到今天则形成了新浪微博一家独大的局面。

一、微博的传播特性

（一）信息传播的碎片化

微博的信息传播具有碎片化特点，主要体现在两个方面：一是用户使用时间的碎片化。书写终端的多样性和移动性使得微博用户可以利用任何碎片化的时间来完成信息传播。二是微博内容的碎片化。微博的内容主要是文字、图片以及视频三种形式，虽然取消了140字的字数限制，但为了传播效果，我们看到的大部分博文还是比较短的，视频也基本以一些短视频为主，并且其信息内容有较强的随意性和无组织性。

微博的这种碎片化特点，不但契合了当今人们快节奏的生活规律，更在深层次上反映出后现代的时代特征。后现代的不确定性、零散化、无中心、弥散性、多元性等特点，集中表现为微博信息传播的碎片化。

（二）传播过程的草根性和平等性

相对于博客来说，微博的信息传播更具草根性，用户在信息传播过程中的地位更加平等。这种草根性和平等性最主要是由微博自身的特性所决定的，与微信、QQ相比，微博的媒体属性更强，能承载更多的UGC，用户在这里可以相对自由地生产内容，限制较少，门槛也比较低，只要你的内容够新、够有吸引力，你就能获得关注，这也是微博上有很多“草根博主”的原因。在微博中，任何人都可以平等地表达，任何人都有机会被关注。

（三）传播内容的原创性和现场感

相对于其他自媒体，微博的内容更具原创性。这一原创性特征在很大程度上源自它的即时性和移动性，用户可以通过手机或即时通信工具实时记录各种见闻和观点、感想等，其

① 彭兰：《社会化媒体：理论与实践解析》，中国人民大学出版社，2015，第2页。

内容摆脱了对专业写作者或传统媒介的过度依赖，任何用户都能成为微博原创者，并充分享受信息传播和互动的快感，而其他跟随者的实时互动更能激发用户的表达欲和创作欲。

微博内容的原创性加上其即时性和互动性，为用户带来强烈的现场感。尤其是在一些突发事件或重大事件发生过程中，微博用户可以利用移动媒体实时发布信息并与跟随者进行互动，这就使得所有关注这一事件的用户都有了身临其境的现场感。下图所示即为新浪微博吸引用户使用的几个重要原因，微博的新闻功能列居第一位。

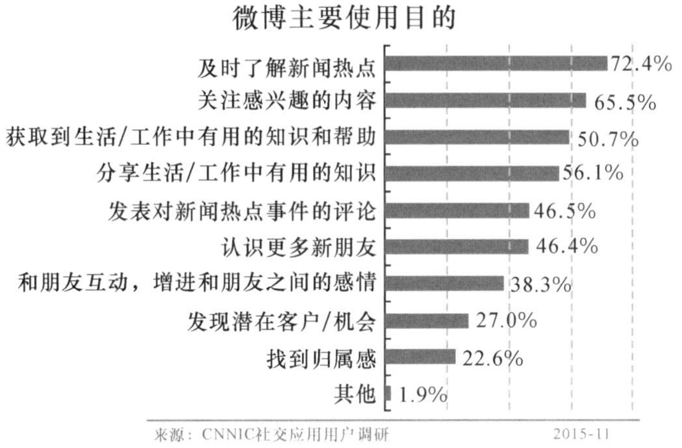

图 6-1　用户为什么使用微博①

（四）“背对脸”式的信息交互方式

与博客中面对面的“表演”不同，用户在微博上的交流是一种“背对脸”的信息交互方式，就好比你在电脑前打游戏，路过的人从你背后看着你怎么玩，而你并不需要主动和背后的人交流。这种“背对脸”的信息交互可以是“一点对多点”，也可以“点对点”。微博的这种“背对脸”的信息交互方式，在很大程度上是对现实社交网络中人际传播机制的复制和拓展。相对于博客来说，微博的信息交互更接近于现实中的人际交互，加上网络的匿名性和高效互动，微博用户的黏性得以日趋增强。

二、微博在中国的发展：移动互联下的社交创新

微博在中国起步较早。2006 年，Twitter 在美国推出并迅速风靡全球。2007 年，中国网络运营商就已推出与 Twitter 类似的微博服务。2007 年 5 月，国内首个提供专业微博服务的网站——饭否网建立，并在短时间内迅速聚拢了大量用户。几乎在同时，叽歪网、做啥网等一批专业中文微博网站纷纷创立。2007 年 8 月，腾讯公司推出“腾讯滔滔”，定位于微博服务，

---

① 中国互联网络信息中心（CNNIC）：《2015 年中国社交应用用户行为研究报告》，中国互联网络信息中心，2016 年 4 月，http://www.cnnic.cn/hlwfzyj/hlwxzbg/sqbg/201604/t20160408_53518.htm，访问日期：2021 年 3 月 26 日。

成为首个进军微博的门户网站，带动了国内微博业务的兴起和发展。

2008 年起是中文微博网站的发展和探索时期。2009 年 7 月，当时国内最大的微博网站之一饭否网被关闭，随后叽歪网、嘀咕网等微博网站也遭遇业务停顿。与此同时，几大老牌门户网站瞄准市场空档，相继推出自己的微博业务。2009 年 8 月，新浪网推出“新浪微博”，其借助名人微博的影响力和号召力，迅速吸引了大规模用户，在国内微博市场中站稳脚跟。

2010 年被称为微博元年，微博获得快速发展。随着微博渗透到社会的众多领域，逐渐改变着人们的信息获取方式、社会交往方式和生活方式，并在众多公共事件中影响了公共舆论。[①] 微博的覆盖范围和应用领域开始拓展，首先是人民网、正义网等官方媒体网站开始引入微博业务。各大门户网站如搜狐、网易也相继推出自己的微博，想从中分一杯羹，行业竞争态势迅速形成。

2010—2012 年这三年是国内微博成长最快、最为繁荣也是问题最多的一个时期。行业在发展中也逐渐形成分层：新浪和腾讯微博一跃成为第一梯队，竞争格局开始明晰起来。同时，微博行业百花齐放的背后随之而来的是一系列问题——水军泛滥、虚假无用信息充斥，口水战频发，如“韩寒、方舟子”的跨年之战等，战火往往从微博平台先烧起来。

表 6-1　2012 年中国微博市场竞争格局

新浪微博	腾讯微博			第一矩阵
搜狐微博	网易微博	人民微博	新华微博	第二矩阵
和讯财经微博	移动微博	天翼V博	搜房微博	第三矩阵

2012—2015 年，腾讯、搜狐等各家微博逐步退场，新浪微博一家独大的局面形成。它的崛起过程离不开资本的注入。在 2012 年新浪微博就开启了自己的商业化进程，随后又与阿里展开合作，后者的资金支持立竿见影，新浪微博很快扭亏为盈，2014 年在美国上市。至此，新浪微博正式宣布占领行业桥头堡，其他微博也再无竞争力。“微博”甚至已经演变成“新浪微博”的代名词与简称。

三、新浪微博的经营策略

2015 年至今，各类社交媒体突飞猛进，微博迎难而上。微信的崛起、网络直播的出现，社交媒体的每一次变革，微博都或多或少地受到影响：用户被分流，社交黏性下降，竞争压力增大。面对困局，微博选择转换思路，迎难而上，利用自身优势，扬长避短。最典型的就是抓住短视频的发展契机，推出秒拍，并和一些短视频平台展开合作，给用户足够的空间去生产和消费视频类产品。事实证明，果断进军网络直播和短视频领域是一个正确选择，微博也迎来了新的繁荣期。2020 年 9 月，微博的月活用户达到 5. 11 亿，日活用户达到 2. 24 亿。从年龄上看，微博用户正在加速年轻化。微博用户以 90 后、00 后为主，其中 90 后的用占比为 48%，

---

① 谢耘耕、徐颖：《微博的历史、现状与发展趋势》，《现代传播（中国传媒大学学报）》2011 年第 4 期。

00 后为 30%，整体呈现年轻化的趋势。[①]

（一）结合内容模式与产品功能，构建社交传播媒介

微博凭借内容和功能特性成为我国公共议题中心和最佳社交传播媒介之一。内容上，用户在使用微博时，可以使用多种表达形式，让每一位微博用户拥有了“发声”的机会，共同构成了 UGC 的内容生产模式。同时微博的表达形式也在随着用户的使用不断升级，从最初的有长度限制的文字表达到能满足深度阅读的头条文章，从最初的图像传播到短视频传播，微博及时把握用户的使用需求，跟进新媒体的最新发展动态，逐步完善其产品迭代。微博有两种重要的社交功能，包括以“转、赞、评”为主的基本互动功能，和以微博热搜与热门话题为主的舆情汇聚功能。微博广场式的社交属性使得微博成为公共议题的讨论中心，一度引起了学界对“微博是否能够成为中国互联网上的公共领域”的讨论。

（二）媒体机构与政务机构入驻，构建移动政务平台

微博对政府的政务公开、网络舆论和民意反馈都具有重要的意义。媒体机构与政务机构的入驻，实现了媒体信息与政务信息的公开，打通了官方和民间的两个舆论场。根据《微博 2020 用户发展报告》，2020 年微博平台的媒体蓝 V 认证账号已经超过了 3.8 万个，全年的阅读量超过 2.4 万亿。主流媒体的认证账号的具有强大的舆论引导力，比如@ 央视新闻主持的话题#武汉日记#阅读量达到 102.3 亿，讨论度高达 519.7 万；@ 人民日报主持的话题#未来你好#也引起了广泛的讨论，讨论数据高达 529.5 万。2020 年微博平台的政务蓝 V 账号总数超过 14 万个，政务微博中的权威疫情信息、社会热点回应以及正能量暖心故事都是微博用户所期待的内容。在 2020 年的疫情期间，媒体与政务微博在信息传播和舆论引导中发挥了举足轻重的作用。国家卫生健康委员会等政务官微实时发布疫情相关政策和动态，《人民日报》、央视新闻等官媒直播疫情第一线，提升了信息的透明度和媒体的公信力。

（三）累积 KOL（关键意见领袖）资源，深耕垂直领域大 V

根据 2019 年微博营销峰会显示，截至 2019 年 9 月，微博共有 78 万头部作者、2.8 万娱乐明星、3000 多家合作 MCN。[②] 这些 KOL 作为社交关系链中的高价值节点，对信息的裂变传播至关重要。在 2020 年的疫情中，KOL 参与的“新型肺炎求助通道”信息转发，实现了重要信息的快速裂变，帮助患者及时获悉救援通道。

此外，微博平台延伸出丰富的垂直领域，截至 2019 年 8 月微博共有 64 个垂直领域，包括娱乐、财经、科普、数码、情感、美食、家居、萌宠等，拥有各个垂直领域的头部账号，比如时尚美妆领域的@ 薇娅 viyaaa 与@ 李佳琦 Austin。在疫情期间，科普和健康垂直领域的大 V 积极

---

① 微博数据中心：《微博 2020 用户发展报告》，微报告，2021 年 3 月，https://data.weibo.com/report/reportDetail? id=456，访问日期：2021 年 3 月 26 日。

② 艾瑞咨询：《2020 年疫情下的中国社交媒体社会价值研究报告》，中文互联网数据资讯网，2020 年 6 月，http://www.199it.com/archives/1073089.html，访问日期：2021 年 3 月 26 日。

分享专业知识，指导民众开展积极的心理防疫和科学防疫。微博疫情大数据显示，截至2021年2月26日，医疗专家总涨粉量2188万。同时，以@科普中国（中国科协官方微博）为矩阵中心，各级地方科普账号联动，共同构成了中国抗疫战役中的科普防线。

第三节　微信

一、微信的发展及特点

自2010年11月启动至今，微信运营已创造移动社交的奇迹：用户数量增长迅猛，月活跃账户数达到12.025亿；引发了自媒体的创办热潮，微信公众号已超过两千万；微信成为“互联网+”的重要平台，2017年企业微信宣布拥有150万家注册企业，3000万活跃用户；微信成为连接O2O的重要载体，带动了3339亿元人民币的传统消费，包括旅游、餐饮、购物、出行等等。[①] 微信还创造了一些新玩法，“朋友圈”“搜一搜”“看一看”“视频号”等，不仅激发了社交圈的活力，也在不断地拓宽着微信金融的新疆域。如图6-2所示，微信已成移动端使用广泛的重要应用。

微信诞生的起点，是将用户手机中的联系人转化为微信中的朋友，这意味着微信所构筑的较为私密的社交圈明显地区别于微博所形成的泛社交圈。亲密的朋友之间通过微信进行即时或延时互动，更重要的是朋友之间可以通过“朋友圈”彼此观看各自的生活动态，增进了解，便于制造互动的话题，进而发展出“晒”的风潮，以及“点赞”的网络交流方式。这种特殊的网络社交文化催生出大量的研究议题，构建起独有的微信社交文化。

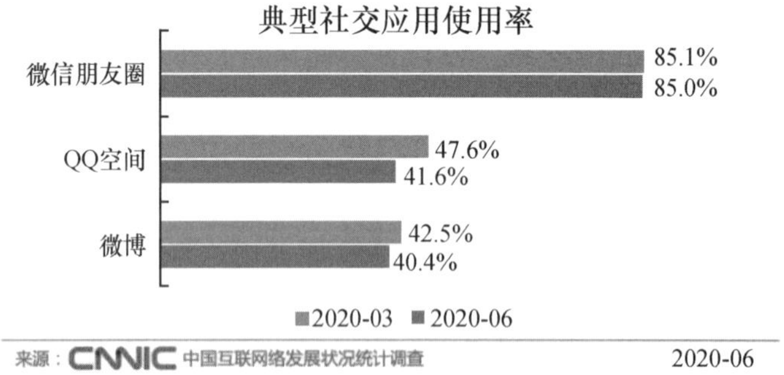

图6-2　典型社交媒体使用率[②]

---

① 企鹅智库：《2018微信影响力报告》，中文互联网数据资讯网，2018年5月，http://www.199it.com/archives/725398.html，访问日期：2021年3月26日。

② 中国互联网络信息中心（CNNIC）：《第46次中国互联网络发展状况统计报告》，中国互联网络信息中心，2020年9月，http://cnnic.cn/gywm/xwzx/rdxw/202009/t20200929_71255.htm，访问日期：2021年3月26日。

二、微信的生态圈

微信以“熟人社交”的姿态进入公众视野，将传统手机媒体的核心信息与移动社交应用联结起来，为其建构微信生态圈奠定了基础。

微信的早期竞争者是新浪微博。微博从一个广场式的社交媒体发展为“弱连带关系社交+强媒体”的模式，原因在于：一方面，微博的“全民观看式”社交让参与者难以和朋友进行深度社交，社交的意愿和隐私泄露的风险相冲突；另一方面，当下转型期中国的社会矛盾让公众对微博滋生了“媒体期许”，大家在众声喧哗中形成网络舆论，网民都积极参与到社会治理中来。这样的期许同样辐射到微信上，微信朋友圈中有大量的时政新闻及评论，使用者以小范围公开讨论的方式发表自己的意见，不论是“长篇大论”还是“闲言碎语”，汇合起来都能形成网络舆论。但由于微信在产品设计上刻意避开了过度的“媒体属性”开发，以免“媒体属性”冲淡“社交属性”，故而在微信上还难以形成现象级的舆论事件。

腾讯以“打车补贴”和“微信红包”的途径逐渐开辟了众多的移动支付场景，把微信支付推向了公众。和借助于淘宝电商兴起的支付宝不同，微信支付天生带有“社交”和“移动”的血统，社交群体内容易形成与支付相关的内容推荐，个体的移动过程中也容易接触到需要支付的场景。在这样的背景下，微信支付的普及率如同坐上了火箭一般，特别是在18岁以下的用户中，微信支付的渗透率在2017年达到了97.3%，60岁以上的用户渗透率达46.7%。

微信在公众号之后设立了企业号，是微信为企业用户提供的移动应用入口。微信企业号与公众号最大的区别是，只有限定范围内的用户才可以关注对应的企业号，企业号发送的信息数量也不受限制。微信企业号可以方便地连接企业的员工、企业上下游价值环节以及社会共享资源，帮助企业实现互联网化。微信企业号的服务对象包括企业、政府机关、学校、医院和非政府组织等，提高这些机构对内对外的信息沟通效率，同时还能协调第三方开发者为不同的企业用户提供多样且个性化的产品。

2017年1月微信正式发布小程序，通过小程序不断巩固自己的内容生态，实现了以运营平台为主导、小程序为中介的流量闭环模式。2017年12月小游戏“跳一跳”上线后，小程序市场进入爆发式增长阶段。2020年，微信小程序数量超过380万，日活跃用户超过4亿。小程序凭借体量轻、成本低、体验佳的优势已经基本实现用户的使用习惯养成。同时，小程序渗透进多个场景，在金融理财、小游戏、旅游出行、移动购物等领域尤其发展迅速。通过小程序，多个碎片化场景被有机链接在一起，形成了“场景+服务”的完整闭环。从趋势上看，微信小程序的价值正在精准营销、唤起转化、连接线下三个维度凸显，它的快速发展不断重构着电商市场、搜索市场，成为新一轮的流量争夺地。

综上可以看出，微信正在构建以熟人社交模式为基础的庞大生态圈，试图成为囊括社交、媒体、生活服务、企业服务、在线支付等多项服务的在线数字平台。

三、微信中的三类传播模式

（一）朋友圈中的人际互动

微信朋友圈的诞生形塑了一种崭新的在线社交形态，即“晒与观看”的网络对话模式，这种无须特定话题的静默型在线社交方式构成了日常生活内容的“流瀑式”呈现景观，让“身体不在场”的熟人朋友可以通过网络来观看或观察彼此的生活。微信朋友圈的这种独特社交方式吸纳了众多网络用户。

社会学家戈夫曼在《日常生活中的自我呈现》中早已提出，日常生活即是一个表演的舞台，人们依据既有的社会规范来“扮演”各自在不同场合中的角色，管理好自己的形象，给他人留下好的印象。朋友圈中的“自我呈现”则更具选择性，人人都试图展示出更具个性化的生活，这种修饰之后的网络表达有时会与真实的日常生活状态形成巨大的偏差。

（二）微信群中的群体传播

参照腾讯早期最重要的社交产品QQ的人际交流模式，微信也设有“群”传播。最初对群的规模有限制，控制在数十人左右；随后不断扩大，直至500人大群。微信群内的人际交流也从小群体的熟人社群演变为大群体的“半熟”社群，群体交流的内容和群体间的亲疏程度也随之发生改变。小规模的熟人群体往往是现实社交联结的网络映射，如同学群、同事群等，依托微信群进行日常的信息交流、事务协作等，个体的群内信息交流较为均衡。

“半熟”模式的微信大群则和小群差异较大，在群规模不断扩张的过程中，群内结点的紧密度被稀释了，不少人都会有“陌生”的感觉，不认识群内的大多数人，直接导致了更多群内个体的“失语”。微信中的大群以及数百人的超大群一般是围绕特定议题构建起来的，群内成员以“滚雪球”的方式聚集起来，群主是绝对的言论领袖，群中也有一小部分的言论积极者，但他们却贡献了绝大多数的群内信息。

（三）微信公众平台的广播式推送

微信公众平台上有两种面向普通用户的信息推送，一是广为熟知的订阅号，用户可以从中获得大量的自媒体内容；二是帮助企业、政府机构等组织有效地服务普通用户的服务号。这两类公众号都是以广播的方式向用户推送信息，用户自由选取。由于这类信息不具有即时互动性，不具备“非看不可”的迫切性，会导致大量的冗余信息堆砌在手机上不被阅读。如图所示，用户使用的主要功能中，“关注公众号”是排在刷“朋友圈”和“群聊”之后的。

如果说朋友圈和微信群属于人际互动空间，那么聚集了大量自媒体的微信公众号和用户之间的互动则属于人信互动。缺乏人际中介的人信互动往往动力不足、互动迟缓，造成了

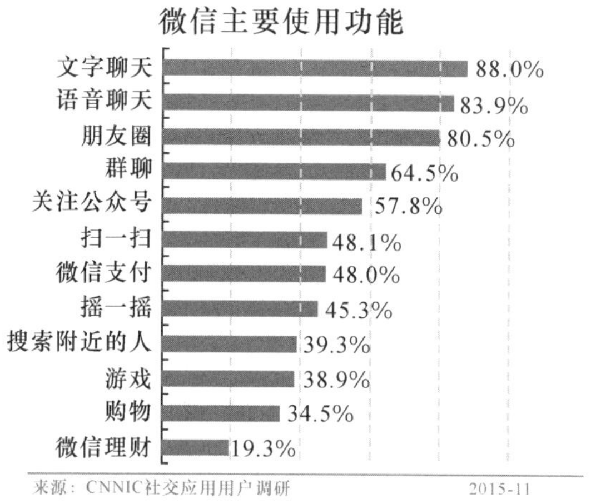

图 6-3　微信的主要使用功能①

自媒体内容海量生产和鲜被阅读的两极化倾向。公众号中有不少文章获得了极高的阅读量和转发量，但基本是通过朋友圈的转发与传播得到的，足见人际传播的巨大黏性与紧密度。微信的多层级传播模式综合了熟人群体与半熟群体，打通了人际传播与信任传播，形成了巨大且开放的传播、服务与媒体平台，成为人手一份的重要移动应用工具。

第四节　小程序

小程序，是一种不需要下载和安装就可以使用的应用程序，正在发展成为连接人、服务和场景的全新媒体形态。小程序的概念最早由微信运营团队在 2016 年 1 月提出，其将小程序赋予"应用触手可及"的理念，目前，百度、支付宝等各个移动应用也都推出了带有自身特色的小程序。本书中所指的小程序是包含微信小程序等各类小程序在内的媒体形态，但因为微信小程序最为成熟，所以，具体案例主要将以微信小程序为观照对象。

一、小程序的发展概况

小程序的发展与网页程序和轻应用密切相关。网页程序，顾名思义就是在网页上运行应用程序，这种探索主要在桌面互联网时代进行，网页程序有较大的不稳定性，功能也没有完整版的电脑软件完善，最终没有形成成熟的使用媒介样态。

轻应用是一种无须下载、即搜即用的全功能 App，既包含了原生应用的用户体验，又具备

① 中国互联网络信息中心（CNNIC）：《2015 年中国社交应用用户行为研究报告》，中国互联网络信息中心，2016 年 4 月，http://www.cnnic.cn/hlwfzyj/hlwxzbg/sqbg/201604/t20160408_53518.htm，访问日期：2021 年 3 月 26 日。

移动终端网页程序的可被检索与分发的特性，力图解决应用和服务与移动用户需求对接的问题。① 百度2013年便推出轻应用，但由于开发难度较大，当时移动App还处于发展期，最终轻应用淡出了人们的视野。②

小程序集合了网页程序和轻应用的优势，满足了社交媒体时代的用户需求，而且大量依托现象级的终端应用，带来了大量的用户群。另外，小程序在开发上也较为简便，这为小程序的数量和种类提供了保证。小程序的开发者来自互联网公司、媒体、政府、各类企业，丰富了小程序的类型和使用场景。因此，小程序生态形成了一个“用户基础雄厚—小程序丰富—用户提升”的良性循环。

互联网进入下半场后，人口红利与流量红利逐步消失，用户数量和用户时间增长速度放缓。为争夺用户时间，突破用户上涨瓶颈，微信、支付宝、百度等超级App竞相布局小程序，加速构建了小程序的繁荣生态。而2020年由于疫情的助推，小程序完成了市场培育，引起了爆发性的成长，全网小程序总数超过600万，互联网头部平台百度、阿里和腾讯的小程序竞争激烈。

依据市场上小程序的作用、功能和定位，可以将现行的小程序分至两类：一类是与原生App具有同等功效，用户体验感相似的轻App；另外一类则化身OMO（Online-Mobile-Offline，线上—移动—线下）连接器，发挥小程序体量轻、无需下载的优势，连通线上和线下，从共享单车到餐厅点菜，从生鲜零售到商业购物，通过扫码入口，小程序助力打造“线上—移动—线下”三位一体的全自动生态闭环。小程序的盈利模式与其在市场中的效用、占比和功能定位有着直接的联系。目前小程序的盈利渠道主要依赖流量广告和交易变现。

二、小程序的场景需求

移动互联网时代的“小需求”，指的是用户个性化、专门化的小众需求。从长远来看，这些“小需求”市场是一个有巨大开发潜力和巨大用户需求的差异化场景。小程序具有的产品特征正好可以满足用户特定的碎片化“小需求”场景。

（一）低频需求场景

从用户角度来说，为了满足低频度需求或者基于某种情景的临时性需求，用户往往不想再下载一个客户端。小程序无须下载，具有即搜即用的“轻”的特点，加之微信拥有的10亿月活用户和1200多万微信公众号带来的巨大用户规模，使小程序获得了海量用户关注度，庞大的用户基数使之很好地适用互联网低频需求的场景。

（二）个性需求场景

小程序与功能强大、通吃一方的App不同，它面对的是一个极度细分化的差异较大的市

① 网易科技报道：《百度推出“轻应用”：无需下载 可智能分发》，网易科技，2013年8月22日，http://tech.163.com/13/0822/09/96SET9OM000915BF.html，访问日期：2021年3月26日。

② 知晓程序：《百度小程序悄然上线，被遗忘的轻应用鼻祖能否重回高地?》，搜狐网，2018年4月12日，http://www.sohu.com/a/228046640_603236，访问日期：2021年3月26日。

场，很难形成“规模经济”，但是在互联网的用户需求中，95%的需求是个性化的、情景化的低频使用的“小需求”，这些“小需求”被一个无限连接且连接成本几乎为零的巨大网络联结在一起的时候，也会产生不可限量的活力和价值，小程序恰恰做到了这一点。

（三）平台需求场景

形形色色的App已将互联网服务平台瓜分殆尽，这个时候微信只能出其不意，从App的使用痛点出发，开发出更为优质便捷的联结，方可激活更多线下服务和商业价值变现的场景。对小程序来说，首先要建立场景关联认知，让用户在一个特定需求下想到相应的小程序。在既有场景下，把原本需要下载App才能完成的动作，以更简单的形式降低用户成本来完成。小程序的出现是对微信“平台级应用”属性的进一步升级与完善，同时也极大地增强了微信用户活跃度。①

三、小程序的发展趋势

差异化。小程序不能复制App、公众号的内容和模式，而是应基于小程序平台特色走差异化发展之路，在平台格局中找准自身所处的位置。小程序的优势在于内存小、逻辑简单、页面简洁、操作便利，在这个追求快速高效的时代里，轻量化的内容和形式应该是小程序保持的状态，与其做大而全的应用，不如做小而精的特色应用，填补各类平台发展的空白，形成与其他类型平台共同发展的态势。互联网头部平台百度、支付宝和腾讯的小程序应用也各有差异化，百度小程序以“搜索+信息流”双引擎为驱动，锁定用户的精准需求，提供对应的智能小程序以满足用户的进阶服务；阿里以支付入口为优势，积淀零售生态和布局本地服务，使得支付宝小程序的生态伙伴与服务客户更多集中在近场服务范畴；腾讯小程序则以微信和QQ为基础，具有熟人社群服务的优势。独特的社交性成就了不同的商业价值，如购物小程序服务社区等。

社交化。“社交+”已是媒体升级其传播价值的重要路径。在社交关系较为成熟的移动平台做小程序提供了巨大的便利，可以根据不同的社交场景开展不同的社交活动，在微信群聊、朋友圈、好友聊天等界面拓展交流和互动方式，重点在游戏互动、创意分享和实用工具等方面满足用户的社交化需求。

智能化。利用算法技术个性化推荐和分发内容已经是普遍采用的手段，小程序要依靠移动平台的大数据，完善自己的算法模型。小程序的个性化甚至可以更加自由，根据用户的喜好，模块式推荐内容，还可以利用多个不同的小程序实现关联性推荐。由于小程序的本质是应用程序，很多智能技术都可以加载到上面，如VR/AR、人工智能、传感器等技术为基础内容和服务都可以用小程序来呈现。

生态化。一个轻量化的小程序力量可能微小，但一个个小程序靠一定的逻辑关联起来形成的小程序集群，构建了小程序生态，便可爆发强大的影响力。目前小程序已经形成了十大体系，包括腾讯系、阿里系、百度开源联盟、字节跳动系、手机厂商联合、京东系、360系、美团系、网易系以及快

① 宫承波、王玉凤：《立足小需求，做足轻应用：微信小程序无缝连接走向探析》，《新闻论坛》2017年第6期。

手系。要发挥原有品牌力量在小程序中的影响力，打造小程序品牌，争取在小程序市场中占领先机。要布局小程序与其他应用、产品的对接，利用小程序延长产业链。2020 年小程序生态链已经趋于完善，生态边界基本成型。小程序的整体生态由平台方、服务商、开发者以及外部机构四大板块组成。服务商可以分为开发服务商、小程序商店、营销服务、数据服务、代运营服务以及 MCN 机构等，开发者根据其内容可以分为网络购物、生活服务、游戏、政务、内容资讯、视频、工具、社区团购、线下零售、餐饮、旅游、教育、图片摄影以及社交等多个种类，外部机构则是由媒体以及投资者两部分构成。这四个板块在小程序互联网生态中也有自己的功能与作用。服务商为平台方提供支持，为开发者提供运营方法、数据支持等，为外部机构实现投资回报；平台方为服务商提供资源，为开发者创造商业赋能；开发者为平台方实现商业、社会价值以及完成用户沉淀、为外部机构生产内容以及产生投资回报；而外部机构则为开发者宣传、投资以及进行资源整合，对服务商投资、并为其实现资源的对接以及服务的保障。

第五节　移动办公平台

在移动互联网、大数据、云计算技术对行业深度渗透的“互联网+”大时代背景下，政府或企业对业务移动化的需求越来越强烈。为顺应时代潮流，紧跟用户需求，移动办公平台应运而生。

一、移动办公的概念

移动办公（Office Automation，办公自动化），即办公人员可在任何时间（Anytime）、任何地点（Anywhere）处理与业务相关的任何事情（Anything），是一种新型的办公模式。通过移动办公，办公人员不但可以突破时间和空间的限制来进行办公，而且能提高工作效率和协同办公强度，轻松地处理紧急事务。

移动办公平台是建立在以手机等便携终端为载体实现的移动信息化系统基础上的平台，该平台将智能手机、无线网络、OA 系统三者有机结合，开发出移动办公系统，实现任何办公地点和办公时间的无缝接入。它可以连接客户原有的各种 IT 系统，包括 OA、邮件等各类个性业务系统，使手机也可以用以操作、浏览、管理公司的全部工作事务，也提供了一些无线环境下的新特性功能。

二、移动办公平台的发展及典型案例

办公平台最初广泛应用于 PC 端，而随着移动设备技术和网络通信技术的发展，移动办公平台发展势如破竹。概括来看，移动办公自动化系统建设主要经历了以下三个阶段：

（一）第一阶段：离线式移动办公

20 世纪 90 年代出现的笔记本电脑为移动办公需求提供了首次技术上的支持，于是人们可以通过笔记本电脑在任何地方工作，但由于通信技术的局限性，访问公司内部网络基本上无法实现。此时，信息交换是通过回到办公室后的同步来实现的，这也就是邮件同步、日程

同步技术出现的时期。

（二）第二阶段：有线移动办公

随着 VPN 技术的出现，为移动办公带来重要的契机，于是人们借助 VPN 提供的安全通道可以安全地通过通信接入提供商和运营商提供的网络，在酒店或国际会议现场接入到公司内部网，实现有线的移动办公。

（三）第三阶段：无线移动办公

移动通信技术的出现为移动办公带来了质的飞跃，移动办公才正式进入了无线时代。移动办公平台主要服务于企业，旨在推进办公协作。而大量规模较小的企业，没有开发自主移动办公平台的能力，或是考虑到投入与产出的价值匹配问题，于是选择了借助第三方平台。阿里钉钉、企业微信、企业 QQ 等移动办公平台的市场便由此打开。

钉钉是阿里巴巴旗下的移动办公平台，主要定位于中小企业市场。阿里云、淘宝、天猫等阿里系产品为钉钉引流大量客户，凭借着初期的免费电话功能和中期猛烈的营销攻势，钉钉用户数量快速增长。钉钉主要涵盖了日志、审批、公告、智能报表、视频会议、安心工资条、有成会务、阿里商旅、天猫企业购、金牌团队等模块功能。

在钉钉的移动办公生态模式下，钉钉与 ISV（Independent Software Vendors，独立软件开发商）及硬件厂商联合，共同为企业用户提供应用、服务和硬件的组合。目前，钉钉的智能办公硬件涵盖智能前台、智能通信中心和智能投屏三大品类。除自主研发的产品外，钉钉也将硬件标准和底层技术开放给其他硬件厂商。企业可以使用钉钉连接软件和硬件，实现场景化的智能管理与远程交互。钉钉的服务不仅面向企业本身，更通过接入商旅、订餐、打车等企业级服务商，向员工提供多维度服务。

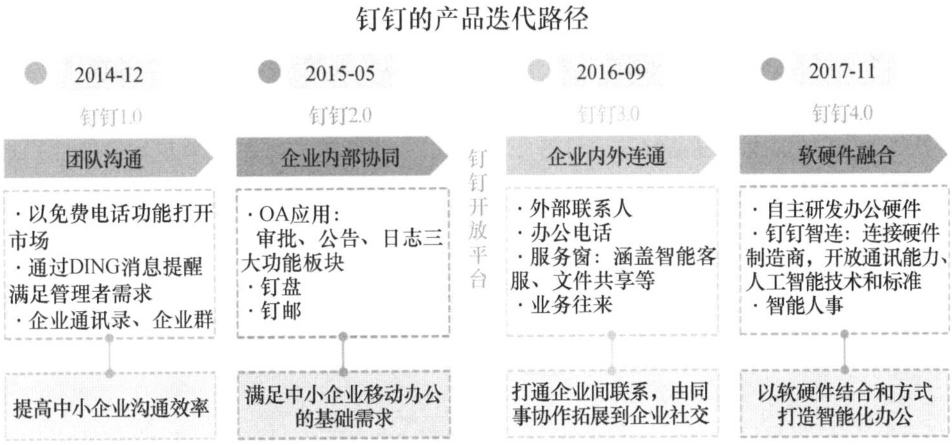

图 6–4　钉钉的产品迭代路径①

① 艾瑞咨询：《重新定义移动办公：中国企业移动办公平台发展洞察 2018 年》，《艾瑞咨询系列研究报告》2018 年第 1 期。

相似地，企业微信是由腾讯微信团队打造的移动办公平台，2016 年 4 月正式发布，定位为办公沟通工具。企业微信与微信保持着高度一致的使用体验，微信消息可一键转发到企业微信。2017 年 6 月，企业微信 2.0 版本与微信企业号进行合并，由微信插件继承原企业号的所有能力。

企业微信自身承担着通信工具的职能，同时为用户提供公告、打卡、审批等通用型的轻 OA 应用。针对企业的个性化需求，企业微信采用开放 API（应用程序接口）的方式，一方面允许企业用户直接接入自有 IT 系统，连接企业内外的人与人、人与业务、人与设备；另一方面开放接入第三方服务商，导入用户流量，同时提供丰富多样的移动办公应用供企业使用。

截至 2020 年 12 月，我国远程办公用户规模达 3.46 亿，占网民整体的 34.9%。2020 年上半年受疫情影响，远程办公市场规模呈现爆发式增长。下半年，远程办公应用市场规模仍保持高速增长，并出现生态化发展趋势。①

三、移动办公平台的发展趋势与挑战

当前，移动办公用户需求集中爆发，市场正处于较快增长阶段，市场规模迅猛增长，移动办公应用正在向平台生态化的方向发展。为满足企业使用需求，移动办公平台应把专业化、个性化、智能化引入服务体系，将各种业务加以融合，既可以提升用户的体验满意度，又能在巨量的数据中挖掘价值，为企业发展决策部署提供参考。移动办公同时也助力了"新就业形态"的形成和完善，通过增加全社会就业弹性、提升劳动参与率，为"新就业形态"发展提供保障，在保就业、稳就业方面发挥了重要作用。

虽然移动办公平台已经在很大程度上为办公效率的提升提供了便利，但也带来了一定的问题：移动办公导致的信息安全隐患不可小觑，手机、平板等移动手持设备造成的数据丢失和泄密事件层出不穷。如何保证企业数据的安全性、一旦设备丢失该如何处理、如何监控员工个人设备的使用、如何限制这些设备的访问权限，这些都是企业不得不面对的现实问题。

应用个人移动设备进行移动办公将使商务办公和私人活动的界限越来越模糊，这种趋势将直接导致企业在管理移动设备的安全及避免重要数据外泄方面面临更大的困难。因此在这种情况下，如何管理复杂的移动设备应用环境、如何将这些移动设备与现有企业系统平台进行整合，从而保障个人移动设备的数据安全问题，便成为企业最为迫切的需求，也是移动办公平台面临的最大挑战。

本章思考题

1. 请简述传统网络社区和社交型网络社区的关联和差异。
2. 请分析微博的自媒体特性。

---

① 中国互联网络信息中心（CNNIC）：《第 47 次中国互联网络发展状况统计报告》，中国互联网络信息中心，2021 年 2 月，http://cnnic.cn/gywm/xwzx/rdxw/20172017_7084/202102/t20210203_71364.htm，访问日期：2021 年 3 月 26 日。

3. 请分析微信中的三类传播模式。

4. 举例说明小程序的轻量化特点。

5. 什么是移动办公平台？

本章参考文献

1. 特里·弗卢．新媒体4.0[M]．叶明睿，译．北京：人民日版出版社，2019.

2. 尼葛洛庞帝．数字化生存[M]．胡泳，范海燕，译．海口：海南出版社，1997.

3. 雪莉·特克．虚拟化身——网络时代的身份认同[M]．谭天，吴佳真，译．台北：远流出版公司，1998.

4. 曼纽尔·卡斯特．网络社会的崛起[M]．夏铸九，王志弘等，译．北京：社会科学文献出版社，2001.

5. 约翰·帕夫利克．新媒体技术[M]．周勇，张平锋，景刚，译．北京：清华大学出版社，2005.

6. 约翰·费斯克等．关键概念——传播与文化研究辞典(第二版)[M]．李彬，译．北京：新华出版社，2004.

7. 刘华芹．天涯虚拟社区：互联网上基于文本的社会互动研究[M]．北京：民族出版社，2005.

8. 方兴东、王俊秀．博客——E时代的盗火者[M]．北京：中国方正出版社，2003.

9. 刘津．博客传播[M]．北京：清华大学出版社，2008.

10. 黄少华．网络空间的社会行为：青少年网络行为研究[M]．北京：人民出版社，2008.

11. 白淑英．基于BBS的网络交往特征[J]．哈尔滨工业大学学报(社会科学版)，2002(3).

12. 杜骏飞．存在于虚无：虚拟社区的社会实在性辨析[J]．现代传播，2004(1).

13. 赵伟．网络传播中的博客研究[D/OL]．武汉：华中科技大学，2005.[2021-3-26].https://kreader.cnki.net/Kreader/CatalogViewPage.aspx? dbCode = cdmd&filename = 2006038530.nh&tablename = CMFD0506&compose = &first = 1&uid = WEEvREcwSlJHSldSdmVqMDh6a1dqZUdnaERGMkVONUlmQ3VBanJJeFlzVT0 = $9A4hF _ YAuvQ5obgVAqNKPCYcEjKensW4IQMovwHtwkF4VYPoHbKxJw!!

14. 胡泳．众声喧哗：网络时代的个人表达与公共讨论[M]．桂林：广西师范大学出版社，2008.

15. 彭兰．社会化媒体：理论与实践解析[M]．北京：中国人民大学出版社，2015.

16. 宫承波，王玉风．立足小需求，做足轻应用：微信小程序无缝连接走向探析[J]．新闻论坛，2017(6).

17. 宫承波，孙宇．依托小程序的媒体融合路径探索[J]．当代传播，2019(2).

18. 刘琴．新闻小程序演进的技术逻辑与价值判断[J]．编辑之友，2018(10).

19. 梅宁华、支庭荣．媒体融合蓝皮书：中国媒体融合发展报告(2017~2018)[R]．北京:社会科学文献出版社,2017.

20. 谢进川．微博传播与社会管理[M]. 北京:中国传媒大学出版社,2015.

21. 王卫东．网络社区[M]. 武汉:武汉大学出版社,2018.

22. 张静．知与行的变迁:微信影响力研究[M]. 北京:北京邮电大学出版社,2018.

23. 李畅,陈华明．裂变与认同:微博传播研究[M]. 北京:科学出版社,2019.

24. 穿山甲|巨量引擎营销中心．社交行业:穿山甲流量变现白皮书[R/OL]. (2020-4-28)[2021-3-26]. http://www.199it.com/archives/1041544.html.

25. 上海艾瑞市场咨询有限公司．艾瑞咨询系列研究报告(2020年第11期)[C]. 上海:上海艾瑞市场咨询有限公司,2020.

26. 程颖．网络社区中信任问题的探讨[D/OL]. 北京:北京大学,2005:35[2021-3-26]. https://kreader.cnki.net/Kreader/CatalogViewPage.aspx? dbCode = cdmd&filename = 2005079766.nh&tablename = CMFD0506&compose = &first = 1&uid = WEEvREcwSlJHSldSdmVqMDh6a1dqZUdnaERGMkVONUlmQ3VBanJJeFlzVT0 = $9A4hF_YAuvQ5obgVAqNKPCYcEjKensW4IQMovwHtwkF4VYPoHbKxJw!!

27. 齐立稳．我国网络社区的发展历程浅析[J]. 数位时尚月刊,2014,000(2).

28. 丁义浩．虚拟社区及虚拟社区交往初探[J]. 武汉市经济管理干部学院学报,2004(3).

29. 中国互联网络信息中心．2015年中国社交应用用户行为研究报告[R/OL]. (2016-04-08)[2021-03-26]. http://www.cnnic.cn/hlwfzyj /hlwxzbg/sqbg/201604/t20160408_53518.htm.

30. 中国互联网络信息中心．第46次中国互联网络发展状况统计报告[R/OL]. (2020-09-29)[2021-03-26]. http://cnnic.cn/gywm/xwzx/rdxw/202009/t20200929_71255.htm.

31. 中国互联网络信息中心．第47次中国互联网络发展状况统计报告[R/OL](2021-02-03)[2021-03-25]. http://cnnic.cn/gywm/xwzx/rdxw/20172017_7084/202102/t20210203_71364.htm.

32. 彭兰．传播者、受众、渠道:博客传播的深层机制[J]. 上海师范大学学报(哲学社会科学版),2007(6).

33. 谢耘耕,徐颖．微博的历史、现状与发展趋势[J]. 现代传播(中国传媒大学学报),2011(4).

34. 微博数据中心．微博2020用户发展报告[R/OL]. (2021-03-12)[2021-03-26]. https://data.weibo.com/report/reportDetail? id=456.

35. 艾瑞咨询．2020年疫情下的中国社交媒体社会价值研究报告[R/OL](2020-06-29)[2021-03-26]. http://www.199it.com/archives/1073089.html.

36. 企鹅智库．2018微信影响力报告[R/OL]. (2018-05-18)[2021-03-26]. http://www.199it.com/archives/725398.html.

37. 阿拉丁研究院．2020年小程序互联网发展白皮书[R/OL]. (2021-01-13)[2021-03-26].

第七章

智能媒体

扫码可见
第七章PPT

第一节 智能可穿戴设备

数学家和人工智能先驱西摩尔·帕伯特认为："计算机是像海神普罗透斯一样多变的机器。"普罗透斯是希腊神话中能任意改变自己外形的海神，[①]市场的膨胀和新技术的涌现将推动智能设备诞生新的形态和新的应用场景，譬如形态各异的可穿戴设备。

智能可穿戴设备可以被简单理解为佩戴在用户身体上，或整合在衣物中的终端设备。但目前学界对智能可穿戴设备的概念尚未有权威定义。可穿戴设备之父史蒂夫·曼恩认为，这类设备是"可穿戴在身上外出进行活动的微型电子设备"。麻省理工学院媒体实验室认为：智能可穿戴设备是计算机技术结合多媒体和无线传播技术，以不凸显异物感的输入或输出仪器（如首饰、眼镜或衣服），实现连接个人局域网络、侦测特定情境功能或成为私人智慧助理，进而成为使用者在行进动作中处理信息的工具。

国内也有学者将这类设备定义为："综合运用各类识别、传感、连接和云服务等交互及储存技术，以代替手持设备或其他器械，实现用户互动交互、生活娱乐、人体监测等功能的新型日常穿戴移动智能终端。"[②]综上所述，本书认为智能可穿戴设备是能够穿戴于体表，具备强大的信息收集与分析功能的微型智能终端，并且具备与用户和其他设备交互的能力，可作为其他智能设备功能的延伸、人体感官的延伸，或作为用户新的电子器官。

一、智能可穿戴设备的发展概况

1972 年汉密尔顿手表（Hamilton watch）正式发布了世界首款数字腕表 Pulsar，被众多学者认为是可穿戴设备的第一次正式亮相。[③] 20 世纪 70—80 年代，诞生了有显示屏的可穿戴设备。进入 21 世纪，网络技术和无线传输技术的发展、微型处理器计算能力的提升和能耗的下降，使可穿戴设备智能化的设想成为现实，多家大型科技公司凭借自身强大的研发能力已经推出多款针对不同感官的智能可穿戴设备。当下越来越多的科技公司看重可穿戴设备的广阔市场前景和应用空间，将其视为当前主流智能移动设备手机的替代者，也是沉浸式传播

① 尼尔·波兹曼：《技术垄断》，何道宽译，中信出版集团，2019，第 117 页。
② 朱婧：《国内外可穿戴行业发展动态与趋势》，《广东科技》2015 年第 14 期。
③ 李志军、郭同德：《智能可穿戴设备在新闻领域中应用路径探讨》，《中国出版》2016 年第 22 期。

的载体。

（一）智能头戴设备

智能头戴设备目前以智能眼镜和智能头盔目镜为主，目前分为 AR/MR（增强现实/混合现实）、VR（虚拟现实）等种类。智能眼镜的显示方式被称为近眼显示，即 NED（Near-eye display），将显示器上的像素，通过一组光学成像元件形成远处虚像并投射至人眼中。

其中 AR 眼镜需要使用户透视到现实世界信息，故成像系统需通过额外的一个或一组光学组合器以避开视线，将虚拟信息层叠于真实场景，融合并互相“增强”，产生新的可视化环境；[1]同 AR 有所区别的是，MR 眼镜是在虚拟中保留现实，借助 ToF（飞行时间）传感器和 SLAM（同布定位与建图）等技术建立同现实空间结构一致的虚拟空间，并与虚拟信息进行交互，由于 MR 设备直接向视网膜投射整个 4 维光场，所以用户看到的虚拟物体和真实物体几乎是无法区分的。当下 AR/MR 设备的光学显示系统主要分为光波导和激光全息显示等技术，AR/MR 二者并无明显界限。[2] VR 眼镜则是通过数字建模与拟真、隔绝现实环境的设备，利用头部和眼动追踪、动作捕捉等传感器和手柄、手套等外设，营造可交互的三维虚拟环境，向用户提供视觉、听觉、触觉等感官模拟，用户的意识沉浸于无限的数字视野之中。

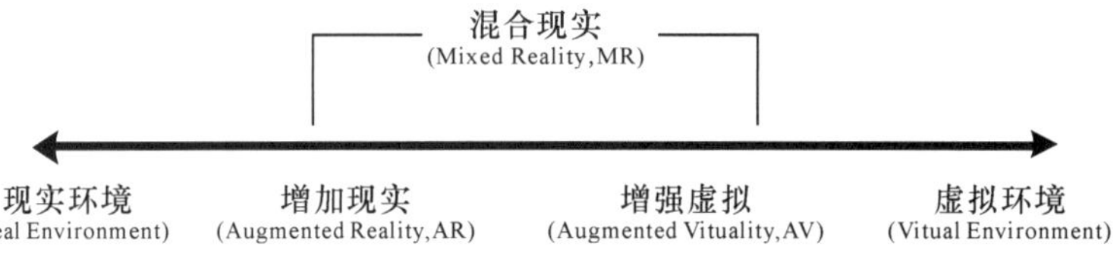

图 7-1　混合现实[3]

第一代谷歌眼镜（Google Project Glass）发布于 2012 年，这一年被称为“智能可穿戴设备元年”。该设备与主体相连的棱镜承担了微型显示屏投射内容的屏幕功能，可以声控拍照、视频通话、导航，具有接入互联网和查看邮件等功能，几百克的重量还集成了触控盘和陀螺仪等设备，但功耗较高、功能性弱、人体工程学设计较差，以及当时智能生态链尚未形成等因素，仅仅成为试水之作；随着上述问题被新技术逐步改善，如 Realwear、爱普生、Vuzix、亮亮视野、联想、Rokid、Oppo 等多家国内外厂商在近年发布了多款不同类别的 AR 眼镜，可以实现包括隔空操作、新闻推送、远程交互通信、影音娱乐、教学等企业端（B 端）和消费者端（C 端）功能。

MR 眼镜中，以微软公司在 2015 年发布的混合现实（MR）眼镜 HoloLens 为代表。当前的

---

① 雷锋网：《揭秘光波导核心原理，了解 AR 眼镜背后的挑战（上）》，https://baijiahao.baidu.com/s?id=1634889030520568102&wfr=spider&for=pc，访问日期：2021 年 3 月 5 日。

② 波波：《终极扫盲：VR/AR/MR/CR 究竟有啥区别?》，https://www.chinaar.com/ARzx/130.html，访问日期：2021 年 3 月 5 日。

③ 波波：《终极扫盲：VR/AR/MR/CR 究竟有啥区别?》，https://www.chinaar.com/ARzx/130.html，访问日期：2021 年 3 月 5 日。

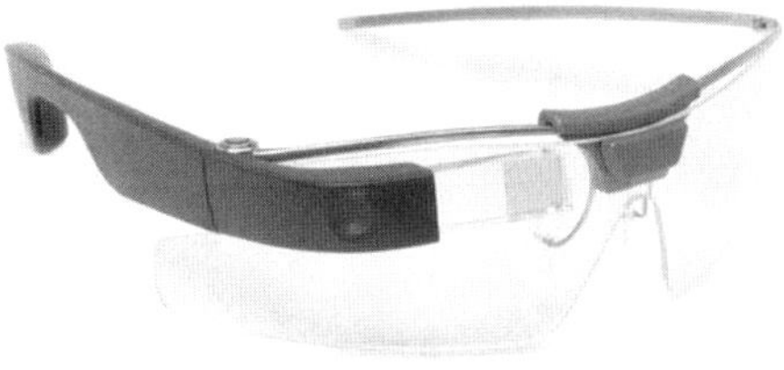

图 7-2　谷歌眼镜

第二代产品 HoloLens 2 有着更高精度的 ToF 深度感应器、手势和眼球追踪器等传感器，结合深度神经网络算法和语义理解，以及更强的全息处理器，可以无延迟地让用户以现实交互手势直接操控虚拟全息影像，即"本能交互"。HoloLens 2 还有更强的开放性，与微软云计算服务 Azure 相结合，协同实现"智能云+智能端"战略，借助基于 Azure 的 MR 服务，开发人员或企业可以构建跨平台、适配工业制造、物流、医疗等行业场景的企业级 MR 应用。智能云赋能的全息计算可以与其他 HoloLens 或其他 MR 设备共享云端信息，在这一生态系统中，能获得 MR 所需的空间、语音以及视觉智能，以及用于存储、安全和应用程序洞察的云服务。①

图 7-3　微软 HoloLens 2

三星于 2021 年泄露出一段 AR 眼镜项目的概念视频，介绍了三星"Glasses Lite"联动手柄、智能腕表、键盘等无线设备进行 AR 游戏、观影、办公等操作，展示了"AR Office"、3D 全息视频通话、沉浸式全息显示等愿景，与 MR 眼镜接轨，较 B 端的 HoloLens 2 等设备更接近 C 端，这也是 AR/MR 眼镜的发展趋势。

虚拟现实(VR)设备则在 2016 年迎来爆发，大量厂商如 HTC、Oculus 等都在 VR 元年发布了虚拟现实眼镜，近年来还有三星、索尼、Valve、Pico、Nolo 等厂商发布 VR 产品，目前主要分为外接式(连接 PC)、一体式和移动端(手机盒子)头显设备，硬件性能和算法、图形引擎等方面的提升，使 VR 设备和应用在分辨率、帧数、可视角、追踪和定位精度以及自由度(Dof)和舒适度都早已达到消费级水准，4K+6DoF(6 方向自由度)将成为标配，跨端、串流等体验逐渐

① 李帅飞：《国行售价 27388 元，HoloLens 2 为何敢卖这么贵?》，https://www.leiphone.com/news/201911/zAUxBjEFo39Mbpco.html，访问日期：2021 年 3 月 5 日。

图 7-4　三星 Glasses Lite

普及。针对 VR 设备的游戏、影视资源也已成为主流类别，内容质量和数量进展迅速，设备定位呈现细分化、场景化的趋势，但在新闻传播、社交、医学、教育等方面仍有较大潜力。

图 7-5　Oculus Quest 2 的虚拟人机交互界面

增强现实在交通场景中以 AR-HUD 形态的智能头盔目镜为代表。HUD（Head Up Display，平视显示器）最初用于军用飞机，将飞行参数、姿态、导航等信息投射到飞行员视野前方的透镜或头盔目镜上，后被引入民用飞机和量产车，HUD 将虚拟信息叠加而非完全遮挡外部实景，驾驶员的认知负荷得以降低。量产的 AR-HUD 最初搭载于奔驰 2020 年发布的代号为 w223 的 S 级轿车上，该系统可实现等效 77 英寸的屏幕显示，可投射贴合路面的动效导航信息，与辅助驾驶配合的交通标识识别、车道或前车提示等，都可与实景融合；结合车舱氛围灯变化，向驾驶员传递直观的信息或提示。大众集团也将 AR-HUD 搭载于旗下多款车型上，参与研发的企业也逐渐增加，如大陆集团、日本精机、伟世通、松下、华为等，市场竞争日趋激烈。除挡风玻璃外，摩托车、自行车等载具的头盔目镜也是增强现实技术的载体，如 Jarvish 推出的 X-AR 头盔，集成了 AR 显示模组，支持语音助手、通信、音乐等功能，也具备显示车辆数据、导航等交通应用，头盔搭载的摄像头还能实现流媒体后视镜和视频直播功能，此类智能头盔可被视作是 AR 眼镜使用场景延伸的产物。目前，支持人脸、车牌识别和实时传输视频的交通执法智能 AR 眼镜也已经出现。

图 7-6　奔驰 S 级的 AR-HUD

图 7-7　奥迪 Q4 e-tron 的 AR-HUD

在成熟的 AR-HUD 问世前，谷歌、百度、高德、搜狗等传统地图平台早已布局手机端的 AR 实景导航，借助 AI 实现图像视觉和语义理解等方面的突破，当前阶段的 AR-HUD 主要功能也是以 AR 导航为主，下一阶段将与 ADAS（高级驾驶辅助系统）、V2X（Vehicle to everything，车与车、基础设施、人、云端等事物的通信技术）和自动驾驶等技术的深度结合，交通工具成为数据交互平台，进入物联网生态，接入多样化的智能服务，AR+AI 是智能交通的趋势。

增强现实技术的介入能让驾驶员进入沉浸式的驾驶场景，消解其媒介意识，注意力无须分散。而传统的驾驶任务信息显示（仪表、中控屏等）是视、听、触觉等感官分离的，无法提供完全专注驾驶的、信息完整的体验，而 AR-HUD 可将现实空间媒介化，体现驾驶者的主体性。

根据 2020 年虚拟现实产业发展研究报告，全球 AR/VR 市场规模在 2025 年将达到 343 亿美元，2025 年全球企业 AR/VR 市场规模达 184 亿美元，消费市场达 159 亿美元。人工智能、云计算、超高清显示和光学硬件等技术的发展与融合，能够解决虚拟现实产业痛点，赋能典型应用，实现此类设备的轻量化、移动化和实时反馈、快速反应。AR/VR 也将为相关技术的发展提供新场景和新空间，为传媒等行业带来新的内容传播、交互形态。

（二）智能腕表和智能手环

1972年Pulsar问世后，其后几十年间IBM、三星、微软等厂商均做过智能腕表的尝试，都未突破实验性质。直到2013年和2014年，三星、苹果等厂商发布真正具有智能移动设备性质的腕表，这类设备才开始走向消费市场。厂商给智能腕表增加了运动、健康、安全、通信、娱乐等附加属性，伴随着智能手机的普及和进化以及自身性能的进步，实用性和功能性不断提高。智能手环市场也在2010年开始增长，但功能更基础，显示面积更小，价格定位也更低。目前苹果、三星、华为、小米、TicWatch等厂商已经推出了通过内置eSIM（嵌入式SIM卡）连接蜂窝数据的智能腕表，这意味着该设备具备了独立于智能手机的全天候在线能力，且安装有完整的操作系统，内置多种生命体征传感器和卫星定位、环境光、湿度、高度、加速度等传感器，支持扩展应用和第三方应用程序，进化成可以与其他设备直接交互的智能终端，同时还具有较为明确的应用场景，这种小而强的设备是未来重要的媒介形态。

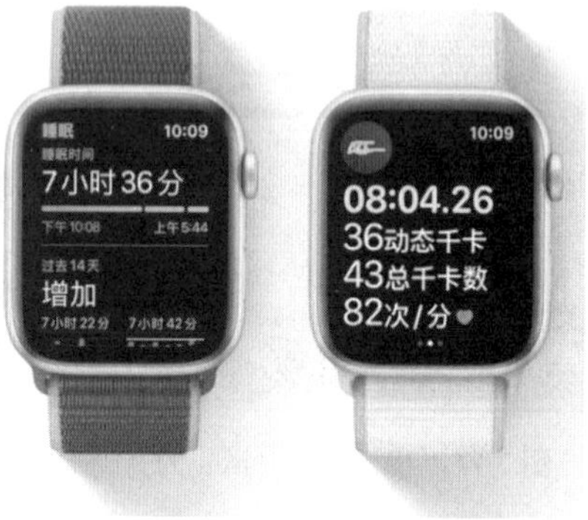

图7-8　Apple Watch

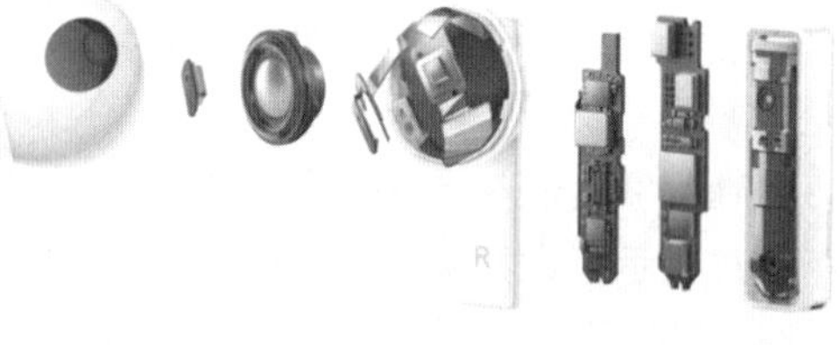

图7-9　华为FreeBuds Pro结构图

（三）智能耳机和身穿式设备

在新的无线耳机市场爆发后，各厂商在耳机中增加了自适应主动降噪、触控、生物识别、翻译等功能，整合了语音助手，推动智能耳机支持更多的场景化服务，同智能音频一样，成为一种伴随性媒介，是内容平台的新领域。智能蓝牙耳机主要分为头戴式、颈挂式和分体式无线蓝牙耳机（亦称“真·无线立体声”，TWS）等形态，其中 TWS 在良好的人体工程学设计下可以做到近似无感佩戴的体验，将私人音频场景拓宽至各种场合之中。苹果公司在 2020 年推出应用于智能耳机的空间音频技术，旗下两款 AirPods 可通过定向音频滤波和调整双耳接收频率，将声音置于任何方位；配合传感器追踪、比对头部和设备的运动数据，通过重新映射声场模拟沉浸式环绕声。这两款耳机搭载的麦克风可收集用户耳道内或耳廓的声学特征，通过计算音频算法在 HRTF（头相关传递函数，即声波因人体生理结构干扰、增减后频响曲线的特性函数）库中挑选、优化得出专属 HRTF 函数，为用户量身定制空间音频体验。[①]

身穿式智能设备则在运动装备市场先行发展，通过在服装中植入心率、呼吸、血氧饱和度等多种传感器与手机互联，检测用户各项生物数据状态，并通过专属的应用程序作出分析，如耐克于 2019 年推出的智能篮球鞋“Nike Adapt BB”，具有无线充电和自动系带功能。

图 7-10　Nike Adapt BB

在影视和游戏等行业中，身穿式智能装备也产生了新形态。丹麦初创公司 Rokoko 的无线套装“Smart Suit Pro”，通过 19 个 9DoF 传感器实现动作捕捉，将使用者的身体数字化。在交互方面，用于 VR 交互的数据手套不仅发展出提供即时反馈的种类，还有可以提供“真实触感”的触觉反馈手套，如“Dexmo VR 手套”，以及 HaptX 推出的“DK2”，后者在每只手套中配备 133 个触觉反馈点模拟虚拟物体质感，并通过“外腱”力反馈限制手指活动，模拟触碰物体的阻力，制造虚拟的反馈载体，主要适配 B 端 VR 应用。交互式力/触觉反馈技术使得控制器不再局限于单向输入，成为双向输出装置，从人机交互层面来看，VR 输入设备由手柄向力/触觉反馈手套的进化，与按键手机向触屏手机进化一样具有划时代的意义。VR 跑步机制造商 Virtuix 于 2020 年推出“Omni One”消费级全向“跑步机”，用户通过安全腰环固定身体，圆盘底座即为用户在虚拟空间移动的控制器，实现类似于电影《头号玩家》中的沉浸式 VR 体验。

此外，身穿式智能装备在医疗健康方面也有所发展。2020 年，美国初创公司 Mojo Vision

---

① 智东西：《TWS 抢位赛再燃！反超苹果 AirPods 的五大“王牌技能”》https://baijiahao.baidu.com/s?id=1692574995485564182&wfr=spider&for=pc，访问日期：2021 年 3 月 5 日。

推出了 AR 智能隐形眼镜的原型，镜片上的微型屏幕拥有世界上最小（直径 0.48 毫米）、像素密度最高的 MicroLED 动态显示，在未来量产后或能应用于帮助视力受损人群，[①]这可能也是智能眼镜的终极形态。三星于 2019 年展示了步态增强和激励系统（GEMS），是一种帮助老年人改善姿势和行动能力的外骨骼，在与 AR 眼镜的联动下，可成为沉浸式健身外设，追踪、分析体态数据并提供反馈，成为生态链的一部分。当下更有无线射频识别技术开发的人体植入式芯片，未来将在交通、安全、医疗等领域得到应用。

图 7-11　显微镜下的 Mojo Lens 显示器

如今自主研发处理器的厂商在 SoC（系统级芯片）中整合了 NPU（神经网络处理器），NPU 是智能终端 AI 的核心载体，在传感器、集成电路、互联技术等快速进步下，AI 植入可穿戴设备（如苹果 H1 芯片），使其具备主动分析和决策的能力，成为真正的智能媒介。同时智能硬件的去中心化，促使用户的日常交互中心从单一平台向硬件背后的云端 AI 平台转移，[②]人类借助连接各感官和肢体的智能设备能够保持“具身在线”状态，并与 AI 深度整合。

二、智能可穿戴设备的主要特征

低功耗和人体工程学设计，能服务于体验的设计才是出色的设计。成功的可穿戴设备需具备穿戴的舒适性和使用的灵活性，与用户身体结合时不会增加负担，同时，在当下电池技术发展到瓶颈之时，为了保证无线化设备的续航能力，智能可穿戴设备需要具有先进的电池管理技术和出色的节能设计。

具有数据采集能力和一定的独立计算和自主学习能力。智能可穿戴设备是一种感知媒介，其使用价值的重要方面就是收集数据和分析数据得出的结果，以及与人和物产生的多场景交互。目前市面上的可穿戴设备可以具备以下几种输入方式：身体数据感应、肢体动作探

① Rachel：《当隐形眼镜遇见 AR：能看清现实，也能增强现实》，https://www.leiphone.com/news/202001/MO3LmMhzmz0JtKKj.html，访问日期：2021 年 3 月 6 日。

② 李倩：《智能耳机发展趋势》，http://m.elecfans.com/article/652792.html，访问日期：2021 年 3 月 6 日。

测、眼动追踪、语音、肌肉生物电、环境数据探测等。[①] 人的状态、行为和需求及所处环境被全方位感知并数据化，人体也因此成为完全意义上的终端，人体数据被独立使用时是个性化服务的依据，被集合使用时则是了解群体或社会动向的大数据基础。[②]

实时和自然交互。在智能可穿戴设备的协助下，用户可以随时随地保持在线的状态，持续向生产者发送反馈，在物联网时代，随着移动通信速率和带宽的不断提升，智能设备不仅可以与用户实时交互，也可以与在线的一切物品互动，还可以让用户与虚拟物品在线互动，打破现实与虚拟的界限。同时，智能可穿戴设备的去界面化交互方式能够使得人的主体性回归，人机交互逻辑以感知的、直接的和经验生成的方式呈现，如语音、手势、眼动甚至是脑机接口等。[③]

三、智能可穿戴设备的积极变化和现存问题

（一）积极变化

智能可穿戴设备提升了新闻内容的品质和专业性，营造“升维空间”和“自定义现场”，使大众传播拥有更丰富的感官体验，[④]生产临场化新闻、传感器新闻和分布式新闻。在新型主流媒体的数据抓取和分析、内容生产和编辑上，智能设备的传感器可与新媒体聚合平台实时交互，结合 AI 生成更客观全面的报道，及时精准匹配并推送至用户，这对第一时间主导网络舆论阵地十分重要。对 UGC 或 PGC 而言，智能可穿戴音视频设备能以更真实自然的视角完成素材收集，即时传播，创作者得以提升效率和质量，改变自媒体与社交媒体的生产、传播和消费方式。譬如社交平台 Snapchat 推出的 AR 眼镜“Spectacles”，可捕捉照片或视频直接上传到平台；新华社利用亮亮视野 AR 眼镜进行第一视角音、视频直播两会，还具备人脸识别和 AI 采编功能，这一方案能够提升新闻的真实性、客观性和观众的临场感，也可以激发媒体分发大型或临时活动的新市场潜力。

对信息接受者而言，信息获取成本骤减。高度定制化推送的资讯直接融入生活场景，简化了用户获取实时信息的程序、提升了用户感知信息的速度和数量。[⑤] 这是新兴媒介从“相加”到“相融”的重要一步，不仅与技术平台相融合，构成新的媒体生态系统；以人为中心的智能可穿戴设备极强的个体伴随性，还可以使智能设备与我们的身体相融合，成为我们的电子器官，即“赛博格化”。

无论是对新闻传播还是娱乐、教育、医疗等行业，智能可穿戴设备的重要意义之一在于开启了一个以沉浸式传播为特征的“第三媒介时代”，修正了时间的即时性、不可存储性，并

---

① 孙效华、冯泽西：《可穿戴设备交互设计研究》，《装饰》2014 年第 2 期。

② 彭兰：《5G 时代“物”对传播的再塑造》，《探索与争鸣》2019 年第 9 期。

③ 崔中良、布蕾特 · 布罗嘉德：《人工智能研究中“他心问题”研究对人机交互的启示——从维特根斯坦对“他心问题”的论述谈起》，《东北大学学报（社会科学版）》2020 年第 6 期。

④ 崔中良、布蕾特 · 布罗嘉德：《人工智能研究中“他心问题”研究对人机交互的启示——从维特根斯坦对“他心问题”的论述谈起》，《东北大学学报（社会科学版）》2020 年第 6 期。

⑤ 李志军、郭同德：《智能可穿戴设备在新闻领域中应用路径探讨》，《中国出版》2016 年第 22 期。

使空间媒介化。以智能可穿戴等设备为代表的数字技术能还原身体的整体性，达到多维度感官的再造与重组，从而让身体以真实与虚拟交织的方式“在场参与”，实现具身传播。借助上文提到的各类智能可穿戴设备，人类已经获得了在虚拟空间中复制感官和数字身体的能力，亦可使现实的空间成为与虚拟叠加的复合空间，屏幕嵌入场景，人机互嵌的身体是知觉与环境互动的中介，人与物可以互相感知，共同作为泛媒社会的节点。①

（二）现存问题

除了技术和设计尚有提升空间，智能可穿戴设备也可能带来伦理和社会问题。首先是真实与虚拟的紊乱。智能可穿戴设备营造的沉浸式环境较以往媒介更为真实（视觉、听觉、动作捕捉和重力感知相结合），用户进入一种经验模式中，其意识被限定，不相关的意识和感官体验被屏蔽。用户除了身体不适（如 3D 眩晕症），也可能会分不清虚拟和现实的边界，带来安全和身心健康隐患；同时，未来设备高度智能带来的自动化是否会带来更加严重的麻醉效应和其他社会问题，是智能产品厂商研发和行业规则制定需要注意的地方。

其次，众多的智能可穿戴设备每天检测和记录着我们的工作、生活、身体状态等信息，分析、存储和传输大量数据，一旦被泄露，会涉及更深层、更多样的隐私种类，产生更大危害，侵犯个人权益。不仅媒体需要做好新形态传播的把关人，厂商也要做好用户数据资料的把关人。此外，随着可穿戴设备功能的完善和产品线的扩张，在经济、观念、基础设施建设等因素的分化下，也有出现新形态数字鸿沟的可能。

麦克卢汉认为：“媒介是人体的延伸，媒介不是冷冰冰的外在化存在，媒介就是人的身体、精神的延伸，人类创造了媒介，而同时媒介也改变了人的存在方式，重建了人的感觉方式和对待世界的态度。”智能可穿戴设备使终端形态再定义，作为人体的电子器官，将数据和服务相结合，满足我们的生理、心理、社交、体验和个性化等需求。当下仍有很多智能可穿戴设备依赖智能手机或其他设备作为与用户信息交互的中介，但从发展速度和应用范围来看，智能可穿戴设备已经在走向独立的过程之中，或将成为下一代智能终端产品的主流。

第二节　智能音频

广播作为一种重要的伴随性音频媒体，历经一个世纪发展，至今仍在流量平台和车载终端等渠道活跃。而智能音频是音频服务向智能化迈进的产物，随着语音识别、自然语言理解、生成和合成等语音交互技术的进步，依靠智能音频连接的全场景生态，将成为新的互联网接入界面之一。

---

① 李沁、熊澄宇：《沉浸传播与“第三媒介时代”》，《新闻与传播研究》2013 年第 2 期；刘宏、周婷：《场景化时空：一种理解当今社会的结构性视角》，《现代传播（中国传媒大学学报）》2020 年第 8 期。

一、智能音频的发展概况

智能音频终端经历了由附属终端设备向独立终端设备的变化过程。在附属终端设备阶段,智能音频的载体是计算机、智能手机、平板电脑和车载计算机等终端,借助弱人工智能和云计算等技术,以应用程序的形式呈现,即语音助手。

语音识别是一项融合多学科的前沿技术,覆盖了数学与统计学、声学与语言学、计算机与人工智能等基础和前沿学科,是人机自然交互技术中的重要环节。智能音频的自动语音识别(ASR)和交互研究始于1952年,贝尔实验室制造了自动数字识别机"Audrey",可识别数字0—9的发音;但直到70年代,语音识别主要集中在小词汇量、孤立词识别方面,主要使用模板匹配方法;80年代,大词汇量、连续语音和非特定人的识别障碍得到突破,统计模型逐步取代模板匹配的方法,隐马尔科夫模型(HMM)成为语音识别系统的基础模型;90年代后,语音识别与自然语言处理相结合,发展到基于自然口语识别和理解的人机对话系统。①

20世纪80年代和90年代,还诞生了数个开源语音交互平台,如CMU(卡内基梅隆大学)的开源的语音识别系统Sphinx(狮身人面像),Sphinx-I由李开复于1987年左右开发,使用固定的HMM模型,被称为首个高性能连续语音识别系统,是语音识别发展的关键节点之一;还有由CUED(剑桥大学工程学院)于1989年开发的HTK(隐马尔科夫模型工具包)等,2009年诞生的Kaldi项目,支持深度神经网络(DNN),而深度学习应用于语音识别是该领域的又一关键节点。此外,还有数个商业化语音交互平台,如微软1995年发布的Speech API(SAPI)是包含语音识别(SR)和语音合成(SS)引擎的应用编程接口(API),在Windows下应用广泛,使开发者能在Windows上创建语音程序;1997年IBM viaVoice平台的首个语音听写产品问世,无须训练便可以实现孤立单词听写和连续命令识别,IBM还发布了世界上首个连续听写系统"MedSpeak Radiology";世界最大的语音识别软件、图像处理软件及输入法软件研发和销售公司Nuance成立于2005年,旗下还拥有语音合成、声纹识别等技术,在世界语音技术市场份额第一,全球用户达数十亿,Nuance Voice Platform(NVP)是其发布的语音互联网平台。②

我国的语音技术研究始于20世纪70年代末,在较长一段时间内进展缓慢,直到90年代后在国家863计划等的支持下,逐渐紧追国际先进水平,我国对中文语音技术的基础研究取得了一系列成果。目前我国在智能语音技术领域有多家实力雄厚的企业,以1999年成立的科大讯飞为代表,是中国最大的智能语音技术提供商,也是国内使用最广泛的开放语音识别平台,拥有中科大、中科院等机构的学术和技术资源,在中文语音合成、语音识别、口语评测、翻译、声纹识别、人脸识别、自然语言处理等智能语音与人工智能核心技术,在多项技术上拥

① 张亚:《智能语音科技简史(2018版),这场技术革命从哪开始?》,https://www.eefocus.com/component/408312,访问日期:2021年3月6日;马志欣、王宏、李鑫:《语音识别技术综述》,《昌吉学院学报》2006年第3期。

② Bill Xia:《几个常见的语音交互平台的简介和比较》,http://ibillxia.github.io/blog/2012/11/24/several-plantforms-on-audio-and-speech-signal-processing/,访问日期:2021年3月6日。

有国际领先成果,例如DFCNN(深度全序列卷积神经网络)语音识别系统等;①成立于2007年的思必驰,其产品包括车载的AIOS对话操作系统和软硬一体化的芯片模组;云知声于2018年推出了面向AIoT(AI+IoT,人工智能+物联网设备)的芯片UniOne,还有基于该芯片的智慧家居和智能音箱方案。国内该领域的竞争者还包括百度、腾讯、小米等,在研发投入和技术储备上均有较强实力。

在消费级智能语音助手和终端方面,比较著名主流产品有最先问世的iOS的Siri、微软的Cortana、谷歌的Google Assistant,以及亚马逊的Alexa、三星的Bixby、小米的小爱同学和科大讯飞的灵犀语音助手等;在独立终端设备阶段,除了附属终端设备上的智能音频在不断发展之外,出现了专门承载智能音频的终端设备,如智能音箱、智能眼镜、智能手环和腕表等。独立承载智能音频服务终端设备的出现,使人们的关注点从语音助手转向更广泛和前沿的智能音频视角,逐步独立考察智能音频。目前发展最快的智能音频终端设备是智能音箱。

业界所定义的智能音箱,是一款具备智能语音交互系统、内容以及互联网服务内容,同时可扩展更多设备、内容接入的智能终端产品。亚马逊公司在2014年推出的Echo是智能音箱的鼻祖,高度整合了语音助手Alexa,除播放音乐和有声读物外,也是智能家庭设备控制枢纽,可连接第三方服务,还可以开发多种技能插件(Skills Kit)。随后亚马逊不断丰富Echo家族产品,更新迭代,其产品线已经扩展至四个价位的智能音箱产品,至今各型号销量已破千万台。Echo家族产品线也引领着智能音箱行业的发展,例如2014年推出带有可触控屏幕的Echo Show,同样是内置语音助手Alexa的智能音箱,增加了音视频聊天、显示交互信息、连接摄像头和播放流媒体视频等功能;2019年亚马逊发布了眼镜形态的智能音频载体Echo Frames智能眼镜,依靠手机端的Alexa App实现智能交互和连接云端服务,镜框上除按键外还有触控板用于操控,用户可用语音唤醒Alexa,以实现通话、查询天气和日程、听音乐,控制智能家居等功能。2021年,亚马逊推出了针对Echo设备的实时翻译功能,利用了包括Alexa的自动语音识别(ASR)系统和文本转语音系统(TTS),并为对话语音设计和优化了整体架构和机器学习模型翻译。作为智能音频终端的先行者,Echo系列占据着市场霸主的地位。

2017年迎来了智能音箱爆发的一年。国内外的科技巨头先后入局智能音箱市场,亚马逊、谷歌、苹果、阿里、小米等厂商都在这一年推出了智能音箱产品,百度、华为等公司也在2018和2019年进入市场,为抢占智能音箱流量入口——抢占内容载体的份额,②同时,IoT和AIoT设备也迎来爆发式增长。2020年,我国智能音箱销量达到3676万台,其中带屏智能音箱占比35.5%,阿里巴巴、百度和小米三家厂商占据了市场份额的95%以上,智能音频终端已经走入寻常百姓家。

---

① Singularity_o:《语音开源代码与平台》,https://www.jianshu.com/p/532745af477d,访问日期:2021年3月6日。

② 苏军根等:《智能音箱技术与产品现状及未来发展趋势分析》,《广东通信技术》2018年第6期。

图 7-12　亚马逊 Echo Show 10

图 7-13　苹果 HomePod 剖面图

二、智能音频的基本特点

(一)多样的场景化服务

音频是依托场景的内容。共性化场景由时间、空间与情境以及行为共性等要素构成,个性化场景由空间情境、行为惯性、社交氛围和即时需求等要素组成,①智能音频以语音控制为中介,以用户为中心,跨设备、全场景覆盖,提供对应的共性或个性场景化服务,主要分为四种:私人移动场景、私人固定场景、封闭公共场景和开放公共场景。智能音频在家庭场景还可作为智能家居的入口,其语音交互属性和各品牌的“云”连接技术使其成为智能家居的控制中心,较小的体积可以以相对固定的位置摆放于不同场景,提供通知、社交、娱乐等服务,以及购物、外卖、出行、缴费等生活服务,同时作为 AIoT 的控制中心,使未来生活更为智能、便利。

表 7-1　四大场景声音传播需求②

主要声音传播场景	具体场景	各场景下的音频需求
私人移动场景	驾车、旅行、跑步等	地理位置追踪、天气及景点等本地资讯服务等
私人固定场景	起床、刷牙、做饭、洗澡、读书、睡前、美容护肤等	充盈碎片时间、艺术享受、助眠安梦等
封闭公共场景	办公室、图书馆、教室、地铁、公交车等	缓解压力、消磨无聊时光等
开放公共场景	展览馆、科技体验馆、体育赛事现场、演唱会等	多维感官体验、深度沉浸体验等

① BenBirdesss:《彭兰 新媒体进阶研究》,https://blog. csdn. net/weixin_46126460/article/details/108122105,访问日期:2021 年 3 月 6 日。

② 宫承波、陈曦:《智能音频传播策略:基于多维场景用户体验的探讨》,《当代传播》2018 年第 4 期。

其中具有代表性的产品之一，是苹果公司在2017年发布的智能音箱HomePod，通过搭载自主研发的A8处理器，极大提高了智能音箱的算力。它深度整合了语音助手Siri，拥有实时处理音频、高速缓冲和立体声配对的能力，结合麦克风可侦测所处环境。依托强大的设备互联功能，利用账户关联联通设备和智能家居，Homekit应用已经可以支持涵盖大小家电、网络设备、出行、安防等领域的各类配件，在传感器的配合下，可以在家庭App中创建自动化场景，HomePod根据时间、位置、动作等自动执行任务，将设备智能化推上新的高度；2020年，苹果公司推出体积更小、定位和售价更低的HomePod mini，降低搭建智能家居生态的成本，这款音箱增加了"Intercom"对讲机功能，其U1超宽带芯片还可以实现设备间的流媒体传递，更为重要的是，HomePod mini是苹果首款搭载家庭IoT通信协定技术Thread的产品，该技术是一种基于IP的无线网络协议，以低延迟、低功耗同时连接多达250个设备，是未来智能家居建构的前瞻性技术。海外传统音频设备厂商诸如索尼、B&O、哈曼卡顿、Bose等也相继进军新兴的智能音箱市场。

国产厂商如华为、小米、阿里、百度、科大讯飞等在多款智能音箱产品中也加入了类似功能，针对我国市场进行本土化适配，小米更是支持上百款小米品牌旗下的智能家电和配件。国产品牌智能音箱的技术、口碑和市场份额均有提升。目前还有厂商推出内置语音交互系统的智能家居硬件，如GE Appliances与海尔合作推出的Kitchen Hub厨房中心，配备27寸屏幕和摄像头，内置安卓系统与谷歌语音助手，与厨房电器联动；此外还有大量款式的语音控制空调、智能电视等电器可无须借助手机等终端实现自主交互。

（二）智能语音交互

智能化体现在技术和功能两方面：技术上具备了无线连接、可语音交互甚至是声纹登录的能力；功能上可提供音乐、有声读物、新闻资讯等内容服务，以及信息查询、O2O等互联网服务、AIoT等物联网服务以及场景化服务等。智能音频通过声音传播内容，以即时语音指令为主要交互方式，使得智能音频成为一种非接触式的伴随性媒体，得以应用于更多场合。

智能时代的交互从图形用户界面（GUI）向自然用户界面（NUI）转向，减少人机接触的语音交互模式，可以增强用户在媒介接触中的参与感和同步性，不仅降低了操作难度，在主动争取用户注意力和适应其使用习惯的同时，还构筑了用户与智能音频共融的沉浸空间。①

这种语音交互依赖厂商或自身系统的大数据支持和硬件上的强大运算能力，以及机器学习用户使用习惯和场景等。目前AI语音交互主要需要四个技术模块：自动语音识别（ASR）、自然语言理解（NLU）、自然语言生成（NLG）和文本转语音技术（TTS），智能音频与用户的交互越多，越能更多地积累用户意图数据，通过词法、句法、语义、语境解析，在云端服务器分析处理并组织、合成语言，提供更有针对性的内容和服务。随着在声学特征的选择提取、语音识别和语言模型、模型训练与模式匹配等流程上不断突破，智能音频将更加全面、快速地理解用户需求。例如百度公司的小度是业内准确率、听懂率较为领先的产品，做到这点

① 申启武、李颖彦：《融合思维下音频媒体的智能化转向》，《传媒》2019年第10期。

是基于百度在深度学习、自然语言处理(NLP)技术、多轮对话技术、搜索技术等方面的实践经验,以及基于用户使用大数据的训练。①

三、智能音频的积极变化、缺陷和展望

(一)积极变化

目前智能音箱处于"首次采用者"(拥有智能音箱设备一年以上的人)阶段向主流用户阶段延伸的时期,对媒体而言,智能音箱带来了一个千载难逢的机遇。

从商业角度来看,新的媒介载体意味着新的内容价值延伸与变现的平台,音频在时间连续性使广告的到达率更高,内容的独占性也为新闻媒体开拓了新的盈利点,智能音频成为广告的下一个战场。语音营销团队有两种做法:一是利用分析结构系统算法,确保广告在用户进行特定搜索时弹出。二是向用户提供特定服务,提高品牌曝光率,建立和维持用户黏性。譬如2018年6月,HBO在Echo平台推出名为「Westworld: The Maze」的娱乐"技能"(skill),是一款基于语音交互的《西部世界》式冒险应用;②在拥有屏幕的Echo Show上,可以查看来自彭博社、CNN、Netflix等服务商的视频。国内媒体与流量平台、智能硬件厂商合作,推出个性化音频新闻内容,如2019年《都市快报》在天猫精灵智能音箱上线了音频新闻。③

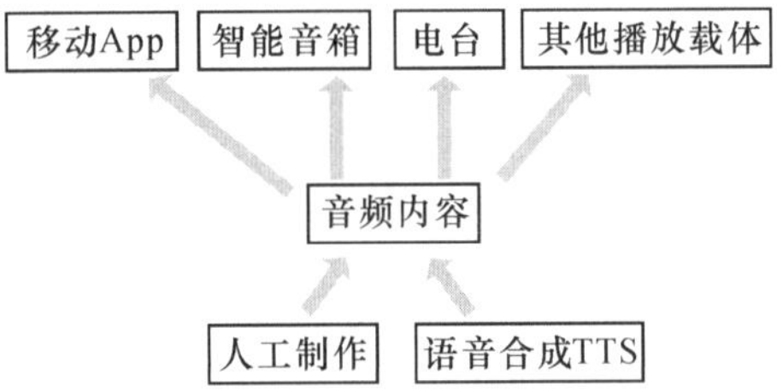

图7-14 音频内容分发示意图④

从内容角度看,智能音频也为媒体开拓了新场景的产品载体。譬如在车载平台,媒体和流量平台部署车联网产业链,如苹果、谷歌推出手机映射的智能车载系统"CarPlay"和"Android Auto",还有喜马拉雅、考拉FM、QQ音乐等流量平台与车载平台深度合作。在车机功能的不断完善下,原生车载应用程序将成为用车场景的主流。同时,5G与车联网协同建设也是未来实现万物互联的关键一步。

互联网改变了传统媒体的生态环境,广播这种音频媒体应重新审视自身的转型,用户群

---

① 《哪家智能音箱最能听懂指令?中国科学院:小度第一》,http://www.fx116.com.cn/a/shangxun/20191210/11807.html,访问日期:2020年2月19日。

② 方嘉文:《智能音箱是广告的新战场》,https://www.ifanr.com/dasheng/1138342,访问日期:2021年3月6日。

③ 何慧媛:《智媒时代音频传播的机遇与人局策略》,《青年记者》2019年第21期。

④ 白净:《万物皆媒的开端:和智能音箱对话》,《南方传媒研究》2019年第4期。

体也已向互联网音频迭代升级。互联网音频既涵盖了广播媒体的属性及特征，又延展了广播媒体的内涵及外延。互联网音频依托互联网平台，以音频为核心优势，兼具图片、文字、视频、VR/AR等多种媒介呈现形态，线性传播与非线性传播并存、时效性即时直播与留存性常态订制并存，构建消费与生产一体的终端用户收听、平台互动沉淀、线下用户导流、用户精准画像的新型广播。

智能化平台可实现对海量、全天候的信息流智能分发，跟踪用户反馈。聚合平台的内容供应和自主学习进化，形成新的传播模式和综合性服务生态，①做到分布式和定制化的内容生产、传播和信息消费，并挖掘个性、社交环境和时空情境的个体匹配要素数据，以及族群画像、文化和分布模式的族群匹配要素数据，还有社会环境特征、社会热点和平台特点的公共匹配要素数据，②打造适合不同场景需求的、覆盖生态链的智能体验和陪伴式社交。

（二）存在的缺陷

首先，从技术角度来说，在硬件性能和算法水平的限制下，智能音频终端的唤醒、多语言混合识别和交流、多轮对话等方面还有较大提升空间，尤其是常用场景中的远场语音识别，会出现收音不理想和噪声等问题，人机交互也未能达到完全无缝的场景转换，对话水平难以达成自然流畅状态，输出时拟人的“亲切感”较弱，系统的适应性有待提高；其次，智能音频行业较快的发展速度受制于平台服务商的供给能力，基于智能语音设备的商业模式尚未建立，也未出现爆发性的使用场景，③试错成本高使得平台方投入较少。

从内容角度来说，资本运作使各大流量内容平台急于扩充容量，为了争夺用户资源和注意力，产品功能和推荐算法同质化，信息泛众化，导致信息茧房现象，长期会导致活跃用户流失。同时，国内部分平台目前在智能音频的内容获取上版权意识和隐私意识还有所欠缺，这会削弱内容生产者和分发平台的积极性；个人数据的侵犯也会挫伤用户的消费欲望，亟须权衡用户大数据收集、追踪和个人隐私之间——平台利益与用户权益之间的平衡。

（三）展望

智能音频未来发展趋势之一是以语音为入口，建立以物联网为基础的商业模式。语音交互的未来价值在于用户数据挖掘，以及背后内容、服务的打通，以语音作为入口的物联网时代将会产生新的商业模式。语音交互产品是端到端打通的产品，需打造统一于系统本身的服务模式，使用户得以根据场景在不同设备中迁移服务，④提高用户黏性。智能音频市场的竞争已升级为“云+端”生态链的对抗，涉及智能音频终端品质、平台智能化能力、音频内容资源丰富程度，以及日常生活服务和智能家居等。各IoT/AIoT厂商也积极布局，在以智能音

---

① 申启武、李颖彦：《融合思维下音频媒体的智能化转向》，《传媒》2019年第10期。

② 彭兰：《智能时代的新内容革命》，《国际新闻界》2018年第6期。

③ 何慧媛：《智媒时代音频传播的机遇与入局策略》，《青年记者》2019年第21期。

④ 陈孝良、冯大航、李智勇：《从不温不火到炙手可热：语音识别走过了哪些坑？》，https://www.iyiou.com/analysis/20190823110056，访问日期：2021年3月7日。

频为中心的场景化服务体系中，智能音频正成为“万物互联”时代重要的内容形式，具备传输、计算能力的IoT/AIoT硬件承担信息采集、控制、交互功能，智能物联硬件成为付费内容、第三方服务、电商等资源的数据与流量入口，是云端服务供应商重要的数据抓取渠道，海量用户数据被记录分析，厂商将服务嫁接到生活中不同的场景中，服务更为人性化。

而面对当下物联网设备的庞大市场，联网设备的高可靠性、低成本、架构灵活性和扩展性、通信方式和传输协议、兼容性、云端对接等都成为必须考虑和解决的问题。基于此，针对低算力、低功耗的MCU（微控制单元）的物联网操作系统（IoT OS）应运而生，这是一种“端—云”一体化的轻量级系统架构，通常面向物联网边缘设备。具有代表性的系统有FreeRTOS、ARM Mbed、阿里的AliOS Things等。以Huawei LiteOS为例，被称为统一的物联网操作系统和中间件软件平台，应用于智能家居、智能可穿戴、车联网、工业互联网等IoT硬件上，与LiteOS生态内的硬件互通，进一步扩展实现“物与物”“人与物”之间的信息交换和共享。在物联网时代，我国有望发展出完全自主的IoT OS，推动国产物联网芯片产业的繁荣，这对物联网产业的健康与安全可控至关重要。

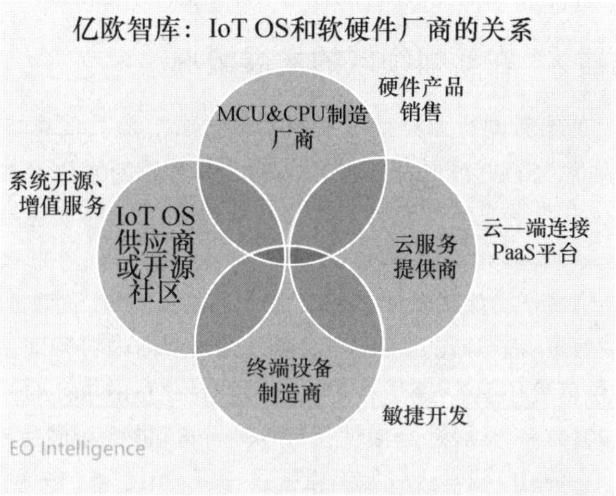

图7-15　IoT OS 和软硬件厂商的关系①

5G等高速互联技术的逐步普及也将拓展智能音频的使用场景，在高速率、低延迟和大带宽的连接条件下，智能音频将迎来功能、形态和用户体验的演变，例如音质提升、实时音频互动、更好的音画同步等。当前，在技术局限下，深度学习模型无法在用户终端上运行，但在新型互联网技术和多模态AI芯片等技术的赋能下，与云计算、人工智能的结合将产生更多商业和娱乐价值，例如对机器语音的美化和情绪修饰、声音克隆、多模态语义理解等，甚至可以感知用户情绪，②未来的语音助手，也许会以定制的虚拟或实体形态呈现，作为能够自我进化的

---

① 新浪VR：《万物互联时代的操作系统报告：2020年全球将有500亿台联网设备》，https://baijiahao.baidu.com/s?id=1692633617219057783&wfr=spider&for=pc，访问日期：2021年3月7日。

② 脑极体：《5G跟音频，有关系吗?》，https://www.tmtpost.com/4136864.html，访问日期：2021年3月7日。

全能信息处理者,可主动判断并预知需求,成为兼具情感性和工具性的成员。

第三节 写作机器人

写作机器人可以理解为利用算法相关程序撰写各类文章,其内容生产流程一般包括数据采集、整理分析、建立模型、生成产品等步骤。将采集到的不同的题材和数据,建立数据库,并从中寻找模型、趋势以及相互间的关系,最后由机器人"自动写作",即自然语言生成,亦称作NLG(natural language generation),本质上是算法程序开始介入资讯的处理和生产工作。

目前写作机器人主要被应用于新闻媒体领域,生产常规性、重复性主题、源自结构化的精确数据的新闻,譬如体育、财经、灾难新闻等以数据为基础的程式化报道。① 随着人工智能以及大数据技术的不断进步,"写作机器人"已经逐渐渗透到多个领域中,如文学(小说)、广告(文案创作)、公关(快速生成企业舆情报告)等,本节重点介绍在媒体领域的应用。

一、"写作机器人"在新闻领域的发展概况

20世纪50年代,美国新闻行业开始借助机器人办公。随后信息科技领域不断取得突破,引发了新闻从业者对"自动化"技术威胁新闻职业和影响新闻生产的担忧。尽管前途存疑,但新闻写作机器人却发展迅速,②逐步丰富功能和角色,推进智能化程度。

21世纪初,机器人写作技术开始被投入到新闻行业,2001年,谷歌公司首先实现机器人个性化选编新闻。该领域还有如下产品:彭博社的"Cyborg"财经、通信类写作机器人,可快速抽取商业金融新闻的数据;福布斯的"Bertie"用建立在出版商内容管理系统中的半自动主题推荐功能,为编辑提供草稿和模板;路透社的AI新闻助手"Lynx Insights"能快速分析大宗商品定价的历史趋势;2014年,美联社全面使用"Wordsmith"进行新闻生产,可为用户定制内容;同年,《卫报》的"Open001"机器人开始编辑纸质报纸;2016年《华盛顿邮报》的写稿软件"Heliograf"被应用于里约奥运会和美国总统选举。还有一些新闻生产其他环节的机器人出现:例如可以主动发出邀请的BuzzFeed采访机器人"Buzzbot";《华盛顿邮报》的"Truth Teller"可以核实消息准确性等。西方媒体中"人机合作"的理念十分突出,强调新闻生产流程的分工,发挥各自优势。

一直以来,我国在人工智能方面的发展都比较迅猛,"写作机器人"作为智能媒体的代表,最近几年也在我国各大媒体有所崭露。

2015年我国首个写作机器人"Dreamwriter"上线,这款腾讯财经旗下的写作机器人主攻财经资讯,可一分钟成稿,并独立完成审核分发;同年,新华社发布首个央媒写作机器人快笔

① 叶韦明:《机器人新闻:变革历程与社会影响》,《中国出版》2016年第10期。
② 白龙:《新闻写作机器人在美国新闻业的应用》,《青年记者》2016年第5期。

小新,开发了包含生活服务的人机交互界面,成为一种融合场景消费、公共服务等多功能的智能媒体。

2016年,阿里巴巴与第一财经联合推出了"DT稿王"。这是一款辅助财经记者的智能写稿系统,可以实时监控信源,具有文本解析和信息抽取技术,建立了一个可以不断延展的稿件生成系统。"DT稿王"采用机器学习算法,融合编辑记者团队的经验,以模板和规则知识库的方式,根据实时抽取的信息进行判断,输出相应的模板及规则知识库内容,从而生产新闻。[①] 同年上线的百度智能写作机器人Writing-bots,可写作涵盖社会、财经、娱乐等15个大类的内容,并可实现体育、热点新闻等多领域全机器创作;里约奥运会期间,今日头条上线"张小明",通过对接奥组委数据库生产稿件。"张小明"还可以完成长篇报道,并配图、调整语气,最终推送到今日头条客户端。

在各个官方媒体的引领下,我国的人工智能写手发展速度很快。如《人民日报》的"小融"、《光明日报》的"小明"、浙江卫视的"小聪"等[②]。新华社在2017年的两会报道中,推出可以互动和采访的机器人"i思"。人民网在2018年两会启动了记者"汪仔",其特长是语音识别和处理以及数据挖掘[③]。2019年,由新华社和阿里巴巴工体成立的媒体人工智能科技公司新华智云,发布了25款媒体机器人,分为采集和处理两类,用以提速全产业链智能化进程。还有一些利用人工智能技术的民间机器人写手,部分是网友自制的各类"文字生成器",还有类似于"Giiso"的写作机器人产品,可为自媒体服务。

二、目前新闻机器人写作三种主要模式

第一种是基于定制模板的数据填充模式。在这种模式下,记者或编辑预设好报道框架和故事模版,不具备普遍性的内容和数据签由机器人填充。机器人抓取、处理数据,并填充到预设模板中。这种模式适合由数据驱动新闻,但并不擅长需要叙述情节和描写场景细节深度报道。这种模式可用于分析业绩趋势或体育报道。

第二种是基于自动摘要的二次创作模式。机器人根据记者编辑选定的关键词等,自动查找、获取特定主题的大量报道,经分析处理,按照算法提炼其中最能表现主题的摘要,整合后聚合成新的文章,而自动新闻摘要就是用正文中的关键语句进行概括,可将这种模式视为二次创作。这一模式需要依赖自然语言处理(Natural Language Processing,NLP)技术,是人工智能和语言学融合的交叉领域,包括智能分词、分析词性和句法、文本分类和摘要、语音识别与合成等,甚至还可以分析情感。该技术有助于计算机更好理解、处理和生成人类的自然语言。这种模式适合体育新闻和娱乐新闻等种类,机器人依据关键词词频或其他算法标准,对内容进行语句打分并抽出高分句,按一定顺序重新组合,最后生成报道。

第三种是基于机器学习的智能化写作模式。这一模式是在对采集到的素材进行语义解

---

① 刘佳:《第一财经发布"DT稿王":写稿机器人的"尖子生"》,https://www.yicai.com/news/5020955.html,访问日期:2021年3月8日。

② 陈建飞:《机器人新闻写作的风险评估及责任机制探讨》,《传媒评论》2019年第12期。

③ 程振楠、郜一童:《机器人新闻:人工智能与新闻生产》,《新闻研究导刊》2019年第10期。

析，在此基础上进行自主创作行为。该技术的核心是机器学习，即以类似人类获得并学习经验的方式完善自身，在初期的指导和大量文本解析后，最终自主归纳规律并建立模型，甚至可以有写作风格和情感倾向性。反之，这种技术也能对用户的反馈或评论进行分类、总结和情感分析，以揭示舆论走向。

以目前的技术水平，前两种模式已经投入应用，第三种模式仍然处在探索期，它是未来机器人写作的发展方向。[①]

三、"机器人+新闻"的优势与问题

随着技术的不断完善，"写作机器人"被更广泛地应用，新闻生产愈发呈现出自动化趋势，媒体借助算法的模式在效率、精确度和客观度等方面更有优势，但也存在个性化表达、新闻深度缺失等一些较为明显的局限。

（一）优势

时效性。这是工业化生产方式下的效率优势，时效是新闻价值最重要的要素之一。如2014年3月18日美国加州发生4.4级地震，《洛杉矶时报》利用"Quakebot"机器人在地震发生后仅三分钟就自动生成并发布了报道。以秒计算的新闻生产流程是人类记者望尘莫及的；从海量的数据收集到自动分析、筛选和整合，以及出稿推送和分发，算法程序掌控着每个环节。以流水线方式量产，全天候待命使得机器人记者拥有感知所有事件态势的能力，可以即时对新闻资讯受众的需求作出响应，并快速满足需求。

高准确度。这是大数据情景下计算机优势的发挥，尤其是在终端数量激增的移动互联网时代，媒体逐步具有大数据的属性，信息的获取、加工和分发都以大数据的方式呈现。处理大量数据并非人脑强项，加大投入时间成本和人工成本，也未必能保证对数据和其他资源处理的准确性。而"写作机器人"的长项就是高效无误地处理数据，人工智能程序运行的载体是以处理器为大脑的计算机，统计、信息存储、搜索和筛选等功能更符合写作机器人的架构，这些能力也可以用于大范围的快速分析用户反馈，以便灵活优化传播效果。同时，结合大数据和整合在系统中的专业算法，使写作机器人具备了推送预测性新闻的能力，人工智能基于过往和当下的资料和情况可以更精确地"预测"趋势，还可以借助算法识别虚假图像、视频或声音。

客观性。程序化机器自身还不具备感知能力，人类记者的认知偏差也是机器人不具备的，机器人生产的新闻可以做到不带有任何情感倾向性，语言文字或是图表的生成完全依赖于数据和程序代码，基于模版的数据填充，或是基于摘要的二次创作，写作机器人遵循的是客观的叙事方式。在某种程度上，机器人新闻更接近新闻专业主义对客观性的要求。

（二）问题

表达浅层化。"写作机器人"基于计算机的程序架构，遵循输入的指令来输出结果。弱

---

① 邢旭东：《弱人工智能背景下新闻机器人的写作模式》，《新媒体研究》2019第13期。

人工智能不具备思考能力，语义理解浮于表面，没有深度和温度。目前算法不能完全模拟人类的思考和行为方式，采访写作和编辑活动总体而言还显得比较呆板、简单，生产的报道也很难挖掘人文关怀和价值观判断等。

导向性弱。机器人目前不具备价值观，如何做好“把关人”，如何把握正确的舆论导向，都是目前弱人工智能背景下写作机器人难以作出判断的方面，由于程序无法做出价值判断，输出内容的导向性和筛选、过滤内容的标准无法靠机器人自主把控，而算法是否客观中立，是否有内容的“黑箱”风险，都是行业法规和政策亟须界定的标准。

模板同质化。程序化的设定决定了模块化的输出，排列组合顺序相似，甚至是完全复制，容易造成“信息委琐”(information-trivia)，即写作机器人把所有的信息放在平等的水平上，不能抓取最有价值的信息。这种报道只能勉强做到信息传递的作用，很难给读者留下印象。

著作权、隐私权模糊。机器人产出的文章是否有著作权，是否受法律保护，要根据流程中是否有“人机协同”的情况判断，即人与机器共同完成选题策划、资源发现与采集、新闻写作、数据分析与解读、内容智能分发、传播效果预判、用户反馈的自动收集与分析等新闻生产与传播的全部环节。[①] 若机器人仅作为辅助角色，人的影响因素更大，那么作品就受保护。同样，写作机器人在采集数据时是否会侵犯他人隐私权、是否真实全面，何种数据可以纳入采集范围也有待考证。

四、影响与展望

解放新闻生产力，业务更侧重于“人”。新闻机构使用写作机器人已成为业界趋势，机器写作正深刻影响着新闻行业的未来走向，很大程度上解放了新闻生产力，为媒体内部变革和创新提供技术。机器人写作是传媒业转化传统思维、优化采编流程、深化内容结构的最佳触媒，促进了传统媒体整个产业链的效率提升。[②] 写作机器人使新闻工作者“松绑”，但这并不代表传统记者可以被替代，很多工作仍需人类躬身实践。如某些重要人物、重要组织相关事件的深度采访、报道等，尤其是在体现“人”的相关新闻中，还需记者亲自操刀以确保质量，新闻工作者在弥补机器人此项短板的同时，也要不断适应人工智能时代新闻记者工作的新特点。未来的写作机器人可能成为新闻工作者和读者的“外脑”。[③]

随着各机构数据库、不同平台之间的联系越发紧密，“写作机器人”已能实现多平台的互动互联，将稿件快速分享至社交媒体或其他媒体平台，也能联通数据库分析对比并整合，对媒体融合的推动作用不可忽视。在今后的发展中，机器人完全能够实现将音视频甚至虚拟现实整合起来，实现更高维度的媒介融合。

---

① 彭兰：《智媒化：未来媒体浪潮——新媒体发展趋势报告（2016）》，《国际新闻界》2016 年第 11 期。

② 王悦、支庭荣：《机器人写作对未来新闻生产的深远影响——兼评新华社的“快笔小新”》，《新闻与写作》2016 年第 2 期。

③ 喻国明、兰美娜、李玮：《智能化：未来传播模式创新的核心逻辑——兼论“人工智能+媒体”的基本运作范式》，《新闻与写作》2017 年第 3 期。

在写作机器人算法的优化和硬件设备算力提升的条件下,AI 技术能够容纳更复杂和庞大的深度学习和智能语义模型,强人工智能的到来意味着机器与人类在新闻生产流程中的差距会越发缩小,不再是模仿,而是具备自我思维、创作的能力,即基于机器学习的智能化写作模式,可以感知和理解外部环境,对新闻价值作出判断。在 AI 写手的载体具有一定便携性和灵活性的情况下,传媒业的内容生产将不再受时空条件限制。技术的更新将先进的人工智能和大数据的技术应用于新闻传播领域,成为推动媒体转型的动力,在人工智能不断解决问题、学习经验的同时,也将促进技术的进步。

本章思考题

1. 试说明智能可穿戴设备的沉浸式传播应用。
2. 举例分析智能音频应用的不同场景。
3. 请思考人工智能最终会取代新闻记者吗?

本章参考文献

1. 宫承波,陈曦. 智能音频传播策略:基于多维场景用户体验的探讨[J]. 当代传播,2018(4).

2. 彭兰. 智媒化:未来媒体浪潮——新媒体发展趋势报告(2016)[J]. 国际新闻界,2016,38(11).

3. 彭兰.5G 时代"物"对传播的再塑造[J]. 探索与争鸣,2019(9).

4. 李沁,熊澄宇. 沉浸传播与"第三媒介时代"[J]. 新闻与传播研究,2013,20(2).

5. 李志军,郭同德. 智能可穿戴设备在新闻领域中应用路径探讨[J]. 中国出版,2016(22).

6. 张建中. 声音作为下一个平台:智能语音新闻报道的创新与实践[J]. 现代传播(中国传媒大学学报),2018,40(1).

7. 邢旭东. 弱人工智能背景下新闻机器人的写作模式[J]. 新媒体研究,2019,5(13).

XINMEITIGAILUN

第三单元

新媒体传播论

新媒体传播是无边界的，同时又是与时俱进的。大数据、物联网、人工智能、虚拟现实、云计算等新兴技术的出现与发展，不断地革新着新媒体传播的形态与方式。由此导致人们在新闻生产与发布、舆论形成与引导、艺术创作与娱乐、广告与营销、网络直播与短视频传播等方面均出现新特点、新规律、新挑战和新机遇，从而亟待我们用一种全新的视角来观察与解读。

在新闻的生产与发布领域，新媒体语境下，新闻发展成为一个模糊、集成和过程的概念。媒体融合发展促使传感器新闻、VR/AR新闻、H5新闻、数据新闻、短视频新闻等多种新媒体新闻形式之间的联系更加紧密，新媒体新闻进入一个崭新阶段。

在舆论的形成与引导领域，新媒体所具有的开放、互动、即时传播等特性使新媒体舆论呈现出迥异于传统舆论的一些特征，如舆论本体多元化、传播者多样化以及动机复杂化等。伴随着“后真相”时代的来临，舆论的社会动员效果明显、引导难度增大，新媒体舆论呈现出新的特点，同时也产生了新的问题。

在艺术与娱乐领域，新媒体艺术是当代艺术的主流形态之一，其突破了传统艺术范畴，为艺术赋予新的文化与社会功能，并以对人与人、人与自然、人与社会、文明与文明等主题的关注传达艺术自身具有的责任感与使命感。科学技术引导了媒介变革，新媒体艺术也随之产生突破与革新，内涵与范畴也在不断丰富与拓展。

在广告与营销领域，依托新媒体传播渠道和传播方式，广告形态得以自我进化，呈现出精准传播、双向互动、传播速度快、范围广以及创意空间大等特性。新媒体营销则裂变出病毒式营销、事件营销、饥饿营销、IP营销及移动直播等多种典型方式，迎合着新媒体时期广告主的营销需求。

在网络直播领域，网络直播场景不断垂直化发展，其实时交互性、在场感、社交性、草根化以及娱乐消费性等特点都得到了加强。直播带货逐渐成为网络直播经济新业态，但在复杂的信息环境之下，网络直播平台乱象丛生、行业问题也日益凸显。

在短视频传播领域，创作低门槛化、内容碎片化、社交性突出的短视频吸引了越来越多的用户，成为仅次于即时通信的第二大产品类型。但内容娱乐化、同质化、传播渠道有限以及版权纠纷等问题正在倒逼短视频传播转变发展策略，与此同时，Vlog 作为短视频发展风口，依旧在持续发力，不可忽视。

第八章

新媒体新闻

扫码可见
第八章PPT

纵观新闻发展史,每一次新闻革命都与新媒介的诞生与发展都有着密不可分的关系。报刊、广播、电视等媒介的兴起为新闻传播打破了时间和空间的界限,不同程度上丰富了新闻内容。21世纪以来,随着计算机技术、网络技术及数字技术的迅猛发展,以手机等移动无线终端为代表的新媒体平台依靠其庞大的用户群体支撑,已经成为新闻业的主要阵地之一;以数字化技术为支撑的新媒体新闻,借助智能化技术,在个性化发展的同时,也已经出现了融合发展趋势。特别是5G时代的到来,新闻的生产、编辑、分发都出现了新的变化,效率得到了大幅度提升。

第一节　新媒体新闻概观

一、新媒体新闻的基本概念

“新媒体”既是一个时间性、历史性的概念,又是一个技术性的概念。新媒体的“新”是相对于传统媒体的“旧”而言的,它是媒介演进的最新发展。就新闻业而言,近代新闻业的诞生,本来就是技术发展的产物。① 近代印刷术的成熟,促进印刷新闻的发展;广播电视技术的出现,促进了广播新闻和电视新闻的诞生;数字技术、网络技术和智能技术的出现,也正在掀起一场新的新闻革命。

首先,新媒体新闻的出现使得新闻的重新界定成为必需。在1943年9月1日《解放日报》中,陆定一先生提出了关于“新闻”的经典定义,即“新闻是新近发生事实的报道”。随着社会发展,1981年,王中将这个定义修订为“新近变动的事实的报道”。② 此后,王中进一步论述了实际生活中存在的两个“新闻”概念:一个是作为社会现象的新闻活动以及传播的方式;另一个专指通过大众传播工具所传播的新闻。③ 互联网诞生之前,新闻研究主要以第二种“新闻”概念为主。但互联网的崛起使得两种“新闻”概念得以共存。在新媒体语境中,新闻概念趋于模糊。第一,新闻的外延尚未确定;第二,新闻与评论的边界变得模糊;第三,传统传受关系也发生了变化。新闻从碎片化

---

① 杨保军:《论作为宏观新闻规律的“技术主导律”》,《国际新闻界》2019年第8期。

② 王中:《论新闻》,《新闻大学》1981年第1期。

③ 王中:《新闻学的第二课题》,《新闻大学》1982年第4期。

的信息聚合、筛选、甄别中得来，是一个逐步接受、辨析的过程，在受众接受过程中，新闻的交互性和议论性增强，从而使新闻成为一个发现的过程。①

其次，新媒体新闻的出现使得新闻的价值构成要素发生了变化。传统新闻学中，对新闻价值要素有着明确的说法，即重要性、显著性、时新性、趣味性和接近性，这五个要素的含量决定了新闻价值的大小。而在新媒体语境下，新闻价值要素的认定也发生了变化。"传统媒体不少属于党报党刊性质的媒体，即便是都市类报纸等媒体，也都被置于党委的领导之下，因此他们都会自觉地以主流价值观为价值，传递相关指导思想和主题内容，而新兴媒体则有很多不同。传统媒体的官网，同传统媒体的价值导向基本一致，官方之外，则五花八门。对这类个人化碎片化媒体的价值传递和价值教化功能如何认定、如何规范，是传统新闻学中没有涉及的，是传统新闻学今后适应当代社会生活新变化必须完备的新内容。"②

综上所述，我们可以从广义和狭义两个方面来界定新媒体新闻的基本概念。从狭义上讲，新媒体新闻指的是专业的新闻媒体通过新媒体平台发布的新闻，如央视通过央视网、央视新闻、央视频等平台发布的新闻；从广义上讲，新媒体新闻泛指所有通过新媒介平台发布的新闻，传播者不仅包括专业新闻机构，也包括非媒介组织或个人，传播载体也不只局限于成熟的新闻网站或手机平台等，任何新兴的媒介形态都可以用来传播新闻。

二、新媒体新闻的基本形式

（一）机器新闻

机器新闻也可称作智能新闻，是人工智能技术在新闻报道领域的具体应用，通过人工智能技术生产传播的新闻。③ 目前，研究者将机器新闻的定义分为广义和狭义两个方面。广义的机器新闻指人工智能技术在新闻写作、采访、编辑等新闻活动中的具体运用；狭义的机器新闻是指基于数据统计和机器学习，运用算法，从可识别的数据中提取具有新闻价值的信息，形成新闻报道角度，自动选择语词样本、新闻报道模板生成的新闻故事。④

机器新闻最早起源于美国，2006 年美国商业信息集团汤姆森金融运用电脑程序自动生成部分财经新闻，可在上市公司公布业绩后的 0.3 秒内发布一篇盈利报道。美联社、华盛顿邮报等新闻机构纷纷使用机器新闻写作技术生成稿件。相对而言，我国机器新闻写作起步较晚。2015 年，腾讯旗下的财经频道推出了国内第一篇由写作机器人 Dreamwriter 撰写的稿件。同年，新华社推出写作机器人"快笔小新"，主要用于财经和体育信息报道。2016 年，今日头条在里约奥运会期间推出"Xiaomingbot"，撰写奥运会比赛期间的新闻稿件。目前，国内的机器新闻发展尚处于初期阶段，稿件主要涉及体育、财经、气象地质和健康等领域。

① 谭天：《新媒体语境下的"新闻"界定》，《新闻界》2012 年第 12 期。
② 童兵：《新媒体传播对传统新闻学的挑战》，《新闻界》2012 年第 10 期。
③ 杨保军：《简论智能新闻的主体性》，《现代传播（中国传媒大学学报）》2018 年第 11 期。
④ 李苏：《机器新闻发展的市场进路及反思——以 Autamated Insights 公司为例》，《新闻界》2015 年第 18 期。

（二）传感器新闻

传感器新闻是基于传感器进行信息采集、以数据处理技术为支撑的新闻生产模式。① 作为一个前沿的研究方向，传感器新闻运用互联网技术、传感器技术以及物联网系统，对新闻信息进行采集、分析、处理及制作。目前，环境新闻、社会调查新闻与社群化用户参与新闻是传感器新闻的主要应用领域。②

2013 年，哥伦比亚大学托尔数字新闻中心（Tow Center for Digital Journalism）成立“传感器新闻”工作组并撰写《传感器与新闻》（Sensors and Journalism）一书，标志着传感器新闻进入新闻传播学的研究范畴。在社会调查新闻领域，最著名的传感器新闻实践当属美国弗洛里达州《太阳哨兵报》（The Sun Sentinel）的记者萨利·克斯汀（Sally Kestin）关于当地警察违法超速行车的报道。该报道引发了公众的广泛关注，并获得了 2013 年普利策新闻奖“公共服务奖”。

近几年国内的新闻采编中，越来越多的新闻机构开始使用传感器进行新闻生产。2017 年，在新华社推出的智能媒体生产平台“2410”中，身处内容生产流水线首端的传感器发挥着“媒体之眼”的作用，超高速、全天候地提供全景式的新闻线索和素材。如 2017 年 7 月 21 日 8 时 30 分，杭州市古墩路灯彩街附近发生的爆炸事件，“2410”自动识别突发情况，利用事故街区摄像头实时传回数据，持续监测并发布多条 MGC 快讯（即运用人工智能技术，由机器智能生产的新闻）。③ 在新闻生产实践中，新闻机构除了利用街区摄像头等已有的传感器之外，还会使用社会其他机构提供的传感器数据，传感器的利用使媒体机构的新闻生产能力和效率都得到了极大提高。

（三）VR/AR 新闻

VR 以其沉浸式的媒介体验和强大的参与性逐渐改变着新闻报道的呈现方式。“VR 新闻”依托虚拟现实技术，通过 360 度场景将新闻信息呈现到受众面前，使受众在虚拟场景中，产生一种置身新闻现场的感觉。④ 虚拟现实技术在新闻传播领域的运用，不仅革新了新闻报道的内容表现方式、报道样式和叙事思路，更以其逼真的传播体验、强大的再现能力引发持续的关注。

2015 年 11 月，《纽约时报》率先发布了全景新闻 App，随后越来越多的媒体开始尝试沉浸式新闻报道模式。《纽约时报》2015 年 11 月推出了第一篇以难民题材为主题的 VR 报道《无家可归的孩子》（The Displaced），这篇报道赋予佩戴 VR 头戴式设备体验者战争后流离失所的儿童的第一视角，深入逼真地体验战争的残酷与血腥。人们在视频中可以利用头戴式设备观看被战争破坏的建筑物，更可以通过滑动手机屏幕、放大细节观看到战争中的大量死伤。在 2017 年的全国“两会”上，网易、《光明日报》和新浪等多家媒体推出了 VR 视频全景式看全国“两会”的新闻报道。

AR 技术借助计算机生成现实环境中不存在的虚拟对象，并将之放置于真实环境之中，为受众

---

① 彭兰：《“传感器”与“新闻”的相遇会带来什么？》，《新闻论坛》2017 年第 5 期。

② 李蓉：《传感器新闻：新闻的生产变革与价值重构》，《中国出版》2019 年第 20 期。

③ 尹楠楠：《智媒时代传感器新闻的发展与反思》，《青年记者》2019 年第 20 期。

④ 尤红：《VR 新闻的重构特征与伦理风险》，《现代传播（中国传媒大学学报）》2020 年第 4 期。

呈现出一个虚拟与真实相融合的新场景。一些新闻机构尝试在新闻报道中加入 AR 元素，如中央电视台新闻中心在香港回归 20 周年活动中采用 AR 技术进行系列报道；新华社 2018 年推出的“AR 新闻丨习近平的最大爱好”系列报道等，这些新闻都为受众提供了更丰富的阅读体验。

（四）H5 新闻

H5 技术是近年来新闻制作与传播的重要手段之一，它不仅丰富了新闻报道的内容，对提高新闻观赏性也有着极大的促进作用。H5 技术主要包含 HTML5 标记规范，运用 CDD、JS（Java）等多种计算机语言，可以实现多种动效和视听效果。在香港回归 20 周年之际，新浪新闻就策划了一个成功的 H5 新闻报道案例“香港 20 年记事簿”，用分屏漫画的形式呈现 20 年来与香港密切相关的重要事件，并加上相应的音效，多维度的体验让用户能清晰地感受到当时的情景。

（五）新闻游戏

新闻与游戏的结合最早可以上溯到计算机时代到来之前的新闻填字游戏等活动之中，2000 年之后，西方媒体走上将新闻与电玩游戏结合的探索之路。到 2003 年，由乌拉圭游戏设计师弗拉斯卡等人创立 Newsgaming. com 网站后，“新闻游戏”的概念正式提出，用以描述基于新闻事件的电子游戏。[①] 从此，新闻游戏越来越频繁地出现在受众眼前。近年来，新华社、《人民日报》等主流媒体通过新闻游戏，进行了一系列新闻报道探索，如两会期间推出的《测一测，你能当两会记者吗?》等新闻作品，对新闻业的改革突破有较大帮助，赢得业内及受众的广泛好评。

（六）数据新闻

数据新闻，也被称为数据驱动新闻，是大数据与新闻业相结合催生出的一种全新新闻报道形态。它主要利用计算机网络技术工具，通过对数据的挖掘、分析，从中提出有价值的信息，进行通过可视化技术将新闻事实呈现出来。其中，大数据新闻是基于大数据分析思维的新闻报道，是数据新闻更高一级的形态，代表了未来新闻发展的一种趋势。主要表现在数据驱动的调查性新闻、数据可视化叙事、数据驱动的应用三个层面，从关注社会表层的现实到挖掘社会深层的现实，有助于提供可靠的洞见和预测，可视化新闻叙事可适应受众理性认知和感性认知整合的需求。

（七）短视频新闻

短视频新闻是新媒体语境下视频新闻的一种新形式。伴随着移动终端的普及，短视频已成为一种高效的传播媒介。短视频新闻 2012 年最早出现在美国，其发展的主要驱动来自于大众碎片化的阅读习惯、移动互联网的普及以及智能推荐算法的应用。2013 年，我国第一款短视频产品“秒拍”上线。2014 年央视的两会报道首次和短视频应用合作，短视频开始逐渐发展成为受众喜欢的新闻报道形式之一。当下，以抖音、快手等 App 为代表的短视频平台成为新的流量池，各大主流媒

---

① 刘丹凌、黄秋彤：《新媒体语境下新闻游戏的生成逻辑》，《现代传播（中国传媒大学学报）》2017 年第 9 期。

体也纷纷入驻此类平台争取一席之地。如“央视新闻”抖音号凭借强大的内容生产优势，吸引上亿粉丝关注，成为主流媒体成功转型的典范之一。如今，短视频新闻产品层出不穷，依靠短视频新闻获取新闻资讯已成为互联网用户获取新闻资讯的重要途径。

（八）移动直播新闻

2016 年网络直播开始兴起并迅速发展，当年全国的网络直播平台数量已经达到 200 多家，其中移动直播平台占比一半以上，全国的移动直播用户也达到了 2 亿以上。移动互联网技术的发展，为移动直播的快速发展提供了机会。“移动直播+”与新闻业的结合，推动了新闻行业的一系列变革。移动直播新闻一般指新闻生产者通过直播应用，实时制作并借助移动互联网技术在用户终端同步播出的新闻。与传统的电视新闻现场直播相比，移动直播新闻具有时效性更强、现场感更强、用户参与度高等优势。

三、新媒体新闻的特征

新媒体的出现，打破了传统媒体在新闻传播方面的垄断，而新媒体传播本身的超媒体性、超时空、交互性等特性，也使得新媒体新闻出现很多不同于以往传统新闻的特征。

（一）新闻容量大、形式更丰富

在传统媒体时代，新闻机构必须有选择地报道新闻，这主要受两方面因素的影响：一方面，传统媒体的渠道容量有限，在一定传播周期内，其版面、频道、时段、采编人员等传播资源的拓展受限；另一方面，媒体宗旨、报道方针、新闻价值取向、社会文化规范、社会价值标准等多种因素对传统媒体的新闻生产有一定影响。

对新媒体新闻而言，相比于传统新闻报道，其在容量和形式上则有很大的不同。新媒体的数字压缩和存储技术使一个网站的新闻容量能达到传统媒体的数倍，新闻容量得到空前提升。另外，传统新闻报道的形式也相对比较单一，主要以报纸和广播电视为主。而新媒体新闻的形式多样，为大家所熟知的新媒体新闻内容形式主要包括机器新闻、H5 新闻、VR/AR 新闻、传感器新闻、新闻游戏、数据新闻、短视频新闻、移动直播新闻等。针对同一个新闻事件，通过选用不同的呈现形式，也可以更大限度地满足受众的信息获取需求。

（二）新闻生产效率高

新媒体技术的发展对新闻生产效率的提高是前所未有的。传统的新闻生产大致包括以下过程：记者发现新闻线索、前往现场采访或者远程联系当事人、撰稿成文或编辑播出。整个过程是一个封闭的线性模式，记者扮演着重要的角色。进入新媒体时代，新闻生产的主体呈现多元化发展趋势，打破了记者在新闻生产中的一元主体地位。① 一方面，新媒体技术促进了社会化新闻生产，任何一个公民都可以作为事件的见证者参与到新闻生产的过程之中；

① 邵全红、王灿发：《媒体融合五年来新闻生产与传播的变革及创新研究》，《新闻爱好者》2020 年第 1 期。

另一方面,机器新闻写作出现并逐渐成熟。2018 年新华社联合搜狗公司在第五届世界互联网大会上发布全球首个 AI 合成主播。该主播运用了最新的人工智能技术,模拟该社主持人邱浩的声音与外形进行新闻播报,并且可以自行生产发布新闻,全天 24 小时不休息。新闻生产主体的多元化和新媒体技术的不断进步,使得新闻的生产效率极大提高。

(三)新闻生产个性化

在新媒体时代,传统主流媒体曾经拥有的受众逐渐变得碎片化,这就要求新媒体新闻需要为不同的受众量身定做贴合他们个人的信息内容。在网络愈加发达的情况下,无论受众可利用的时间长短,智能化推荐都可以量身制作、推荐受众感兴趣的新闻产品,满足碎片化阅读的需求。新闻算法推荐是依托算法技术和用户数据分析的一种新闻分发方式,将大数据、算法、用户画像进行有机结合,通过追踪用户的网络行为,运用算法推测出用户可能喜欢的新闻内容,进行精准推送。① 2013 年,今日头条作为国内较早利用新闻智能算法推荐的应用上线,利用算法进行信息内容的分发,随后我国的新闻算法推荐在新媒体新闻领域得到广泛应用,如今已成为新媒体新闻普遍采用的一项分发技术。特别是各大资讯平台和新闻客户端的崛起,算法逐渐取代编辑,大量符合受众口味的内容被推送至读者手中,形成所谓“千人千面”的状态。

(四)社交化传播程度加深

新媒体新闻的社交化传播实现了新闻信息的实时共享与交换,用户的参与度得到提高。首先,新媒体的崛起使新闻生产“去中心化”,公众可以借助新媒体平台转载分享新闻内容,成为新闻生产积极的参与者,这种生产多元化使新闻互动性大大增强;其次,传播的即时性使信息能够随时随地通过移动终端实现互动性与个性化的传播。最为典型的是微信公众号,其基本模式是“信息—受众—受众(N 个)”,个人用户可借助社交工具多次传播认为有价值的新闻信息。

第二节　新媒体新闻的发展现状及问题

当前新媒体新闻已经占据新闻市场的半壁江山,许多传统新闻机构转型发展且已初见成效。传播媒介之间的关系也发生了改变,媒介融合成为未来发展方向。但同时,新媒体新闻存在的一些问题也日渐明显,如真实性缺失、标题党等对其发展造成的负面影响值得注意。

一、新媒体新闻的发展现状

(一)移动智能终端成为信息获取的主阵地

近些年,伴随着以手机为代表的移动智能终端的普及,新闻用户大量、快速地从传统媒

① 陈昌凤、石泽:《技术与价值的理性交往——人工智能时代算法推荐中工具理性与价值理性的思考》,《新闻战线》2017 年第 9 期。

体终端向移动智能终端迁徙。根据 CNNIC 的统计数据显示，截至 2020 年 12 月，我国网民规模达 9.89 亿，较 2020 年 3 月增长 8540 万，互联网普及率达到 70.4%，较 2020 年 3 月提升 5.9 个百分点。其中，手机网民规模达 9.86 亿，网民使用手机上网的比例达 99.7%，较 2020 年 3 月提升 0.4 个百分点。[①] 我国网络新闻用户规模达到 7.43 亿，较 2020 年 3 月增长 1203 万，占网民整体的 75.1%；手机网络新闻用户规模达 7.41 亿，占手机网民的 75.2%。除此之外，网络视频（含短视频）用户规模达 9.27 亿，占网民整体的 93.7%。由此可见，在移动智能终端上接收最新的新闻消息，已经成为人们日常生活的重要组成部分。移动互联网的飞速发展和移动智能终端的普及，使人们获取新闻资讯的门槛和成本都大大降低。今日头条、腾讯新闻、百度、网易等新闻资讯应用满足了人们随时随地碎片化地获取信息的需求。

（二）短视频新闻和移动直播新闻迅速崛起

几年前，大部分受众对新媒体新闻的认识局限于传统新闻的电子版，以文本新闻为主。随着移动互联网技术的发展，新媒体新闻中出现了短视频新闻和移动直播新闻。短视频新闻形式简洁生动，内容丰富多彩。移动直播新闻视觉冲击力强，用户参与度高。这些特点都符合互联网时代用户的新闻阅读习惯，用户对短视频新闻和移动直播新闻的接受程度得到了提升。短视频新闻和移动直播新闻凭借这些优势迅速崛起。不仅如此，移动直播新闻具有更高的时效性，在重大事件、危机事件等现场感传递方面表现优异。在我国 5G 技术的推动下，移动直播技术条件会日趋成熟，用户的参与感将得到更大提升。

（三）用户使用黏性持续增加

从新闻传播宏观发展来看，伴随着移动互联网发展的持续推进，进入 2020 年，5G 推广提速，多元终端迎来快速发展，用户内容场景将丰富立体化发展，新闻资讯行业将实现全方位升级重塑。根据 Trustdata 移动大数据检测平台的数据显示，2020 年疫情期间，新闻资讯平台为用户获取疫情新闻资讯的第一渠道，用户获取的相关信息近五成来源于此类平台。主流新闻资讯品牌顺势而为，加速开拓市场，呈现出今日头条、腾讯新闻及新浪新闻三强争霸的竞争格局。报告显示，新浪新闻、腾讯新闻及网易新闻整体更获用户信赖，这些新闻资讯平台用户日均使用时长增长显著，其中新浪新闻单日最高达 74 分钟。疫情暴发后，新闻资讯行业日均活跃用户出现周高峰，日活跃用户量单日最高达 1.5 亿，且主流新闻咨询应用新增用户月均留存率均高于 50%。移动新闻资讯应用通过扩大内容分发量、提升内容触达效率，提升了其用户黏性。不仅如此，头部平台积极探索多元化发展路径，以满足用户新闻资讯之外的碎片化阅读及娱乐诉求，以获取用户更多注意力。[②]

---

① 中国互联网络信息中心（CNNIC）：《第 47 次中国互联网络发展状况统计报告》，中国互联网络信息中心，2021 年 2 月，http://cnnic.cn/gywm/xwzx/rdxw/20172017_7084/202102/t20210203_71364.htm，访问日期：2021 年 3 月 26 日。

② Trustdata：《中国移动互联网新闻资讯行业发展分析报告》，Trustdata 官网，2020 年 6 月 10 日，http://www.itrustdata.com/，访问日期：2021 年 3 月 26 日。

（四）新闻智能化生产日渐成熟

人工智能技术重新塑造了当代媒介生态系统，新媒体新闻出现了新闻线索采集智能化、新闻生产模式自动化、分发渠道融合化发展的趋势。[①] 首先，借助人工智能技术，新媒体新闻生产出现了机器人写作新闻和 AI 合成主播，国内现在已经有多个智能机器人专门用于新闻生产，比如腾讯公司 2015 年研发的自动化新闻写作机器人 Dreamwriter，就是根据计算机算法搜集信息根据固定模板生产新闻的 MGC（机器生成内容）典型代表，新华社不仅研发了快笔小新写作智能写作机器人，还联合搜狗开发了国内首个 AI 合成主播。

二、新媒体新闻存在的问题

不可否认，新媒体在快速发展过程中势必存在良莠不齐、泥沙俱下的状况。比如少数新闻记者在未经核实的情况下直接采用网络平台上发布的信息，并且将其作为信息源，致使其生产的新闻报道毫无真实性和可信度；传统新闻伦理在新媒体语境下面临严峻的挑战，甚至一些新媒体平台突破传统新闻伦理，拒绝对其传播的内容负责。传统新闻伦理的执行主体缺失，致使新媒体新闻出现诸如“标题党”、内容同质化、娱乐化等问题。对存在的这些问题进行理性分析，对新媒体新闻的健康发展有着积极意义。

（一）新闻真实性及准确性缺失

真实性和准确性是新闻的生命，同时也是新闻传播活动和新闻事业存在的前提。失去真实性的新闻不但没有价值，还会损失媒体诚信、消耗社会资源。美国密苏里大学新闻学院唐纳德·雷诺兹新闻研究所发布了《2017 新闻信任度调查报告》，对 8728 名用户进行的问卷调查显示，尽管大众对互联网的使用时间增加了，通过社交媒体获取信息的频率提高了，但对其可信度一直存疑。2017 年 6 月底，由牛津大学路透新闻研究所发布的《数字新闻报告 2017》中，通过对欧洲、美洲和亚太地区 36 个国家地区的 7 万名受众的分析显示，仅有 24% 和 40% 的受访者认为，社交媒体（24%）和新闻媒体（40%）可以很好地将事实和虚构进行有效区分、剥离。[②]

新媒体新闻真实性、准确性缺失的原因是多方面的。一方面在激烈的市场竞争中，有的媒体为了获取更多的经济利益和轰动效应，不惜发布虚假新闻信息，与同行业展开不正常的恶劣竞争，在采写新闻时怎么轰动怎么写，怎么吸引眼球怎么写，全然不顾事实的真相。[③] 另一方面，新媒体的技术进步使社会化生产新闻成为大趋势，一些非专业新闻从业者社会责任感缺失，在利益的驱使下发布虚假新闻。当前我国自媒体平台的业余内容生产者数量有上百万之多，每天生产海量内容的同时，也对新媒体新闻真实性和准确性监管造成了巨大影响。

---

① 王思：《智能化时代新闻媒体特点与生产模式创新》，《学习与实践》2019 年第 1 期。

② 方师师：《社交媒体信任缺失之痛》，《中国报业》2017 年第 19 期。

③ 甘玲婧：《论新媒体环境下虚假新闻产生的原因及其影响》，《新闻研究导刊》2017 年第 5 期。

（二）点击率成“万恶之源”

在新媒体时代，点击和分享产生的流量已成为判断媒体成功与否的一个重要标志，甚至成为判断信息价值大小的标志。以哗众取宠的手段追逐所谓的独家与劲爆案例，追求高点击率成为“万恶之源”。

2004 年 8 月，美国一家名为 BuzzFeed 的网站流量超过纽约时报网站，成为美国第三大新闻网站。文章内容上，萌宠、排行榜、明星八卦、奇闻怪事无所不包，但这些内容的共同特点是：满足了人们的猎奇心理，极易产生病毒式传播链条。尽管很多传统媒体人对这样一个以宠物卖萌和明星八卦为主要内容的网站的成功不以为然，但这也从另一方面说明，点击和分享是体现信息价值最直观的方式，但对点击率的过分追逐也会带来一系列负面影响。

（三）标题党混淆视听

“标题党”是在新媒体新闻泛滥的情况下出现的一种为了吸引眼球，以标题为“诱饵”刺激读者进而提升新闻点击率的内容撰写模式，此种标题往往追求夸张、扭曲事实，破坏了新闻业寻求真相的价值观，已然成为媒体圈的“公害”。“标题党”现象不仅助推了网络谣言的产生和传播，损伤了新媒体的公信力，也损害了整个媒体行业的声誉。近年来，网络上诞生了一系列热词和新词，有些流行一时，有些广泛传播，有些也为传统媒体所用，成为固定的表达方式。虽然新媒体在创新媒体表达和提升新闻敏感方面成效显著，但“标题党”的出现却让标题内涵变了味。

2020 年疫情期间，一些短视频平台发布标题为“印度警察严惩疫情期间违禁人员”的视频，引发大量受众关注。但深究后才发现，视频内容实则为疫情之前印度警察执勤的画面，平台为了获得更高的点击率将不相干的画面配以文字内容进行传播，非但无法保证新闻信息内容的真实性，也极易使受众对信息产生误解。此种例子在新媒体报道上已经屡见不鲜。新媒体时代，“语不惊人死不休”的情绪时有弥漫，标题的作用被过分强调，“震惊”“转疯了”“不转不是中国人”之类的情绪化标题占据着头条。一些名人的表达被曲解，一些新闻报道被误读，甚至一些社会矛盾也是因为部分标题的挑拨而激化。①

（四）新闻内容娱乐化、低俗化

新媒体新闻在新闻内容审核和准入制度上缺乏相关的准则，给不良信息的传播和发布提供了“便利条件”。新媒体可以给用户提供海量新闻信息，但却无法有效甄别鱼龙混杂信息中的低俗化新闻信息。同时受猎奇心理的驱使，公众对娱乐化信息资讯的关注度比较高。部分媒体抓住受众的这一心理特征，热衷于报道名人明星的花边新闻，导致新媒体新闻带有浓厚的娱乐化和低俗化色彩。② 近年来，演艺界和知名人士涉毒涉黄被抓、明星出轨离婚纠

---

① 于洋、张音：《新媒体需治“七种病”》，《人民日报》2015 年 4 月 2 日第 23 版。

② 张中峰：《融媒体时代新闻的守正创新》，《中国广播电视学刊》2019 年第 9 期。

纷等事件始终在国内新媒体的热门新闻排行榜上高居不下。

虽然近几年我国对新闻内容娱乐化、低俗化问题进行了整治，但在短期内新闻内容的娱乐化、低俗化仍会广泛存在。这样的新闻报道关注度高、话题度热、参与性强，往往能引发网民的狂欢，却也往往忽略了新闻应该传播的价值和媒体应该承担的责任。与此相对应的，浅阅读和碎片化成为新媒体时代新闻报道的重要特征，严肃新闻和调查性报道变得更加小众化，给媒体行业乃至广大受众带来了价值判断的混乱，也拉低了整个媒体行业的素质。

（五）内容同质化、创新性不足

人民网舆情监测室副秘书长刘鹏飞指出："从当前新媒体发展的实践来看，一些新媒体仅仅被当作技术和渠道，或者仅仅是为了赶个时髦。罔顾自身实际，盲目跟风新的传播形态，而不是考虑打造符合新媒体传播规律的产品。结果是新瓶装旧酒，换汤不换药，导致新媒体内容同质化严重，出现了一批'僵尸产品'。既浪费了大量资源，又没有产生良好的传播和社会效果。"①

虽然新媒体新闻已经发展到了一个全新的阶段，但目前大部分新媒体新闻的主要来源仍是对传统媒介新闻的再采编。以网易新闻客户端为例，在"王宝强离婚"专题报道中，三个头条新闻的来源情况分别为：《王宝强离婚似已获得女儿抚养权 马蓉或已分到家产》来源于《齐鲁晚报》，《杨慧宋　离婚案两大诉求：离婚和分财产》来源于《京华时报》，《杨慧否认与王宝强捉奸，称马宋最早并非同学恋人》源自《华西都市报》。其他的14条新闻有5条直接来源于传统媒体，9条来自传统媒体的网络版。可以说14条新闻全部脱胎换骨于传统媒体。②

第三节　新媒体新闻的发展趋势

一、技术迭代加速新媒体新闻形态的升级

随着技术的迭代，一种新媒体新闻形态可能随着一种技术的应用而出现，而这种形态也不是一成不变的，依然会随着相关技术的发展而不断变化。因此，新媒体新闻的形态是极其不稳定的。例如，H5新闻是随着HTML5技术发展起来的，而后各种互动技术加载于其中，持续升级着H5新闻的呈现形态，目前在社交媒体上常出现的新闻游戏便是以H5新闻为基础。

技术迭代对新媒体新闻形态的升级和重构主要有以下几条路径：第一，新媒体技术直接作用于新闻形态，形成新的新闻形态，如移动直播技术的发展促进移动直播新闻的成熟。第二，新媒体技术促进新媒体形态或者传播应用的发展，间接影响新媒体新闻形态，如短视频传播应用的发展带来短视频新闻的出现。第三，新媒体技术对传播环境和媒体形态的综合

---

① 于洋、张音：《新媒体需治"七种病"》，《人民日报》2015年4月2日第23版。

② 王翔、鲍海波：《浅析新媒体平台下新闻采编的内容创新——以网易新闻客户端为例》，《视听》2017年第2期。

作用，促进新媒体新闻形态的重构，如社交媒体中的新闻游戏是在社交媒体和 H5 传播形态等媒介要素发展到一定程度才出现的，而这背后是技术对社交媒体和 H5 传播形态的完善。

除了以上三条路径，技术的发展还会在思维层面影响新媒体新闻形态。当前，新闻版权管理存在侵权方式隐蔽、维权手续烦琐、维权成本高、不重视版权资产等问题，而区块链技术在新闻版权保护方面有着得天独厚的优势。区块链可以通过分布式社会系统 CPSS（Cyber-physical-social systems）提供数据基础和信用基础。对新闻版权保护领域而言，区块链技术建构了一个政府组织、媒体、用户参与的多中心的信用系统，在“确权—用权—维权”中保障新闻版权市场的良性运作。① 在这种情况下，区块链技术给新闻版权保护提供了新的思路，进而有机会影响新闻生产思路，最终也有可能带来新闻形态的变化。

二、融合环境促进新媒体新闻叙事样态的多维创新

新媒体新闻可以看作是媒介融合环境中发生叙事样态革新的新闻形态。这也就是说，融合环境使即文字、声音、图形、图像、动画等媒介元素发生整合，使新闻叙事样态得以丰富和创新。每一种多媒体整合方式都拥有一套相对独立的“语法”系统，如基于视频整合的视听语言体系，基于网页整合的图文叙事体系，基于动画整合的真实再现体系，基于客户端整合的智能编排体系，基于新兴媒体整合的 H5 互动叙事体系、游戏叙事体系等。② 表 8-1 列举了部分新媒体新闻叙事样态。

表 8-1　部分新媒体新闻叙事样态③

叙事样态	描述
即兴新闻	社交媒体激发了人们随时随地即兴讲述与发布新闻的冲动，在微博、微信等平台便捷地发布自己所经历或所见证的新闻事件。
背书式新闻	因公民新闻的真实性与可信度存疑，需要具有采访权的新闻媒体与负责处置事件的相关部门对公民新闻进行认证，于是催生了大量的背书式新闻。
公务新闻	公务新闻则一般是各机构组织发布的，涉及工作的较为冗长的、具有较强专业特色的新闻。
清单式新闻	所谓清单式新闻指根据时间、要点等诸多标准把新闻中的重要信息进行提纲挈领或摘要式的分门别类。
图说式新闻	所谓图说式新闻指用示意性图画和简单文字、数据把新闻事件中的重要信息以一定的逻辑关系，进行具象化的直观简洁的呈现。
辫子新闻	辫子新闻由传统媒体、公民新闻、用户回应等三种或多种文本整合而成。
注解式新闻	注解式新闻，即对公民新闻的各个方面进行注释与说明，以方便公众详细了解新闻事件与新闻人物。

① 林爱珺、林婉津：《基于区块链技术的新闻版权管理及保护机制研究》，《新闻记者》2021 年第 4 期。

② 刘涛：《融合新闻策划：从形态创新到渠道对话》，《教育传媒研究》2019 年第 5 期。

③ 陆佳怡、吴晓虹：《两极与互补：新媒体语境下的新闻样态与图景》，《新闻记者》2017 年第 8 期。

可以预见，随着媒介融合的深入推进，新媒体新闻的叙事样态还将继续丰富。然而，不论融合环境如何改变新媒体新闻的叙事样态，我们都可以从时空结构和互动叙事两个方面去把握新媒体新闻的叙事样态。

新媒体新闻叙事的时空结构包括时间叙事、空间叙事和关系叙事。从时间叙事来看，部分新媒体新闻的时间叙事能够同时在历时和共时两个维度上呈现新闻事件，也为用户提供了深入了解相关事件的入口，从而创设了更为多元化的叙事可能：一方面，时间脉络中的并置叙述具有了可能性；另一方面，多个独立事件因为共时关系而建立了认知关联。从空间叙事来看，相较于传统新闻而言，一些新媒体新闻有能力将无数个体故事组合成庞大的时空体，从而打开隐藏于新闻表象背后的巨大叙事空间。从关系叙事来看，新媒体新闻的关系叙事则实现了新闻叙事逻辑的再造：一方面体现为对新闻活动中某种隐秘关系的识别与发现；另一方面体现为对新闻故事中元素关系的重构与再造。①

而新媒体新闻叙事的互动叙事包括界面响应、路径选择和角色扮演。互动叙事无疑打开了一种全新的叙事观念。相对于传统新闻的单向传播模式，新媒体新闻的最大优势就是在技术维度上实现了用户互动。根据用户参与互动的程度和深度，融合新闻的创意互动叙事可以分为三种类型：一是界面响应，二是路径选择，三是角色扮演。其中，界面响应主要指用户按照页面提示完成特定操作，在既定的叙事路径中获取新闻信息；路径选择指新闻生产者预先设定多种叙事路径，用户触发并选择不同的路径时，往往会导向不同的故事结局，从而体验不同叙事路径中的叙事情节；角色扮演多用于新闻游戏这一特殊的新闻叙事模式中，用户在新闻游戏中享有较大的发挥空间，能够自主定义内容框架，自主选择叙事路径，并通过具体的游戏体验获得相关的新闻认知。②

三、新媒体新闻语言风格的多样化和场景化

在传统新闻实践中，语言风格是相对单一的。虽然在部分情况下有所突破，但整体是严肃的，缺乏活泼的气氛，因此传统新闻语言风格的共性大于个性。而在数字新闻业发展过程中，情感因素深刻影响了新媒体新闻的语言风格。我们可以通过对新闻文本的观察，分析新媒体新闻与传统新闻在情感维度上的差异，这种差异大抵指向两种新闻生产的策略。第一，基于数字媒体平台的新闻报道较传统报道更重视对“矛盾”和“区隔”类议题的选择，这在很大程度表明新媒体新闻内容寻求以情感化文本为载体、放大争议的“可见性”的策略。第二，数字时代的新闻生产实践于总体上日益强调对“积极情绪”的激发和追求，并在此框架下呈现出比传统新闻更加强烈的“介入性”，主张以新闻生产为路径和桥梁，协调多方力量解决（而不仅仅是呈现）社会问题。上述两种生产策略的成功表明，新闻业已形成以情感为中心的生产、流通与接受的完整生态，而这种生态几乎完全是基于数字媒体的技术可供性的——无远弗届的社交平台与智能推荐算法构成了新闻流通最主要的生产与分发场景，这为表现

① 刘涛、杨烁燏：《融合新闻叙事：语言、结构与互动》，《新闻与写作》2019 年第 9 期。
② 刘涛、杨烁燏：《融合新闻叙事：语言、结构与互动》，《新闻与写作》2019 年第 9 期。

为不同样态的数字新闻的“情感唤醒”提供了天然的便利。①

这意味着，情感因素在新媒体新闻中的“可见性”和“介入性”，使新媒体新闻的语言风格将持续发生变化：一方面，新媒体新闻语言风格多样化，不同情感组合会形成不同的新闻语言风格，如新闻标题中情感倾向的体现使新闻呈现不同的语言风格，见表 8-2。

表 8-2 《人民日报》公众号 2018 年 10 月 28 日新闻标题②

时间	标题	口语特点	情感倾向
07:07	1. 来了，新闻早班车	倒装句	欣喜
07:59	2. 台湾妹子第一次到江西，竟在机场痛哭！	省略句	喜极而泣
	【关注】甘肃一民政局招聘考试成绩表错行，多人被处分！		
	【实用】计步器怎么知道我们走了多少步？谜底揭晓		
	【荐读】大学生请假做“小手术”，面对追问他只好默默脱下了帽子……		难过
11:26	3.【快讯】批捕了！	省略句	大快人心
12:28	4. 老人在 ICU 昏迷 30 个小时，醒后写下 7 个字……网友被甜哭了	省略句	感动
	【关注】“清华总裁班”同学开饭馆破产还欠了 300 万！清华这样回应……		惊奇
	【健康】秋裤应该什么时候穿？低于这个温度，医生都悄悄翻出了秋裤		
	【荐读】这个当红主播离职，他的辞职信看哭了		感动
14:19	5. 揪心！重庆一公交车坠入长江	独词句和评价句	揪心
15:01	6. 这是他牺牲前的最后一扑	省略句、独词句和评价句	敬佩
	【提醒】崩溃！朋友圈刷到未成年女儿不雅视频！竟是为了小小的……		崩溃
	【健康】女儿看着爸爸瘫倒在椅子上，心跳停止！万幸的是……		惊喜
	【荐读】网购了一款手机壳，撕开快递的那一刻，我哭了！		愤怒
18:55	7. 最新通报！公交突然越线，女司机没逆行，车上实载 10 多人！	独词句和评价句	
19:37	8. 大学课堂里的“泥石流”！老教授魔性解读古诗爆红……	省略句、独词句和评价句	喜爱
	【关注】网曝广西一医院窗口低矮，孕妇半蹲填表！院方回应		责怪
	【健康】首次确认！人体已被塑料污染！你常听惯的它竟是重灾区		恐惧
	【荐读】当你负面情绪爆棚时，这些方法可以拯救你！（建议收藏）		高兴
21:27	9. 46 岁警察因公牺牲，他留下的最后一句话让人心碎……	省略句	心碎
	苹果、华为新机同天发售，这组店门口的对比照刷屏了！		喜悦

另一方面，新媒体新闻语言风格朝着场景化方向发展，与新闻形态和传播环境等要素相适配。2015 年 3 月 3 日，全国政协十二届三次会议开幕前，网易推出可视化新闻《人民大会堂，小明带你玩》，让广大网友只需轻轻触屏，亲切的“小明”就会带着网友把人民大会堂仔仔

① 常江、田浩：《介入与建设：“情感转向”与数字新闻学话语革新》，《中国出版》2021 年第 10 期。

② 曾庆香、玄桂芬：《社交媒体召唤结构：新闻交往化与亲密性》，《现代传播（中国传媒大学学报）》2019 年第 1 期。

细细地“游览”，万人大礼堂、金色大厅、宴会厅、迎宾厅、全国人大机关办公楼……新鲜的触屏翻阅方式，既在一定程度上满足了网友对庄严的人民大会堂的想象，又增强了人们对两会这一中国政治生活大事的参与感。① 这一可视化新闻便是与社交媒体环境、H5 传播形态相适配，拟人化的引导方式使新闻语言风格呈现出可爱、有趣和轻松的特点。

当然，虽然新媒体新闻语言风格出现多样化和场景化的趋势，但并不说明传统新闻语言风格在新媒体环境的消失。在新媒体政治新闻等报道类型中，严肃、权威、高冷的语言风格依旧占据着较大的比重。

四、新媒体新闻整合传播机制的进一步构建

新媒体新闻的融合形态并非是传统新闻在新媒体平台上的简单“移植”，而是意味着一种崭新的新闻生产系统与发布格局。只有在一个更大的生态维度上，我们才能更好地理解新媒体新闻的意义和观念。实际上，新媒体新闻实践的最高境界或终极目标是打造一个整体性的、系统性的融合新闻生态，具体包括产品维度的多媒融合、传播维度的渠道融合、运营维度的产销融合。立足全媒体生态维度，融合新闻策划除了融合形态的策划，还应该聚焦传播方式的策划，而媒介融合语境下的传播方式创新，主体上体现为媒介生态视角下的整合传播。具体来说，整合传播策划包括两个维度：一是渠道融合，二是跨界融合，前者回应的是融合新闻发布的渠道整合与对话问题，后者回应的是融合新闻运营的行业渗透与互补问题。②

从以上分析可以看出，主流媒体要生产优质的新媒体新闻，仅仅依靠传统媒体的内容生产机制是远远不够的，而需要构建适应新媒体新闻生产的整合传播机制。在我国，媒体“中央厨房”已成为新媒体新闻整合传播机制的“标配”，各大媒体纷纷发力建设。虽然“新旧融合、一次采集、多种生成、多元发布、全天滚动、多元覆盖”是“中央厨房”建设的基本共识，但各地的“中央厨房”发展模式不尽相同，形成了带有各自媒体基因的“中央厨房”特色模式，如人民日报中央厨房、央视“融媒体编辑部”、光明日报融媒体中心、中国青年报“融媒小厨”、湖北广电集团“长江云”等。随着媒体深度融合的推进，新媒体新闻整合传播机制将进一步得到构建。

五、新媒体新闻的规范化发展

近年来，为了行业的健康发展，互联网新闻相关政策逐步收紧，资质审核严格化，政策规定具体化，推动行业发展更加规范。一方面，主管部门在相关资质的核发和审查上更加严格，截至 2016 年年底，互联网新闻信息服务许可单位仅有 294 家；另一方面，对直播等随着互联网发展而衍生出来的互联网信息服务，以及社交传播等界限相对模糊的互联网信息服务领域，规定更加具体和清晰。伴随着相关政策的进一步落实，未来互联网新闻行业的发展将更加规范。③

① 龙志、许秋里：《网易新媒体实验室专栏：硬时政新闻中的萌拟人化可视化操作——以网易新闻客户端 2015 年两会报道为例》，《中国传媒科技》2015 年第 3 期。

② 刘涛：《融合新闻策划：从形态创新到渠道对话》，《教育传媒研究》2019 年第 5 期。

③ 艾瑞咨询：《中国移动端新闻资讯行业报告》，艾瑞咨询，2017 年 8 月 10 日，http://report.iresearch.cn/wx/report.aspx? id=3034，访问日期：2021 年 3 月 26 日。

近年，中国互联网新闻核心政策梳理：

依据《互联网信息服务管理办法》规定，互联网新闻信息服务包括互联网新闻信息采编发布服务、转载服务、传播平台服务三类，其中，仅有获得了一类资质的新闻网站具有新闻采编权。

利用各社交应用开展互联网视听节目服务的网络平台，应当取得《信息网络传播视听节目许可证》等相关资质，并在许可证载明范围内开展业务，社交平台不得转发网民上传的自制时政类视听新闻节目。

2016 年 11 月 4 日，国家互联网信息办公室发布了《互联网直播服务管理规定》，要求互联网直播服务提供者和互联网直播发布者在提供互联网信息服务时，都应当依法取得互联网新闻信息服务资质，并在许可范围内开展相关信息服务。

2017 年 5 月 2 日，国家互联网信息办公室发布《互联网新闻信息服务管理规定》。此项规定指出，互联网新闻信息服务提供者应当设立总编辑，总编辑对互联网新闻信息内容负总责；禁止未经许可或超越许可范围开展互联网新闻信息服务活动。

2017 年 8 月 2 日，国家新闻出版广电总局发出《关于规范报刊及其所办新媒体采编管理的通知》，要求广大报刊出版单位及其新媒体全面加强采编管理，切实维护健康的新闻传播秩序，维护人民群众的利益。针对存在的问题，通知提出六点要求：坚持正确舆论导向；统一管理要求；严格审核内容；规范新闻标题制作；加强网络活动管理；完善问责机制。

2021 年 2 月 9 日，国家互联网信息办公室、全国“扫黄打非”工作小组办公室、工业和信息化部、公安部、文化和旅游部、国家市场监督管理总局、国家广播电视总局等七部委联合发布《关于加强网络直播规范管理工作的指导意见》，要求各地各部门切实履行职能职责，依法依规加强对网络直播行业相关业务的监督管理，督导企业落实主体责任。旨在进一步加强网络直播行业的规范管理，促进行业健康有序发展。

本章思考题

1. 试辨析新媒体新闻的概念。
2. 如何看待新媒体新闻发展中新闻理想和商业规则的关系？
3. 如何看待新媒体新闻的发展趋势？

本章参考文献

1. 宫承波主编. 媒介融合概论(第二版)[M]. 北京:中国广播影视出版社,2016.

2. 中国互联网络信息中心(CNNIC). 第 47 次中国互联网络发展状况统计报告[R/OL]. (2021-02-03)[2021-03-26]. http://cnnic.cn/gywm/xwzx/rdxw/20172017_7084/202102/t20210203_71364.htm.

3. Trustdata. 中国移动互联网新闻资讯行业发展分析报告[R/OL]. (2020-06-10)[2021-03-26]. http://www.itrustdata.com/.

4. 艾瑞咨询. 中国移动端新闻资讯行业报告[R/OL]. (2017-08-10)[2021-03-26].

http://report. iresearch. cn/wx/report. aspx? id=3034.

5. 尤红. VR新闻的重构特征与伦理风险[J]. 现代传播(中国传媒大学学报),2020,42(4).

6. 邵全红,王灿发. 媒体融合五年来新闻生产与传播的变革及创新研究[J]. 新闻爱好者,2020(1).

7. 常福刚. 智媒环境下新闻编辑应具备的四种思维[J]. 记者摇篮,2019(12).

8. 李蓉. 传感器新闻:新闻的生产变革与价值重构[J]. 中国出版,2019(20).

9. 刘涛. 融合新闻策划:从形态创新到渠道对话[J]. 教育传媒研究,2019(5).

10. 杨保军. 论作为宏观新闻规律的"技术主导律"[J]. 国际新闻界,2019,41(8).

11. 尹楠楠. 智媒时代传感器新闻的发展与反思[J]. 青年记者,2019(20).

12. 王思. 智能化时代新闻媒体特点与生产模式创新[J]. 学习与实践,2019(1).

13. 夏鸿,张志丹. VR新闻适用范围探析——以新华网VR视频栏目为例[J]. 新媒体研究,2018,4(16).

14. 彭兰."传感器"与"新闻"的相遇会带来什么? [J]. 新闻论坛,2017(5).

15. 方师师. 社交媒体信任缺失之痛[J]. 中国报业,2017(19).

16. 刘丹凌,黄秋彤. 新媒体语境下新闻游戏的生成逻辑[J]. 现代传播(中国传媒大学学报),2017,39(9).

17. 陈昌凤,石泽. 技术与价值的理性交往:人工智能时代信息传播——算法推荐中工具理性与价值理性的思考[J]. 新闻战线,2017(17).

18. 胡钰,陆洪磊. 构建新媒体传播中的"新新闻伦理"[J]. 青年记者,2017(12).

19. 王翔,鲍海波. 浅析新媒体平台下新闻采编的内容创新——以网易新闻客户端为例[J]. 视听,2017(2).

20. 李苏. 机器新闻发展的市场进路及反思——以Autamated Insights公司为例[J]. 新闻界,2015(18).

21. 杨保军. 简论智能新闻的主体性[J]. 现代传播(中国传媒大学学报),2018,40(11).

22. 谭天,刘云飞,丁卯. 新媒体语境下的"新闻"界定[J]. 新闻界,2012(12).

23. 童兵. 新媒体传播对传统新闻学的挑战[J]. 新闻界,2012(10).

24. 王中. 新闻学的第二课题[J]. 新闻大学,1982(4).

25. 王中. 论新闻[J]. 新闻大学,1981(1).

26. 于洋,张音. 新媒体需治"七种病"[N]. 人民日报,2015-04-02(023).

第九章

新媒体舆论

扫码可见
第九章PPT

第一节　新媒体舆论的内涵与特征

一、新媒体舆论概念辨析

(一)舆论的概念

舆论,又作“公众意见”,首次出现于法国思想家卢梭在1762年出版的《社会契约论》中。舆论学创始人李普曼认为,舆论是“其他人头脑里的想象,他们自己的情况、他们的需要、意图和关系等等都是他们的舆论”。[①] 在我国,甘惜分先生在《新闻理论基础》中指出:舆论是社会生活中经济、政治地位基本相近的人们或者社会集团对某一事态的大体相近的看法。刘建明教授认为,舆论是“一定范围内多数人的集合意识及共同意见”。“舆论通常是指参与公共事务的公众态度,凡人民每天诉说的思想和社会观念都是它要研究的内容。”“舆论通常被认为是不参与决策过程、在权力中心之外的人的意见,往往表现为多种公众对事务的评价。”[②]

舆论经由下述过程产生:首先,人们获知有关特定社会公共事务的信息;接着,人们就特定的社会公共事务公开发表意见;然后,各种意见相互碰撞、协商、融合;最后大体达成一致,形成共识,成为舆论。这一过程取决于两点:一是有关社会公共事务的信息的传播。社会公共事务的信息是引发舆论的基本材料,人们只有在获知有关社会公共事务的信息后,才有可能对其产生看法和意见。在媒介化社会中,大众传媒是人们了解社会公共事务的窗口和获知社会公共事务信息的主要来源。二是人们意见的公开表达。人们对社会公共事务的意见只有公开表达出来,才能发生碰撞、协商和交融,才能汇聚成基本一致的意见,形成社会舆论。大众传媒是人们公开表达意见的主要渠道和载体,一定程度上,社会公共事务信息的大众传播和人们意见的公开表达状态决定了社会的舆论生态,即舆论生成与存在状态。

(二)新媒体舆论概念演化

新媒体舆论,广义上是指在互联网、手机等新媒体上传播的公众对焦点问题所发表的有

① 甘惜分:《新闻理论基础》,中国人民大学出版社,1982,第52页。
② 刘建明:《社会舆论原理》,华夏出版社,2002,第5页。

影响力的意见或言论，亦是现实民意借助于新媒体的表达。① 由于新媒体大多以网络信息传播技术为基本构成要素，媒体形态的差异主要表现在信息接收终端的不同呈现方式上，因此，狭义的新媒体舆论即指网络舆论，即社会公众以网络为传播平台，对其所关注的某一现实问题所发表的一致性意见，是公众意见经由网络传播的结果。

在新媒体环境里，有关社会公共事务信息的大众传播和人们意见的公开表达具有传播主体大众化、传播渠道便捷化和传播内容海量化等新特征，因此，舆论的生成和存在状态也具有不同的特点。

（三）"后真相"概念的产生与演化

"后真相"（Post-Truth）是2016年《牛津英语词典》选中的年度词语，其释义是：诉诸情感和个人的信念要比客观事实对形塑公众舆论的作用更大。② 早在1992年，美籍塞尔维亚剧作家史蒂夫·特西奇使用"后真相"一词指统治者竭力压制的令其蒙羞的真相——如水门事件、海外战争的幕后事实——需要民众竭力从中辨别。"2016年特朗普当选"等不能按照传统逻辑框架解读的一系列政治现象③使该词逐渐被人熟知。

在西方语境下，"后真相"主要围绕政治议题展开，但在我国，随着社会关系茧房化和重归部落化，网络信息传播过程中情感和观点先行，网民更愿意、也更容易接受符合自己观点与经验、能调动自己情绪的信息甚至谣言，使得真相滞后，形成了新媒体环境中舆论生成过程的新现象。所以我国新媒体舆论的情绪化虽与"后真相"的某些表征相似，但却有不同的产生逻辑：由于信息公开渠道和政治参与渠道尚不畅通，部分公众在无法获取真相前提下，转而使用情感化叙事手段来进行造势动员，产生"舆论倒逼"效应，此时，公众的关注焦点不在于事件的真假，而在于身份的归属和道德对错，情感成为一种道德能量和社会资源，它既反映了特定历史条件下的道德和价值冲突，又是特定政治机会结构权衡下理性选择的结果。④

二、新媒体舆论的特征

新媒体所具有的开放、互动、即时传播等特性使新媒体舆论呈现出迥异于传统舆论的一些特征。

（一）舆论本体多元化

舆论可分为两种不同的形态：一种形态是众多的人就"某一争议的社会问题"参与议论，并形成了共同意见；另一种形态则是公众议论纷纷，莫衷一是。新媒体环境中"众声喧哗"的舆论现实则属于一种舆论形态：在新媒体环境中，传播主体大众化、传播渠道便捷化、传播内

---

① 匡文波：《论新媒体舆论的生命周期理论模型》，《杭州师范大学学报》2014年第2期。

② 支庭荣、罗敏：《"后真相"时代：话语的生成、传播与反思——基于西方政治传播的视角》，《新闻界》2018年第1期。

③ 李彪、喻国明：《"后真相"时代网络谣言的话语空间与传播场域研究——基于微信朋友圈4160条谣言的分析》，《新闻大学》2018年第2期。

④ 郭小安：《公共舆论中的情绪、偏见及"聚合的奇迹"——从"后真相"概念说起》，《国际新闻界》2019年第1期。

容海量化,任何人上互联网,就可以通过网络很方便地获知有关社会公共事务的信息,发表意见,想对大众上传、发表的所有内容进行全面过滤和及时把关非常困难。

由于网民人人手中都有“麦克风”,尤其在争议性社会议题的讨论上,社交媒体上的舆论越来越难以形成共识意见,即舆论本体多元化。公众对社会公共事务的意见多种多样,表现在网络舆论中,既有理性建议,也存在激化言论、情绪化宣泄,甚至还可能出现谩骂、语言暴力和人身攻击等。因此,就新媒体舆论构成来看,它前所未有地复杂化了:由过去的“舆论一律”进入了现今的“多音争鸣”“众声喧哗”“多元博弈”。对“众声喧哗”宜作两面观:一方面,它是政治民主、社会昌明的重要表征;另一方面,也意味着在喧哗的众声中,信息和意见的芜杂将是不可避免的。①

(二)舆论传播者多样化

新媒体传播环境中,人人都可以利用新媒体传播平台传递自己的声音,传播者不再仅仅是政府宣传机构和传统主流媒体,信息传播进入了“人人都有麦克风”的时代,每个普通公众都可能成为信息的传播者。传播者的构成如图 9-1 所示。在很多突发事件或热点议题的舆论传播中,新媒体的传播者由于其平台的快捷性,往往成为主要的信息传播来源。

比如,网红藏族姑娘拉姆在直播中被前夫泼汽油,观看直播的网友成为其前夫犯罪的证人,事件迅速在社交媒体发酵,引发社会对婚姻关系和女性自我保护议题的讨论。再如微博美食博主@谷岳发布视频评论称狗不理王府井店包子“难吃价贵”,该店不仅回应态度不佳还报警,遭到网友抨击,引发关于老字号餐饮品牌转型的讨论,随着舆论发酵,《人民日报》微博指出:老字号沉淀着情怀,不摆老资格更能积攒口碑。由此可见,官方媒体在新媒体事件传播中的地位有所动摇,其设置议程的权力部分让渡给多元传播主体,甚至会采纳网络热点事件为报道信源或政策制定的出发点。

(三)舆论主体动机复杂化

操作容易、即时方便、交互性强等网络技术特点让更多的网民可摆脱时空物质性限制、参与网络舆论,因而舆论主体的动机呈现复杂化趋势。除了当事人及其亲属、朋友、同学或有过共同经历的人等与事件直接相关的主体外,与事件本身无直接利益关系的“围观者”也是参与讨论的常客。这些人或出于同情,或出于道德正义感、社会责任感,或纯粹跟风、起哄、围观,不同程度地参与舆论,更可能成为舆论主体的组成部分,推动舆论的生产、传播与扩散。

与此同时,网络空间中的普通人可掌握较之在现实环境中更大的话语权。在现实环境中,传统主流媒体和大众传播媒介占据舆论引导位置,公众通常不具备通过大众传媒设置议程的自主权和可能性;但在网络空间中,网民言论和互动行为可影响主流媒体和政府议程设置、推动网络舆论形成甚至影响舆论走向的“舆论倒逼”现象渐成常态。因而在新媒体语境

① 丁柏铨:《新媒体语境中舆论特点及政府与之关系论析》,《中国出版》2013 年第 5 期。

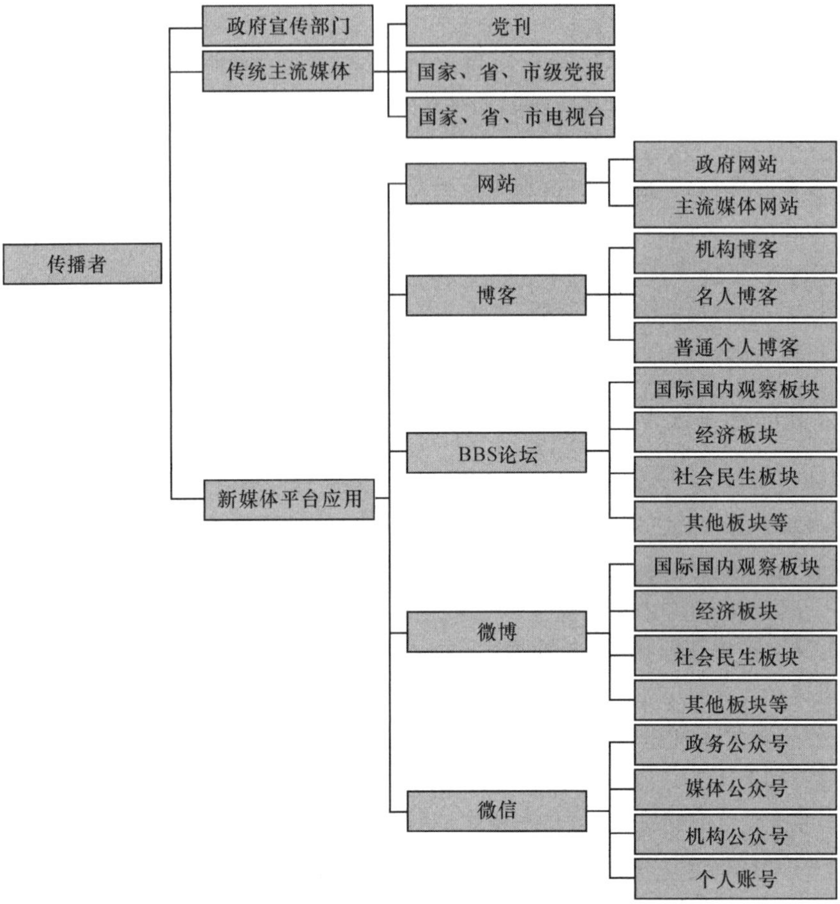

图 9-1　传播者的构成

中，政府要处理好与公众舆论的关系，尤为重要的是要处理好与新媒体舆论的关系。①

（四）舆论传播机制引发蝴蝶效应

网络中信息、意见、观点的传播主要通过评论、转发等形式实现，新媒体舆论也在这种交互作用中酝酿、发酵、传播、扩散。特别是微博、微信等社交媒体，能在最短时间内、在数以万计甚至数以亿计的群体中实现信息、意见、观点的共享与扩散，这一过程中，群体情绪有时被迅速调动，意见、观点在短时间内大量聚集，甚至呈几何效应叠加，一开始看似微不足道的话题和事件都可能引发高热度、大范围的舆论震荡，即舆论蝴蝶效应。“杭州女子失踪案”“鲍毓明案”“上海名媛拼单群”以及新冠疫情期间的诸多反转事件都印证了这一效应。

任何一个热点话题引发的新媒体舆论都经历了从有到无的过程，其演变发展符合舆论酝酿期、爆发期、消解期这样的周期规律。如图 9-2 所示。②

① 丁柏铨：《新媒体语境中舆论特点及政府与之关系论析》，《中国出版》2013 年第 5 期。
② 匡文波：《论新媒体舆论的生命周期理论模型》，《杭州师范大学学报》2014 年第 2 期。

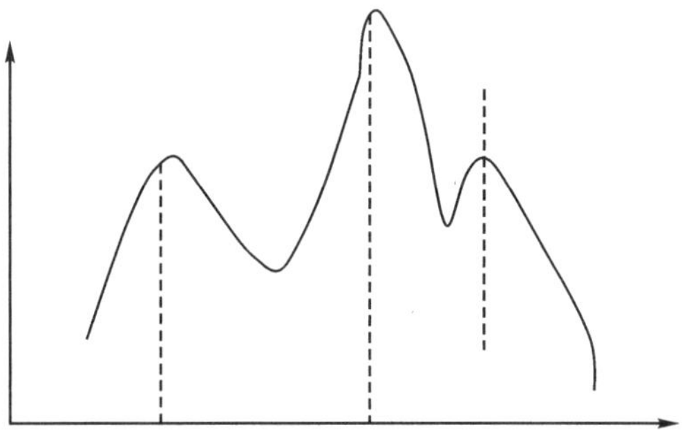

图 9-2 新媒体舆论蝴蝶效应的生命周期

由图可知，新媒体舆论具有酝酿期短、爆发期较长、消解期迅速的特点。事件在传播过程中如能及时补充新动态，舆论传播的连锁反应才得以持续。每当新信息进入舆论场，信息刺激强度就会增大，事件传播热度迅速、暂时达到峰值，随后又会缓缓滑落。若没有新的信息弥补进来，事件传播热度则会渐渐走向衰变。①

第二节 新媒体舆论的形成机制与传播规律

一、新媒体舆论的形成机制

公众每天在论坛、微博、微信等新媒体平台上发布海量信息、讨论成千上万个话题，但并非每一个在新媒体平台上出现的事件、话题都能产生影响力并形成强大的民间舆论场。从传播学角度来看，一个事件或话题最终形成舆论影响力需要经历几个关键"节点"。

（一）信源发布与议题呈现

当新媒体平台上出现一个能引发人们共鸣或能引起争议的焦点事件或话题时，人们会持续予以关注并讨论。同时，网络言论环境的虚拟性也使人们的自我责任意识薄弱，对信息的发布和传播缺乏一定规范，人们可以自由发表匿名言论，为舆论的形成做铺垫。②

除了信源本身所具备的传播力之外，能引发讨论并发酵成为热门话题的舆情事件一般还有四个关键要素：一是事件本身的新闻价值。在当下的中国互联网上，涉及公权私用等易引起民众不满情绪的事件，一般更具传播性和扩散性，也更容易在短时间内引爆舆论。二是事件经由权威媒体和渠道予以传播。如果新闻事件被如央视、《人民日报》等权威的专业媒体纳入报道议程，不仅使得事件本身可被全面、准确地报道，也为提升事件的舆论热度、改变其网络舆论关注度提供可能。三是得到一部分意见领袖的积极关注。随着社交媒体的发

① 喻国明：《中国社会舆情年度报告》，人民日报出版社，2012，第 87 页。

② 李伟权、刘新业：《新媒体与政府舆论传播》，清华大学出版社，2015，第 110 页。

展，部分网络语权的让渡，使过去只能通过大众传播媒介发声的名人、学者或行业意见领袖能在网络环境中耕耘自己的社交媒体自留地，而意见领袖的积极参与与介入、带动网民的讨论热情，也推动了事件的社交媒体传播、并可更迅速地引起官方媒体和政府机构的关注。四是其他外在力量的介入，如政府或相关组织危机应对不当等情况导致舆情的爆发。

就狗不理包子差评事件这一事件来说，其作为普通的社会事件本身并不具有炒作价值，之所以能够成为一个舆情事件，是因为其初始是由微博意见领袖发布消息，后续又获得了权威性传统媒体的关注，因此登上微博热搜。任何一个事件如果具备两个及以上的要素，就有可能演变成热门的舆情事件，分析近年来网络上热议的一些社会热点事件，都概莫能外。

（二）舆情扩散与意见整合

借助新媒体渠道的传播——尤其是融合了人际传播和大众传播的社交媒体平台，当关注事件的人越来越多，事件传播的范围越来越大，舆情也随之不断地扩散。在“扩散”一词中，“扩”是指数量上的指数性增加——信息通过新媒体渠道像病毒一样快速复制、大量传播；“散”是从空间维度而言——向四面八方散开来，即信息开始渗透到各个角落，覆盖面越来越大。随着舆情不断扩散，各种意见也开始出现交锋，赞成、反对、质疑、谩骂皆有，形成众声喧哗的局面。此时话题也可能会出现转移的迹象，甚至有可能沿着新的话题形成另一波舆论高潮。

经过前一阶段各种意见的交流与碰撞，舆论中主导性的意见可能逐渐占据上风并进入意见整合阶段，原有的话题可能出现四种前进的路径：

沿着原话题继续深入挖掘，一些网民和用户继续保持着巨大的热情关注事件进展。比如，新冠疫情初期武汉市紧急建设方舱医院，这一词语的含义、建成后如何投入使用、能收治多少病患、医护人员和病人的生活需求如何满足等众多问题等，引来网民持续关注。

相关话语消费。很多网络流行语都是由热门舆情事件衍生而来，从前几年的“我爸是李刚”到近年的“996”等，有些由舆情事件所产生的流行语甚至被模仿复制，造出各种“××体”“××哥”，走红网络，成为一种独特的网络语言。

话题大转弯。许多舆情事件在舆论形成过程中，出现话题转移，甚至制造出新的话题。例如2020年两会期间，总理公开点赞“地摊经济”——通过摆地摊获得收入来源的经济形势，引发多地发布政策鼓励这一边缘经济形势以推动经济复苏。结果网友脑洞大开，合成了众多明星做地摊生意的表情包，还创作了不少段子调侃生活不易等，使这一经济行为在网络空间呈现出截然不同的表现。

现实行动。随着舆情的扩散和舆论的逐步形成，虚拟世界中的讨论将有可能转为现实中的实际行动。例如疫情期间一线女性医护人员缺乏卫生用品的困境引发网民关注，从网民个体到企业机构向一线捐赠了大量卫生用品以解决女性医护人员的现实生活困难。

（三）舆论效应消散

当事件得到有效控制时，新媒体舆论所产生的影响力开始逐渐消失。新媒体舆论的衰减程度与信息公开情况和事件的处理速度成正比，如果政府对事件的处理或主流媒体的信息发布能够满足公众对信息的需求，新媒体舆论的效应就会发生改变，事件关注度便会逐渐衰减。反而是当一些焦点事件或议题出现初期,因信息披露不及时、关键性信息缺失等问题,引发公众对事件的讨论和对当事人或责任人与质疑和责问。如果事件进展能及时得到披露、迅速设置事件报道议程、引导舆论,解决争议,则公众会逐渐从围观状态中撤离,汇集起来的舆论也会逐渐消散。而如果事件当事者或负责人不能灵活运用新媒体舆论的传播机制、错过平息负面情绪的最佳时机,反而激化网民的负面情绪并导致新媒体舆论风暴潮,则会削弱公众对事件责任方的信任。即使事件结束,舆论也不会马上消解,可能还会持续一段时间,甚至形成次生舆论。如果出现这种情形,事件当事者需要进行信息补偿,额外提供有效信息以化解矛盾,才能重新赢得公众的信任,逆转新媒体舆论传播的负面效应。①

二、新媒体舆论的传播规律

传统的舆论传播规律,无论在学术研究领域还是在实践方面都已经自成体系,有着系统的理论研究和实践经验。在新媒体传播环境下,由于舆论传播的各个要素呈现新的传播特征,传播过程也呈现出不同于传统舆论的规律。

(一)次生舆情出现频度增加

新媒体时代的舆论呈现出“非利益相关者参与的特征”②——舆论的产生与演变同时受到利益相关者和“吃瓜群众”的影响,多主体介入也导致舆论走向的不确定性增强。尤其是重大突发事件发生后可能导致关联性次生事件出现,事件本身产生的舆论在发展过程中也可能产生次生舆情。

新冠疫情期间,当疫情本身仍处于发展初期时,不同关联性事件相继发生:从“新冠肺炎”病毒溯源到李文亮去世,从武汉“封城”到湖北省红十字会捐赠风波,从湖北省长新闻发布会口误到武汉官媒发表多篇不当言论和报道……这些事件本质上仍是官方舆论场与民间舆论场的博弈与沟通,当政府信息发布延迟、对问题处理不当时,次生舆情发生概率会大概率增加。但也不排除社交媒体言论本身良莠不齐的特点对网民态度和情绪的影响乃至煽动。当信息发布者不是以建设性讨论为目的,而是为了片面赚取曝光率、为了批评而批评,导致社会舆论偏激并进一步激化社会矛盾,且相关监管部门由于管理缺位、处置标准不一时,舆论走向反复波动,也会导致次生舆情产生。

另一个典型案例是2020年初发生的肖战227事件。肖战粉丝认为知名同人网站AO3平台的作品《下坠》影响了肖战的形象,遂向政府部门和中国网监部门举报,导致该网站作品库被封,从而引发该网站粉丝的反向围攻和对肖战所涉及影视作品、代言广告的强烈抵制。从肖战粉丝举报,到网站被封导致圈外网友情绪激化,再到肖战粉丝道歉,肖战和“粉丝”一起出圈,引发了针对粉丝文化、资本造星、性别观念等诸多相关社会议题的讨论。

---

① 李伟权、刘新业:《新媒体与政府舆论传播》,清华大学出版社,2015,第112页。

② 王文峰:《新媒体时代舆论敏感性与舆论规律再认识》,《传媒》2019年第18期。

（二）意见领袖影响力增强

1944年，拉扎斯菲尔德等人出版的《人民的选择》一书中首次提出了“意见领袖”的概念；2017年，伊莱休·卡茨等人在《国际传播协会年鉴》发表的《六个该退休的概念》一文中，“意见领袖”却位列第一。[①] 然而在移动互联条件下，意见领袖发挥作用的方式有所改变，作用空间大大扩展，传播力、影响力大增。[②]

不少知名学者、明星和其他公众人物以社交媒体为渠道，就各种社会现象或热门话题发表意见，其中有的意见既表达了公众的心声、也履行了舆论监督的职责，因此拥有众多拥趸。经过日经月累的意见发表与深耕，这些社会公职、行业名人则能成长为具有较大影响力的意见领袖（KOL，key opinion leader）：在微博上以“大V”标识区别与普通网民——即在微博上得到身份认证的，且具有较多收听粉丝的账号，因其账号后会挂上V字标志得名；在微信上以账号高订阅数、推送高阅读量获得用户关注。社交媒体的影响力标志和可量化的用户互动数据（阅读量、评论、转发、点赞、在看等）使得这些人在网络舆论场中，成为举足轻重的传播节点。但这一群体又鱼龙混杂，某些掌握“核按钮”的KOL反而可能传播不实信息甚至制造谣言，也正因为他们拥有众多粉丝，其潜在和实质的负面影响也就越大。

有调查研究表明，在全国3000万名大学生微博用户中，超过六成用户的微博信息为转发，而在转发的信息中有80%由大V发布。[③] 由此可见，微博等社交媒体看似传播者众多，实际上只有一小部分人拥有强大的传播力。这些网络意见领袖的引导优势在于，他们具有专业权威性的同时，却以民间立场发声，因而更易在网民中产生比官方机构更高的说服力和信任度。与此同时，不可忽视的是，当意见领袖被默认为网民的代言人时，其立场和行为也存在被民众意见所裹挟的风险，尤其在面对争议性议题时，站在网民态度对立面的意见领袖反而可能遭遇网络暴力。

（三）“圈子化”传播与“群体极化”效应明显

近年来，新媒体环境下的舆情传播“圈子化”的趋势也愈发明显。“物以类聚，人以群分”，相似的人往往聚在一起形成利益共同体。互联网空间存在因亲缘、现实社交关系、爱好、粉丝群体等不同主题形成的“圈子”。有研究表明，几乎任何话题都可促成网络群圈形成，在这些“圈子”内，信息传播迅速；同时，每个成员可同时存在于不同“圈子”，使得同一信息有机会进入“异质圈”，形成“圈子”的勾连，而传播网络和人际网络也因此不断扩大，促进信息大范围传播。

“群体极化”效应由美国芝加哥大学法学院教授凯斯·桑斯坦提出，他将其定义为：团体

---

① 张冰清、芮必峰：《旧理论遭遇新传播：网络科学视角下“意见领袖”研究的困境及出路》，《新闻大学》2019年第6期。

② 丁柏铨：《论自媒体时代公众舆论表达的特点》，《新闻爱好者》2014年第7期。

③ 邹雅婷：《网络大V—底线即是生命》，人民网，2013年8月30日，http://media.people.com.cn/n/2013/0830/c40606-22745302.html，访问日期：2021年3月25日。

成员一开始即有某些偏向，在商议后，人们朝偏向的方向继续移动，最后形成极端观点。[①] 网络中，热点话题形成阶段会吸引众多讨论者，处于群体中的人参与讨论时往往呈现出比个人决策时更偏极端的态度或情绪，产生极化现象。这是因为：一方面，在成员相对固定、彼此认同感强的同一圈子中，在针对网络上热点事件的讨论中，成员可放心地表达自己的态度；另一方面，群体分散了责任，消解了个人需要为结果承担责任的顾虑，也容易导致讨论意见极端化。人肉搜索、网络暴力等失范现象即是"群体极化"效应的体现。

辩证地看，"群体极化"能强化群体的凝聚力，并在该群体内部产生强大的舆论压力，从而实现群体的共同目标；与此同时，"群体极化"也会掩盖不同声音，反而为客观公正地看问题设立了障碍，导致群体成员容易失去理性的束缚，从而对社会稳定造成负面影响。

第三节 "后真相时代"新媒体舆论的问题及引导

一、"后真相"时代新媒体舆论存在的问题

伴随着"后真相"时代的来临，新媒体舆论呈现出新的特点，同时也产生了新的问题。

（一）舆论场域的反相共生性

随着网络空间逐渐成为信息的集散地、舆情的发酵池、各种思想交锋的主阵地，网络舆论场的反相共生性越发显著。

一方面，舆论场域具有开放、自由的特质。一个人可以随时随地拿起麦克风在话语广场上说出自己的想法，看似喧嚣的信息闹市却是一个原子式的机械团。处于虚拟空间的网民能以虚拟身份表达心声，而无须顾及他者的感受，个体与个体之间缺乏真正的沟通、认同。与此同时，网络空间的庞杂性、网络身份的流动性也可能加剧网民内心的不安全感和不确定性，反而强化了网民对精神共同体的归属需求，网络群圈应运而生。

另一方面，舆论场域具有自囿性与排外性。在社交媒体上，人们基于血缘、文化、职业、爱好等因素构建了形色各异的"圈"与"群"，每个"圈"与"群"都可被视为一个共同体，其本身的"过滤泡"与"回音壁"效应逐渐显性化，即相同的观点、态度、情绪和价值观在圈群内不断地传播、强化，进而形成动员效果，促使圈内成员对其产生依附感与认同感，反而可能封闭和固化自己的思想，拒绝与其他圈群成员进行沟通与交流，"信息茧房"现象加剧，更易导致极端思想蔓延。

（二）内容上的真假同构性

网络空间是个万花筒，充斥着各种谣言、八卦甚至无稽之谈，这些信息通过夸张的标题、耸人的话语、煽动的词语、戏谑的态度呈现于众。一些网民为了炒作、吸睛与谋取利益，不惜成为"标题党""戏精"，还有些别有用心的所谓公知、"大V"打着还原"真相"的幌

① 凯斯·桑斯坦：《网络共和国》，上海人民出版社，2003，第47—51页。

子，以研究的名义有意歪曲与篡改党史、国史，在网上肆意散布政治谣言。不管是普通网民，还是所谓的“公知”，他们故意散播不实信息都是利益心在作祟，其中可能是经济利益纠缠，又不排除政治企图裹挟。总而言之，网络空间成为多元群体的利益角力场与争夺地。

正是在各种利益的驱动下，“后真相”时代新媒体舆论呈现出第三种事实：亦真亦假，抑或半真半假，“即信息内容介于真实与虚假之间，不完全客观也不完全虚构，是一种情绪化的现实”。① 这类第三种事实是主观建构与制造出来的舆论假象，具有鲜明的真假同构性。在“后真相”时代，信息发布者根据自身利益和情绪擅自对客观事实进行消解、隐匿、重建，让信息似真似假、似有似无，以达到以假乱真的效果。真假互渗并融为一体，让信息接收者“乱花渐欲迷人眼”。

（三）评判上的情理倒序性

“后真相”时代最鲜明的特点是情绪与情感优先，理智与事实滞后，在判断上呈现情理倒序性的特点。在网络空间中，在反智主义、民粹主义、犬儒主义、新自由主义等思潮的推波助澜下，不乏“键盘侠”将“道德绑架”“人肉搜索”等网络暴力行为掩盖于被“添油加醋”的客观事实之下，引起一次次的网民情绪激化现象。

造成这些现象原因主要有两个：其一，证实偏差的自囿。社会心理学研究指出，证实偏差是指当人确立了某一个信念或观念时，在收集和分析信息的过程中产生的一种寻找支持该信念的证据的倾向。人们主动选择支持自身立场的论据、主动忽略对立信息这一行为，正是以对事件判断的情理倒序性心理为基础。其二，网络上修辞术的泛起。修辞术是一种话语策略，以期说服处在意见对立面一方和旁观者。当前，一些深谙修辞术的网民利用人们的心理弱点，主动迎合并肆意在网上卖弄其修辞术，不讲逻辑与事实，反而诉诸情感宣泄、煽情性话语与大胆的谎言，特别是使用一些能调动人情绪的比喻、暗喻或者象征等手法，刻意制造能够激发人们的好奇心、同情感的舆论，误导民众。有学者认为，“修辞术之路意味着公共领域将被煽动、蛊惑、宣传和炒作所左右，更煽、更装、更廉价的意见将胜出，将成功地引导并且代表大众走向错误。”②网上诸多舆论信息就是修辞术衍生的产品，部分人利用它在网络空间中混淆视听、攫取不当利益，这是造成“后真相”现象出现的另一个重要原因。

二、“后真相”时代下的新媒体舆论引导策略

（一）专业媒体坚持新闻专业主义，主动引领舆论

新媒体传播渠道推动公民新闻崛起，挑战了传统媒体新闻专业主义的地位。原先过程封闭化、信息生产层级化和传播单向性的新闻生产流程被打破，新闻生产出现以平权、多向、分享为特征的新面向。然而，公民新闻的弊端也逐渐显露：在公共领域内情感宣泄多、理性

① 江作苏、黄欣欣：《第三种现实：“后真相时代”的媒介伦理悖论》，《当代传播》2017 年第 4 期。

② 赵汀阳：《坏世界研究——作为第一哲学的政治哲学》，中国人民大学出版社，2009，第 47 页。

讨论少，弱势群体权利抗争渠道依然有限，低质量信息充斥网络空间且真假难辨。因此，专业媒体客观真实地解读、系统全面地报道在众声喧哗的时代里仍是不可或缺的。

尽管新闻专业主义的客观性和真实性难以完全实现，被比喻为“风中的芦苇”，但正因为客观的难以接近才值得被追寻。正如迈克尔·舒德森所说：“我们仍然需要不可爱的新闻界。现如今，新闻业经济上的脆弱性使得媒体常常选择明哲保身，这让它显得尤其不可爱。但是记者们仍然选择坚守新闻业的最高理想，正是由于拥有这种力量，新闻界依然充当批评家的角色。”①在后真相时代，社会舆论的引导，真相的探寻离不开专业媒体对于新闻专业主义的坚守。

（二）意见领袖承担社会责任，避免煽动情绪

在传统意义上，意见领袖被认为是具有高专业素质和能力、能对大众产生影响、引领思潮和社会潮流的人，媒介信息和观念并不能直接流向大众，而是经由他们在人群中扩散。网络空间中，海量信息与稀缺注意力共存，网民对于有价值信息的筛选和观点引领的需求，使得意见领袖的作用更为突出。与皮埃尔·布迪厄在《关于电视》中谈到的电视上的“快思手”不同，在大众媒体时代，观众可以通过电视屏幕看到专家、发言人的形象，但却很难在实际生活中接触到。相反，社交媒体上的意见领袖显得“平易近人”——粉丝互动、评论回复、视频直播等对话功能使“零距离接触”成为可能。

同样不可忽视的是，在舆论场域中，意见领袖也具有了掌握着舆论脉搏的可能性，他们轻率的人格攻击、极端化的言论以及感性至上的简单评判也更易煽动网民的非理性情绪。且拥有粉丝越多的意见领袖，可产生的负面影响越大。因此，避免断章取义、控制负面情绪，有理性、有态度的评论和转发是“后真相”时代下网络意见领袖应当担负的社会责任。

（三）提升网民媒介素养，促进两个舆论场融合

“舆论场”是促成舆论形成和变动的重要空间。我国已经形成了依托传统主流媒体、旨在宣传和解释党和政府的政策方针、反映官方意志的官方舆论场，以及借助互联网平台、反映群众心声的民间舆论场。互联网的发展进一步降低了意见表达的门槛，社交平台汇聚了大量粉丝和新兴的意见领袖，民间舆论场已经发展成为一股重要的舆论力量，与官方舆论场日渐交汇融合。两个舆论场各有其特点。官方舆论场通常掌握全面、权威的高质量信息，但在信息发布环节往往以“堵”的思维来应对危机事件，在实际操作中将“稳定”放在第一位，当回应社会质询时的姿态和策略与公众期待有差别时，反而容易引发信任危机和舆论声讨。而在民间舆论场中，民众话语意识和话语权的增强，不仅可能推动官方舆论场改革，也为推动两个舆论场的沟通提供了可能。但随着舆论爆发的门槛越来越低，群体极端化的现象越来越凸显，真假信息的混杂搅动着民众敏感的神经，缺乏正确引导带来舆论的偏移和迅速发酵，会引起舆论的震荡。所以，两个舆论场有多大的共通意见以实现和睦共处，对舆论环境

---

① 迈克尔·舒德森：《新闻的真实面孔——如何在“后真相”时代寻找“真新闻”》，周岩编译，《新闻记者》2017 年第 5 期。

的和谐、形成意见与态度共识至关重要。

后真相时代处理好官方和民间舆论场之间的关系是舆论引导的关键。具体而言，首先，应坚持以公共利益为导向——这既是两个舆论场整合和共振的前提，也是社会共同的目标；在此基础上形成的舆论力量，才能够消解和纠正舆论场中偏激和消极的部分。其次，应坚持在互动之上进行理性对话，意见和建议的良好沟通有利于舆论内部的话语畅通、团结和稳定，降低网络中噪声的分贝。此外，为实现性对话，官方应当在表达策略上让老百姓看得懂、能接受、更亲切，网民也应努力提升其数字媒介素养，多视角辩证地看待官方话语。

第四节 新媒体事件

一、新媒体事件的概念

新媒体事件的理论起源是丹尼尔·戴扬和伊莱休·卡茨提出的“媒介事件”概念，指 20 世纪末“对电视的节日性收看，即关于那些令国人乃至世人屏息驻足的电视直播的历史事件”，这些事件具有媒介仪式性和文化表演性。[①] 之所以提出“新媒体事件”这一概念，其出发点正是要与传统的媒介事件相对比，重构新媒体环境下的媒介事件理论。因此，要界定新媒体事件的本质，必须从对比新媒体事件与传统媒介事件的差异开始，见表 9-1。

表 9-1 新媒体事件与传统媒介事件比较

比较项	传统媒介事件	新媒体事件
事件组织者	主要为政府	非政府组织和个人
传播媒介	传统媒体为主	网络媒体为主
议题范围	提前策划和宣传的重大仪式事件	主要为偶发的争议性事件
谁设置议程	传统媒体	主要为网民
传受关系	单向传播，缺少互动	传受互动
话语权	精英掌权	底层赋权
传播效果	维护现状，凝聚共识	挑战权力，鼓吹异见
信息清晰度	高	低，常伴有谣言

通过上述对比可以看出，新媒体事件主要指以新媒体为传播媒介，由网民传播、推动事件进程并挑战主流意识形态和现存社会权力结构权威的、带有争议性的社会事件。新媒体事件的“新”根本上体现于两点：一是事件的意义并非完全被权力阶层定义，草根阶层拥有更

① 董天策、郭毅、梁辰曦、何旭：《“媒介事件”的概念建构及其流变》，《新闻与传播研究》2017 年第 10 期。

大的话语权;二是事件的社会效果并非是维护现存统治秩序,而是从一定程度上挑战了社会主流意识形态和权力结构。

二、新媒体事件的类型

不同类型的新媒体事件,其传播机制、社会影响差别较大,不同议题参与主体不同、争论的热度不一、权力和资本的介入方式也有差异,因而要对其开展深入系统的研究,首先需对其进行准确分类,就无法开展深入系统的研究。戴扬和卡茨将传统媒介事件分为竞赛、征服、加冕三种类型,①随着新媒体时代的到来,他们敏锐地意识到传统的媒介事件类型已经难以囊括当今的新型媒介事件,因此对其理论进行了修正,在"竞赛、征服、加冕"三种脚本的基础上,结合近年来媒介事件的新特点,增加了"幻灭、冲突、倾轨"三种类型。② 但是,戴扬、卡茨的分类主要是基于西方的社会背景,不完全适用于我国新媒体事件的类型划分。

根据近年来我国大陆地区产生较大社会影响的新媒体事件,本部分以事件内容的相似性、事件当事人身份、事件中权力部门与网民的关系等为标准,将其分为六类。

(一)民族主义事件

民族主义事件涉及国家利益和民族感情,如钓鱼岛撞船、"帝吧出征"、声援新疆棉以及新冠疫情期间的病毒溯源争议等。这类事件的发生与历史记忆、外交争端和维护领土完整息息相关,主要以中日关系、中美关系、台独问题、藏独问题为社会背景。外交争端常常是引发网络民族主义事件的导火索,如 2008 年北京奥运会火炬传递遭遇破坏引发的网络舆论热潮。这类事件发生初期可能会得到政府部门默许,政府借助网络舆论间接向对象国施压,表明维护国家利益的决心和力量。而随着事件的发展,一旦网民情绪高涨并开始采取线下抗议行动时,政府则倾向于为事件降温,将网民行动纳入官方掌控之内,以免网民的过火行为对政府自身构成挑战。因此,在民族主义事件中,政府与网民的关系是以合作为主,网民大都支持政府立场,共同维护国家利益。

(二)官民对立事件

官民对立事件包括公民维权和官员贪污腐败等问题,多起源于社会现实矛盾,司法争议是此类事件中最常见的一种,如曾经的孙志刚事件、邓玉娇案、周老虎事件等。这里的"官"主要指公权部门及其官员,也包括社会其他权势集团,如垄断企业等。官民对立事件是国内新媒体事件的主流,此类事件之所以牵动社会公众的神经,在于事件本质往往反映了体制弊端,直接关系到个体命运和社会公平正义,也间接牵涉全体公民基本权利和公共利益,具有极强的公共性,反映出社会公众对公权部门缺乏信任,但常因事件敏感,民意也极容易被相关部门压制。但此类事件却最能体现网络舆论的力量和网络公共空间的功能。网络媒体在

① 郭建斌:《如何理解"媒介事件"和"传播的仪式观"——兼评〈媒介事件〉和〈作为文化的传播〉》,《国际新闻界》2014 年第 4 期。

② 左登基:《媒介事件中幻灭、脱轨与冲突》,《文史月刊》2012 年第 8 期。

此类事件中发挥舆论监督作用：网民通过舆论造势，吸引传统媒体介入，并最终迫使政府部门采取措施解决问题。此类事件往往成为体制和政策调整的突破口，使事件的效果超越事件本身，如“厦门PX事件”“绿坝事件”等，最终都推动了公共政策改变。虽然这类个案有一定偶然性，但它有助于激发网民的公民意识和权利意识，为公民社会建设奠定了基础。

（三）社会道德事件

社会道德事件由于违背了传统伦理道德，容易促使网民达成共识，近年来国内的“me too”运动、抵制家庭暴力等。但这类事件也常伴有人肉搜索、网络暴力等行为，暴露了网民非理性的一面，也反映了网络公共领域的局限性。社会道德事件由于矛头指向社会个体或群体的道德失范，在没有触及法律红线之前，这类事件较少受到权力部门的干预，讨论的自由度也较高，尤其是随着“me too”运动而讨论热度逐渐升温的女性议题、家庭伦理议题等，近两年引发了社会公知、名人和网民的大量讨论。

（四）公共安全事件

公共安全事件包括食品安全、灾难事故、环境污染等议题，如福建泉州疫情隔离观察酒店坍塌、浙江温岭油罐车爆炸、四川西昌突发森林大火、安徽歙县洪涝灾害影响高考等。这类事件多起源于现实社会，涉及公共利益，因此较易引发社会公众的关注。但事件发生的原因，既有公权部门的政策失当，也有企业的违法犯罪行为，还包括自然灾害。因而在针对此类事件的舆论引导中，政府应及时披露核心信息、更新事故处理方案，满足公众知情权。

（五）文化娱乐事件

文化娱乐事件最能体现网络文化的特点，这类事件多数发端于网络，常与网络恶搞、人肉搜索联系在一起，最典型的就是网络红人现象，如天仙MM、犀利哥、凤姐等。由于很少涉及官民冲突，因此此类事件的话语空间相对开放，网民享有较多话语权，也反映出网民的自主性和挑战主流意识形态的能力。此类事件虽多属个人行为，但随着短视频、直播等视听媒介形式的演化，也不乏博主通过暴露隐私等手段吸引眼球，同样引发了有关网络道德的争论，从而具有一定公共性，公私界限也因此被打破。由于网络红人具有一定的影响力，这类事件层出不穷，但也因某些事件反映出当事人的低下格调，也常遭遇网络监管。从社会效果来看，此类事件有助于网络社会多元文化的发展，但也容易助长网络娱乐化和庸俗化的倾向，如若这类事件长期占据头条，反而会削弱公众对重要社会议题的关注。

（六）名人争议事件

名人争议事件常涉及公众人物的不当言行或者道德隐私，尤其在微博热搜中，常有一些名人不为人知之事被爆出，从而引发粉丝与网友之间激烈的论战，成为一个又一个新媒体事件。但这类事件的舆情生命力颇为短暂，会迅速被下一个名人争议事件取而代之，因而社交媒体上对这类事件的排浪式消费已成为常态。

三、新媒体事件的传播特点

(一)传播渠道的多元化与统一化

新媒体事件的传播渠道已经由传统的印刷媒介、电子媒介过渡为新媒体先行传播、全媒体发酵传播的阶段,改变了以往仅通过大众传播工具单向传播的局面,手机、平板电脑等移动设备为新旧媒体的共同传播提供了技术基础,即传播渠道的全媒体多元化与移动设备统一化。这其中,手机以其便捷性优势成为最主要的传播媒介,公众使用一部智能手机,借助移动互联网,就可以发挥出全媒体功效,实现新媒体事件传播的最优效果。

(二)传播范围的大众化与分众化

新媒体带来了更广的传播范围,让更多的人能够享受到大众传播所带来的成果。报纸、收音机和电视机不能时时带在身边,但是手机却成为现代人不可或缺的通信工具与社交工具。受众接收信息的方式更为简便,发布信息的门槛亦已降低,事件的发布与传播范围也就更加大众化了。但这同时为受众带来了困扰。如何在广泛的信息中找到自身需要的内容、剔除掉无用内容,就成为新媒体事件传播的关键。在新媒体事件发生后,让更多的人知晓这一事件是媒体的责任,而如何让对新媒体事件某一方面感兴趣的受众更快了解到相应内容,则成为新媒体事件传播的重点。

(三)传播过程的互动性

传统媒体受众反馈渠道较为单一、传受双方互动性差,受众对媒体信息的反馈往往难以被媒体接收、更难以推动媒体议程改进。但是新媒体的开放性、交流性与草根性,能有效调动新媒体用户参与事件讨论的积极性,且为传受双方的互动提供了便捷的渠道,用户以通过实时交流来促进事件传播,因而互动性成为新媒体事件的突出特征,并根据事件议题和可调动的用户情感呈现出感性互动和理性互动形式。

(四)传播内容的碎片化

大众传播过程中,专业媒体机构对传播内容的"把关"能确保信息的真实性、逻辑性和权威性。同时,媒体通过设置议程,帮助受众了解和分辨社会议题的重要程度或新闻事实的价值所在。但新媒体平台弱化了传统媒体新闻生产和信息编发流程的"把关"功能,缺少"把关人"指路,海量信息的频繁、碎片化冲击反而加剧了用户的信息接收成本。大量无用且重复的社交媒体信息容易导致受众迷失在新媒体事件的舆论海洋中,加之新闻反转频发,后真相的迷雾遮挡住寻求真实的眼,让人无法辨别真假,这成为新媒体事件在后真相时代需要解决的问题。

本章思考题

1. 新媒体舆论有哪些特征?除本章所述的特征之外,你认为还有其他的特征吗?
2. 新媒体舆论的形成机制如何?新媒体舆论对你的生活、学习起到了哪些作用和影响?

3. 哪些措施可以引导我国新媒体舆论的良性发展?

4. 请结合近期发生的新媒体事件,分析其传播特点。

本章参考文献

1. 甘惜分. 新闻理论基础[M]. 北京:中国人民大学出版社,1982.

2. 刘建明. 社会舆论原理[M]. 北京:华夏出版社,2002.

3. 匡文波. 论新媒体舆论的生命周期理论模型[J]. 杭州师范大学学报,2014(2).

4. 支庭荣,罗敏. "后真相"时代:话语的生成、传播与反思——基于西方政治传播的视角[J]. 新闻界,2018(1).

5. 李彪,喻国明. "后真相"时代网络谣言的话语空间与传播场域研究——基于微信朋友圈 4160 条谣言的分析[J]. 新闻大学,2018(2).

6. 郭小安. 公共舆论中的情绪、偏见及"聚合的奇迹"——从"后真相"概念说起[J]. 国际新闻界,2019(1).

7. 丁柏铨. 新媒体语境中舆论特点及政府与之关系论析[J]. 中国出版,2013(5).

8. 喻国明. 中国社会舆情年度报告[M]. 北京:人民日报出版社,2012.

9. 李伟权,刘新业. 新媒体与政府舆论传[M]. 北京:清华大学出版社,2015.

10. 王文峰. 新媒体时代舆论敏感性与舆论规律再认识[J]. 传媒,2019(18).

11. 张冰清,芮必峰. 旧理论遭遇新传播:网络科学视角下"意见领袖"研究的困境及出路[J]. 新闻大学,2019(6).

12. 丁柏铨. 论自媒体时代公众舆论表达的特点[J]. 新闻爱好者,2014(7).

13. 邹雅婷. 网络大 V—底线即是生命[N/OL]. 人民日报(海外版). 2013-8-30. http://media. people. com. cn/n/2013/0830/c40606-22745302. html.

14. 凯斯·桑斯坦著. 网络共和国[M]. 黄维明,译,上海:上海人民出版社,2003.

15. 江作苏,黄欣欣. 第三种现实:"后真相时代"的媒介伦理悖论[J]. 当代传播,2017(4).

16. 赵汀阳. 坏世界研究——作为第一哲学的政治哲学[M]. 北京:中国人民大学出版社,2009.

17. 迈克尔·舒德森. 新闻的真实面孔——如何在"后真相"时代寻找"真新闻"[J]. 周岩,编译,新闻记者,2017(5).

18. 董天策,郭毅,梁辰曦,何旭. "媒介事件"的概念建构及其流变[J]. 新闻与传播研究,2017(10).

19. 郭建斌. 如何理解"媒介事件"和"传播的仪式观"——兼评《媒介事件》和《作为文化的传播》[J]. 国际新闻界,2014(4).

20. 左登基. 媒介事件中幻灭、脱轨与冲突[J]. 文史月刊,2012(8).

第十章 新媒体艺术与娱乐

扫码可见
第十章PPT

艺术是人类认识世界、掌握世界的方式之一，其产生与发展贯穿于人类社会诞生与演进的全过程。艺术的价值在于以深具创造性的精神产品满足人类多样化的审美需求，进而深化与延展人类对自身和客观世界的理解。纵观绵延至今的艺术发展脉络不难发现，艺术的繁盛与创新离不开技术与媒介的更新迭代，当技术的力量促发人与世界关系的深刻变革，新的艺术形式便在对既有艺术的动摇、冲击、解构与颠覆中悄然崛起。在科技理性作用下，大量新兴技术被植入艺术创作环节，艺术、技术与媒介之间的边界日渐模糊，而在媒介发展进程里，艺术的自发性渗透又渐次抹平了艺术与生活的界限，艺术生活化与生活艺术化成为当今时代颇具代表性的文化现象。

第一节　新媒体艺术概观

新媒体艺术是当代艺术的主流形态之一，尽管其发展时间不长，却被技术与媒介的合力作用赋予鲜明的时代属性，并在与其他艺术形态的互动和交融中确立了艺术特性。由于新媒体概念本身具有变动性与复杂性，依托新媒体发展的新媒体艺术难以在理论界形成统一定义，加之其艺术本体的开放性和不确定性，“新媒体艺术”便出现了视角与切入点彼此不同的多重阐释。

一、何为新媒体艺术

新媒体艺术与传统艺术的本质区别在于对现代媒介技术依附程度的差异，如全球著名线上新媒体艺术中心根茎网（Rhizome website）创办人马克·崔波（Mark Tribe）将新媒体艺术定义为光盘（CD-ROM）、网络艺术（Net Art）、数字录像艺术（Digital Video）、网络广播（Net Radio）等艺术作品的统称。[①] 在《新媒体艺术特区》（CANS）中，罗伊·阿斯科特（Roy Ascott）则认为，新媒体艺术主要是指电路传输和结合计算机的创作。迈克尔·拉什（Michael Rush）在《二十世纪晚期艺术中的新媒体》（New Media in Late 20th-Century Art）中提出，新媒体艺

① 孟卫东：《新媒体艺术生存和发展的当代背景》，《安徽师范大学学报》2009 年第 1 期。

术是以科技为基础的艺术，主要包括基于新媒体的表演、视频艺术、视频装置艺术、数码艺术等艺术类型。而澳大利亚的亚洲艺术观察家、《亚太艺术》(Asia Art Archive)编辑苏珊·阿里特(Susan Acret)确信"新媒介艺术是一个非常宽泛的词，这些技术包括电脑、互联网及视频技术创造出的网上虚拟艺术、视像艺术以及多媒体互动装置和行为"①。

国内学者也从不同视角出发，对新媒体艺术进行多样化定义。陆蓉之认为，"一般将使用数字化媒材的创作，应用在电影、录像、数字摄影、声光装置、网络艺术、计算机游戏等，统称作'新媒体艺术'"②。周啸虎将新媒体艺术视为"一切利用新的科技成果产品来传达观念的艺术方式"③。童芳提出，新媒体艺术是以信息技术、知识为依托，以文字、声音和图像等多种媒体为载体，具有实时性、交互性、体验性的一种艺术形式，其作品本质呈现出一种非物质形态的数据与信息文化的艺术形态，是科学与艺术、理性与感性、现实与虚拟、大批量与个性化之间的融合。④ 许鹏将建立在多媒体计算机和互联网技术基础上的信息传播媒介称为新媒体，而在此基础之上建立的新媒体艺术，广义地讲，既包括非艺术类的新媒体节目中一切具有艺术性的东西，也包括新媒体负载的一切艺术类节目，主要是指以数字方式复制的传统艺术作品；狭义的新媒体艺术则是指将以数字多媒体及互联网技术为支撑，在创作、承载、传播、鉴赏与批评等艺术行为方式上推陈出新，而在艺术审美的感觉、体验和思维等方面产生深刻变革的新型艺术形态。⑤

目前，新媒体技术正处于高速发展时期，新媒体艺术的样式、风格、边界与内涵也随之拓展。宽泛而言，新媒体艺术处于当代艺术前沿，其作品多以装置、视频影像、数字技术、交互方式制作完成，需要较强的跨学科与跨领域的知识储备和技术支持。在艺术领域，媒体概念的内涵与媒材重叠，所以现成品艺术、偶发艺术、观念艺术、大地艺术、行为艺术等艺术形式亦可整合为新媒体艺术。但以新媒体艺术发展历程论，它与计算机技术、互联网技术之间的联系更为紧密，常借助以电子媒介为代表的新的技术与媒介形式进行创作，是一种具有虚拟性与互动性特征的媒体艺术形式。

二、新媒体艺术与数字艺术

有学者指出，"新媒体艺术是以数字技术和传播媒介进行划分和定义的一种新的艺术形态，而不是按照媒体和材料在演变进化的历史和时间上进行划分和定义的。所以，概括地说，新媒体艺术就是数字媒体艺术或数码媒体艺术"⑥。虽然新媒体艺术与数字艺术涵盖范围互有交叉，某种程度上具有一致性，但作为不同的艺术类型，两者依然差别显著。新媒体艺术主要从媒体层面考察新兴或新型艺术形态，数字艺术则从技术手段角度出发，考察基于

① 张朝晖、徐翎：《新媒介艺术》，人民美术出版社，2004，第 1 页。

② 陆蓉之：《"破"后现代艺术》，文汇出版社，2002，第 176 页。

③ 周啸虎、皮力：《新媒体艺术的含义——周啸虎视频作品的 12 个问答》，《苏州工艺美术职业技术学院学报》2004 年第 1 期。

④ 童芳：《新媒体艺术》，东南大学出版社，2006，序言。

⑤ 许鹏：《新媒体艺术的理论误读辨析》，《文艺研究》2008 年第 2 期。

⑥ 宫林：《新媒体艺术》，清华大学出版社，2014，第 19 页。

数字技术的艺术形态。

数字艺术的诞生与计算机技术密切相关。从20世纪60年代开始,计算机制图软件不断推陈出新、硬件设备的价格一再下降、网络技术快步发展,一系列先决条件的完备令艺术的数字化发展成为可能。数字化是指将信息以“0”和“1”的计算机可读数位形式保存下来的过程,数字艺术则是以数字化方式采集、整理、存储和提取艺术信息并以数字方式进行展示的艺术样式,因此,数字艺术也被称为“计算机艺术”“电子艺术”“数码艺术”“数位艺术”等。

新媒体艺术与数字艺术之间存在着天然联系,数字技术的介入使新媒体艺术呈现新特点并推出新类型,可以说,没有数字技术就没有新媒体艺术中的多媒体艺术和网络艺术。作为新媒体艺术与数字艺术的复合产物,二者都以交互性为主要特征,这种交互性改变了传统艺术审美过程中欣赏者与作品之间的关系——作品不再只是欣赏者的审美对象,其开放形态与意义空间鼓励欣赏者参与其中,作品的最终形态由创作者与欣赏者合作完成。

对新兴技术的积极应用与大胆尝试是新媒体艺术与数字艺术形成交叉的根本原因。从传统的胶片摄影、摄像通过拼贴和多次曝光、多底合成技术获得图像,到现在以处理电子存储的光信号和数字信号的方法获得图像,数字技术赋予艺术创作更广泛的便利性与自由度,艺术家可以在新兴技术的帮助下发挥想象,不断探寻新颖的艺术语言、表现形式与传播方式。

当然,新媒体艺术与数字艺术的差异也十分明显。数字艺术致力于运用数字技术将艺术创作推向虚拟世界,新媒体艺术则侧重突破既有艺术形态,对艺术的视听体验方式锐意革新。数字艺术以数字技术为载体,依赖数字化媒介进行传播,其媒介形态相对单一。新媒体艺术则既包含以新技术为载体的艺术形式,也包括在传统艺术形式中以不曾使用过的媒介材料或方式进行的创作,因此外延更广。以记录方式论,数字艺术以数字化形式创作、存储、传送和播放作品,艺术信息的采集方式和作品的创作过程因数字技术的应用而发生改变,新媒体艺术则除了数字化方式,还可综合运用多种非数字化手段生成作品。在审美特征方面,数字艺术通常偏重虚拟效果,“强调审美过程中虚拟性对观众的代入感及由此引发的沉浸感”①,新媒体艺术则更重视互动,艺术家在创作初期会根据常规的习惯与行为对欣赏者的反应,而非作品的最终形态做出预判并进行实验,从而为欣赏者带来某种难以复制的“一过性”审美经验,因此,追求艺术审美中的现场感与超真实性、强调场景中的即时“体验”是当代新媒体艺术的创作旨归。

三、新媒体艺术发展历程

新媒体艺术兴起于西方世界,19世纪摄影术的出现动摇了传统美学根基,昭示着机械复制时代艺术评判标准的更新再造,艺术与媒介的关系成为理论研究与创作实践中需要厘清的首要问题。而在艺术观念层面,先锋艺术家开始反思艺术在现代社会中所处的位置,并针对艺术的未来走向提出各自的解决之道,一时间,未来主义、达达主义、超现实主义、波普艺术等风格流派相继出现,艺术创作领域盛况空前,艺术家们尝试使用新的媒材与行为方式表

① 宫承波主编:《数字媒体艺术导论(第二版)》,中国广播影视出版社,2019,第12页。

达自身的艺术观念，并希望以打破常规的思维路径和别具一格的艺术经验开启艺术与技术相结合的新路。

在此背景下，录像艺术成为新媒体艺术的开端。随着电视媒体风靡世界，便携式摄像机的普及为录像艺术提供了发展契机，新媒体艺术家开始将录像艺术视为改造大众艺术机制的先锋力量，这种焕发出勃然生机的艺术形态成为实现民主、对抗体制的有力武器。在电子媒介强势传播力的影响下，光感艺术、动态艺术成为新的艺术交汇节点，以数字运算为核心的技术语言与技术样式成为艺术家探讨人与世界关系的基本手段。

20 世纪 70 年代初，一些欧美国家电视台开始设立实验电视节目并尝试接受实验性艺术作品，电视媒体转变为新技术与艺术思潮相互融合的实验场地。这些实验中心为艺术家提供了全新的设备和配套的技术人员，新型电子视听语言渐成体系。

作为计算机图像技术研发的关键时期，一些基本的图像与透视技术在 70 年代得以开发并沿用至今，电脑绘图软件的成熟令越来越多的艺术家将计算机视为创作工具，计算机动画和电脑特效参与制作的商业电影开始在大银幕上登台亮相。1973 年，第一部运用数字图像处理技术参与制作的故事片《西部世界》（Westworld）上映。此后，依托计算机图形学的电脑后期合成成为电影制作的常规手段。1975 年，英国数学家曼德尔布洛特（Benoit Mandelbrot）出版的专著《分形对象：形、机遇和维数》（Fractals：Form，Chance and Dimension）标志着分形理论的诞生，计算机分形艺术随即成为新媒体艺术的组成部分。

80 年代，进入数字化阶段的录像艺术在各大国际性艺术节展上显露锋芒。此后，数字摄像机、数字编辑系统、DVD 光盘刻录和投影仪播放技术的应用激发了艺术家的创作灵感，艺术家利用已经融入日常生活的现代媒介进行创作，其主旨不再囿于艺术形式的翻新，也不再追求新奇的感官体验，而是"试图通过图像、文化信息的呈现与互动以及多维度的感官刺激来表达艺术家的观念或者诱发大众独特的心理体验"①。至此，新媒体艺术成为一种凝练的文化形态与一方开放的文化空间。

90 年代，以互联网的出现、多媒体技术的成熟和计算机大批量进入消费市场为背景，人机界面的交互性与友好性吸引越来越多的艺术工作者投入新媒体艺术创作之中，其作品的影响力与艺术性均达到了媲美传统艺术的水准，计算机动画、数字影像创作、广告和商业设计等艺术领域也得以拓展。在技术应用方面，詹姆斯·卡梅隆（James Cameron）导演的《终结者 2》（Terminator 2）中，依靠数字特效制作的液体机器人为观众带来了强烈的视觉震撼。

新世纪以来，电子设备价格持续降低，新媒体艺术的内涵更为丰富，个人计算机的普及使普罗大众也有机会、有能力加入艺术创作当中。精英艺术被大众文化渗透，全新且多元的新媒体艺术格局确立。随着网络技术与数字技术的更新升级，虚拟现实与人工智能技术的介入使新媒体艺术范畴逐渐扩大，机器人艺术、交互艺术、沉浸式艺术、远程艺术等基于某种特定技术的艺术创新样式层出不穷，数字动画、网络视频、多媒体游戏等同样在其中占有一席之地，而在具体的新媒体艺术作品当中，多种概念与媒材的融合运用成为创作常态，可以

① 阿瑟·丹托著：《艺术的终结之后——当代艺术与历史的界限》，王春辰译，江苏人民出版社，2007，第 69 页。

说，新媒体艺术与数字艺术在数字媒体领域已形成合流。

四、新媒体艺术在中国

中国的新媒体艺术在20世纪90年代前后起步，一般认为张培力1988年创作的录像艺术作品《30×30》为其发端。此后至90年代中期，一批优秀的艺术家和成熟的新媒体艺术作品进入公众欣赏视野。1996年9月，杭州中国美术学院画廊举办了《现象与影像》录像艺术展，这是中国首个新媒体艺术展，被评论家定位为中国当代艺术的重要里程碑。该展览由吴美纯策划，共有十余件录像装置和数件单屏录像带作品参展。展出过程中，策划人出于对理论的重视，事先编印了《录像艺术文献》和《艺术与历史意识》两本收录了国内外录像艺术重要资料的刊物并在展览期间赠送给观众，更围绕展览策划了一系列研讨与主题交流活动。主办方在展示作品的同时兼顾学理建构，体系化、理论化、整体性地将以录像艺术为代表的新媒体艺术“推”向公众。

90年代末，中国IT产业渐成规模，硬件编辑设备与软件功能的优化促使录像艺术进一步繁荣。众多艺术家着手打造多媒体、网络与互动作品，注重现场效果和感觉化体验的创作潮流复归，中外艺术家的频繁交流为中国新媒体艺术赋予国际眼光，助其跻身世界前沿。2001年，许江、吴美纯策划的《非线性叙事》于9月25日至30日在中国美术学院启动，作为国内第一次综合性新媒体艺术节，活动汇集了近百件艺术作品，涵盖了录像装置、声音装置、观念摄影等多种形式。2004年，以“影像生存”为主题的上海双年展成功举行，展览力求“从内向外地打通艺术媒体和当代视觉现实之间的关系”，新媒体艺术借此更加贴近公众与现实生活。

进入21世纪，中国的新媒体艺术家依然秉持创新精神，积极探索多种媒介形式之间的混搭与融合。在新媒体艺术自身发展成熟的过程中，泛娱乐产业的快速崛起助推新媒体艺术以社交产品或线上展示平台的方式嵌入人们的日常生活，而艺术作品与艺术观念的表达和普及也悄无声息地融入人们的生活场景，涵盖装置、投影、AR、VR等元素的新媒体艺术展成为都市生活空间常见的美学风景。中国的新媒体艺术经过多年的探索与创作实践，已具备同世界艺术平等交流的主体性，其艺术风格的形成与确立也将为自身的稳步前行提供强有力的核心支持。

第二节　新媒体艺术特性及主要类型

新媒体艺术是以数字多媒体及互联网技术为支撑，在创作、承载、传播、接受与批评等艺术行为方式上全面出新，进而在艺术审美的感觉、体验和思维等方面产生深刻变革的新型艺术形态①，它侧重从媒体层面考察新兴或新型艺术样态。当科学技术引导媒介变革，新媒体艺术便会随之产生突破与革新，新技术、新材料、新场景或新效果将成为艺术追求的新起点，如此叠加、不断推进，新媒体艺术的内涵与范畴因此才得以丰富与拓展。

---

① 许鹏：《新媒体艺术研究的理论设定与网络文学的研究视野》，《中国人民大学学报》2013年第1期。

一、新媒体艺术特性

新媒体艺术创作多依托计算机，这种数字化的再现形式有两大特征：一是所有的新媒体手段都可以计算与解析；二是所有的新媒体对象都可以利用逻辑系统的演算进行处理与修改。这就赋予艺术家广泛的创作自由，其可能衍生的艺术形态我们难以预估。

（一）互动性

在新媒体艺术中，“媒体”具有双重身份——它既是艺术的载体又是大众媒介形式，这种双重身份决定了新媒体艺术互动性的产生。依据其来源不同，互动的方式也多种多样，包括作品内部的互动、欣赏者个体间的互动以及作品与欣赏者之间的互动等。其中最主要的表现形式是欣赏者与作品之间的直接互动，如参与改变作品的影像、造型，甚至以多种方式——触摸、空间移动、发声等引发作品转化。数字交互为网络艺术项目的普及提供了可能性，而创作权力的转移与分散也为新媒体艺术带来了创作领域的某种民主意味。

互动性是当前新媒体艺术的重要表征，互动方式的多样化为新媒体艺术互动性的增强提供了帮助，人机交流的中介也由传统的键盘和鼠标过渡到更为多样的交互手段，这些新的输入输出设备令人与媒介的交流变得简单、自然。目前，数字技术在新媒体艺术互动领域中的应用主要有以下几种：

第一，动作识别与控制技术。这类应用主要包括两种技术：一是利用鼠标进行连续时间的输入控制，二是使用摄像机捕捉人的手势或其他肢体动作，再通过模式识别系统进行操作。

第二，语音识别与控制技术。它通过操作者的语音进行输入、计算机合成的语音作为输出，从而实现人机互动。如现在运用在手机上的语音拨号和全新智能自动语音识别等装置。

第三，VR 系统中的数据触感手套。它既是输出设备又是输入设备，可提供六个自由度和更为自然的三维交互。人戴上三维眼镜、戴上数据手套，完全置身于虚拟世界中，用新的行为模式实现人机交互。[①] 互动性是考察新媒体艺术最重要的指标之一，目前这些互动技术已被广泛应用于动画、电影、电子游戏当中，为用户提供了更加丰富的视听体验。

（二）虚拟性

新媒体艺术十分青睐虚拟世界的呈现。虚拟即非实体，虚拟世界可以被看作现实世界的特殊版本，艺术家通常改变或再造现实世界以完成对人类生存境况的虚拟，这种虚拟需要欣赏者直接参与，通过激活作品赋予其实在的内容，从而使作品获得真正意义上的完成形态。这类虚拟现实作品大多将互联网视为创作手段与平台，而在人们的现实生活中，网络本身已外化为人类生存环境的重要组成部分，它所提供的全新的人际关系与表现空间以及匿名性、虚拟性为艺术家争取到艺术表现的多种途径，它的超空间性、超现实性也为创作实践提供了广阔的想象空间。

---

① 参见潜龙编著：《游戏设计概论》，科学出版社，2006。

欣赏者对虚拟性的确信来自于多种感官信息的统合。研究发现，视觉是人类获取信息的首要通道，早期的活字印刷、摄影摄像技术无不立足于此。有声电影的出现标志着媒介开始向人类的真实感知系统延伸，在视听系统的综合作用强化了传播效果的基础上，科技的发展又使人类其他感官信息系统同样具备信息输入功能，全方位感官信息的获取令新媒体艺术的虚拟性渐与现实真实归于一处。

新媒体艺术的虚拟性根源于这种新兴艺术形式与媒介的天然联系。纵观艺术史的发展，从未有任何一种艺术形式对媒介如此依赖。媒体不但是新媒体艺术的创作手段，也是新媒体艺术作品的组成部分。在作品构思过程中，艺术家要充分考虑到媒体能够带来的偶然性与可变性，而在创作实践过程中，信息的采集、处理、合成、存储、复制等环节同样离不开对媒体的使用与开发，它承载着艺术家的创作理念、彰显着艺术家的美学追求并将创作者的艺术语言转换为欣赏者可感可知的艺术作品。

（三）非线性

媒介领域的拓展与技术的不断进步为新媒体艺术架设了空前复杂的时空结构，其所建构的心理体验空间早已超出了传统的三维时空世界。借助非线性编辑和拼贴、戏仿手法的运用，新媒体艺术不同于传统艺术的非线性特征得以显现。

从技术层面看，线性编辑意味着叙事的单向性，非线性编辑则不仅易于操作，还能同时实现多种效果的叠加。从思维方式上讲，如果线性特征是一维的、集中的，那么，非线性特征就是多维的、发散的，可以向任意方向延伸。非线性的语义空间使新媒体艺术拥有创作自由，当丰富的内容按照预设或偶发的排列方式在不同时空线索中凝结、叠加，观者便会产生似真似幻的直觉与体验。

新媒体艺术的非线性特征还体现在艺术作品的表现手法上。当基于时间的艺术跳出线性的发展轨迹，“片刻”便极富主观色彩，创作者出于对灵感的捕捉而延长或缩短时间，人在此刻被赋予神性力量。观者通过作品窥视世界，艺术家通过作品作用于观者而完成艺术观念的传达，互动与超链接的方式将新媒体艺术带入了更为宏大的意象世界。非线性手法强调时空的张力、意识的跃进和间断的结构，这样的艺术理念、表达手法和传播方式更加匹配当代人对新媒体艺术的欣赏和理解。

当然，作为新兴的艺术领域与艺术样式，人们对新媒体艺术的接受程度不尽相同。在大众传播分众化趋势影响下，人们能够正视不同受众间认知能力与认知水平的差异，因此，以传播效果而言，新媒体艺术可以从年龄、性别、文化、心理等方面对区分受众，在创作过程中适当考虑欣赏者审美接受的复杂性，从而实现具体艺术作品与个别欣赏者的深度沟通。

二、新媒体艺术的主要类型

新媒体艺术的开放性使其类型划分存在一定难度，在具体的艺术作品中，多种媒介形式的综合运用更加模糊了新媒体艺术类型的划分标准。尽管新媒体艺术本体同样存在边界模糊的问题，但其主要的艺术形式仍具有相对独立的类型化特征。

（一）观念摄影

1839年8月19日摄影术诞生，艺术与技术的关系由此发生改变。早期的摄影术因其纪实本性而不被当作艺术形式，为了在艺术领域中争得合法地位，绘画摄影流派出现，他们遵循学院派绘画的造型与构图法则，以宗教色彩浓重的主题与鲜明的古典主义风格扭转了人们对摄影的刻板印象。当作为艺术的摄影为大众熟知，观念摄影便突破了摄影术客观记录的表象，开始以一种表达观念的方式进行创作。

日本艺术家森村泰昌（Yasumasa Morimura）的观念摄影颇为独特，在其代表作《自画像》（*Self-Portraits through Art History*）中，森村泰昌以自己的身体置换西方经典绘画作品中的人物，如在《自画像》系列中的《凡·高》（Van Gogh）里，他将自己的耳朵裹上纱布，以橡皮泥仿制棉帽，并将油画颜料直接涂在脸上、衣服上进行拍摄，以此方式表达东方人对西方经典作品神圣性的质疑。

观念摄影在中国也被称为实验摄影、前卫摄影、先锋摄影、概念摄影等，与常规摄影相比，观念摄影重在表达创作者的情绪、态度和思想，旨在通过静态的图像展示引发人们的深度思考，它并非某种概念或某种主义，其背后或多或少隐含着创作者的问题意识。中国摄影艺术的观念性起始于艺术家对特殊历史阶段的反思，其后逐渐向更为纵深的意义空间延展，自然环境、社会思潮、人类生存状态等宏大主题纷纷闯入创作视野。

中国的观念摄影代表作品包括《遗忘》《跟我学》《乡愁》《网络焦点》《行春古渡图》《7010》等，其中，《清明上河图·2013》引起了社会各界的关注。作者戴翔通过三年拍摄，将四十多个社会热点问题以图像的方式记录下来，并将其组合成25米的摄影长卷，以戏仿中国传世名画《清明上河图》的构图方式呈现当代中国的市井生活。这件作品得到了截然不同的评价，有人认为作品构思巧妙、艺术性较高，生动再现了普通人的日常生活，也有人认为作品以偏概全，放大了社会阴暗面，可能招致恶意势力对国家和政府的攻击，造成不良的社会影响和国际影响。

（二）录像艺术

录像艺术常采用以便携式摄影机记录街头活动的方式进行创作，其作品带有纪录性与即兴特质，颇具政治性与社会性。开启纯粹录像艺术形式的是美籍韩裔艺术家白南准（Nam June Paik）。1963年，白南准在资助人的别墅里首次开办个人展览，他将电视机、仪表、导线等一系列电子设备与仪器组合在一起，创作了《禅之电视》（Zen for TV）。在这部作品中，白南准将录像艺术与装置艺术有机结合，并首次将电视机当作艺术创作的媒材进行展示。此次展出是视觉艺术史上的里程碑，奠定了白南准“录像艺术之父”的地位。

此后白南准得到了一部在当时尚属新发明的手提式便携摄像机，同年创作了《月亮是最古老的电视》（*Moon Is the Oldest TV*）。该作以12个电视屏幕展现月亮从圆到缺的12种样貌，每个电视屏幕呈现的图像都是以电视机内部的电路变化完成的。白南准认为电子媒介正像月亮一样，能够突破时间的界限，将漫长的历史呈现在观者面前，进而打破时间的线性模式，通过影像实现多时空并置。这里，瞬间与永恒、生与死、长与短等本体问题借由电子媒介得到了视觉化呈现。

白南准最为人称道的作品是《电视佛》（*TV Buddha*），作品由一尊佛像、一台电视机和一台摄像机组成，佛陀对坐在电视机前，直面处于电视机背后的摄像机，这样就使佛陀与自己的影像形成了对视关系，从而完成了与自我的精神对话。该作品既具有西方先锋艺术的实验精神，又充满了玄妙深邃的东方禅学思想，是一部极为深刻的影像作品。

中国较有代表性的录像艺术作品是张培力的《30×30》。该作时长三个小时，影像呈现的是艺术家将一面镜子摔碎、黏合再摔碎、黏合的重复过程，镜子刺耳的破碎声和固定机位的手部特写考验了观者的好奇心与忍耐力。1991 年，张培力在上海衡山路展出了作品《卫字三号》，这是录像艺术第一次在国内公开展示。

随着小型摄录设备的出现和普及，90 年代后期 DV 时代来临，拍摄器材和后期编辑设备的易得性使艺术家获得了影像话语自主权，录像艺术也从中国美术学院（原浙江美术学院）这一中国录像艺术群体最主要的发源地向外拓展。王功新的《红门》融合了录像与装置艺术形式，以经过数字处理的影像方式生成虚拟空间感，李永赋的系列作品《脸》，将老人的肖像以幻灯片形式投射在艺术家脸上，再进行翻拍录像，通过脸部轮廓的叠加形成某种身份的错位与时间的重叠。在广州，徐坦、林一林、陈劭雄和梁钜辉等艺术家组成的大尾象工作组成为中国南方最重要的艺术群体，他们的视觉语言风格较为成熟，能够充分实现影像与空间环境的互动。

计算机技术与设备的普及对录像艺术也产生了一定的影响，它将录像技术语言分为两大分支，其一刻意追求低技术风格，即在影像中较少使用数字处理，另一类则积极拥抱新兴技术，以计算机影像生成和处理技术丰富创作手段。作为新媒体艺术的一大类别，录像艺术与其他艺术形式的融合已愈发普遍。

（三）影视与动画艺术

现代数字动画技术开辟了两大创作领域：一为影视特效，一为动画创作，它们是大众最为熟悉的媒介领域。

1977 年乔治·卢卡斯（George Lucas）导演的科幻大片《星球大战》（*Star Wars*）中，计算机技术的应用使观众如同亲身游历宇宙，该片撼动了人们原有的技术观念，被视为数字特效的开端。1988 年，罗伯特·泽米吉斯（Robert Zemeckis）执导的《谁陷害了兔子罗杰》（*Who Framed Roger Rabbit*）实现了卡通人物和真实人物的同台竞技，虚拟角色与现实世界的无缝衔接使影片成为数字电影发展史上的又一里程碑。

动画制作中的先锋军——皮克斯公司（Pixar Animation Studios）也在此时酝酿成型。1985 年，皮克斯公司成立，翌年便推出了公司第一部独立创作的动画短片《顽皮跳跳灯》（*Luxo Jr.*）。1989 年，皮克斯自主开发的程序 RenderMan 正式启用，这一计算机图像渲染体系曾获得奥斯卡技术奖，为计算机三维动画的制作提供了沿用至今的技术工具与平台。1995 年，皮克斯第一部完全由电脑制作的动画长片《玩具总动员》（*Toy Story*）在全美影院上映，该片以 1.9 亿美元的高票房成绩成为当年的票房冠军。

2009 年末，詹姆斯·卡梅隆推出 CG 史诗大片《阿凡达》（*Avatar*），这部电影号称"开启了好莱坞电影的崭新时代"，影片的概念设计、CG 人物的虚拟表演以及动作表情捕捉技术的运用令观众耳目一新，其中，虚拟角色纳美人公主的真实感更是令观众叹为观止。

在影视特效与动画制作中，技术的进步带给我们愈加丰富的视听感受，《复仇者联盟》

(*Avengers*)、《双子杀手》(*Gemini Man*)、《冰雪奇缘》(*Frozen*)、《超人总动员》(*The Incredibles*)等作品不断刷新着观众的感官体验。值得一提的是,国产电影在2019年表现出色,低成本科幻片《流浪地球》一举拿下46亿元人民币票房成绩,成为国产电影内地票房总榜亚军。五个月后,该纪录被动画电影《哪吒之魔童降世》以50亿元人民币票房成绩刷新。

随着机器学习和人工智能技术的快速发展,动画与影视制作领域也逐渐加大了技术介入水平。以数字王国(Digital Domain)公司推出的反抗疟疾公益短片《疟疾必须消失,人们才能活下去》(*Malaria Must Die-So Millions Can Live*)为例,制作方请来一位老年演员录制了演讲视频,再利用Charlatan换脸系统生成了退役足球运动员大卫·贝克汉姆(David Beckham)老年时的演讲视频。Charlatan系统的特点在于能够利用已有视频数据进行训练并生成新的图像画面,免除了利用动作捕捉方式获取数据的烦琐过程。公司在制片前期收集了大量贝克汉姆的演讲视频,再将年龄特征、皮肤特征等数据参数融入贝克汉姆个人化的面部模型当中,自然融合成逼真的老年贝克汉姆形象,使观众产生了一种"时间旅行"的奇妙体验。

(四)网络与多媒体艺术

传统艺术是从创作者到欣赏者单向静止的信息传递过程,其美学意义也产生于此,而在网络与多媒体艺术中,作品的美学意义生成于使用者与浏览器之间,并以互动的形式影响甚至控制作品的生成。

世界上第一个网络艺术作品是约翰·西蒙(John F. Simon Jr.)创作的《每个图像》(*Every Icon*),网站页面共有1024个方格,以32×32矩阵进行排列,其中,黑色的方块会在白色网格中跳动,第1行的排列组合有4.3亿种变化,全部完成需要16个月的时间,第2行的排列组合全部完成则需要6亿年时间,当32行排列组合全部完成时已接近无限时间。作品以计算机语言进行观念展示,其深刻性在于作品既包含关于"无限"意象的视觉概念也包含关于"时间"意象的极限概念。

肯·戈德堡(Ken Goldberg)的《远程花园》(*Telegarden*)是互动艺术的代表作之一,作品分为实验室内的小型花园和网站两个部分,网络用户可以通过远程控制工业机器人手臂给花园浇水、施肥并检测植物的生长过程,用户注册后可以在花园种下一颗种子,通过多次访问站点培育自己的植物,还可以同远程园丁分享信息,以邮件授权的方式为合作者照顾植物。这里,虚拟场景与现实场景之间的界限已被消除。

1965年伊凡·萨瑟兰(Ivan Sutherland)博士发表《终极的显示》(*The Ultimate Display*)一文,提出"虚拟现实系统"的基本思想,此后,虚拟现实技术的开发与应用成为学界与业界关注的问题。

1989年,澳大利亚交互艺术家杰弗里·肖(Jeffrey Shaw)发表了作品《可读的城市》(*The Legible City*),作品中,曼哈顿的城市信息被转化为数据,观众可以通过控制自行车装置的踏板和车把随意调整自己在虚拟曼哈顿城中的前进方向和速度,以此完成虚拟漫游。

沉浸式互动投影是当前较为常见的作品形式,它既可以在特定的展示空间以光影交融的奇幻方式为观众带来特别的感官体验,也可以在适合的公共场所,以更为亲切、自然的样态融入人们的生活场景。沉浸式互动投影利用多通道的投影融合技术将图像投射到屏幕或大面积的物体表面，再配合灯光、音响或烟雾等元素打造沉浸式体验，参观者利用智能化互动感应系统可以与作品产生互动，这种趣味性和梦幻感为观众带来了别样的审美体验。

（五）数字游戏

数字游戏是指以数字媒体技术为手段设计研发、以数字化方式呈现和传播、以数字设备为操作平台的各类游戏的总称。数字游戏具有技术同一性，可以从一个承载平台移植到另一技术终端，且原作的风格面貌基本保持不变。为了争取更好的用户体验，目前游戏公司的普遍做法是配合不同终端推出同一游戏的不同版本，从而实现跨屏互动。

按照接入方式不同，数字游戏可以分为单机游戏和网络游戏。按照终端不同，可以分为电脑游戏、手机游戏、电视游戏、街机游戏和掌机游戏。按照内容不同，又可分为动作类游戏、角色扮演游戏、益智类游戏等。中国音数协游戏工委与中国游戏产业研究院发布的《2020年中国游戏产业报告》显示：2020年，中国游戏市场实际销售收入2786.87亿元，比2019年增加了478.1亿元，同比增长20.71%，保持快速增长。用户规模达6.65亿人，同比增长3.7%。[①] 5G时代的来临与移动互联的深度使用使手机游戏成为当前接受度最高的游戏形式之一，移动游戏也成为中国文化产品出口的一大特色，在中国自主研发的移动游戏海外地区收入分布中，美国、日本、韩国的收入占比已超过六成，其中，美国在近两年都是中国游戏企业出海的重要目标市场。

目前较为前沿的数字游戏模式是VR游戏。VR游戏建立在虚拟现实技术基础之上，通过外接设备，如数据头盔、数据眼镜、数据手套等的中介作用为玩家营造非凡的感官体验。此外，互动叙事游戏作为一种新兴的游戏类型也得到了市场与玩家的肯定。以《隐形守护者》为例，游戏通过影视剧的叙事方法将剧情选择融入游戏进程，具有真实感与精致感的镜头影像为玩家带来了不同于常规游戏的代入感与沉浸感。主打与现实场景相结合的AR游戏同样具有光明的发展前景，游戏、竞技与运动元素的创新融合有利于游戏产业与健康产业嫁接，使玩家在娱乐之余得到身心双重锻炼。

当游戏引擎工具的整合性与功能性得到提升，开发游戏变得如同玩游戏一样简单，Epic Games公司将虚幻引擎4面向所有用户开放，它不但提供了游戏、动画及虚拟制片的工具和资源，更提供了一套完整的创作生态，无论独立开发者还是开发团队，只要是对游戏创建或3D动画感兴趣，都可以借助虚幻引擎的开发优势，以其自带的工具集和各种内嵌的系统参与到数字内容产品创作与研发中来。

第三节　新媒体艺术的娱乐化传播

科学技术的发展将艺术生产引领至机械复制时代，当艺术品复制过程的便捷性导致其

① GAMELOOK：《2020游戏年度报告首发：市场收入2786亿增20%海外首次破千亿》，2020年12月17日，http://www.gamelook.com.cn/2020/12/408846，访问日期：2021年5月26日。

灵韵的消失，艺术品的膜拜价值逐渐被展示价值所取代，艺术开始走下神坛，从崇拜的对象变为消费的对象，其神圣性与权威性被瓦解，其审美功能与教化功能让位于娱乐功能。在大众传播媒介的扩散作用下，艺术脱离了精英主义疆界进入普罗大众的世俗生活之中。

一、新媒体艺术的影响

新媒体艺术突破了传统艺术范畴，为艺术赋予新的文化与社会功能，并以对人与人、人与自然、人与社会、文明与文明等主题的关注传达艺术自身具有的责任感与使命感。除了为艺术本体带来技术性变化，新媒体艺术还能够折射出蕴含于技术当中的权力关系，这也成为影响国家与民族审美形态的一大要素。

（一）冲击传统艺术

传统艺术是精英文化的艺术表征，它通过艺术创造和艺术感知区隔人群，对于无法获得审美感受的个体或群体，传统艺术通常将其摒弃在外。某种程度上讲，以经典、高雅著称的传统艺术代表着知识精英阶层的审美旨趣、文化固守与价值追求，因此，现代艺术甫一出现，即以激进性与颠覆性动摇了传统艺术的文化地位。

当马塞尔·杜尚（Marcel Duchamp）在男用小便器现成品上署名，并将其命名为《泉》（Fountain）而作为艺术品进行展示时，艺术的概念便受到了前所未有的冲击，“艺术的终结”问题引发了广泛的讨论。最早提出这一问题的是哲学家黑格尔（Georg Wilhelm Friedrich Hegel），关于艺术发展的前景，黑格尔首先从绝对理念出发，将艺术分为三种类型：象征型、古典型和浪漫型。他认为，当浪漫型艺术进一步发展之后，内容与形式的分裂不但会消解浪漫艺术，也会导致艺术本身的解体，这样，艺术让位于哲学，从而使自身终结。分析哲学家阿瑟·丹托（Arthur Danto）以现代主义和后现代主义艺术为考察对象，再次对“艺术终结”命题进行论证，他认为现代艺术模糊了艺术品与日常物品的界限，从而抹平了艺术与非艺术的界限，当对“艺术是什么”进行追问时，艺术就终结在了哲学之中，这种终结正是哲学对艺术的剥夺，这里，传统艺术的神圣性与崇高性被消解。

在艺术创作层面，传统的艺术观念也受到了冲击，一般认为，艺术实践产生的作品，或曰艺术品应该是一个完整的、可触摸的、客观存在着的实体。但在新媒体艺术中，作品不再是一种完成形式，它的创作过程在欣赏者的参与中不断延续，同时，欣赏者的个体差异也会导致作品形成互不相同的、拥有独立外部形态的单件作品的集合，其交互性、瞬时性与非线性特征异常鲜明。新媒体艺术与传统艺术最大的区别在于，它的作品可以是无实体的虚拟形态，这种作品形式颠覆了艺术作品的经典定义。随着新媒体艺术逐渐为大众熟知，艺术与日常生活交织在一起，科学技术与艺术创作之间无法进行严格划分，在艺术世界，信息的传播方式、人与人的交流方式、人对世界的认识方式等都因此发生了质的改变。

尽管新媒体艺术在表现形式、创作主旨以及审美过程等方面与传统艺术存在差异，但就艺术的本质而言，其目标都是对美的表达与体验，新媒体艺术不过是以更加前卫的姿态放大了传统艺术的闪光点，以一种看似背离的方式进行艺术传承。

(二)赋予艺术新功能

新媒体艺术实现了艺术的世俗化,在产生之初,它就无限贴近大众文化,从而带来受众感知方式的转变。新媒体艺术的发展走势暗含着一条隐形的线索,那就是大众文化、传媒文化、网络文化三者相互影响、相互作用,道德力量却在一定程度上丧失了其原本具有的意义与价值。例如,数字技术可以随意对经典艺术作品进行修改,产生能够表达个人创作理念的多种版本;互联网写作、绘画、剪辑等创作方式已经成为一种新的文化风尚而被年轻人追捧。这种创作的自由根源于文化的独立性和自主性。

数字技术的飞速发展令传统的美学标准变得更加开放,并逐渐与现代人的审美品位相适应。新媒体艺术强调艺术的亲和力,将艺术作为服务大众的文化手段之一。互动性即为新媒体艺术走向大众艺术的标志,它不仅体现为艺术表现形式的改变,同时也代表着一次审美经验的跃升,诱发人们的审美观念与审美心理诉求相应地发生变化。"在新媒体艺术审美过程中既有审美性的美感认知,也有非审美性的生理快感体验",①尽管生理快感中存在着某些不会直接产生美感信息的要素,但这些要素却能够辅助和强化美感体验的发生,促进审美活动产生积极的效果。

新媒体艺术的亲和力及综合性使它与时尚文化联系密切,这些特性会吸引大众参与其中,一时间,普罗大众聚集已久的表达与表现的欲望得到了彻底释放,一大批爱好者投入到并不十分成熟的新媒体艺术领域,艺术之美不再由少数人创造和独享,人们开始寻求以个人化的方式呈现自身对于艺术与生活的理解。当艺术可以由多数人创造并得到多数人的理解,艺术于社会和文化发展而言便具有一种正向推力。新媒体艺术具有高度的技术支撑性,这使作品的完成不必完全依赖专业化的个人技能培养过程,为普通人参与艺术创作提供了方便。

(三)技术引发的文化入侵

在新媒体时代,对技术的迷恋与崇拜使技术价值压倒了文化与艺术价值,传统知识体系的数字化、符号化令观念的符号价值超过了其主体本身,技术话语权的把控将它们所承载和推崇的价值观体系同时推向了消费市场与观念世界,传统的文化精英意识让位于技术精英意识。

在现代社会,技术发展水平已成为衡量综合国力的重要指标,少数掌握尖端技术的国家不遗余力地在世界范围内推广他们的数字技术,但却将技术的核心内容牢牢掌握在自己手中。在全球经济一体化背景下,国家的文化权力更多地借由商业文化与大众文化推行,人们在消费某种产品时,也在毫无察觉中接受着其所蕴含的文化观念。例如好莱坞影片向世界各地进军时,其所负载的价值观、文化理念和生活方式也同时传向了世界各地。

现阶段,商业资本更强调新媒体艺术的时代性与前沿性,并将文化话语权力赋予其中,认为技术优势是打造文化帝国的最佳工具,它将自身的文化特征倾注在文化产品之中,以非对抗形式隐藏文化冲突,令接受者在看似平等的关系中寻求信任与认同,当文化帝国的价值

① 滕锐:《从"亚审美性"看新媒体艺术审美嬗变及发展趋势》,《山东社会科学》2018 年第 12 期。

理念成为某种信仰,经济效益与社会效益的最大化便唾手可得。

实质上,新媒体艺术赋予人们话语权力的同时并没有实现权力的平等。当权力隐藏在数字产品和技术优势背后,人们毫不抗拒地消费着制造者所推行的文化理念并将其内化为自己的价值取向,新媒体艺术及其相关产品就完成了意识形态的垄断,在虚拟的世界中把控着至高无上的文化权力。因此,我们应对技术与文化进行联动考察,警惕由技术带来的文化入侵与文化控制。

二、新媒体艺术的娱乐转向

娱乐是一项特殊的精神活动,其目的在于满足人类追求快乐的生存本能。提供娱乐既是艺术的功能之一,也是大众传播媒介的功能之一,新媒体艺术因此天然被赋予娱乐属性。然而随着数字技术和互联网技术的突飞猛进,新媒体艺术的娱乐功能偏向逐渐成为其主要特征,不可否认,娱乐需求的满足已成为新媒体时代大众文化消费的主要动力。

(一)互联网的泛娱乐倾向

技术的革新带来人类认知世界方式的改变,新媒体,尤其是网络媒体的诞生与应用改写了人类的生存方式、思维方式和交往方式,在这样一个充满诱惑与迷思的网络环境中,“泛娱乐化成为新媒体时代的鲜明表征”①。

互联网的连接方式形成了去中心化的结构与现象,在网络世界,个体相当于节点,节点之间可以实现自由连接、自由选择,所以说,网络的去中心化并非舍弃中心,而是指中心位置的可变。在一个连接单元中,中心不是永久固定的,每一个节点都可以成为中心,这种平等、开放的系统关系消解了中心的强制性与权威性,为网络社会带来了亘古未有的自由与民主。

网络突进令大众文化超越传统文化、精英文化和主导文化,成为当下最具活力的文化形态。大众文化立足当下,体现出相对独立的大众意识,它具有反抗性、批判性,同时极富狂欢意味,从而为自身娱乐功能的发挥提供了精神主线。

大众文化的娱乐倾向早在电视时代就已众目共睹。20 世纪 80 年代,尼尔·波兹曼(Neil Postman)曾提出,在电视的作用下,人类已成为娱乐至死的物种。娱乐是电子时代的一种思想体系,“它带给我们一种新的生活方式以及一系列新的关系和观点。对这一切我们没有表示同意,也没有表示反对,我们没有进行任何讨论,我们只能顺从”②。电视的技术手段和传播方式令人们对爆炸式的视听信息输入应接不暇,人们在信息流的冲击中丧失思考与追问的能力,而以娱乐化的方式将人类的一切严肃问题呈现在大众传播媒介之中。

当人类传播进入互动时代,网络为人类创造出光怪陆离的虚拟世界,以多媒介融合的方式满足人类多重感官快感的需求,这种迎合的姿态助长了娱乐功能的大行其道。当浏览、转发、复制、拼贴成为低成本的艺术创新,当赞、顶、刷、踩成为最直观的艺术批评,新媒体艺术

---

① 靳琰、孔璐璐:《新媒体语境下的网络泛娱乐化机理探究》,《现代传播(中国传媒大学学报)》2016 年第 12 期。

② 尼尔·波兹曼著:《娱乐至死》,章艳译,广西师范大学出版社,2004,第 203 页。

的娱乐偏向便成为再自然不过的事情。

（二）娱乐产业的价值追求

文化形态的地位变迁和交往方式的一改故辙为新媒体艺术的娱乐倾向提供了文化基础，更重要的是，娱乐产业本身所蕴含的利润空间吸引新媒体艺术走向了娱乐化道路。

在后工业时代，文化产业成为刺激经济增长的新领域，它不像传统产业那样依赖物质世界，而是更具属人特征，以人类的智力、想象力、创造力形成产品并取得经济收益，这对世界经济与文化均产生了深刻影响。

生产力的发展和物质生活水平的提高增加了人们的经济收入、延长了闲暇时间，文化消费于是成为人们的普遍需求。在市场经济运行机制下，大众文化自身的商业潜能焕发生机，在追求利益最大化的根本法则面前，文化产品的竞争优势得以充分发挥，规模化生产使文化产品的内容与形式固定、雷同、单调、肤浅，但因满足了人类感官的快乐需求而拥有大部分市场份额。在此背景下，艺术作品的价值评判标准不再是其思想性、批判性、独立性与超越性，而是经济效益统领下的上座率、收视率、热度、好评度等量化指标。于是，符合传统艺术精神的艺术探索与艺术实践仍然曲高和寡，基于大众审美趣味生产的通俗文化产品则成为出品单位及利益相关部门谋求经济收益的“撒手锏”。

当艺术与技术和商业资本合流，建立在新媒体艺术基础上的数字娱乐产业成为生产者与消费者的宠儿。数字娱乐产业是新兴文化产业价值链中的重要组成部分，以网络游戏、网络音乐、网络文学、数字影视、动画、漫画等为主要内容。在我国，数字娱乐产业的发展同样成为拉动经济增长的新的产业风口，2017 年中国国际数字娱乐产业大会就以“娱乐升级全民消费时代到来”为主题，提出全民娱乐的井喷时代已然来临。

（三）娱乐需求的全方位满足

根据马斯洛（Abraham Harold Maslow）的需求层次理论，人类的需求由低级到高级分为生理需求、安全需求、社交需求、尊重需求和自我实现需求，当人类的低层次需求得到满足后，更高层级的需求才会被激活，因此，人类需求的满足具有层级性特点。结合马斯洛的理论考察娱乐产品，我们会发现，它覆盖了人类需求的多个层级，几可视作全方位的需求满足。

新媒体技术的发展使娱乐内容以超越时空、超越物质、超越身体的方式普遍化、类同化，相比生理需求的满足，娱乐产品更注重对现代人心理的慰藉。在新媒体时代，数字化创作使作品能够作用于人类的全部感官，通过感觉和知觉满足浅表层次的感官需求，进而达到愉悦身心的最终目的。以数字游戏为例，根据 2020 年 9 月中国互联网络信息中心发布的第 46 次《中国互联网络发展状况统计报告》显示，截至 2020 年 6 月，我国网络游戏用户规模达到 5.40 亿，占整体网民的 57.4%。游戏之所以具有如此惊人的吸引力，主要是因为其所带来的身心满足——身体的快速协调动作有利于缓解紧张或压抑的情绪，游戏过程中的社交行为成为现代人际交往的新形式，游戏技巧的掌握和成功完成任务时的高峰体验能够带给人们成就感与满足感，游戏用户与非游戏用户的区分为个体赋予不同的身份标签，集结于不同游戏而形成的玩家群体常会形成共同话题，从而使个体产生归属感并获得认同……

对新媒体艺术的娱乐功能，我们应持理性态度，既不过分沉迷也不全盘否定，它是艺术发展过程中主体功能的自由发挥，我们要做的不是推崇它或禁止它，而是在享受的同时努力保持清醒，不在“热爱的东西”①中放弃思考。

本章思考题

1. 浅析新媒体艺术与数字艺术的异同。
2. 简述新媒体艺术的传播特征。
3. 如何理解新媒体艺术的娱乐功能？
4. 如何理解新媒体艺术与技术的关系？

本章参考文献

1. 阿瑟·丹托．艺术的终结之后——当代艺术与历史的界限[M]．王春辰，译，南京：江苏人民出版社，2007.
2. 尼尔·波兹曼．娱乐至死[M]．章艳，译，桂林：广西师范大学出版社，2004.
3. 郭建庆．中国文化概述[M]．上海：上海交通大学出版社，2005.
4. 陆蓉之．“破”后现代艺术[M]．上海：文汇出版社，2002.
5. 潜龙编著．游戏设计概论[M]．上海：科学出版社，2006.
6. 童芳．新媒体艺术[M]．南京：东南大学出版社，2006.
7. 张朝晖、徐翎．新媒介艺术[M]．上海：人民美术出版社，2004.
8. 毕宇娟、吴健．新媒体艺术的非线性趋势[J]．艺术理论，2007(10).
9. 孟卫东．新媒体艺术生存和发展的当代背景[J]．安徽师范大学学报，2009(1).
10. 徐修玲．新媒体艺术特征分析[J]．东南大学学报，2005(12).
11. 许鹏．新媒体艺术的理论误读辨析[J]．文艺研究，2008(2).
12. 许鹏．新媒体艺术研究的理论设定与网络文学的研究视野[J]．中国人民大学学报，2013(1).
13. 周啸虎，皮力．新媒体艺术的含义——周啸虎视频作品的12个问答[J]．苏州工艺美术职业技术学院学报，2004(1).
14. 靳琰，孔璐璐．新媒体语境下的网络泛娱乐化机理探究[J]．现代传播(中国传媒大学学报)，2016(12).
15. 官承波主编．数字媒体艺术导论(第二版)[M]．北京：中国广播影视出版社，2019.

① 尼尔·波兹曼著：《娱乐至死》，章艳译，广西师范大学出版社，2004，第2页。

第十一章

新媒体广告与营销

扫码可见
第十一章PPT

第一节 新媒体广告

一、新媒体广告的定义

(一)新媒体广告的内涵与外延

新媒体广告,简单来说就是在新媒体上发布的广告,它依托于数字技术、网络技术、移动通信技术和智能技术,利用新媒体的交互性、参众性、精准性等特征,基于桌面互联网媒体、移动互联网媒体、新型媒体和智能媒体等平台而传播。社交媒体时代,广告已不单单是广告主与广告公司的封闭式流程运作,广告创意与制作开始向受众开放,并依托网络形成话题,广告投放后又引发网民的线上转发与“解构”,进而形成二次传播。

根据艾瑞咨询2019年度中国网络广告核心数据显示,中国网络广告市场规模达6464.3亿元,网络广告产业生产力依然旺盛,预计2022年市场规模突破万亿元大关。2020年受全球疫情影响,大众的触媒习惯和时间更多集中在网络媒体,因此预计线下广告收入将进一步缩减,这也推动广告主将更多的广告预算向线上倾斜。流量进一步向移动端倾斜,广告主伴随用户关注度转移,2020年移动广告逐渐进入平稳发展期,其在网络广告中未来占比超85%。并且艾瑞分析认为,短视频行业的流量快速增长及商业化进程的加速吸引了大量广告主的关注,预算向短视频平台倾斜明显,信息流广告发展速度保持高位,未来五年内,网络广告诸多广告形式或将逐渐呈现信息流化。①

2019年6月,工信部向中国电信、中国移动、中国联通、中国广电发放5G商用牌照,同年11月,三大运营商正式上线5G商用套餐。5G技术具有高速率、高可靠、低时延和低功耗等特点,其应用与移动互联网可进一步使用户与外界世界的联系做到完全的沉浸式交互,正如学者彭兰所言:5G技术将进一步推进移动化与智能化这两大媒体发展的趋向,并使得二者交织、融合,在5G推动的传播变革中,“物”所扮演的角色将尤为突出。② 以5G为导向的移动

---

① 艾瑞咨询:《2020年中国网络广告市场年度报告》,2020年8月22日。

② 彭兰:《万物皆媒的5G时代,“物”对传播的再塑造》,《探索与争鸣》2019年第9期。

互联网环境为广告提供了更为强大的技术和平台支撑，它使得广告投放愈加精准化和个性化，移动媒体与报纸、电视、杂志、广播等传统媒体从内容、渠道到终端的多元融合，不仅促进了传统媒体的数字化变革，也使移动媒体、智能媒体成为当下广告内容与营销创新的必然选择。

（二）相关概念辨析

1. 新媒体广告与互动广告

互动广告指广告不再仅仅单向传递产品卖点，更包含了受众对广告与产品的讨论、互动等反馈：受众可根据个人需求直接操控广告、选择想要观看的内容，而广告恰好能提供此弹性选择机会。互动广告并非新媒体时代的产物，但借由数字互联网技术，互动广告由以往的“穷”互动变身为“富”互动，受众可通过视觉、听觉、触觉、嗅觉及形体、手势或口令等多通道接受和反馈信息，获得身临其境的体验，广告传播效果因而大大提升。

2. 新媒体广告与原生广告

2013 年，美国互动广告局（IAB）发布的《原生广告手册》中提出原生广告“与页面内容一致、与网页设计一致、与受众在平台上的行为一致”，并将其划分为 6 种类型——In-Feed 广告、付费搜索、推荐工具、促销列表、广告内的原生单元、定制单元。国内则有学者将原生广告界定为“内容风格与页面一致、设计形式镶嵌在页面中，同时符合用户使用原页面的行为习惯的广告”，认为原生广告能“切实提供有价值、用户感兴趣的内容”，并“在设计和制作上与所在媒体的内容相匹配，更加自然地融入用户的使用情景”①。

在广告形式划分上，国内有学者将其划分为第一代和第二代原生广告：第一代包括图文信息流和视频音频信息流广告，如微信信息流（Feeds）广告、H5 广告等，此类广告最为常见，即在内容上依据用户点击和浏览行为数据、对受众进行点对点营销，在传播方式上则顺应受众媒体使用习惯、潜移默化地将广告融入受众浏览的信息中。第二代原生广告则以受众需求为基础，更突出广告内容的定制化和场景化特征，如定制专题内容、动画特效广告等。

因此，原生广告是属性、内容与形式原生的集合，它摆脱了广告内容对媒体形式的寄生性和依附性，不做闯入式或隐蔽式劝服，而是通过“融入用户体验”，使广告信息与媒介内容融为一体，因此在移动端具有天然优势。因而原生广告不止是一种新的广告类型，更是一种新的广告理念和传播思维，是对广告内涵的全新拓展。

二、新媒体广告的基本形态

对应新媒体的四种形态，新媒体广告按投放形式也相应地分为：网络新媒体广告、移动新媒体广告、新媒体互动广告以及新型媒体广告。

---

① 金定海、徐进：《原生营销：再造生活场景》，中国传媒大学出版社，2016，第 30 页。

（一）网络新媒体广告

网络是新媒体的主要代表形态，因此，网络广告自然也是新媒体广告的主要组成部分。按照具体的表现形式，网络广告可分为不同的类型。常见的有展示类广告、搜索类广告、SNS广告、E-mail广告等。这类新媒体广告在早期属于较为新颖的形式，但近几年已逐渐失去新媒体广告的代表性。

1. 展示类广告：网络广告中最常见的是展示类广告，这类广告包括旗帜广告、按钮广告、插播广告、网络视频广告等。

2. 搜索类广告：搜索类广告指的是利用搜索引擎平台投放的广告，最常见的形式是关键词广告，通常通过竞价排名销售。

3. SNS广告：SNS，即"Social Network Site"，社交网站。指的是一个构建人们的社会网络或社会关系的平台，人们借此来分享自己的兴趣与活动、背景，或者建立实时的联系。

4. E-mail广告：E-mail广告指通过互联网将广告发到用户电子邮箱的网络广告形式，针对性较强，传播面广，是直邮广告在网络时代的新形式。

（二）移动新媒体广告

移动新媒体广告，简称移动广告，指以智能手机、平板电脑等此类移动端为代表的信息接收终端上的广告。2013年，工信部正式向中国移动、中国电信、中国联通颁发了三张TD-LTE制式的4G牌照，我国正式进入4G时代，智能手机开始普及。在智能手机普及之前，移动终端以普通手机和功能手机为主，可接受短信类手机广告。自2G时代以来，以Symbian、Palm、Windows Mobile等系统为主导的智能手机进入大众视野，手机可接入互联网，手机网络广告出现。3G时代以来，新型智能手机发展，客户端取代了"打开浏览器，输入网址"的应用模式，智能手机也由传统意义上的通信工具向着移动端的网络接收终端发展，WAP类广告、业务嵌入类广告、手机内置广告不同移动端手机广告出现。近些年一些新兴的广告类型为移动广告领域带来一股清新之风，主要包括以下几种：

1. H5广告

H5是Html5的简称，Html全称为Hyper Text Mark-up Language，即"超级文本标记语言"，它是一种基于互联网的网页编程语言，从1994年万维网发明至今，它逐渐成为网页编程的行业规范。Html目前已历经了5次重大修改，直到2014年10月Html5才最终定稿并在全球推行，是唯一通用于PC、Mac、iPhone、Android、Windows Phone等主流平台的跨平台语言，主要传播途径为手机或平板电脑等移动平台。H5广告泛指在移动端传播的带有特效、生效、互动体验的Web网页，其在微信上均以轻应用的形式出现，即无须下载和安装App，即点即开，具有跨平台、开发时间短、互动性强、病毒式传播等特点，可通过用户自发分享与转发形成多级传播，更是能引发病毒式的扩散，形成井喷式的转发和传播。目前微信等社交平台是H5广告最主要的承载媒介。

2. 信息流广告

信息流即News Feed，信息流广告又被称为Feeds广告、In-Feed广告，是一种较为典型的原生广告。2011 年，国外社交媒体巨头 Twitter 和 Facebook 最先推出此类广告，随后，国内新浪微博、微信朋友圈相继投放信息流广告。它在受众注意力较高的信息流区域（如微信朋友圈）插入广告，经过“伪装”，与媒体本身的内容、功能融为一体，使自身看起来既不突兀也不对受众过分干扰，具有“非强插”和“类天然”的传播方式，能较好地平衡商业传播与用户体验间的矛盾，对受众、广告主、广告媒体三方均有利，因此常被戏称为“最不像广告的广告”。与其他原生广告相比，信息流广告的最大价值在于其投放是基于用户大数据和程序化购买之上，是“基于大数据的精准社交媒体广告”，如 2015 年 1 月 25 日试水的微信朋友圈广告引擎就从“高活跃度”“常参与广告互动”两个评分维度精选了一批高品质种子用户作为第一批曝光对象，且在此基础上依据地域、性别、年龄、设备、兴趣图谱等数据实行差异化广告推送，这致使不同受众的朋友圈接收到不同的广告内容，并引发受众热议。

3. LBS 广告

LBS（Location-based Service）位置服务又称基于用户当前位置的服务。LBS 广告是商家利用位置服务（LBS）和全球导航卫星系统（GNSS）等基础设施，将广告发送到用户的手机、PAD、平板电脑等移动设备上，以实现在特定的地理位置附近向消费者推送有针对性的广告内容的目的。广告主可通过电信运营商提供的通信网络，使用 GPS 等技术获知用户地理位置信息，从而在合适的时间、合适的地点为合适的人群推送有价值的信息，大众点评 App 即是利用 LBS 应用进行广告营销的成功案例。LBS 还可与其他新媒体技术相结合使用，比如通过与增强现实技术（AR）的结合，将受众所处周围环境中的商业信息叠加于所拍摄到的实景图像中，这样能使广告不露痕迹却又不被忽略地融入受众日常生活，由此大大拓展了广告的时空场景。台湾信义房屋曾推出“iPhone 看屋”App，用户用手机拍摄街景，屏幕上可立即浮现周围待售楼盘的价格、面积、布局、户型、促销、地理位置、交通路线等信息。①

4. 短视频广告

短视频广告即以目前流行的短视频实现营销目的的广告形式。根据艾瑞咨询数据显示，2018 年短视频营销市场规模达到 187.9 亿元，同比增长率搞到 732.8%，这源于 2017 年和 2018 年头部短视频媒体平台在短视频营销上的信息流商业平台搭建，提供了大量的短视频营销信息流变现机会。例如我国当前短视频巨头之一快手以双列模式和标题封面形成高互动频率的不同用户圈层，营造较好的网络社区氛围，根据用户喜好推送短视频广告。而由于短视频播放时长限制广告叙事模式，如何利用短视频传播特性突出商品或企业形象特质尤为关键，例如腾讯与人民网于 2019 年国庆节期间联合推出《我的年代照》活动，用户可以先通过 H5 生成静态年代照，在 H5 结果页面点击下方的“上微视，让年代照动起来”可跳转到腾讯微视“我的年代秀”话题，选择“我也要拍”进入拍摄页面，或直接在腾讯微视点击“+”进入拍摄页面，在“模板”中选择“我爱你中国”模板进行照片上传，即可生成“动态年代照”短视频，从而使这一波具有年代感的“回忆杀”动态化传播。

① 莫梅锋、刘潆檑：《论增强现实广告的作用机理》，《包装工程》2015 年第 4 期。

图 11-1 《我的年代照》短视频广告

（三）新媒体互动广告

新媒体互动广告可分为两大类：一类是互动电视广告，另一类是跨屏互动广告。互动电视又称交互式电视，是基于数字电视和宽带网络技术的新一代电视，能提供可点播的具有高度个性化和互动性的精彩节目，带来全新的收看体验。作为依托于传统媒体的新兴形态，在互动电视上投放的广告亦属于新媒体广告。与传统电视广告相比，互动电视的内容量、自由度优势使得互动电视广告具有了更灵活、更主动的传播特点。

跨屏互动广告则将电视屏、电脑屏、智能手机屏、平板电脑屏、户外显示屏等多个智能终端相互连接，受众可通过有意识地参与跨越两屏或以上的广告内容，实现对完整广告信息的接收、衔接、反馈与分享等双向互动。① 这样不仅能为受众提供新鲜有趣、立体多面的互动体验，还能实现传统广告与新媒体广告的有效联动，如在电视广告中未能完全展开的剧情可扫描到移动终端屏幕中进一步观看。

游戏内置互动广告是一种以线上游戏的用户群为基础，在游戏中适当的时间、适当的位置上出现的全新广告形式。游戏内置广告可以分为四种形式：客户端广告、游戏内赛场广告、读取画面广告和游戏内道具推广。

总体来说，新媒体广告与互动广告涵盖范围互有交叉，新媒体广告主要是从广告媒体层面定义广告形态，其中基于受众参与视角而设计的广告即为新媒体互动广告；互动广告则着眼于交互式的广告传播方式，它在传统媒体与新媒体中均可存在，其中利用网络技术、AR 技术等新媒体技术而设计的广告为互动新媒体广告。

① 谷虹：《品牌智能：数字营销传播的核心理念与实战指南》，电子工业出版社，2015，第 83 页。

（四）新型媒体广告

按照新型媒体的具体形态，新型媒体广告可分为新型户外广告、楼宇广告以及车载移动广告三种。

1. 新型户外广告

作为最古老的广告形态，户外广告由传统的招牌/路牌广告、灯箱广告、电子显示屏广告等形式向依托更多元、现代化、交互式的户外广告发展，较为常见的技术包括全息技术、体感技术、VR/AR 技术、视讯技术等，这些技术的应用开创了户外广告的新时代。这使得户外广告一方面可运用新材料、新技术，突破二维、三维空间限制；另一方面由“静态告知”变为“互动呈现”，引导受众去感觉和体验。依据呈现方式的不同，新型户外广告可分为以下四种：

（1）游戏式户外广告

即通过户外互动游戏的形式使受众感知和体验到广告信息，这种游戏既可以是借助全新技术设计的户外互动游戏，也可以是为广告主量身打造的定制式互动游戏。以瑞典麦当劳候车亭拼图广告为例（图 11-2），广告牌通过多点触控技术呈现给受众一个杂乱无章的拼图游戏，未完成的拼图吸引受众驻足将其完成，在为受众带来乐趣的同时，还能引发其直接购买行为——如果能顺利完成拼图，则有可能赢得 1 欧元换购一大杯咖啡的机会。

图 11-2　麦当劳候车亭拼图广告

（2）影像式户外广告

通过户外的数字广告设备，利用影音、视频等形式为受众提供或惊艳或互动性强的视觉信息。图 11-3 为英国航空公司名为“魔幻旅行”的户外广告，在位于伦敦皮卡迪利广场的户外显示屏上，每当有航班飞过，画面中的小男孩就会从地上爬起来，用手指着空中的航班，一路追过去，画面中同时显示出每一架航班的飞行编号、始发地或目的地。这条广告实际通过雷达定位技术以及被设计过的视觉错位完成的：制作团队在广告区域内安装侦测装置进行实时监测，当侦测到航班信息后通过数据传输到触发装置最终呈现出小朋友追逐飞机的效果。

图 11-3　英国航空公司“魔幻旅行”户外广告

(3)模型式户外广告

此类广告将模型、道具等作为广告传播载体，使消费者通过使用或体验模型，深入了解产品信息与品牌理念。传统模型户外广告以热气球、飞艇等为载体，新型户外广告的载体则更强调用户的亲身体验。比如，索契冬奥会上的3D脸部展馆几乎引起了每一位游客的互动(图11-4)，这个名为MegaFaces的装置通过数字化面部扫描生成游客面部的3D图像，也就是说，当游客经过时，其面部会在MegaFaces上立体成像并动态呈现，每一个过路者都可获得超大尺寸的个人面部雕塑，带给平凡人不可想象的仪式感。在冬奥会期间，超过14万游客的自拍头像曾经出现在3D脸部展馆。

图 11-4　索契冬奥会3D脸部展馆

(4)定制式户外广告

定制式户外广告主要指通过精准的受众识别，为路过的不同受众有针对性地提供广告服务。例如，生产感冒药的企业Beechams曾在伦敦设置了17块大型户外屏幕，并配有温度感应计，在广告推出的12月份，只有当温度下降到10摄氏度以下时，其感冒药信息才会在屏幕上显示。纽约Immersive Labs创业公司更是通过人脸识别技术，识别出广告观看者的体貌特征、观看时长等信息，并据此分析其消费需求，播放与观看者匹配度最高的广告，这与微信朋友圈基于大数据的信息流广告具有相同的技术本质。

2. 车载移动广告

随着我国城市化进程的加快，上班族通勤时间日益延长，“在路上”的人群越来越多，交通工具成为一个普遍化的广告媒介。车载移动广告即是指在交通工具如汽车、公交车、地铁、高铁等中出现的广告，它主要分布于车身、车顶、车后窗、车内等位置。形式有图片式，如贴满车身的广告图片；电子显示屏，如位于车顶的 LED 屏；电视，如装置于前排驾驶座后背的车载移动电视，以及其他多样化的广告形式与规格。

3. VR 或 AR 广告

虚拟现实（Virtual Reality，VR）技术或增强现实（Augmented Reality，AR），将虚拟的信息应用到真实世界，把真实的环境和虚拟的物体实时叠加在同一个画面或空间上，为受众带来前所未有的感官体验，例如麦当劳曾推出 VR 眼镜盒子“Happy Goggles”，消费者购买儿童套餐后可将套餐盒自己组装成 VR 眼镜盒子，消费者可搭配智能手机完成观看体验；再如招商银行曾联合手机游戏“王者荣耀”推出“王者荣耀铠 AR 信用卡”，卡面元素来自游戏《王者荣耀》，在铠的胸口镶嵌着一颗珍贵的欧洲进口蓝水晶，使用掌上生活 AR 扫一扫卡面即可召唤“铠”。

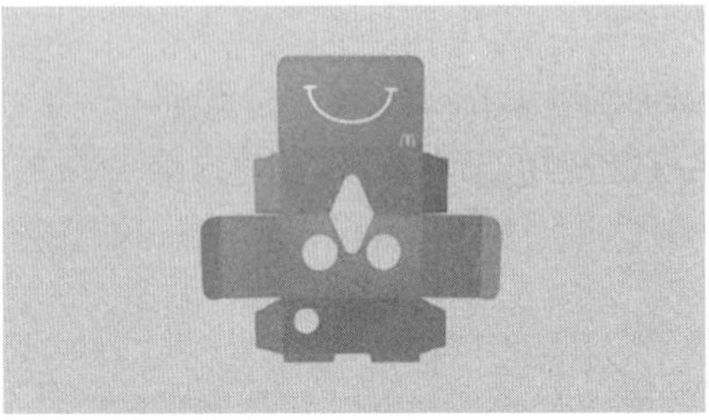

图 11-5　麦当劳 VR 眼镜盒子“Happy Goggles”

图 11-6　招商银行“王者荣耀铠 AR 信用卡”

4. 程序化创意广告

近年来，随着人工智能技术的不断发展，行为定向广告开始兴起，随之程序化购买推动的程序化创意广告成为热潮。行为定向广告指的是找出潜在目标客群的共同行为特征，通过相关网站将广告投放给具有共同行为特征的受众。程序化购买指的是通过广告技术平台自动执行广告资源购买的流程，其实现途径依赖于需求方平台（DSP）、供应方平台（SSP）和广告交易平台（Ad Exchange），并通过实时竞价模式（RTB）和非实时竞价模式（Non-RTB）两种交易方式完成购买。而程序化创意是指一种由数据和算法驱动，通过对广告创意内容进行智能制作和创意优化，从而整合互联网创意产业上下游的技术。

三、新媒体广告的优势及不足

（一）新媒体广告的优势

第一，定向投放，精准传播。新媒体广告依托互联网建立起用户数据库，从而帮助广告主筛选出目标用户群，并做到基于有效接触点整合和问题场景植入的精准投放，在较少引起用户对广告反感的同时，大大提高传播的精准性，即所谓“只选对的，不选贵的”。

第二，双向互动性。互联网打破了时间和空间的限制，打破了传播者与受众之间的界限，受众不再是被动的一方，而具有了同等的话语权和行动力。在这方面表现最为突出的即为在线互动游戏广告，通过在游戏道具中植入商品的真实内容，让作为潜在消费者的玩家在虚拟空间中体验产品、与产品进行互动，进而产生购买欲望。

第三，传播速度快、范围广。互联网所具有的跨时空性让麦克卢汉的“地球村”预言成为现实，这给新媒体广告的传播带来了前有未有的传播速度与广度。

第四，创意空间大。互联网的多媒体特点为广告的制作与传播提供了多样化的发展空间。依托于富媒体技术，如流媒体、Flash动画、Java等程序语言，新媒体广告可以采用动画、音频、视频等综合的表现方式和传播方式，给用户更为精彩的视听体验，进而提升传播效果。

（二）新媒体广告的不足

第一，单方发布。在网络广告中，广告发布者为了提高广告点击率，大多以互动性差的“弹出式”广告吸引消费者，消费者完全处于被动地位。

第二，不良内容多。新媒体广告有着常规媒体难以比拟的交互性强、覆盖面广、针对性强、便于统计、价格低廉等优点，存在着巨大的利润空间。也正因为此，新媒体也往往成为不法商家发布虚假、违法广告的渠道。

第三，监管难度大。新媒体广告的快速发展与相关法律法规的滞后，使执法机关对其监管难度较大。由于没有明确新媒体广告发布、审查、监管的程序，因此任何单位和个人都可利用新媒体发布广告，第三方监测数据和有效的广告效果评估体系缺失，新媒体广告的法律监管亟待完善。

四、新媒体广告策略

（一）广告内容化策略

相较于传统广告闯入式、侵扰性、强迫式的硬性传播，受众更能接受无痕镶嵌、不对阅读造成过多打扰、在整体形式和呈现风格上与浏览环境较为一致的广告，前面所提到的原生广告即为此类。一条高质量的原生广告，需要将广告和内容有机融合起来，在设计和制作过程中，可以运用数字技术手段准确寻找目标用户并进一步进行内容匹配，也可以采用情景化设计，比如当受众在社交或搜索平台发布关于“婴儿半夜啼哭怎么办”的问题求助时，数据后台自动辨认其为婴幼儿父母，进而针对性地向其推送与奶粉、婴幼儿用品相关的广告、育儿知识。

（二）娱乐趣味化策略

快节奏的生活使得越来越多的人寻求放松、有趣的生活方式，作为现代人生活方式的重要塑造者之一，广告理该顺应这种潮流，放弃单调呆板的强迫式诉求，寻求富有趣味性、娱乐性的诉求。当下，越来越多的品牌开始引入游戏思维，用游戏机制全面再造品牌体验和广告活动，让消费者通过深度参与，在玩乐中对品牌产生深刻印象。如凭借一款手机App——NIKE+Running，耐克把其产品及服务融入游戏化元素，使单调孤独的跑步变成激动人心的游戏。

(三)传播交互化策略

根据艾瑞咨询报告,我国预期互动广告市场于2022年增至114亿元,复合年增长率60.5%,占中国移动广告市场1.2%,广告交互性以其高参与度形式和强趣味性与未知性的内容设计吸引越来越多受众参与广告媒介互动。例如爱奇艺2019年8月在《中国新说唱》第八集节目中上线了行业首支互动视频广告,用户根据个人喜好选择不同广告剧情进入内容分支。

五、新媒体广告的效果

广告效果有狭义和广义之分。狭义的广告效果是指广告所获得的经济效益,也就是广告带来的销售效果。广义的广告效果则指广告活动目的的实现程度,包括广告的经济效益、社会效益和心理效益等。根据测定的时间,广告效果测定又可分为三类:事前测定,即在广告发布前测试广告能否正常稳定运行;事中测定,即在广告投放过程中,广告主需实时监测、动态调控;事后测定,即广告投放接手后,广告主应对及时总结广告传播效果,为下一步广告投放和营销做准备。

在衡量新媒体广告的效果上,还可采用一些新的统计指标,如激活率、连通率、交互性、销售收入等,较常见且准确的为激活率和连通率。激活率指网民点击鼠标激活某一主页或信息的次数,即表明有多少人看到了此广告;连通率指网民点击鼠标激活广告主的旗帜广告而调出广告主的广告网页予以浏览的次数,即有多少人对此广告感兴趣并点击了该广告。这两个指标的衡量标准分别为CPM(千人成本)和CPC(每点击成本):前者指广告投放过程中,载体每到达一千人次的受众量所需要花费的成本;CPC指广告主仅为用户点击广告的行为付费,而不再为广告的显示次数付费。

现在国内网络广告多采用两者结合,以CPC为主的方式。对位置黄金、流量较高的频道采用CPC的方式来计费并提供效果报告,对位置不好的“垃圾广告位”则采用CPM的报价方式,并可大量赠送位置,在效果报告中只提供大致的流量说明。然而,面对日新月异的新媒体广告,上述两种简单的评估标准显然已不够用,因此建立新的评估体系已成为新媒体广告面临的迫切问题。

第二节 新媒体营销

一、新媒体营销及其相关概念辨析

新媒体营销是以新媒体平台为传播和购买渠道,把产品的功能、价值等信息传播给目标消费者,以提升受众认知度和美誉度,从而实现产品销售和品牌宣传目的的营销活动。从本质上讲,它是企业软性渗透的商业策略在新媒体形式上的实现。现如今,新媒体营销平台丰富，从较早的搜索引擎、门户网站、博客，到如今的微博、微信、直播平台等各类 App 都成为其营销渠道。

（一）新媒体营销与传统营销

传统营销以 4P 理论为核心，借助报纸、广播、电视等大众传播媒体进行传播推广。在 4P 理论的四个营销工具中，产品（Product）是指企业提供给目标市场并被他们使用和消费以满足其需求的任何东西，包括有形产品、包装、服务、人员及观念等，或者它们的组合；价格（Price）是指消费者购买产品时的价格，包括基本价格、折扣价格、支付期限等；渠道（Place）即销售通路，指商品从生产企业到达消费者手中所经历的各种途径、环节、场所之和，主要包括分销渠道、储存设施、运输设施等；促销（Promotion）是指企业利用各种信息载体向消费者传递企业与产品信息，说服其购买，以达到扩大销售的目的，手段包括广告、人员推销、销售促进、公关宣传等。对这四种营销工具的组合和具体运用，则形成了企业的市场营销战略。

可以看出，传统营销的基本理念以产品和市场本身为出发点；突出特点是广撒网、单向度地将信息推送给尽可能多的人。与之相对比，新媒体营销更灵活轻巧，它在互动性、精准度、趣味性和营销成本等方面远远超越传统营销，因而面对不同消费群体和消费目的，应将二者相互搭配、有机整合，构建一个立体化、全方位的营销体系。

（二）新媒体营销与社会化营销

社会化媒体来源于英文 Social Media，安东尼·梅菲德（Antony Mayfield）最早提出这一概念并将其定义为"一种给予用户极大参与空间的新型在线媒体"。国内有学者称其为"社交媒体""社会性媒体""社交网络媒体"等，个别学者甚至将社会化媒体与 Web2.0、社交网络等概念混淆。社会化媒体与以往媒体的不同之处在于其强调用户的内容生产属性：每个人都可以创建、评论和添加社会媒体内容，具体呈现文本、音频、视频、图片等多媒介形式。

随着社会化媒体的兴盛和电子商务的流行，社会化营销应运而生，美国学者斯科特·斯特莱（Scott Stratten）在其《强关系——社会化营销制胜的关键》一书中提出"与消费者建立良好的关系"是社会化营销的前提。社交媒体平台上，消费者表达自己的欲望愈加强烈，他们分享开箱照和购物经验、为产品打分、吐槽使用感受等行为潜移默化地影响着其他消费者对品牌的感知。这种自下而上的传播方式所获得关注度和信任度要远远高于企业自上而下的自说自话。因而企业在社会化媒体中发布有吸引力、有价值的信息，消费者主动关注并加其为好友，二者之间频繁互动，消费者甚至成为品牌的免费宣传者和热心推广人。

以两性产品制造商杜蕾斯为例，在国内，受传统文化儒家思想影响和法律法规限制，杜蕾斯营销障碍较大。但杜蕾斯反将自己的品牌形象设计为一个夜店里的翩翩公子，将自己的产品通过事件营销等方式以富有"内涵"的文案展示在社交媒体平台，并通过与粉丝频繁的互动获得大量忠诚消费者。

当然，社会化营销也存在诸多弊端。虚假夸大、恶意炒作、造谣诋毁等现象时有发生；国内的社会化营销多数停留于零碎的个案层面，尚未上升到企业战略层次，与企业整体的营销理念、企业文化不统一。

（三）新媒体营销与跨界营销

跨界营销（Crossover）是多个品牌合作推广产品或服务，最终形成“1+1>2”的营销效果。但这种营销策略与品牌联合推广不同，跨界营销是由某品牌通过联合该品牌所在行业或非该行业品牌，推出非该品牌主营业务产品的方式。

跨界营销的方式可分为三类。

第一类是产品跨界，包括两种形式：第一种是某品牌单独推出非该品牌的产品，比如旺旺是以零食销售为大众熟知的食品企业，但却推出洗面奶、二锅头潮装等非零食商品；第二种是该品牌与非该品牌所在行业的其他品牌联合，推出该品牌或非该品牌主营业务的产品，例如故宫博物院联合农夫山泉推出故宫限量水瓶。

第二类是内容跨界，指在内容上将两个品牌融合。如肯德基作为快餐行业与《银魂》这部日本动漫作品联合，推出“万事 OK 明星餐”，消费者可以吃到具有该动漫特色的限量“冲绳海盐冰淇淋花筒”，此外肯德基还打造了线下“银魂”主题肯德基餐厅。

第三类是渠道跨界，则指某品牌在销售过程中加入对其他品牌产品的传播。例如购买麦当劳儿童套餐可获赠 pokemon 玩具等。

新媒体环境下的跨界营销，一方面能提高现有粉丝忠诚度、吸引潜在目标用户，另一方面也可借助另一行业或品牌原有关注度，提高自身品牌或产品的曝光量与知名度，开拓新的品牌想象、测试新产品的市场反应。

二、新媒体营销核心特征

典型的新媒体营销有五种类型：第一，病毒式营销，利用口碑传播的原理，借助社交媒体，依靠用户自发的分享转发，让产品或广告信息像病毒一样迅速蔓延，从而迅速达到推广的目的；第二，事件营销，是指企业通过策划、组织和利用具有新闻价值、社会影响以及名人效应的人物或事件，吸引媒体、社会团体和消费者的兴趣与关注，以求提高企业或产品的知名度、美誉度，树立良好品牌形象，并最终促成产品或服务的销售的手段和方式；第三，饥饿营销，是指卖方有意调低产量，以期达到调控供求关系、制造供不应求“假象”、维护产品形象并维持商品较高售价和利润率的营销策略；第四，IP 营销，指将品牌与 IP 相结合，实现具有人格化特征和价值的品牌形象，形成或巩固消费者的品牌认知度，以期扩大黏性消费群体规模；第五，移动直播营销，是以直播平台为载体，在直播过程中由主播带货的营销方式，这与当前网红经济发展势头密不可分。网红依据其传播内容的主要平台可分为电商网红、短视频网红、电竞网红等，这些平台也都不同程度地开展网络直播活动。

根据不同类型的新媒体营销形式，其核心特征可概括如下：

（一）从传统市场向数字市场转变

互联网时代，由于行业间的界限正逐渐模糊，企业想要跟上同行的步伐就必须面对挑战。几年前，出租车公司和连锁旅店可能很难想象，它们不得不与提供私人专车的优步和提供寄宿服务的 Airbnb 这样的技术创业公司竞争乘客和租客。想要定位潜在的对手，企业应从用户的目标出发，并考虑到用户达成目标可以选择的替代商品。

用户信赖度的概念也从垂直变为了水平。过去的用户容易受到市场营销活动的影响，也愿意听取专家和内行的意见。但近些年对各行各业的调查表明，相比于市场问询，大部分用户更愿意相信“F因素”，即朋友、家人、微博粉丝及关注者等。很多人在社交媒体上向陌生人求助，并采纳获得的建议，而较少依赖广告宣传和专家意见。品牌与客户间的关系也应该变得更为水平化而非垂直化。客户应该货比三家，而品牌应该展示真实的品牌内核和品牌价值，只有这样才能赢得用户的信赖。

（二）从售卖“4P”到商业化“4C”

市场营销组合是计划提供给客户的内容和途径的经典工具。它有四个P因素：产品、价格、渠道和促销。而在互联互通的时代，营销组合的概念变得更加需要用户的参与。4P元素的营销组合如今应该被重新定义为4C元素——共同创造、通货、公共活动、对话。第一，数字化时代，共同创造是一种新产品开发的战略。通过在创意阶段使客户参与其中共同创造，企业能提高产品开发的成功率，还使得客户可以定制个性化的产品和服务。第二，定价也在从标准化逐渐迈向一种动态的状态，根据市场需求和能力设定可以变化的价格，但技术的革新也将它代入了多种类型的行业当中，比如线上零售商就通过收集大量数据，实现大数据分析，为不同用户提供合适价格的商品。第三，渠道的概念也发生了变化。在分享经济中，最重要的分销概念就是人对人分销。Airbnb、优步这样的企业分别改变了旅店、出租车、汽车租赁、借贷等产业，为用户带来了来自其他用户的获得产品和服务的便捷渠道。3D打印技术的兴起将在不久的将来极大地促进这种分销机制。在互联的世界中，客户对产品和服务的需求都是即时的，这只有通过用户个体间的高度连通才能实现，而这一点也正是公共活动的本质。第四，促销的概念在最近几年也在不断变化。社交媒体的蓬勃发展使客户可以回应这些单方面的信息，让他们与他人交流这些信息。类似大众点评等用户评分系统的出现，为用户提供了平台，让他们彼此交流和评价自己接触过的品牌。企业如果有了互联的4C营销组合，就更可能在移动互联网时代存活下去。

（三）从偏好和选择到社群与分享

以社交媒体为主要平台的新媒体营销，其特点之一就在于利用关系。社交媒体是基于用户社会关系的内容生产与交换平台，融合了媒体的“内容”与人的“关系”这两个维度，是一种基于关系的信息传播。以往用户进行消费行为时，主要会根据个人喜好和社会从众心理，如今高连通性时代，使得社会从众心理的权重逐渐增加：用户越来越重视他人的意见，分享意见并整合彼此的意见，互联网，尤其是社交媒体，为用户提供了分享与交流的平台和工具。

用户彼此交流品牌和企业心得，从营销传播的角度看，用户不再是被动的目标而是传播产品信息的活跃媒体。因此，用户的选购过程比过去更加社群化，他们更为关注社交圈子提供的意见，从线上和线下两种渠道综合他人的建议和评价。比如丝芙兰，作为美妆产品的知名品牌，它积极探索将社区整合入其媒体的方式，建立社交媒体社区，把用户社区内容整合进Beauty Talk平台。

此外，社群的分享与交流有时也会促成营销活动的成功，用户反而能成为营销病毒的宿主，通过口碑传播，助力企业的商业推广。此外，通过此种用户的参与，企业实现与用户的良性互动的同时，还能收集更多用户的信息，从而进一步改善产品，满足用户更为个性化的需求，实现下一次更为精准的投放与传播效果。

三、新媒体营销的实现路径

如今，我们正处在第三波数字化升级大浪潮中，数字升级影响下，全产业各生产要素均可透过数字手段参与构建和连接，因此全链路的触点互动和关键触点的转化成为广告主的重要诉求。基于数字记录下多维度的消费者品牌感知、行为感知、商品状态感知等洞察，可以使企业在全链路上保持连接和数据获取能力，并能在关键触点上实现交易转化。基于此，近些年互联网的透明性催生了内容营销的思路，也一直在被人们当作数字经济中未来的广告，互联网的连通性则让用户可以看到品牌的真实面貌。

内容营销就是包含创造、组织、分配、详述过程，涉及有趣、贴切、有用的内容，目标是与特定的用户群展开有关内容的对话的营销方法。在此过程中，内容已经成为新的广告，它被视作除了品牌新闻和出版物之外，又一种能在品牌和客户间营造深层关系的工具。

（一）步骤一：设定目标

明确的目标可以让营销人员更好地设计营销策略。如果目标与销售契合度更高，营销者就要保证内容营销渠道与销售渠道一致。举例来说，高露洁的“口腔护理中心”让人们一想到高露洁就会自动联想到口腔专家的形象；而在印度，高露洁的口腔护理中心应用连接了牙医和潜在的客户，进而在这两个群体中都大大地提升了品牌形象。

（二）步骤二：受众定位

一旦目标清晰了，营销人员就需要决定品牌关注的受众。通过细分受众群体，营销人员可以创造更细致深入的内容，讲好品牌的故事。在定位了客户群体后，营销人员需要对他们进行描述和分析，从而更好地联想现实生活中受众的特征；并通过研究调查，对受众的需求、渴望、痛点进行发掘，了解他们对内容的特定需求。营销人员带来的内容应该能够解决客户的这些需求和渴望。

（三）步骤三：内容创意和计划

成功的内容营销活动需要结合相关的主题、合适的形式和切实的叙述。一方面，好的内容应该贴近用户的生活。营销的内容想要不被略过，就必须对受众有着特定的意义，帮助他们解决内心的渴望和需求。另一方面，有效的内容应该能够反映品牌的特征和准则，这意味着内容应该是连接品牌故事和用户需求的桥梁。内容可以是书面形式的，如新闻稿、文章、通信稿、白皮书、案例分析和书籍，也可以是虚拟形式的，如信息图形、漫画、交互式图形、PPT、游戏、视频、微电影甚至院线电影。

（四）步骤四：内容创作

内容的创作需要时间和预算上的持续投入，营销人员需要确保自己有着长期的从内部生产内容的能力，也可以外包给职业的内容生产者——记者、编剧、动画设计师、摄像师。除此之外，也可以考虑赞助第三方资源所生产的内容。比如企业可以选择扶持用户创作的内容，比如喜力（Heineken）的创意啤酒厂，邀请客户制作并分享视频和图片，重新定义未来的生啤畅想模式。

（五）步骤五：内容分配

内容的质量再高，倘若不能进入受众的视野也是没有用的。营销人员需要通过合适的内容分配途径让客户发现自己的品牌。内容营销者可以使用三种媒体：自有媒体、付费媒体和获得媒体（earned media）。第一，自有媒体。品牌可以随时通过自有媒体频道发布内容，这些频道包括公司经营的品牌出版社、公司活动、网站、博客、网络社区、电子通信稿、社交媒体账号、手机通知和手机应用等。第二，品牌的付费媒体。这是品牌为分配内容而支付使用的频道，包括电子媒体、印刷媒体、户外媒体等传统媒体和数字媒体。第三，品牌的获得媒体。包括品牌通过口碑或者用户所获得的曝光和提及。当内容质量很高时，用户会觉得有义务在社交媒体和社区内宣传，也就形成了品牌的口碑。

（六）步骤六：内容推广

想要最好地实现获得媒体的内容分配，关键在于内容的推广。受众的条件各不相同，而如果内容到了目标群体的意见领袖手中，就会迅速传播开来。营销者需找出社区中受到尊敬的、拥有数量可观的粉丝群的人物，并同这些意见领袖形成共赢关系，保证意见领袖把营销内容视为提升影响力的手段。一旦内容被推广开来，营销人员就要通过参与对话来跟进，听取有关内容的对话。

（七）步骤七：内容营销评估

内容营销成功与否的评估是内容分配后的重要环节，它包括对战略和策略执行的计量。战略上来看，营销人员应该考虑内容营销战略是否实现了第一步中的销售和品牌目标。内容的评估有五种指标：能见度（了解）、相关度（吸引）、搜索度（问询）、行动力（行动）和分享性（拥护）。能见度指标研究的是内容接收和知晓的情况；而相关度衡量的是品牌吸引客户兴趣的能力；搜索度指标通常指的是使用搜索引擎的人是否容易发现内容；行动力指标是最重要的一项指标，它衡量的是内容引发客户购买行动的能力；营销人员最终要研究内容分配的分享情况；分享性指标包括分享率和互动率，比如微博上的分享率及互动率是按转发、收藏、回复和提及等分享性行动的数量衡量的。

（八）步骤八：内容营销优化

内容营销相比于传统营销的关键优势在于它可对营销内容主题、内容形式和分配渠道的表现进行跟踪。这也意味着内容营销人员能够简单轻松地用新的内容主题、形式、分配渠道进行营销实验。营销人员应该衡量评估的结果以及未来的前景，并决定什么时候应该改变营销策略。

四、新媒体营销的困境

尽管当下新媒体营销模式已被广泛运用，且被某些品牌发扬光大，成为备受追捧的新营销手段，但其仍存在诸多弊端。目前新媒体营销主要面临以下三个困境：

（一）内容困境

新媒体技术的迅猛发展对传统营销方式造成的冲击以及在某些领域造就的经济神话，导致了"数字化崇拜"，似乎只要用了新媒体营销手段，一切问题便迎刃而解。再加上媒体从业者的鼓吹，一些商家想到新媒体，以为就是开一个网站，做一个 App，开设微博微信的官方账号，这样就算拥抱了互联网。[①] 有学者将目前新媒体营销形容为"有仪式，无内容"可谓十分贴切。其实，真正的新媒体营销不应仅体现为"画其形"，而应深刻理解新媒体影响下消费者的行为与观念变迁，并以此做出有价值的传播与沟通策略。

如故宫的社会化内容创新之路颇值得借鉴。2015 年，"故宫淘宝"一改以往传统正经的风格，在其新浪微博和淘宝网分别推出了"软贱萌"风格的文案和文化创意产品，不仅收获了众多粉丝尤其是 90 后粉丝的青睐，还为故宫带来了数亿元的收益。概括而言，它依托故宫文化，通过新浪微博和微信公众号"微故宫"、故宫淘宝店、故宫微店等社会化营销模式和手段，有效联动社会化媒体和电子商务，实现了从圈粉、引流再到线上购买的全过程，构建了一条完整的新媒体营销产业链。

（二）伦理困境

在网络技术和大数据理念的支撑下，消费者在企业眼中可以说是已无隐私可言，其购物行为、消费习惯乃至个人信息尽被商家和媒体捕捉。尽管精准营销在一定程度上方便了消费者的个性化需求，提高了企业的服务质量，但同时却令越来越多的消费者感觉隐私被侵犯。进入移动互联时代，这一问题变得愈加错综复杂，比如，模糊了营销/广告面孔的原生营销/广告是否真的对消费者免打扰？消费者在将个人的社交网络（如微信等）和社交信用（如点赞率）主动变为广告传播渠道时，是否为广告主有意利用？与此同时，以信息流广告为代表的广告信息曝光方式隐匿化趋势，使得广告受众"心甘情愿"成为广告的积极传播者，使得广告信息推广方式存在消费者为广告主利用之嫌。这些问题既关乎某些新媒体营销方式能否长久地生存，也关乎受众隐私权、知情权等诸多权利是否被侵犯，须通过技术的更新换代、法律法规的健全和消费者广告素养的提升来规制和避免。

（三）流量困境

在入口平台和上网应用日渐多样化的当下，上亿网民被层层分流，流入某一普通网站或

---

① 刘小三：《互联网思维下的新媒体营销探析》，《互联网天地》2014 年第 5 期。

应用之上的用户实际并不多。因此,"流量"之争也成为新媒体营销的关键目的。但本质上,流量所追逐的是用户注意力。我国互联网发展二十多年来,互联网行业竞争局面较稳定,技术与内容的巨头垄断态势明显,资金和效益相头部内容创作者集中,用户规模触顶、连下沉市场的用户也待掏空。同时,为追求流量而触碰道德红线的伦理问题频发,也在流量时代为广告主和广告媒介敲响警钟。如何在良性竞争的过程中实现流量变现渠道多元化、价值最大化,是广告主必须面对的课题。

本章思考题

1. 新媒体广告有哪些形式?其优势和劣势分别是什么?
2. 媒介数字化为广告传播带来了哪些改变?
3. 什么是新媒体营销?新媒体营销有哪些典型的形式?
4. 结合实际,谈谈你认为较为成功的新媒体营销案例。
5. 如何通过共同创造、参与公共活动、引导对话等方式,从传统的4P营销组合转向新型的数字化4C组合?
6. 为了满足相连通的用户的需求,新媒体营销沟通策略与传统营销相比,应做哪些根本性的调整?

本章参考文献

1. 宫承波,齐立稳,刘佳佳,主编. 广告策划[M]. 北京:中国广播影视出版社,2015.
2. 黄河,江凡,王芳菲. 新媒体广告[M]. 北京:中国人民大学出版社,2019.
3. 勾俊伟,刘勇编:《新媒体营销概论(第2版)》,北京:人民邮电出版社,2019.
4. 刘鹏,王超. 计算广告[M]. 北京:人民邮电出版社,2015.
5. 唐·舒尔茨. 整合营销传播[M]. 北京:中国物价出版社,2002.
6. 谷虹. 品牌智能:数字营销传播的核心理念与实战指南[M]. 北京:电子工业出版社,2015.
7. 陈刚等. 创意传播管理——数字时代的营销革命[M]. 北京:机械工业出版社,2012.
8. 金定海,徐进. 原生营销:再造生活场景[M]. 北京:中国传媒大学出版社,2016.
9. 舒咏平,陈少华,鲍立泉. 新媒体与广告互动传播[M]. 武汉:华中科技大学出版社,2006.
10. 喻国明. 镶嵌、创意、内容:移动互联广告的三个关键词——以原生广告的操作路线为例[J]. 新闻与写作,2014(3).
11. 黄升民等. 中国数字新媒体发展战略研究[J]. 中国广播电视学刊,2008(1).

第十二章 网络直播

扫码可见
第十二章PPT

英尼斯在《传播的偏向》里提出："一种媒介的长处，将导致一种的新文明的诞生。"新媒体技术的发展为直播带来了新的前景和变革。中国有两个和"直播"相关的重要节点：一是在 1997 年，以香港回归的 72 小时电视直播为起点，直播之于中国成为一种仪式性的新传统；二是在 2016 年，以移动社交为基本诉求，直播进一步"放权"给个人，去除门槛设限的网络直播异军突起，由此催生的"秀场文化"重新定义直播。从传统电视直播的"追随事件"到网络直播的"引领事件"，网络直播对电视直播进行了变革，迅猛发展的网络直播使 2016 年被称为"中国网络直播元年"。据中国互联网络信息中心（CNNIC）发布的第 47 次《中国互联网络发展状况统计报告》显示，截至 2020 年 12 月，网络直播用户规模达 6.17 亿，占网民整体的 62.4%。其中，电商直播用户规模为 3.88 亿，较 2020 年 3 月增长 1.23 亿，占网民整体的 39.3%；真人秀直播、游戏直播、演唱会直播、体育直播的用户规模分别为 2.39 亿、1.91 亿、1.90 亿、1.38 亿。①

第一节 网络直播概观

一、网络直播的概念

网络直播是指在移动互联网语境下，通过互联网媒体介质，将发生的即时状况展示给终端用户以满足用户各种需求的一种新的高互动性互联网新形态。起源于广播直播和电视直播的网络直播，借网络时代的优势不断发展壮大，形成了非常迅猛的文化态势。我们这里说的直播主要是在移动终端具备强互动性和社交性的视频直播。在虚拟社交空间和移动互联网时代，基于手机应用程序的直播形态，打破了之前 PC 时代的形态桎梏，走向直播场景和直播内容的多元发展空间。

① 中国互联网络信息中心（CNNIC）：《第 47 次中国互联网络发展状况统计报告》，中国互联网络信息中心，2021 年 2 月，http://cnnic.cn/gywm/xwzx/rdxw/20172017_7084/202102/t20210203_71364.htm，访问日期：2021 年 3 月 26 日。

二、网络直播的外部环境

网络直播的兴起、发展和火爆离不开政治、经济、文化和技术的多重支持，社会宏观环境的发展是网络直播的社会驱动力。

（一）政治因素

从政治视角来看，一方面，相对于传统媒体来说，国家对互联网内容的把控相对宽松，在这种政治环境下，用户可以借助互联网中不同的媒体形式表达观点，对多元文化的诉求得到满足；另一方面，国家出台了一系列支持互联网产业发展的政策，如2015年7月国务院引发的《关于积极推进"互联网+"行动的指导意见》，旨在推动互联网由消费领域向生产领域拓展；再如《关于深入实施"互联网+流通"行动计划的意见》《文化部关于加强网络表演管理工作的通知》等，一系列相关政策文件的发布，客观上推动了网络直播的良性快速发展。

（二）经济因素

经济的发展为网络直播在内的传媒市场提供了充分的物质基础。我国经济实力的增强提高了移动互联网的普及率和使用率，智能手机等新型媒介的出现，人们可选择的内容越来越丰富多样，媒体平台根据逐渐扩大的用户需求生产多样化的节目形式和内容。与此同时，不同媒体之间展开激烈的竞争，为吸引更多用户并获得良好的经济效益，节目形式和内容的创新成为媒体间竞争的重要一环。此外，互联网巨头公司对直播业务进行资本和流量方面的扶持，保持网络直播业务不断增长，陌陌、YY、映客、虎牙和斗鱼五家上市公司成为直播行业的重要风向。

（三）社会文化因素

从社会文化的视角来看，一方面，随着现代化进程不断加快，社会文化和生活相应发生改变，个人思想开放与独立，崇尚自由与民主的思想正潜移默化地影响着公众。良好的政治环境和繁荣的经济环境使得用户对文化的需求更加多元，受众不再满足于单一的节目形式。另一方面，社会主义科学发展观和社会主义法治注重人的尊严，强调以人为本，民众的自我主体意识得到唤醒，更加看重对自我需要的尊重，注重自我价值的追求和展现。而网络直文化的一些特质迎合了民众的要求和口味。①

（四）技术因素

智能手机、平板电脑的智能移动终端大大普及，代表新一代网络传输速率的5G技术发展迅猛，直播的传输流畅度不断提高，形式和网络互动性也得到极大丰富和提升，满足了新时代网络用户对高质量网络直播信息获取和网络文化市场消费的需求。网络直播平台、主

---

① 钟绪君、王燕荣：《浅析网络直播火爆的原因》，《东南传播》2016年第9期。

播与用户，都不必受数据传输速度、音视频质量的限制，能在高速、高清、稳定的直播环境下，获得良好的视听体验。同时，人工智能、VR 和 AR 等技术的介入，也使网络直播的交互更具沉浸感与参与感，网络直播节目的性能和质量获得进一步提升。

三、网络直播的场景分类

目前，网络直播场景不断垂直化发展，主要包括娱乐场景、电商场景、新闻场景和教育场景等。

（一）娱乐场景

娱乐场景下的直播主要包括秀场直播、游戏直播和答题直播。追求轻松、娱乐是人的天性，网络直播初期多以娱乐性内容为直播的切入点。

秀场直播让每个人都有机会在平台上以直播的形式将各种生活化的内容展示给其他人。秀场直播的内容逐渐丰富，早期有聊天、唱歌、表演，到脱口秀、旅游、美妆等，如今吃饭、睡觉也加入了其中。用户可以通过评论、打赏、连麦等方式进行实时的直播互动。

游戏直播将直播与游戏场景相结合，拓展了直播的维度，成为直播新的增长点。游戏主播对自己游戏画面进行直播，提供给游戏爱好者观看，吸引观看者的不仅是主播娴熟的游戏操作技巧，还有幽默风趣的解说内容和风格。

答题直播通过答题方式与用户发生实时互动，一度成为现象级的直播类型，但其未来发展方向还不明朗。

（二）电商场景

电商直播是渗透率较高的直播场景，电商店铺的主播借助直播平台，将店铺所售商品展示给用户，并针对用户的提问，提供实时的客服服务，从而促进与用户的互动。电商直播可以给购物者带来图文介绍及录播视频很难提供的临场感，刺激消费者缩短决策路径，通过视觉体验和情感效果，刺激消费者消费意愿的产生，有利于激发用户的购买力，从更大程度上满足消费者对商品本身和购买产品过程的全方位需求，体现了数字营销方式的最新升级。新冠肺炎疫情期间，人们有更多的时间居家并将注意力转移到移动互联网，直播电商由此成为拉动经济、促进消费、助力复工复产的重要引擎。淘宝、京东、苏宁易购、拼多多等主要电商都推出了基于电商平台的直播频道。直播带货成为人们火爆参与的线上消费模式，在后文我们会再做详细探讨。

（三）新闻场景

移动互联时代的新闻生产者通过直播应用，实时制作并同步播出多媒体格式的音频和影像，为用户提供全方位、身临其境的新闻视听体验，使用户可以在移动终端设备上随时随地观看新闻现场直播。这种新的新闻形态可称为移动新闻直播。这种新闻场景不仅成为媒体融合的创新手段，更是强化新闻与用户互动、用户之间互动的重要方式。

直播的新闻场景还包括个人用户直播的新闻现场内容，众多用户的直播内容补充了专业新闻生产内容，为还原新闻事实提供了更多的途径，以呈现更加全面立体的新闻事实。

(四)教育场景

教育场景下的网络直播相当于一个网络课堂，直播者将自己的专业知识或从业经验传授给观看者。这类直播既有中小学、高校教育内容，也有考试培训、投资理财等各行业技能提升内容。有调研显示，相较于录播课程，直播课程有更强的仪式感。教育直播场景下，用户可以实时与老师互动，更有上课的场景感，一定程度上解决了在线课程缺乏课堂氛围的问题，提高了课程的效率，实现了时空一体化。比较知名的教育直播平台有腾讯课堂、CCTalk、掌门1对1、猿辅导等。

四、热门网络直播平台简介

本书梳理了当下较为流行的网络直播平台，供参考，如表12-1。

表12-1　主要网络直播平台简介①

网络直播平台	图标	平台简介
YY		最早建立在YY语音平台基础上，是国内网络视频直播行业的奠基者，目前是融音乐、科技、户外、体育、游戏等内容在内的国内最大的全民娱乐直播平台，注册用户达到10亿人，月活跃用户达到1.22亿。
斗鱼		前身为ACFUN生放送直播，于2014年1月1日起正式更名为斗鱼TV，是一家弹幕式直播分享网站，以游戏直播为主，涵盖了娱乐、综艺、体育、户外等多种直播内容。
花椒		国内具有强属性的移动社交直播平台，已有数百位明星入驻，用户可以通过直播了解明星鲜活接地气的一面。花椒推出上百档自制直播节目，涵盖文化、娱乐、体育、旅游、音乐、健身、综艺节目、情景剧等多个领域。2016年6月2日，花椒VR专区上线，成为全球首个VR直播平台，开启移动直播VR时代；独创萌颜和变脸功能，丰富用户交互体验。
熊猫		一家弹幕式视频直播网站，创始人为王思聪，在游戏直播领域小有名气。2016年11月，熊猫直播荣登2016中国泛娱乐指数盛典"中国文娱创新企业榜TOP30"。2019年3月，熊猫直播App正式下架，网站正式关站。
映客		一款实时直播类社交软件，2015年5月正式上线，为用户提供娱乐、时尚等内容的实时互动平台。用户可通过赠送虚拟物品、实时聊天、私信沟通及同玩社交游戏等进行互动。已推出秒开、实时美颜及直播对战等多个创新功能。

① 根据"百度百科"整理。

续表

网络直播平台	图 标	平台简介
抱抱		一款第三方手机视频直播软件，提供高颜值的美女帅哥、热门网红、校花校草的手机直播社交平台，用户随时随地拿起手机就可以直播自己的个人才艺、生活趣闻、草根生活等内容。
哔哩哔哩（B 站）		中国最大实时弹幕视频直播网站，也是国内领先的二次元文化社区，于 2009 年 6 月 26 日创建，被粉丝们亲切地称为“B 站”，位列 24 岁及以下年轻用户偏爱的十大 App 榜首。
虎牙		是以游戏直播为主的弹幕式互动直播平台，累计注册用户 2 亿，提供热门游戏直播、电竞赛事直播与游戏赛事直播、手游直播等。
龙珠		国内综合游戏直播平台，于 2015 年 2 月 1 日正式上线。背靠电竞团队 PLU，龙珠直播与腾讯游戏、游戏风云、NICETV 等海内外游戏、电竞企业有深度战略合作，拥有《英雄联盟》职业联赛（LPL）、《穿越火线》电视职业联赛（CFPL）等超过 30 余款游戏顶级赛事的直播权。
易直播		是一款以“事件”“生活”“兴趣”为基础的视频直播分享社交手机软件，通过直播分享交互为用户打造一个又一个的圈子。通过它，随时随地发现与你相同的人。

第二节　网络直播的传播特性

一、网络直播的特点

（一）实时交互性

网络直播基于移动网络和移动终端设备实现其传播的“实时性”，打破了时空限制，使得用户可以实时接收和观看网络直播内容，实现了传受双方在同一时间的不同空间进行信息的共享。相比电视直播的单向性，网络直播同时具有极强的交互性，使“一对多”的实时互动成为可能，用户可通过弹幕、评论、打赏等一系列互动方式对直播者进行即时反馈，受众间也可同步进行互动，而观众基于电视直播的互动反馈却是相对滞后的，互动手段也较为单一有限。

（二）在场感

网络直播具有较强的“在场感”，常常以“第一人称”视角带领观众“进入现场”，营造出真实自然的情境和身临其境的观感，增强了受众的参与性，满足了受众的窥探欲。“吃播”现象本身的价值并不在于精神文化价值，而在于其所营造的传受双方的“在场感”和“参与感”，进而达到一种彼此“陪伴”的功能，抚慰了现代人孤独的心灵。

(三)社交性

网络直播自带天然的社交属性，实时交互性、多元互动机制等都指向了社交功能。网络直播平台日益呈现出社交化趋势。它降低自我表达的门槛，提升自我表达的效果，用户在观看直播内容时可进入他人的社交空间，获得在场感和陪伴感。除此之外，网络直播还嵌入以微博为代表的典型的社交平台上，合力打造和凸显其社交优势。社交属性的强弱直接关系到网络直播的营销和变现能力。

(四)草根化

网络直播的“去中心化”较为明显，全民直播时代的到来，很大程度上印证了网络直播的草根性特点。技术赋权下，人人皆可做“主播”，皆可打开摄像头对准自己和他人，按照自己的方式去直播生活、展示场景、推荐产品、展现个性、表达观点和态度等。网络直播更加突出个体的个性，释放公众在网络场域中表达的欲望，人人都可以成为拥有麦克风和摄像机的传播者，打破了围观和参与表达的界限，强化了“人人即媒体”的传播格局。网络直播全民性、草根化的特点造就了这种直播权的下沉，打破了传统媒体和精英阶层对传播权的垄断，使得普通大众获得了信息的传播权。

(五)娱乐消费性

网络直播的主要功能是娱乐性，深受网友喜爱的说唱直播、电竞直播等都有强烈的娱乐倾向，但其本质却是消费。网络主播通过直播来集聚流量和获取人气，其背后隐藏着变现的资本逻辑。最常见的盈利模式是粉丝消费。例如，粉丝通过点赞、评论、打赏等与主播互动，主播的卖力“演出”换来粉丝所刷的“礼物”，而这些虚拟礼物可直接变现。其次，通过用户购买会员服务，定期付费，享受专属区域的聊天标示以及个性化表情等服务。此外，观看直播的用户为网络直播平台带来了流量，这同时意味着带来了相应的广告收益。

二、网络直播受众的心理特征分析

网络直播的用户数量不断增加，除了它作为一种新兴媒体形式的吸引力之外，更与这种吻合受众心理需求的因素密不可分。心理学家认为，个体通过需要和满足需要的活动，使自身和外部环境保持平衡，以维持其生存和发展。

(一)消遣娱乐

随着生活节奏的加快，网络直播的主要受众，尤其是年轻群体，常常面临较大的工作生活压力，需要寻找排解压力、放松自我的出口。与此同时，用户接触和使用媒介的娱乐意识逐渐增强，由此参与网络直播的积极性也逐渐提升。早在 1959 年，美国学者赖特提出了大众传播的四功能说，其中包括提供娱乐。网络直播为用户提供了消遣娱乐的平台，尤其是当下网络直播普遍具有泛娱乐化的趋势。例如，在游戏直播中，用户可以从游戏本身中体验快感，再加上主播幽默诙谐的解说，用户可以被轻松愉悦包围；在秀场直播中，用户通过观赏主播颜值、欣赏主播唱歌、跳舞等才艺，获得美的体验。当用户参与直播互动，如点赞、送礼物时，在直播界面上会出现相应的视觉效果，如冒出爱心或有“游艇”飞过，这在某种程度上也达到了娱乐消遣的效果。

（二）寻求认同感

在网络直播中，寻求认同感可以帮助受众构建主体性，增强归属感，包括相仿的年龄、同种方言或职业、相似的成长经历、生活环境等。有研究显示，追求身份认同在受众观看网络直播节目时具有很大的影响。网络直播的传播门槛降低，“人人皆可做主播”的情况下，主播对受众来说更具有亲和性和贴近性，即使一些头部主播在网络空间具有较高的流量，但在现实生活中仍然是与受众具有平等地位的普通人，这在直播过程中拉近了与受众的心理距离。受众在观看网络直播时，会在主播身上形成对自身的投射，这种投射包括自身理想达成的预期，也包括很多隐蔽而不便公开的欲望和想法，受众的自我期待在特色各异的网络直播“主角”身上统统可以实现，进而也在某种程度上给予受众一种实现自我认同的慰藉。① 此外，网络直播内容倾向日常化，如日常陪伴式的直播或分享对日常生活经历的观点和看法，贴近生活的内容也可以使受众获得认同感和归属感。

（三）满足窥私欲和猎奇心理

网络直播满足了受众对他人的窥私欲，以及对新鲜事物的猎奇心理。网络直播消融了公共空间和私人空间的边界，将私人空间和公共空间逐渐融为一体。主播所播出的内容是日常生活、工作、娱乐等私人活动，如睡觉、吃饭、卸妆等，而直播平台是面向广大网民的公共领域，受众的窥私和猎奇心理驱动其从对公共领域的关注转向对私人领域的窥探。由于网络空间的匿名性，受众真实身份被隐藏，更容易真实地表达自我需求，降低自我行为的社会约束力。受众在虚拟空间中刺探他人隐私生活，以获得快感和刺激感，尤其是公众人物和成功人士的个人隐私。好奇心是人们对从未接触过的新鲜事物产生的本能。当好奇心到达渴望追求刺激的程度时就可能产生猎奇心理，通过观看主播的“表演”以获得猎奇心理的满足，如大胃王吃播、探险类直播等。

（四）满足社交需求

网络直播通过主播与受众、受众与受众之间的互动交流，满足了传受双方的社交需求。人作为一种群居性动物，社交是人们在自身成长和发展中完成社会化的重要一步，网络直播提供了线上社交的平台。首先，在观看直播时，受众可以实时地通过留言等互动方式实现交流，比如和主播分享相似的经历、生活的烦恼、点赞、送礼物等表示自己对主播的认同和支持；其次，在网络直播的共时情境中，受众与受众之间的交流也满足了整个受众群体的社交

---

① 续蔚一：《网络直播平台受众的心理特征分析》，《新闻研究导刊》2016 年第 18 期。

需求。在同一类"观众"的身份之下,受众之间的交流使其获得群体的归属感。当受众与主播的关系紧密到一定程度,受众群体就会越来越类似于粉丝群体。粉丝们自发地组织、建立和管理粉丝群聊,设立微博超话、开设后援会等,在应援的过程中来满足自己的情感需求和社交需求。最后,许多网络直播应用从社交通信软件中诞生,如 QQ 的 NOW 直播、微博的一直播等,或者设置分享链接到社交软件的功能,受众可以通过分享自己参与的直播来获得好友的关注与评论,这不仅满足了受众的社交需求,同时也打通了社交的通道。

(五)满足消费心理

受众在网络直播平台的消费行为,是由视觉消费产生的心理满足和尊重需求满足。鲍德里亚在《消费社会》中提到:"消费的主体,是符号的秩序。"受众通过消费可以在直播间获得身份符号,从而构建自己的虚拟地位。受众打赏主播或者送跑车、游艇等昂贵的礼物,其网名会展示在弹幕中,界面中会呈现引人注目的视觉特效,当消费到达一定价值时,粉丝的名字还会显示在打赏排行榜之上。受众购买的并非荧屏上由像素构成的图片,而是虚拟礼物背后的符号意义,这种符号意义可以帮助受众在直播间中建立特殊的虚拟地位,获得主播和其他受众的关注。在符号意义的巨大诱惑下,主播会在直播过程中说出粉丝的名字,和其交流互动的次数更为频繁,受众由此获得安慰、夸赞或者恭维,自信心变强,从而内心的尊重需求得到满足。直播平台借助受众心理来刺激消费欲的产生,当现实的货币转换成虚拟的视觉符号时,商业价值在这个场景中得以延伸。

三、电视直播与网络直播的差异

网络直播虽然最早由电视直播演变而来,但二者存在着明显差异:

(一)传播者:专业与非专业

电视直播的传播者是专业的电视机构,由专业的采、编、播人员用专业的电视摄像、剪辑、传输、直播等设备对某一"媒介事件"进行现场直播。而网络直播的技术门槛则相对较低,人人都可以借助移动网络和智能手机在网络直播平台上进行全民直播。相比前者的制作精良,后者则显得随意、粗糙、非专业化,更具草根性特点。技术门槛低是网络直播得以"去中心化"的前提。

(二)传播内容:正式与非正式

电视直播通常是围绕政治、经济、文化、社会、民生等领域的重大事件、重大题材、重大议题进行事先的精心策划、提前预告,少数情况是针对突发性事件的临时性电视直播。无疑,观看电视直播更像是在围观一场精心策划的媒介"仪式"。电视直播建构的是权威神话和宏大叙事,是用主流话语传播正式性内容,塑造的是国家的主流意识形态和高高在上的精英名流。相比之下,网络直播通常将镜头对准了普通人的日常生活场景、"原生态"的现场,以主观的视角展现了草根的生活与视野。当下的网络直播呈现出泛娱乐化的倾向,吃播、睡播等现象的催生反映出直播带上了更为丰富的娱乐性和服务性特征。

（三）传播对象：大众化与个性化

电视直播基于传统媒体的背景，具有一对多的单向性传播特点，其传播对象是社会普通公众。而相比之下，网络直播更小众化，其传播对象是基于兴趣和情感的个性化受众，圈层化明显。如电竞游戏直播面向的仅仅是酷爱网络游戏的网友、美妆直播面向的主要是有化妆需求或者喜爱化妆的网友。网络直播将权力下放，传播的门槛降低，每个网络直播用户都具有"看"与"被看"的双重身份，即用户可自如转换传播者和传播对象的身份。

（四）互动手段：装饰性与必要性

电视直播并非没有互动性，只是这种互动反馈机制相对滞后。电视直播与网络直播融合以后，增强了互动的即时性，但这种互动手段多数时候只是装饰性，起到装点"门面"的效果。而互动性则是网络直播得以形成的必要元素，传受双方的实时交互推动着网络直播的进程。网络直播的社交属性也强烈依赖于互动性。

第三节　网络直播现状与发展

一、网络直播乱象与监管

新媒体技术的迅猛发展为网络直播带来巨大机遇的同时，也带来诸多挑战。技术门槛的降低，带来了传播渠道和传播内容的海量增加。近年来，在这样复杂的信息环境之下，网络直播平台乱象丛生，网络直播行业存在的问题日益凸显，总结起来主要有以下三方面。

（一）主播素质有待提高，直播平台鱼龙混杂

在人人皆可当主播的时代，网络主播的素质很难把关。由于主播的门槛降低，网络直播成为普通网民成为"网红"的一条捷径。一些主播在利益驱动之下，为了获得更多粉丝和人气从而商业变现，做出违法违规行为。

多个网络直播平台的主播多次发生违规事件，甚至诱发不少社会负面事件。斗鱼平台人气主播"陈一发儿"因在直播中公然调侃南京大屠杀、把游戏人物动作戏称为"参拜靖国神社"等恶性事件而遭全网封杀。YY 主播"小洲"用脏话辱骂台风遇难者，直播中曾宣称"说我汉奸是夸我"，随即账号被封禁。还有诸如"知名歌手直播剁手指""萝莉变大妈"等事件，均引发了社会舆论的强烈批评。

网络直播平台的低门槛性，导致网络主播的素质参差不齐，主播只要能博眼球，能吸引流量，能变现，都可入驻直播平台，这也反映了直播平台对用户监管不到位，使这些低俗、违法的内容出现在公共领域，呈现出鱼龙混杂的局面。

在此背景下，2016 年 11 月，国家互联网信息办公室发布了《互联网直播服务管理规定》，明确禁止互联网直播服务提供者和使用者利用互联网直播服务从事危害国家安全、破坏社

会稳定、扰乱社会秩序、侵犯他人合法权益、传播淫秽色情等活动，并要求实行“主播实名制登记”“黑名单制度”等，明确提出直播平台“双资质”要求。此外，中国演出行业协会网络表演(直播)分会不定期向社会公布主播黑名单，侧重对行业内违规主播的联合抵制、联合惩戒，截至2020年10月，已公布第七批主播黑名单，行业内禁止其注册和直播，封禁期限为5年。“黑名单”机制在一定程度上发挥了驱逐劣币的作用，收到较好的惩戒效果，使主播加强自律，净化直播行业环境。

(二)直播内容同质化、低俗化，甚至冲破法律道德底线

各平台网络直播的内容呈现同质化、泛娱乐化倾向，有的甚至低俗化、色情化。目前已有的网络直播平台及直播内容都出现了同质化问题，直播界面设计、直播内容极其相似，“网红脸”成为直播首页的标配。为了吸引眼球、博取流量，有的主播将直播话题刻意引到“色情”上，过度消费女性身体。除了色情信息屡见不鲜外，还有诸多不和谐内容越过道德的禁区，甚至冲破了法律的界限，如直播跳河、吃灯泡，为哗众取宠扭曲社会价值观；散布谣言和拜金主义思潮；兜售假冒伪劣产品，扰乱网购市场秩序……尤其在新冠肺炎疫情期间，网民上网时长明显增加，直播实时互动性强，直播辐射面广、影响大。网络直播的受众群体包含大量年轻人，直播中的淫秽色情、不正确的价值观会影响青少年的健康发展。

2016年2月至4月，全国扫黄打非办组织协调国家相关部门，部署并开展了网络直播平台的专项整治。2018年8月，全国“扫黄打非”办公室与工信部等部门联合下发《关于加强网络直播服务管理工作的通知》，建立健全网络直播监管工作机制。2020年6月，国家网信办、全国“扫黄打非”办等8个部门启动网络直播行业转向整治和规范管理行动，探索实施网络直播分级分类规范，网络直播打赏、网络直播带货管理规则；形成激励正能量内容供给的网络主播评价体系；严厉打击违法违规直播行为。

(三)隐私泄露，知识产权问题严峻

全民直播时代，公共领域和私人领域的界限不再分明，由此带来侵犯名誉权、隐私权等一系列法律问题。人人都可以直播，人人也就面临着“被直播”的风险。当主播在公共场合打开直播，人们在毫不知情的状态下有可能成为网络直播的“背景”进入直播画面，有的直播场所甚至涉及厕所等私密空间。例如，在某直播平台，自称顺风车司机的网络主播一边接单，一边直播，并只搭载女性乘客。与此同时，观看直播的用户对乘客围观并评头论足，而乘客对此毫不知情。还有一些在直播平台积累了大量粉丝的主播，更容易在线下受到骚扰。粉丝通过“人肉”搜索打听主播的地址、手机号码等隐私信息，网络主播面临着隐私泄露、私人生活被打扰的困境。

除此之外，对一些尚未授权的电竞赛事、影视表演、音像作品等进行直播，严重侵犯了知识产权，亟待整顿和规范。根据国家相关机构监测数据显示，在对足球、篮球、乒乓球、格斗等不同场次进行监测，共监测各项赛事直播546场，发现未授权直播链接4633个；监测点播

2025 场，发现侵权链接 62.3159 万条。[①] 可以看出，我国体育直播行业盗播现象严重。综艺直播节目、游戏直播节目等出现不同程度的盗播现象。首先，盗播行为的存在，使得直播或者转播的媒体机构将面临巨大的损失，无法有效实现网络直播产业的价值。其次，有的当红主播的演唱、舞蹈表演、解说等直播内容，因未能被定义为作品而得不到版权法的保护，对主播造成一定的利益损害。在各大直播平台中，还存在大量影视作品的直播间，其转播行为依然构成侵权，但由于影响不大，尚未引起版权方的关注，这也成为直播平台的一大隐患。

二、网红经济新业态——直播带货

新冠肺炎疫情的出现推动了网络直播对电商交易的渗透，居家隔离成为日常场景之一，电商直播利用移动媒介和网红主播“带货”，迎合了互联网时代用户的消费习惯，促进了新兴消费市场的形成。

（一）直播带货的特点

1. 新媒体技术与网红联动，助力直播内容生产

新技术和媒介平台井喷为网红经济的发展提供了创生条件。抖音、快手、淘宝等平台为电商发展积累了大量粉丝，也使以平民和草根的亚文化群体走向大众视野。在平台支持下，电商直播中出现了一批流量较高的网红主播，如李佳琪、薇娅、辛巴等，还有一些企业自身“网红”，如董明珠、罗永浩等这些已经具有一定知名度和企业形象的企业创始人或高层。“网红”们在网络直播中以优惠的价格、极具感染力的言语，带给人们真实、轻松的消费体验。

2. 多方跨界合作，满足多样化诉求

多样化的网红主体相互联动、跨界合作，满足了多样化的诉求。由于网络直播的开放性和互动性，主播不仅能为消费者提供个性化的商品客服服务，还可以与粉丝互动、问答、闲聊，拉近了主播与粉丝、消费者之间的距离。在用户的积极参与下，企业、主流媒体和影视行业等与直播团队合作，满足多样化的诉求。作为企业高管的“网红”主播直播带货，满足了融合产品推介、企业价值传递、形象塑造等多种功能诉求；新冠肺炎疫情期间，官方新闻媒体与直播团队合作，如“谢谢你为湖北拼单”直播专场，助力脱贫攻坚及疫情的复工复产，赋予直播带货温暖、帮扶的社会意义；朱亚文、朱一龙等影视明星走进网红直播间，发挥明星效应助力公益“带货”。

3. 专业团队的孵化运营，助力粉丝价值变现

直播带货正迈向市场化、产业化运营道路。直播平台上的头部网红，其背后是一条完整的产业链。专业团队会对电商直播的内容预先策划和筛选，包括品牌、商品、文字以及用户需求等。李佳琪等“带货”主播在平台前端获得大量的粉丝群体和较高的信誉度与名誉度

---

① 艾瑞网：《2019 年中国网络视频版权保护研究报告》，中国版权协会网络检测中心，2019 年 3 月，http://report.iresearch.cn/report/201903/3342.shtml，访问日期：2021 年 3 月 17 日。

后，纷纷入驻淘宝开设品牌严选店，并交给专业团队对其个人品牌及店铺进行运营。电商直播“带货”逐步由单一的商业行为向“网红+服务”模式转变。电商直播在专业团队的运营和孵化下，深度挖掘粉丝群体的商业潜力，从而充分释放直播“带货”的价值，实现粉丝流量的变现。①

（二）直播带货面临的困境

1. 数据虚假繁荣，产品质量与售后难以保证

直播带货本质上是一种营销行为，其根本目标是追求商业利润最大化，新媒体具有短时聚流能力强、客户转化率高的特点，通过刷单进行数据造假从而营造出产品热卖的假象，吸引到真实消费者后实现盈利。直播中还存在主播联合商家的饥饿营销，通过虚假的超低价格诱导消费者即刻抢购。还有部分商家通过雇佣水军在直播间或商品评论区刷虚假好评，误导消费者选择。数据造价破坏了行业平衡，带来了不良风气。此外，直播带货的物流和售后也存在管理痛点。农特产品和生鲜商品的运输难以保证商品的保鲜程度，消费者在进行售后反馈时往往被主播、商家和物流企业相互推诿，实际问题难以得到满意的解决方案。

2. 过度依赖网红流量，主播面临生存焦虑

商家过于依赖网红主播的个人流量，也由于明星效应和粉丝经济的特质，带货主播一旦出现“翻车”，不仅影响主播的个人形象、用户的信任度，而且会直接伤及商品、媒体声誉和商家的经济利益。此外，除了一些头部网红，一般网红的生命周期只有短短的几个月，稍纵即逝。网红的忠诚粉丝数量十分有限，大部分是一些围观群众。“以个人为中心”的网红模式与互联网的“分散化”模式背道而驰，而且容易被其他热点“分焦”。带货网红主播的短“生命周期”带来的生存焦虑不仅影响着其个人，还威胁着品牌方和平台方。

3. 消费者参与狂欢化直播，盲目跟风消费

以李佳琪、薇娅为代表的直播带货网红，其强烈的个性特征、语言风格以及与之相应的弹幕、“双十一”时间节点等，都使得其直播过程呈现出强烈的狂欢化特征。② 由于直播购物发生在特定的虚拟社交场景之下，群体动力的存在同样容易激起用户的非理消费欲望、促进盲目跟风消费。网友们狂欢化的直播间跟风购买，在狂欢冷却后，又会后悔于冲动消费。真正的消费应该是自由、快乐的，这种跟风的消费虽会产生短暂的快感，但最终会使人迷失自我，沦为消费的奴隶。消费者要警惕对网络主播的盲目信奉，理性消费，以推动直播带货产业整体的良性重塑。

4. 监管与发展错位，监管体系制度缺失

一方面，直播带货中的网红经济缺乏正确引导及外部监管。直播带货侵入人们的生活，

① 岳小玲：《电商直播“带货”的内容生产和优化路径》，《出版广角》2020 年第 19 期。

② 闫玉刚、宫承波：《狂欢化与去狂欢化——基于新冠疫情期间直播带货传播现象的冷思考》，《当代电视》2020 年第 6 期。

改变人们的消费习惯，但由于缺乏及时引导，且政府及相关监管机构未能做出及时全面的监管举措，导致网红经济肆意生长，出现涉黄涉暴内容影响社会风气、税收征管体系不完善等问题。另一方面，直播电商平台与网红公司内部监管不到位。由于网红主播与直播平台存在着一定的商业捆绑，部分网红为获取商业利益做出违法违纪行为，而与双方利益息息相关的商业模式使得直播平台及网红公司对其违法现象消极纵容，缺乏完善的内部约束制度及严格贯彻的执行力度。

(三)直播带货的可持续发展道路

首先，直播带货为零售产业带来新的机遇和挑战，在新媒体电商“野蛮生长”的同时，要针对电商直播存在的问题进行针对性立法，加强行业自律，引导和规范新媒体电商直播的发展。当前我国没有针对新媒体电商的专门法规，要加快修订《广告法》《电商法》等相关法律法规，细化电商直播的相关政策法规，规范行业健康有序发展。

其次，要提升直播带货的内容质量。直播流量的变现本质上依靠优质的内容。以李佳琪、薇娅为代表的网红主播都属于内容制造者，利用直播内容获得用户关注。直播带货要在保证产品、质量、服务、信誉的前提下，提高主播个性、价值观和品牌之间的契合度，在直播内容创造中引入社会热点话题，传递情感，引发共鸣。

最后，要推动传统媒体转型，树立“直播带货”的行业标杆。新冠肺炎疫情期间，央视新闻联合李佳琪进行“谢谢你为湖北拼单”公益直播、人民日报新媒体联合主播薇娅进行“为鄂下单”公益直播，在观看人数和销售额上均取得重大的突破，这无疑在新媒体电商行业中树立起标杆。传统媒体应加大参与力度，为行业的规范化提供参考蓝本。

本章思考题

1. 简述网络直播的特点。
2. 网络直播与电视直播有何差异？
3. 当前网络直播平台存在哪些问题？
4. 直播带货具有哪些特点？

本章参考文献

1. 周勇，何天平．“全民直播时代”：网络直播对电视发展的启示[J]．新闻与写作，2017(2).

2. 周勇，何天平．“自主”的情境：直播与社会互动关系建构的当代再现——对梅罗维茨情境论的再审视[J]．国际新闻界，2018，40(12).

3. 许向东．我国网络直播的发展现状、治理困境及应对策略[J]．暨南学报(哲学社会科学版)，2018，40(3).

4. 阴法锐．关于中国网络直播热现象的探究[D/OL]．山东：山东大学，2017 [2021-3-

26]. https://kns. cnki. net/kcms/detail/detail. aspx? dbcode = CMFD&dbname = CMFD201801&filename = 1017082025. nh&v = jVCizbKrzgxXvglJZgLLQKIlO8mYp1Q%25mmd2BWRSmM6BcjwDgPhgNFHyy9el%25mmd2BrGXdV6eK.

5. 蔡凯莉. 网络直播平台的生存现状与发展策略研究[D/OL]. 南京:南京师范大学,2017 [2021-3-26]. https://kns. cnki. net/kcms/detail/detail. aspx? dbcode=CMFD&dbname=CMFD201801&filename = 1017285033. nh&v = 6uVUKMq7ByU4vphT0Q% 25mmd2B4%25mmd2BDySxweibFWqHmV%25mmd2B9hUL5%25mmd2FFSuC8LJCB7dokBYI9CpKs7.

6. 袁爱清,孙强. 回归与超越:视觉文化心理下的网络直播[J]. 新闻界,2016(16).

7. 续蔚一. 网络直播平台受众的心理特征分析[J]. 新闻研究导刊,2016,7(18).

8. 钟绪君,王燕荣. 浅析网络直播火爆的原因[J]. 东南传播,2016(9).

9. 岳小玲. 电商直播“带货”的内容生产和优化路径[J]. 出版广角,2020(19).

10. 张志安. 直播带货中的传播学启示[J]. 新闻与写作,2020(9).

11. 夏令蓝,宋姣. 后疫情时代“直播带货”规范化研究[J]. 传媒,2020(13).

12. 邓燕玲,高贵武. 直播带货带来了什么 网络直播带货的机遇与思考[J]. 新闻与写作,2020(7).

13. 闫玉刚,宫承波. 狂欢化与去狂欢化——基于新冠疫情期间直播带货传播现象的冷思考[J]. 当代电视,2020(6).

第十三章 短视频传播

扫码可见
第十三章PPT

第一节 短视频概观

一、短视频的概念

随着互联网技术的飞速发展和移动智能终端的普及，大众的社交形式也发生着巨大的变化，人们已不再满足于文字和图片社交，进而诞生了短视频这样一种新的社交形式。2021年2月3日，中国互联网络信息中心（CNNIC）在京发布了第47次《中国互联网络发展状况统计报告》①，报告显示，截至2020年12月，中国网络视频用户规模达9.27亿，占整体网民的93.7%，其中，短视频呈现爆发式增长态势，用户规模达到8.73亿，较2020年3月增长1.00亿，占网民整体的88.3%，成为仅次于即时通信的第二大产品类型。短视频作为移动互联时代下一种新的文本表达和消费方式，实现了文字、语音和视频的融合传播，以更直观立体的方式满足了用户表达和互动的需求。SocialBeta（社会化商业网）网站对短视频的定义是："短视频是一种视频长度以秒计数，主要依托于移动智能终端实现快速拍摄与美化编辑，可在社交媒体平台上实时分享和无缝对接的一种新型视频形式。"

本书认为，短视频是指通常"以秒"为单位，时长上相对较短（目前以5分钟内为主）、制作上低门槛化、内容上碎片化、社交性突出的一种新型视频形态。

二、短视频简史

短视频最初出现在美国，2005年4月30日，YouTube创办人之一林姆在YouTube视频网站上传了一部长度仅为19秒的视频，开创了短视频分享的先河；2011年4月11日，专业短视频应用Viddy发布，用户可通过Viddy拍摄30秒短视频并分享到Facebook、Twitter、Youtube等社交网站，2013年Viddy更名为Supernova，其拥有用户数量曾一度超过5000万；2013年1月，视频分享应用Vine面世，用户可拍摄6秒视频并一键上传至社交平台；同年，Snapchat也推出了"Stories"的功能，用户可自行对照片和视频进行加工制作，高峰期的日活用户数曾达

---

① 中国互联网络信息中心（CNNIC）：《第47次中国互联网络发展状况统计报告》，中国互联网络信息中心，2021年2月，http://cnnic.cn/gywm/xwzx/rdxw/20172017_7084/202102/t20210203_71364.htm，访问日期：2021年3月26日。

1.91 亿;2013 年 6 月,Facebook 旗下的 Instagram 也新增了 15 秒的短视频分享功能;2013 年 8 月,Youtube 两位创始人 Chad Hurley 和 Steve Chen 又推出了一款新的短视频分享应用 MixBit。移动短视频应用一经推出就风靡美国社交圈,迅速赢得大量受众。很快,这股风潮在世界各地也流行了起来。加拿大的社交视频共享平台 Keek 在 2013 年开年就获得 1800 万美元(约人民币 1.12 亿元)的融资,30 天内猛增 600 万用户①;2013 年 9 月,日本即时通信应用 Line 也正式上线短视频分享"微片"功能。

国内的短视频在起步时间并无太大差异,并且在发展态势上也不显逊色。归结起来,我国短视频的发展经历了以下三个阶段:

(一)萌芽时期:2006—2011 年

2006 年,一部 20 分钟长的视频短片——《一个馒头引发的血案》由胡戈制作并上传至网络上,该短片以诙谐恶搞的方式截取电影片段并拼接剪辑成一部新的短片,一时间,这种新的视频形式迅速传播开来。同年,优酷成立,与 2005 年成立的土豆网都致力于 20 分钟左右时长视频的发展。2009 年,中国 3G 通信网络建设卓有成效,移动网络也由 3G 向 4G 逐渐进行升级,这给短视频的传播提供了技术支持;同时,社交网站的兴起与迅速普及也在助力着这一时期的短视频的传播与发展。彼时的短视频是相对于传统影视剧而言的,时长大都在 30 分钟以内,在制作难度、传播形式以及受众参与上与现在的短视频也都有着较大的差异。但当下短视频的发展无疑和这一时期的视频形态有着传承与开创的关系,可以说,短视频这一崭新的视频形态正是从这一时期开始萌芽的。

(二)探索时期:2012—2013 年

2012 年,"GIF 快手"转型为短视频社区,成为用户记录和分享生活的平台。截至 2012 年 12 月底,我国网民规模达 5.64 亿,中国网络视频用户达到 3.73 亿②。2013 年下半年开始,依托于腾讯、新浪和美图的三大短视频分享工具微视、秒拍、美拍相继出现,短视频活跃用户显著增加。这一时期的短视频已初具行业形态,但发展一直不温不火,短视频作为一种新的视频形态只能算是正式开始起步,尚处于探索阶段。

(三)爆发时期:2014—2017 年

2014 年,随着 4G 网络的发展、网络基础设施建设的逐步完善,"秒拍""美拍"相继出现,使得短视频逐渐进入公众视野,称为"中国移动短视频元年"。同年,"一条""二更"以高质量的短视频内容占据了短视频领域的头把交椅。2016 年,papi 酱作为一名原创短视频创作

---

① 网易手机:《社交视频平台 Keek 融资 1800 万美元》,网易手机,2013 年 1 月 18 日,https://www.163.com/mobile/article/8LH2KKOF001166IG.html,访问日期:2021 年 5 月 27 日。

② 中国互联网络信息中心(CNNIC):《第 31 次中国互联网络发展状况统计报告》,中国互联网络信息中心,2013 年 1 月,http://cnnic.cn/gywm/xwzx/rdxw/20172017_7084/202102/t20210203_71364.htm,访问日期:2021 年 3 月 26 日。

者爆红，短短一年内，其视频总播放量超过2.9亿次，单集平均播放量753万，还获得真格基金、罗辑思维、光源资本和星图资本1200万元投资，迅速将短视频推向了投资“风口”，短视频行业快速崛起。腾讯集团入股“快手”、澎湃新闻创始人邱兵离职创办“梨视频”、字节跳动也相继创办“抖音”“火山小视频”。同时，各主流中央媒体和地方大型媒体集团也都推出短视频栏目及应用，如央视“V观”、《新京报》“我们视频”、《南方周末》的“南瓜视业”、浙报集团“浙视频”等，传统媒体也开始高调进入短视频行业。2016年以来，短视频在井喷式爆发的同时，其内容的垂直化和分众化趋向也越来越明显。

（四）平稳时期：2018年至今

2018年，我国短视频行业继井喷式发展后，生产方式不断进阶、内容垂直深耕、技术迭代助力，现已逐渐进入平稳发展时期，用户增长相对放缓，用户开始迅速下沉至三四线城市。抖音、快手持续坐稳短视频领域的头两把交椅。“BAT”三巨头继续发力，百度推出“好看视频”，阿里将土豆视频转型为短视频平台，腾讯大力推广“微视”。当前短视频依据不同的应用功能倾向，已基本形成了六大格局：以抖音、快手为代表的社交媒体类；以西瓜、秒拍为代表的资讯媒体类；以B站（Bilibili）、A站（AcFun）为代表的BBS类；以陌陌、朋友圈视频为代表的SNS类；以淘宝、京东主图视频为代表的电商类；以小影、VUE为代表的工具类。[①] 短视频平台各具风格，市场基本瓜分完毕。但短视频内容和平台极速野蛮生长中暴露出的乱象如同质化、泛娱乐化、低俗化、侵权等已引起监管部门的注意，国家监管部门通过约谈、责令整改、下架删除、严厉打击和清理违规账号等方式对短视频市场进行规范和整顿。

第二节　短视频的传播特性及主要类型

一、短视频的传播特性

伴随着技术的进步，短视频的出现极大限度地改变了信息传播方式，简化了媒介触达，不断加深和扩大着用户参与，成为新媒体时代最重要的媒体形式之一。具体观之，短视频具有如下的传播特性：

（一）从传播主体来看，短视频具有创作门槛低的特点

传统视频对内容生产者有一定要求，如脚本设计、画面构图、使用设备、技术手段以及制作成本等，往往会将很大一部分非专业用户排除在外。短视频的出现改变了这一格局，相对于传统视频精细的制作过程和较高的制作成本，它可以说几乎没有制作门槛。短视频不要求内容生产者熟练地操作电脑和使用专业视频剪辑软件，只通过一部手机和一些操作简单

① 潘彩云、徐萌晟：《2018年中国移动短视频行业发展概述》，《新闻爱好者》2018年第6期。

的手机应用就可以轻松生产内容，从而很好地打破了设备和剪辑的专业性限制；短视频的时长较短，严谨的叙事结构和故事逻辑不再是短视频必需具备的特征，它对脚本和画面的要求也不再是高高在上，一个小故事甚至是一段情节或几句话都可以构成一个短视频，这也大大降低了短视频制作的成本和周期。

短视频将传统视频高高在上的准入标准拉回到了大众手中，将视频制作和生产的门槛大大降低，让更多非专业用户也可以参与到内容生产过程中。所以说在短视频的传播主体环节，无论是在技术层面还是内容层面，短视频都具有低门槛化的特征。

（二）从传播内容来看，短视频内容更加垂直化、聚焦化

短视频的时长较短，情节也不复杂，因此要求内容具有鲜明的特点和垂直的主题，除了常规的娱乐、新闻、电影、音乐、教育、美食、旅行等分类，短视频的内容主题还涉及科技、时尚、汽车、医疗、房产等多元领域，可以做到在不同纵向上主题领域的再细分化。此外，短视频受众群体的指向性也决定了其聚焦化的内容特点。《2020 年中国网络视听发展研究报告》数据显示，短视频用户群体中，中低学历用户占比近九成。用户学历的下沉导致短视频内容更加聚焦于某一类受众群体的兴趣爱好，如集中关注生活场景和社会娱乐类的主题，并且将这部分主题中进一步细分化为趣味搞笑、美妆穿搭、明星八卦、民生新闻以及社会突发事件等，从而极大满足用户生产、阅读和传播内容的需求，增加用户使用的黏性。

更加聚焦、垂直的内容分类可以更精准地吸引不同兴趣取向的受众，聚合不同类型的用户群，同时又会反过来促进短视频内容主题的进一步细分和改良，从而推动短视频内容的扩展和延伸。

（三）从传播渠道来看，短视频具有显著的社交属性

短视频肇始于社交媒体时代，又以社交媒体为主要的传播渠道，其发展也依托于社交媒体平台，因此短视频有着与生俱来的社交属性。在传播过程中，短视频被生产并上传至网络，用户通过点赞、评论以及收藏等社交平台提供的功能来满足自己的社交需求，同时，用户也可以将自己喜欢的短视频分享到社交平台上，通过这种二次传播乃至多次传播形成的循环往复的过程，每一个短视频的接受者都能够成为传播者，既是信源也是信宿，尤其在人际传播中的效果更显著，这也就更加强化了短视频的社交属性。通过在社交媒体上分享不同类型的短视频还可以帮助用户展现自身的兴趣爱好和欣赏品味，所以短视频的社交呈现很大程度上也是满足自我认同和建构群体身份感的体现。

一方面，短视频的传播依托社交媒体的推广和宣发，而另一方面，短视频传播又在更新着社交媒体的社交方式，对社交文化产生深刻的影响。

（四）从传播方式来看，碎片化是短视频最核心的特征

碎片化时间是伴随着信息化和移动互联网技术的成熟同步出现的，在现代都市生活中，大众的时间在学习课间、工作茶歇以及等待电梯、公交、地铁等过程中被分割得越来越碎片化。与碎片化时间相伴的还有碎片化阅读，海量秒更的信息、缺乏可支配的整块时间以及多

媒体传播等趋势深刻地改变了大众的阅读习惯，即以碎片化阅读代替完整细致的阅读。短视频正是为了迎合这样一种碎片化的阅读趋势、为了填补人们的这些碎片化时间产生的，因此从诞生之时起，短视频就具有显著的碎片化的传播特征。短视频的时长较短、内容多浅层娱乐，尤其是趣味搞笑类短视频能使观看者在碎片化时间里获得短暂的放松和愉悦，能够很好地满足碎片化时代大众阅读的需求。

短视频的碎片化特征不仅适应了大众新的阅读习惯，同时也在潜移默化地改变着大众的生活方式和态度观念，也为移动互联时代视频的传播开辟了新的方式。

（五）从传播效果来看，短视频传播速度快、传播范围广

短视频是伴随着移动智能设备软硬件的升级迭代出现的。2019 年 6 月 6 日，工信部正式向中国电信、中国移动、中国联通、中国广电发放 5G 商用牌照，标志着我国正式进入 5G 商用元年，5G 网络高速率、高容量和低时延、低能耗的特点给短视频的生产与传播带来极大的助力，短视频的生产传播速度可以达到每秒千万乃至亿计，大数据的算法池还可以根据视频流量优化分发停留的时间，保证大众不会错过感兴趣的视频内容。依据第 47 次《中国互联网络发展状况统计报告》①报告，截至 2020 年 12 月，中国短视频用户规模达到 8.73 亿，占网民整体的 88.3%。近九成的网民使用基数极大地拓宽了短视频的传播信道，再加上社交媒体的裂变传播，短视频的传播范围和规模足以影响到绝大多数的网民，短视频的传播速度和范围是不仅是对传统视频生产模式的革新，也是对社交媒体传播形式的有益补充，契合了当下技术发展的时代趋势。

二、短视频的主要类型

（一）按内容主题分类

1. 娱乐主题类

这类短视频主要以娱乐性内容为主，或以感染力十足的音乐舞蹈挑逗观看者的神经，如鸟叔的《江南 style》、PICO 太郎的《PPAP》等；或以趣味性十足的原创内容带动观看者的情绪，如 papi 酱、陈翔六点半等视频原创者的作品；或以电子游戏、电子竞技为主要内容吸引游戏玩家或游戏迷，如“一条小团团”“AG 超玩会梦泪”等短视频创作者的作品。

2. 新闻资讯类

当下短视频发展如火如荼，各类传统媒体也纷纷进军短视频行业，提供实时新闻资讯。《人民日报》、央视等传统媒体纷纷在短视频平台上，以接地气的方式传播新闻资讯，广受好评。

---

① 中国互联网络信息中心（CNNIC）：《第 47 次中国互联网络发展状况统计报告》，中国互联网络信息中心，2021 年 2 月，http://cnnic.cn/gywm/xwzx/rdxw/20172017_7084/202102/t20210203_71364.htm，访问日期：2021 年 3 月 26 日。

3. 政务服务类

网民在哪里，政务新媒体就在哪里。一些国家政府机关部门纷纷入驻短视频平台，并将其作为官方信息表达和互动的一个重要表达窗口，发挥动员、组织、宣传和服务的作用。“外交部发言人办公室”开通抖音账号第一天，就涨粉217万。

4. 生活服务类

生活服务类短视频涵盖的范围十分广泛，涉及生活的方方面面，包括穿搭、美妆、美食、阅读、健身、旅游、生活窍门等诸多领域，深受网友喜爱。

（二）按生产者分类

1. 专业生产内容（PGC）类

PGC（Professional Generated Content）是指应用于专业视频网站的一种视频生产模式。专业生产内容类短视频是指由专业人员或机构进行组织和制作的短视频，此类视频往往有明确的定位，专注于某一领域的视频生产，由于其生产者均为专业机构，因此视频内容组织和制作表达上都十分精良和考究，这就在很大程度上保证了视频的质量。如官方发布和制作的国家形象短视频等。

2. 用户生产内容（UGC）类

UGC（User Generated Content）是Web2.0时代特有的一种视频生产模式。此类短视频的生产者是普通用户本身，不具备专业性的知识和技能，因此该类视频的内容都较为日常化和简单化，制作也比较粗糙，有着明显的“草根性”。但不可否认是的，正是由于用户生产内容这一形式使得人人都能成为视频的发布者，因此它在提高视频接受度上以及激起人们参与性的作用上往往具有更为直接和明显的效果。

3. 专业用户生产内容（PUGC）类

PUGC（Professional User Generated Content）是PGC与UGC相结合的一种内容生产模式，也即以UGC的形式产出接近于PGC的内容。因此专业用户生产内容类短视频以更适宜于传播的形式和更优质的内容，往往更容易赢得受众尤其是文化素养较高人士的青睐。

（三）按视频画屏分类

1. 横屏

横屏短视频继承了PC终端的传播习惯，多在视频网站上进行传播。由于横屏短视频的制作和发布多由PGC完成，所以横屏短视频多按照传统广电节目的标准和方式进行生产。

2. 竖屏

竖屏短视频是在移动终端（手机）用户逐渐成为网民主体的情况下应运而生的。伴随着移动互联网的风行，使用手机观看视频已经成为一种趋势。在移动终端时代，竖屏短视频适应了移动终端屏幕尺寸和用户卧式浏览的习惯，更易于在手机上直接制作和传播。

三、热门短视频平台简介

本书对当下热门的短视频平台做简要介绍，如表 13-1：

表 13-1　热门短视频平台简介①

短视频平台	图标	平台简介
快手		前身是“GIF 快手”，2012 年 11 月，从纯粹的工具应用转型为短视频社区，用于用户记录和分享生产、生活的平台，口号为“记录世界记录你”，属于短视频社交类平台。马化腾曾评价：“快手专注于服务普通人日常生活的记录和分享，拉近了人与人之间的距离，是中国移动互联网一款非常贴近用户、有温度、有生命力的产品。”
小影		原创视频、全能剪辑的短视频社区应用软件，2013 年 1 月正式上线，可录制 10 秒短视频，同时提供拍摄、编辑更长原创视频内容的服务，小影内置多种拍摄镜头、多段视频剪辑、创意画中画，有专业电影滤镜、字幕配音、自定义配乐等特性。
秒拍		一款小视频应用软件，在 2013 年 8 月首次作为新浪微博手机客户端内置应用推出，口号是“秒拍，10 秒拍大片！”拥有炫酷的 MV 主题、清新文艺范的滤镜，个性化水印和独创的智能变声功能，支持视频同步分享到微博、微信朋友圈、QQ 空间等。
微视		腾讯旗下短视频创作平台与分享社区，2013 年 9 月 28 日推出。用户不仅可以在微视上浏览各种短视频，同时还可以通过创作短视频来分享自己的所见所闻。此外，微视还结合了微信和 QQ 等社交平台，用户可以将微视上的视频分享给好友和社交平台。
美拍		一款可以直播、制作小视频的受年轻人喜爱的应用软件，2014 年 5 月上线后，连续 24 天蝉联 App Store 免费总榜冠军，并成为当月 App Store 全球非游戏类下载量第一。口号是“在美拍，每天都有新收获”。
小咖秀		一款自带逗比功能的视频拍摄应用，于 2015 年 5 月 13 日正式上线。用户可以配合小咖秀提供的音频字幕像唱 KTV 一样创作搞怪视频，同时小咖秀还支持视频同步分享。
西瓜视频		“字节跳动”旗下的个性化推荐短视频平台，前身“头条视频”于 2016 年 5 月正式上线，2017 年 6 月 8 日，正式升级为“西瓜视频”。其通过人工智能帮助每个人发现自己喜欢的视频，并帮助视频创作人们轻松地向全世界分享自己的视频作品。

① 根据“百度百科”整理。

续表

短视频平台	图 标	平台简介
抖音		2016 年 9 月上线，是一个专注年轻人的音乐短视频社交平台。口号为“记录美好生活”。属于“字节跳动”旗下产品，日活超 3.2 亿，占据国内短视频平台的头把交椅。
梨视频		新闻资讯类视频平台，于 2016 年 11 月 3 日上线。大部分视频时长控制在 30 秒到 3 分钟之间，力求展现新闻事件的精华。其资讯以不同的板块呈现，如“微辣 Video”“冷面”“风声视频”“老板联播”“时差视频”“文娱小队长”“眼镜儿视频”等。
抖音火山版		一款 15s 原创生活小视频社区，前身“火山小视频”于 2017 年 6 月推出，2020 年 1 月正式更名为“抖音火山版”。其可以通过小视频帮助用户迅速获取内容，展示自我，获得粉丝，发现同好。
微信视频号		微信视频号是 2020 年 1 月 22 日腾讯公司官微正式宣布开启内测的平台。微信视频号不同于订阅号、服务号，它是一个全新的内容记录与创作平台，内容以图片和视频为主，可以发布长度不超过 1 分钟的视频，或者不超过 9 张的图片，还能带上文字和公众号文章链接，而且不需要 PC 端后台，可以直接在手机上发布。

第三节　短视频的现状及发展

一、短视频与 Vlog

继网络直播、短视频火爆之后，Vlog 也于 2018 年进入国内大众视野，这一年被称为是中国“Vlog 元年”。Vlog 在当时被业界预测为短视频发展的下一个风口和流量增长的新空间，发展到现在，五花八门的 Vlog 充斥着各大短视频应用，当年的预测已然成真。

（一）Vlog 的内涵及其特点

那么，何谓 Vlog? Vlog 是 video blog 的缩写，2012 年起源于 YouTube，即一种记录日常生活的视频日志。YouTube 将 Vlog 定义为：“A video-blog. A casual conversational video format or genre featuring a person talking directly to camera”，即一个人随意地面对镜头进行交谈。2015 年，YouTube 上出现了首批职业 Vlogger（视频博客制作者）。其中，Casey Neistat 曾坚持 600 多天发布 Vlog 记录其创意生活，获得上亿的播放量和上千万的粉丝，成为当之无愧的 Vlog 之父。随后，国内一些海外留学生在 Casey 的影响下，利用 Vlog 记录和展示留学生活，成为国内最早的一批 Vlogger。2018 年以来，国内各大头部平台纷纷发力 Vlog 领域。小影启动“V 光计划”，宣布打造全球 Vlog 社区；新浪微博发起“Vlog 博主召集”；今日头条与欧阳娜娜联合"明星 Vlog 计划";腾讯发布 yoo 视频,推广"Vlog+Vstory";哔哩哔哩(简称 B 站)发起"30 天 Vlog 挑战",日更千条,单条点击量逾百万;抖音将视频延长至 5 分钟;VUE 更名为"VUE Vlog",完成从视频工具到 Vlog 社区的转型……从某种意义上说,Vlog 并未超越短视频范畴,只是短视频形式上的一种丰富,外延上的一种拓展,是短视频的一种新的样态,具体体现在五个方面:

1. 时长更长

无论是微信的"10 秒"、抖音的"15 秒",还是快手的"57 秒",以"秒"来定义的短视频不可避免地遭遇到由于时长过短而对内容表现力的制约,甚至限制了某些主题的垂直化、深刻化。而 Vlog 的一大优势,即打破了以"秒"为单位的计时尺度,将时长延伸至几分钟到十几分钟不等,用户可根据不同的主题表现需求来匹配时长。时长的延展有利于弥补短视频的外在短板,增加信息的密度,提升内容的表现力和完整度。

2. 技术门槛更高

相比人人皆可拍短视频,人人皆可秀短视频,Vlog 则有了更高的技术门槛。专业化的相机、三脚架、收音麦克风是设备标配,此外还需掌握基本的视频后期处理技术。技术门槛的拔高,决定了当前 Vlogger 尚属小众群体,Vlog 一时间还难以形成规模效应。但随着新技术的普及与驱动,这种技术藩篱将被打破。

3. 包装更精良

基于时长和技术的双重驱动,Vlog 脱离了短视频制作水准的参差不齐,其内容密度更大,外在包装更为精良,屏幕前的受众仿佛在看一部个人迷你纪录片,也更容易引发受众的深层次思考。

4. 内容更窄化

相比短视频内容的五花八门、出奇制胜、追求"爆款",Vlog 则是专注于对个体日常生活的真实展现,以 Vlogger 极具魅力的风格化记录来获取流量。特定群体的一天,普通人的一日三餐等日常生活在事无巨细地记录与对话中满足着现代人的好奇心和窥探欲。

5. 更受年轻人关注

作为一种网络新事物,Vlog 受到广大年轻人的关注。以 2021 年 4 月的百度指数为例(如图 13-1),从分别以"短视频"和"Vlog"进行关键词搜索所形成的用户年龄画像来看,20—29 岁的群体对短视频和 Vlog 的关注度最高。其中,29 岁及以下的群体相比传统短视频,更关注 Vlog。Vlog 的关注群体主要集中在 39 岁及以下的年轻人,尤以 20—29 岁居多。

(二)Vlog 与传统短视频的差异

尽管 Vlog 属于短视频范畴,是短视频的一种新样态,但较之传统短视频,Vlog 也有明显的差异。

1. Vlog 偏向日常生活的记录

以"秒"为单位的短视频集中展现的是一种日常生活的"非常态",极短的时间内必须吸

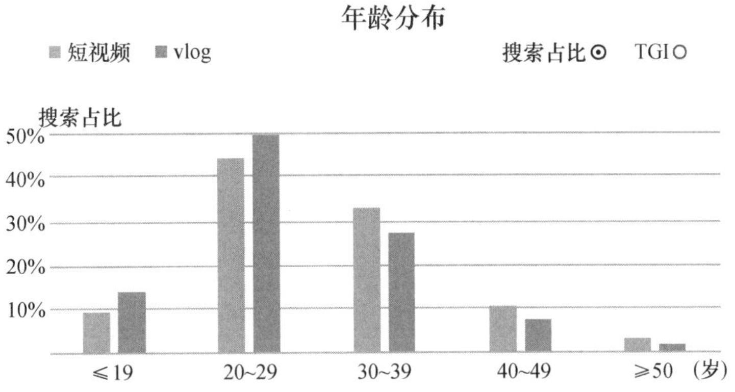

图 13-1　2021 年 4 月短视频和 Vlog 的百度指数

引眼球。抖音红人“代古拉 k”凭借搞怪有趣的舞蹈就能坐拥 2300 多万粉丝。快手更是将这种新奇展现得淋漓尽致:未成年妈妈群体、自虐吃异物(包括灯泡、蠕虫、玻璃)的河北大妈、鞭炮炸裤裆和跳冰河的“二哥”、演绎高难度动作的“搬砖小伟”……无论是抖音上呈现的来自一二线城市青年的“精致”“酷炫”“高大上”,还是快手上展现的三四五线底层人民的“奇葩”“残酷”“穷丑矬”,这些新奇的素材都力求在几十秒的时间维度上被引爆,达到一鸣惊人的效果。十几秒内想成名,背后必然是蓄谋已久的“编剧+剪辑”。

与短视频的主题化不同,Vlog 更讲求叙事,更强调去表演化和日常性的真实记录。而 Vlog 也经常以“xxx 的日常”“在 xxx 的一天”作为标签。靠 Vlog 圈粉无数的欧阳娜娜呈现的不过是留学和工作的日常,但单集 Vlog 播放量超千万,前 12 期 Vlog 已将她 11 次送上微博热搜。普通人“子时当归”记录的仅仅是日常两餐的烹饪,日复一日固定的、重复的平淡生活也能吸引观众不知不觉看上几十分钟。Vlog 用更大的篇幅来呈现更真实的原生态,回归更自然的生活本真。

2. Vlog 偏向呈现“后台”内容

戈夫曼认为人们表演的舞台有前台和后台之分。前台是观众能够看见的用于表演的场合,而后台则是为前台做准备的场所,通常不被观众所见。梅罗维茨进一步认为,网络造就了新的情境,为名人的日常表演提供了一个“中区系统”,除展现自身“美好”外,还要表演介于前台和后台之间的“中区行为”。而将私人情境适当并入公共情境可有效取得他者的好感和信任。短视频上大量关于名人非工作状态的私人领域的呈现,使得这些“遥不可及”的人物在视频中显得更加“亲民”。即便是普通草根通过有意无意地插播私人情境也会引来他者的认同和共鸣。

相比短视频对“中区行为”的展演,Vlog 的后台“前台化”更加凸显。创作者将摄像头长时间对准自己,私人场所、私人物品、私人关系经常作为拍摄背景公开展现,并通过更深度地袒露生活来传递自己的认知和态度。从欧阳娜娜的 Vlog 中(如图 13-2),粉丝看到的并不是光鲜亮丽,高高在上的传统女艺人形象,而更多的是演出前辛苦的排练、录制节目的幕后花絮、减肥压力下的饮食自律、熬夜赶考后的憔悴面容……这些原本不为观众所见的后台行为

图 13-2　欧阳娜娜的 Vlog

突然之间被“前台化”。除了围观名人生活，普通人的生活情境同样具有巨大吸引力。那些头部 Vlogger 们，很多来自于草根，最终走向了“网红”。

3. Vlog 追求差异化的人格美

短视频凭借“短平快”的传播优势和低门槛的技术要求引爆全民热潮，随之带来的是同质化、低俗化、泛娱乐化的倾向。而差异化的人格魅力是 Vlog 区别于一般短视频的关键所在。观众观看 Vlog 时，很容易获得一种沉浸感，创作者通过屏幕以第一人称视角和观众进行走心交流，极易拉近心理距离，引发观众的代入感、沉浸感而产生情感共鸣。有国内“Vlog 第一人”之称的“冬瓜”认为：“摄影是记录一个瞬间，电影是记录一个故事，那么 Vlog 就是记录一个灵魂。”①观众通过 Vlog 能深度涉入创作者的私人生活，并发掘 Vlogger 差异化的人格魅力，进而认同其生活方式，最终建立起强于其他内容品类的黏性。Vlog 凭借生活化的选题和自然的叙事正好是凸显个人色彩，传达生活态度，展现人格魅力的最佳平台。从这个意义上说，Vlog 更倾向于打造“我们向往的生活”。

4. Vlog 产生真实社交的幻觉

如果说传统短视频擅长于满足人们的“审丑”心理，致力于打造“爆款”，引发“围观”式交往，那么 Vlog 则通过展示“后台”的日常生活来拉近与粉丝的距离。久而久之，这个屏幕中的陌生人似乎变成了生活中的“熟人”，观众已不满足于仅仅“围观”，而萌发了主观“带入”与“参与”的冲动，甚至产生了传受双方真实交往的幻觉。心理学家霍顿和沃尔曾提出“准社会交往”理论来描述媒介人物与受众的关系。受众会对某些媒介人物产生角色依恋，并形成一种想象中的人际交往关系。欧阳娜娜 Vlog 展现的是不同于台前女明星形象的少女生活状态：会素颜，会迷路，会犯错……这一切“幕后”行为以接地气的方式“真诚”地呈现在粉丝面前，粉丝很容易把她当作现实中的朋友来做出反应，从而建构起不同于现实交往的“准社会交往”。Vlogger“竹子”毫不避讳地记录下自己一天的情绪变化，如和男友团聚的甜蜜以及分

① 腾讯传媒全媒派：《朋友圈已装不下年轻人的“秀”，Vlog 上的视频日记才是用力的自我表达》，搜狐网，2018 年 2 月 2 日，http://www.sohu.com/a/220598996_534344，访问日期：2021 年 5 月 27 日。

别时的痛苦,事无巨细的生活碎片使观众的情绪随之起伏,自动将自己代入知晓对方秘密的"熟人"关系。这种交往关系不过是观众一厢情愿的想象,而 Vlogger 的在线互动更强化了观众的这种错觉。

5. Vlog 促进受众的自我成长

不同于短视频,Vlog 的观众脱离了对"土味""猎奇"的审丑式"观赏",人们通过窥探他人的生活,发现与彼此的共鸣与差距,必然触发对自身境遇的思考,激发个体的"自我互动",认识、改造和完善自我,从而实现"自我成长"。Vlog 最常见的类型即展示某类群体的一天,如"女博士的一天""清华学生的一天"等,人们通过窥探群体内成员的生活,进而完成社会比较下的自我审视,用户的需求发生了从"观赏"到"自我成长"的深层次转向,而并非一味沉溺于浅层化娱乐中。Vlog 的流行反映出当下年轻人社交表达渐渐向内在思考转变。Vlog 对个人经历的个性化浓缩和提纯促使年轻人开始有意识地总结、归纳和反思自己。按照美国心理学家马斯洛提出的需要层次理论,人类从低到高有五种基本需要,而"自我实现"则是最高层次的需要。Vlog 引发用户的"自我成长"体验超越了"社交"与"尊重"的次级需要,抵达了"自我实现"的高级需求层次。

二、短视频与网络直播

《2019 中国网络视频发展研究报告》显示,短视频催生了新的传播平台、节目形态与用户消费习惯,快节奏、碎片化、开门见山、短小精悍成为行业潮流。随着更多短视频社交平台的兴起,网络直播平台的用户资源被进一步分化,截至 2018 年 12 月底,网络直播用户规模达 3. 97 亿,较 2017 年底下降 6. 8%,其中真人秀直播用户规模下降最快。虽然短视频热度持续走高,与直播内容争夺用户数量和时间,在短视频的分流下,网络直播的用户势必有一定比例的下降,但短视频与直播实质是相辅相成的关系,很多平台将短视频和直播融合发展,这也说明这两种内容形态并不构成对立的关系。

(一)短视频可作为网络直播的补充

短视频时长短、内容丰富多元、更新速度快且覆盖范围广,在流量上天然比网络直播占优,但这些优势其实也可以很好地被网络直播转化利用。一方面,短视频还可以帮助网络直播稳固粉丝。直播虽然时长往往较长,和粉丝的互动性也较高,但难以保证更新频次,短视频则可以为直播下播后提供一个新的互动渠道,还可以提前锁定直播内容,帮助增加粉丝黏性;另一方面,短视频还可以帮助网络直播吸引流量。直播内容的录制、二次制作也可以以短视频的形式出现,引发内容二次传播,加深网络直播的记忆点,从而帮助网络直播吸引更多的流量。

(二)网络直播可以弥补短视频的短板

网络直播可以将发生的即时状况展示给终端用户以满足用户各种需求,是一种新的高互动性互联网新形态,可以很好地弥补短视频的一些短板。一方面,网络直播的实时交互性是碎片化的短视频难以带来的，用户可以直接与直播者实时沟通，避免了共通的意义空间经过再次传播出现折扣现象。同时，直播也为用户提供了创作来源，用户可以对直播内容进行二次加工创作，生产新的短视频；另一方面，网络直播可以很好地弥补短视频难以实现消费转化的短板。网络直播具有天然的消费指向，除了以粉丝经济为基础的变现方式外，电商导流、会员服务、口播广告等变现形式也都普遍存在。短视频创作者可以通过加入直播的形式来实现变现。

在互动性、消费性方面，网络直播强于短视频，而在内容可塑性、时间和空间灵活度方面，短视频则强于网络直播。二者各有优势，又都可以互为对方所用。2016 年 9 月 13 日，网络直播应用"映客"正式上线"短视频"功能，同期，快手、抖音等短视频应用也纷开通了"直播"功能，发展到现在，短视频与网络直播已经逐渐形成了一个良性的生态循环，能够更好地为平台生产者打造品牌、积累用户。

三、短视频的发展策略

（一）从传播主体上，推进多元主体生产内容

当前短视频市场以 UGC 为主，集聚了大量草根性内容。非专业用户的广泛参与一方面可以迅速丰富和扩充短视频内容池，为短视频带来可观的流量，但另一方面，短视频的质量难以得到保证，可能导致浅层娱乐化的偏向，而且非专业用户的传播能力弱，商业转换能力差，难以盈利。① 因此，短视频应当更多注重推进多元主体生产内容，邀请具有更强传播和变现能力的专业用户和媒体参与，在鼓励 UGC 内容的同时加大 PGC、PUGC 内容的比重。从传播主体来看，虽然非专业用户的大量涌入带来了短视频流量的与日俱增，但"一家独大"的发展模式不利于短视频生态的健康发展，吸引更多元主体的入驻应是短视频下一阶段战略布局中的重要一步。

（二）从传播内容上，促进内容更加垂直、多元与创新

依据火星营销研究院发布的《2020 年的短视频内容营销趋势白皮书》②，短视频的垂类已经越来越细化，如除了常规的搞笑、汽车、情感、美食、美妆等分类外，"小姐姐""小哥哥"以及"种草/测评"等新增内容垂类的增幅也十分迅猛。从传播内容看，垂直化已经成为短视频内容创作的显著特点，它的优势在于可以很好地满足用户需求且增加用户黏性，细分多元的生态也有利于短视频的持续发展。此外，发展内容垂直化的同时，也应注意到当前短视频同质化严重的问题。法国社会学家塔尔德的模仿理论认为，模仿是最基本的社会现象，一切事物不是发明就是模仿，而纯粹的发明是极少见的，大部分的行为是模仿。在短视频内容生态中，每当热点视频爆出，伴随着短视频天然的社交性和魔性传播，很快就会引发一段时间内

---

① 刘逍潇：《短视频 App 的发展现状与对策分析》，硕士学位论文，江西师范大学，2017。

② 胖鲸：《2020 短视频白皮书，详解短视频生态》，胖鲸，2020 年 3 月 3 日，https://socialone.com.cn/tiktok-kuaishou-report-media-2020/，访问日期：2021 年 5 月 27 日。

大量同质内容刷屏的模仿热潮。为此，短视频在未来的发展当中，应注意在促进内容垂直化、精细化的同时，对多元创新的内容予以优先推荐，兼顾创新领域的开拓。

(三)从传播方式上，打通多平台传播，扩大分发渠道

短视频虽然目前已嵌入多类平台，但头部平台仍以纯短视频应用为主，如抖音、快手等，一些社交平台如微博、微信虽然也纷纷入局短视频，增加了短视频功能，但传播能力依然不足。对纯短视频应用，虽然当前以抖音为代表的短视频应用算法推荐机制十分强大，但也有越来越多的用户担忧陷入"信息茧房"。为此，算法推荐机制应该进一步被优化，要精准投放也要协调投放，同时还可主动寻求多方合作，让用户可以跨平台分享和交流。而对非纯短视频应用，为了扩大短视频分发的有效渠道，首先应该摆脱单一线性思维，即不应简单把短视频视作一个新增功能，而是需要从媒体布局上把短视频完整视作一个业务形态，相应地，关于短视频的一系列功能、宣发以及传播都应该重点配套、针对性地设计。此外，"短视频+"的思维也值得借鉴，如"短视频+新闻"。一方面，许多新闻媒体目前都开通了自己的官方短视频号，并发布一些短讯或者媒体相关的趣味信息，如"央视新闻""新华社"等；而另一方面，新闻媒体们也纷纷建立了自己的专门应用，如"人民日报""澎湃新闻"以及"南方周末"等，在应用里也都设置了短视频入口，依托自身强大的媒体资源可以发布整合大量新闻资讯。除此之外，"短视频+政务""短视频+电商"等业态也十分值得积极探索。

(四)从行业监管上，加强平台监管机制，鼓励用户参与监督

短视频最近几年发展势头迅猛，在越来越趋于成熟的同时也暴露出了诸多弊病，如侵犯隐私、版权纠纷、低俗色情等问题层出不穷。算法定制在对用户针对投放信息的同时，也存在过度窃取隐私的问题，短视频应用理应严格设置并通知用户如何开启部分或完全关闭权限获取功能，将数据安全的权利交还给大众。版权纠纷一直是国内内容产业的显著问题，在发展时间还不长的短视频行业中这一问题也日益突出。短视频重音视频结合的二次创作，有的用户盲目搬运影视剧、电视节目等视频内容进行上传，有的用户盗用他人原创视频二次剪辑，还有的用户直接使用或间接篡改未经许可的音频、视频等，导致短视频市场成为当前版权纠纷的重灾区。为此，平台首先应明晰广电总局相关的监管文件和条令，建立健全平台监管机制和办法，对相关违规行为严格处罚并予以公示；而在日常的官方号运营中，也可适当增加违法科普类短视频的投放与推荐。此外，短视频平台和以往的传统视频一样，都存在极易滋生和助长低俗色情内容的问题。随着短视频用户年龄和学历的下沉，越来越多的儿童、学生成为短视频的重度用户，打造一个绿色健康的短视频内容生态就显得愈加重要；除了严格执行相关行业规章外，短视频平台还可以借鉴传统视频平台的监管方式，对不文明视频进行分类识别，设置敏感内容屏蔽器，杜绝打色情擦边球的内容传播。针对短视频行业目前存在的问题，在加强平台监管机制之外，还应鼓励用户积极参与监督，征集意见和建议，从而促进短视频内容生态的绿色健康发展。

本章思考题

1. 简述短视频发展历程。
2. 简述短视频的传播特性。
3. 什么是Vlog？它有什么特点？
4. 短视频与网络直播之间存在什么关系？
5. 短视频存在的问题及发展策略。

本章参考文献

1. 中国互联网络信息中心(CNNIC). 第47次中国互联网络发展状况统计报告[R/OL]. (2021-02-03)[2021-03-26]. http://cnnic.cn/gywm/xwzx/rdxw/20172017_7084/202102/t20210203_71364.htm.

2. 邓建国,张琦. 移动短视频的创新、扩散与挑战[J]. 新闻与写作,2018(5).

3. 网易手机:《社交视频平台Keek融资1800万美元》,https://www.163.com/mobile/article/8LH2KKOF001166IG.html,2013年1月18日。

4. 中国互联网络信息中心(CNNIC). 第31次中国互联网络发展状况统计报告[R/OL]. (2013-01)[2021-03-26].

5. 潘彩云,徐萌晟. 2018年中国移动短视频行业发展概述[J]. 新闻爱好者,2019(6).

6. 陈宁. 短视频景观中存在的问题及对策[J]. 中国广播电视学刊,2019(3).

7. 官承波,田园. 短视频火爆背后的大众视觉消费转向[J]. 新闻论坛,2018(1).

8. 安纳. Vlog流行,年轻人的网络社交悄悄改变[N]. 中国青年报,2019-05-23(002).

9. 王晓红,任垚媞. 我国短视频生产的新特征与新问题[J]. 新闻战线,2016(17).

10. 腾讯传媒全媒派. 朋友圈已装不下年轻人的"秀",Vlog上的视频日记才是用力的自我表达[EB/OL]. http://www.sohu.com/a/220598996_534344,2018年2月1日.

11. 刘逍潇. (2017). 短视频App的发展现状与对策分析[D/OL]. 江西:江西师范大学,2017:28 [2020-3-26]. https://kns.cnki.net/KCMS/detail/detail.aspx? dbname=CMFD201801&filename=1017084707.nh.

12. 胖鲸. 2020短视频白皮书,详解短视频生态[EB/OL]. https://socialone.com.cn/tiktok-kuaishou-report-media-2020/,2020年3月3日.

13. 张文娟,官承波. 本质、流变与反思:基于Vlog的多维审视[J]. 电视研究,2019(10).

14. 张文娟,朱颖颖. Vlog:短视频传播的变与不变[J]. 传媒,2020(1).

XINMEITIGAILUN

第四单元

互联网思维及其应用论

基于“连接”属性的“互联网思维”迅速火热，成为商界、学界、政界共同关注的热议词。它揭示了工业社会向信息社会转型过程中，互联网作为一种基础与载体在经济发展和商业转型中的巨大作用，并在人们思维层面上带来了革新。互联网以及其他各类新媒体技术所裹挟的巨大动能绝不仅仅限于经济活动和商业领域中，它甚至影响到了社会治理领域。世界各主要经济体对日益彰显的互联网作为基础设施的潜力都表现得尤为敏感，在战略布局和顶层设计方面纷纷布局。我国也相应提出“互联网+”行动计划。

在这样的时代潮流中，新媒体在社会经济发展的宏观层面上正试图形成一种具有普惠、共享、集约和绿色特征的全新经济生态；在微观层面上实现传统行业的跨界融合，助推传统行业的优化创新，催生新产品、新业务与新模式。新媒体在传统经济领域，如农业、工业、服务业，以及智慧生活领域，如智能家居、医疗健康、教育，都不断催生出有着较好经济效益和社会效益的新型应用。

第十四章 互联网思维概说

扫码可见
第十四章PPT

第一节　互联网思维的内在含义

2011 年，百度 CEO 李彦宏在一次演讲中，最早提出“互联网思维”的说法；2012 年，小米老板开始大力吹捧“互联网思维”；2013 年，“互联网思维”成为凝聚高度社会关注度的热词；2014 年，恰值中国接入国际互联网 20 周年，“互联网思维”的曝光度到达顶峰。“以‘互联网思维’为主题的论文层出不穷，与‘互联网思维’相关的书籍相继出版。与此同时，政府也多次提到‘互联网思维’，‘互联网思维’出现在国家领导人的讲话和政府宏观文件中。”①

那么，究竟该如何理解“互联网思维”？

一、技术基因

从构词法来说，理解“互联网思维”首先需要理解它的两个构成要素，即“互联网”和“思维”。所谓“互联网”，是指当前世界范围内最大的国际互联性的网络，它是由千千万万大小不同的网络按照一定的协议连接而成。它最初是作为一个技术概念出现的。所谓“思维”，“相对于存在而言，是整个认识活动的总称，指意识、精神；相对于感性认识而言，指理性认识及其过程。通常在后一种意义上使用，是对客观事物间接的、概括的反映。以社会实践为基础，人们只有在社会实践中反复接触客观事物，才能积累起丰富的感情材料，进行由此及彼、由表及里、去粗取精、去伪存真的分析综合工作；才能获得凭感觉无法得到的对事物的本质和发展规律的认识，并用它去能动地改造客观世界。思维有逻辑思维和形象思维等不同形式。思维的工具是语言”。②

从这个意义上说，“互联网思维”指的是基于互联网这种技术的思维方式。回顾人类发展的漫长历史，自工业革命以来各种技术层出不穷，却鲜有“蒸汽机思维”“电力思维”“生物技术思维”等说法。③ 可见，互联网作为一种创新性技术，它的技术基因以及由此引发的深远影响必然与以往其他技术有着根本性的区别。众所周知，时至今日互联网及其各类应用或衍生技术已经在社会、政治、经济、文化各个领域产生了深远的、广泛的、立体的、系统的影

① 张养志：《从经济学视角看互联网思维》，《北京印刷学院学报》2018 年第 10 期。

② 《简明社会科学词典》编辑委员会编：《简明社会科学词典》，上海辞书出版社，1982，第 736 页。

③ 郭斌：《“互联网思维”究竟是否存在？》，《经理人》2018 年第 8 期。

响。将这种影响与前面提及的第一次、第二次工业革命中的技术影响相对比，不难发现，当前互联网技术对从经济基础层面上的经济体系、商业运营、生产方式到上层建筑层面的管理理念、社会治理、国家战略、群体联系以及文化观念等各个领域都产生了点、线、面交织往复的影响。这不同于其他技术在政治、经济、文化的某个点、线或面上，提升时间上的效率、空间上的广度的影响。

这种影响在根源上来自于互联网技术基因中的“连接”属性。“连接”是互联网发展的内在逻辑。20 世纪 60 年代，出于军事安全考虑而筹建的互联网就已经注入了去中心化、建立广泛连接的基因。在随后的半个多世纪中，互联网实现了机器与机器的连接、内容与内容的连接、人与人的连接，随着移动互联网的到来，终端及其连接迎来新的升级，而以物物相连为典型特点的物联网也揭开序幕。① “连接”意味着边界消融、相互联系、建立关系，由此会带来开放、交互、合作、协调、共赢等连带变化。

正是基于互联网技术基因中的“连接”属性，“互联网思维”才具有了如今显赫的动能。

二、商界理解

今天回过头看，“互联网思维”是随着互联网企业的发展壮大而被提出的。20 世纪 90 年代以来，互联网进入商业化应用阶段。随着电子商务的迅猛发展，以及基于互联网升级衍生出的各种新媒体技术不断探索应用空间和商业模式，在经济活动和商业领域中活跃的一种互联网思维应运而生。“互联网思维，就是在（移动）互联网+、大数据、云计算等科技不断发展的背景下，对市场、用户、产品、企业价值链乃至对整个商业生态进行重新审视的思考方式。”②从这个意义上说，“互联网思维是一种系统性的商业思维”。③

依靠“互联网思维”售卖小米手机的雷军给出了“互联网思维七字诀——专注、极致、口碑、快”④。无独有偶，“Twitter 的创始人埃文・威廉姆斯（Evan Williams）给出了三个层面的解释：第一是商业方面的，发现并解决用户的一个微小“痛点”，这种发现不是想象，而是改善生活质量的推动力；第二是聚焦和减法，选择人类长时间段的需求并且研究去除需求的中间环节，尽量使其一步到位，简便易懂；第三是解放人性，解放人性不是技术解放人性，而是人的思维和文化解放了人性。⑤

目前，商业领域在分析阿里巴巴、三只松鼠、雕爷牛腩等成功企业的经验后，总结出互联网思维尤为看重的 9 种思维，分别是用户思维、简约思维、极致思维、迭代思维、流量思维、社会化思维、大数据思维、平台思维、跨界思维等。其中，用户思维要求明确用户对象，并对用户做必要的分层；简约思维强调在用户体验上做减法，力求操作简便；极致思维是指专注一点做深做精，超出用户预期，解决共性、刚性的痛点、难点、痒点等；迭代思维则反映了一种生

① 彭兰：《网络传播概论（第四版）》，中国人民大学出版社，2017，第 3—13 页。

② 袁东山、张晓君：《浅谈互联网思维与汽车行业的碰撞》，《内燃机与配件》2019 年第 22 期。

③ 彭碧萍，唐璇：《新媒体时代电影音乐传播的互联网思维构建》，《中国电影市场》2021 年第 1 期。

④ 郭斌：《“互联网思维”究竟是否存在？》，《经理人》2018 年第 8 期。

⑤ 吴志攀：《到底什么是“互联网思维”呢》，《北京日报》2018 年 11 月 19 日，第 17 版。

态观，强调小处着手持续不断地创新；流量思维要求通过免费、网红、内容、社交等手段争取更多“眼球”；社会化思维则要求利用社会化网络和社会化媒体，主张协同合作；大数据思维则指强化数据的决策参谋能力；平台思维同样具有生态观念，体现在把产品做大做强，丰富产品种类，延长产品服务层次，培育多方合作，形成多种产品形态和合作方共生共荣的闭环生态链；跨界思维最能体现互联网连接万物的属性，它是指既有行业或领域的边界在不断模糊，各种资源或信息可以冲破原来附属的条框得到重新组织。

三、学者阐述

与商界对“互联网思维”理解偏向产品设计与获利导向不同，学界针对“互联网思维”的阐述则更加多元。

谢文站在社会发展的角度指出：“互联网思维的本质是把互联网作为工业化社会走向信息化社会的基础，把信息流作为继商品流、货币流之后最重要的社会发展动力，把信息生产、交换和传播作为新型生产方式和生活方式的出发点，而商品和货币不过是信息的载体而已。基于这样的认知，网络业大大小小的创新无不带有摧毁、取代、改造、融合各种传统产业和传统社会运行机制的性质和作用。网络为体、创新为用就是对互联网思维最简单的概括。”①

张养志首先分析了互联网经济特征——连接、共享、互动，继而从经济内涵上阐明了互联网思维的内涵：“从宏观层面看，是当社会经济发展到以互联网、信息技术要素为支撑的阶段时，最大限度发挥市场在配置资源中决定性作用的一种思维方式。从根本上来说是一种针对资源配置的思维，一种适应市场经济、信息技术发展新特征的市场化思维和信息化思维；从中观层面看，是以互联网平台为基础，利用信息通信技术实现各行业的跨界融合，推动产业转型升级的新型经济结构和布局；从微观层面看，是企业对用户、产品、营销和创新，乃至对整个价值链和生态系统重新审视的思维方式；是个人如何顺应互联网发展，发挥开放、平等、协作、共享的互联网精神，更新工作和生活方式，获得最大效用的思维方式。”②

学者赵顺对近年来的“互联网思维”研究进行了全面梳理，指出“互联网思维系统性强，涵盖了市场经济和商业运营的概念，包含了市场、用户、产品、平台乃至商业生态这些领域，是整个生态系统中的一种创新性思维模式”。③

第二节　互联网思维的跨界影响

一、国际互联网治理

国家主席习近平在2015年第二届世界互联网大会开幕式上发表主旨演讲：“纵观世界

① 谢文：《互联网思维还是思维互联网》，《商周刊》2014年第10期。
② 张养志：《从经济学视角看互联网思维》，《北京印刷学院学报》2018年第10期。
③ 赵顺：《互联网思维研究述评与展望》，《南方论刊》2018年第6期。

文明史,人类先后经历了农业革命、工业革命、信息革命。每一次产业技术革命,都给人类生产生活带来巨大而深刻的影响。现在,以互联网为代表的信息技术日新月异,引领了社会生产新变革,创造了人类生活新空间,拓展了国家治理新领域,极大提高了人类认识世界、改造世界的能力。互联网让世界变成了'鸡犬之声相闻'的地球村,相隔万里的人们不再'老死不相往来'。可以说,世界因互联网而更多彩,生活因互联网而更丰富。"①互联网思维正是以互联网为代表的一系列网络技术、信息技术不断迭代发展过程中,在人们的思维层面上引发的革命性改变。

互联网以及其他各类新媒体技术所裹挟的巨大动能绝不仅仅限于上述的经济活动和商业领域中,它甚至已经影响到了社会治理领域。习近平总书记在全国网络安全和信息化工作会议上强调:"各级领导干部要主动适应信息化要求、强化互联网思维,不断提高对互联网规律的把握能力、对网络舆论的引导能力、对信息化发展的驾驭能力、对网络安全的保障能力。"②不仅如此,早在2014年习近平主席在发给首届世界互联网大会的贺词——"中国愿意同世界各国携手努力,本着相互尊重、相互信任的原则,深化国际合作,尊重网络主权,维护网络安全,共同构建和平、安全、开放、合作的网络空间,建立多边、民主、透明的国际互联网治理体系"——就透露了中国在国际互联网治理方面所倡导的"互联网思维",即民主、开放、参与、共同制定、相护尊重等。

2015年,在第二届世界互联网大会的开幕式上,习近平主席又提出了互联网发展"四项原则"和"五点主张",再次体现出带有强烈互联网思维特色的参与国际互联网治理与建设的智慧。具体而言,推进全球互联网治理体系变革的四项原则是指尊重网络主权、维护和平安全、促进开放合作和构建良好秩序。"五点主张"则是"加快全球网络基础设施建设,促进互联互通;打造网上文化交流共享平台,促进交流互鉴;推动网络经济创新发展,促进共同繁荣;保障网络安全,促进有序发展;构建互联网治理体系,促进公平正义"③。

二、"互联网+"行动计划

随着互联网以及其他各类新媒体技术在政治、经济、文化各个领域的深入应用,互联网思维大有成为必备技能之势。对此,世界各主要经济体对日益彰显的互联网作为基础设施的潜力都表现得尤为敏感,在战略预想和顶层设计方面纷纷布局。与此同时,以化石燃料以及相关技术为基础的第二次工业革命已经日薄西山④,欧美多国纷纷提出工业互联网、工业4.0等指向新一轮工业革命的新概念。由于经济新常态下产业结构急需优化升级,我国也相

---

① 《"平语"近人——习近平的"互联网思维"》,新华网,2015年12月27日,http://www.xinhuanet.com/politics/2015-12/17/c_128540139.htm,访问日期:2021年3月17日。

② 《解放军报评论员:适应信息化要求 强化互联网思维——五论贯彻习主席全国网络安全和信息化工作会议重要讲话》,人民网,2018年4月26日,http://theory.people.com.cn/n1/2018/0426/c40531-29951311.html,访问日期:2021年3月26日。

③ 《解读习近平提出的互联网发展四项原则和五点主张》,腾讯网,2015年12月27日,https://news.qq.com/a/20151217/020999.htm,访问日期:2021年3月26日。

④ 马化腾:《互联网+国家战略行动路线图》,中信出版社,2015,第274页。

应提出“中国制造2025”“大众创业、万众创新”等战略，并在2015年3月第十二届全国人大三次会议的政府工作报告中正式提出“互联网+”行动计划。这标志着互联网以及各种新媒体技术向社会文化、经济等领域的扩散应用得到了国家的肯定与鼓励。它是互联网思维在国家经济发展战略规划层面上的延伸。

所谓“互联网+”是把互联网的创新成果与经济社会各领域深度融合，推动技术进步、效率提升和组织变革，提升实体经济创新力和生产力，形成更广泛的以互联网为基础设施和创新要素的经济社会发展新形态。① 在该行动计划的首倡者之一马化腾看来，“现在的互联网就像带来第二次工业革命的电能。它不仅仅是一种工具，更是一种能力，一种新的DNA，与各行各业结合之后，能够赋予后者以新的力量和再生的能力。‘互联网+’是一种‘寓大于小’的生态战略，会成为未来经济社会的起跑线，也会带来大量‘弯道超车’的机会以及被超越的风险”。②

几年下来，随着移动互联网、5G、云计算、大数据、物联网、人工智能等新媒体技术突飞猛进地发展，互联网“连接一切”的效能日益彰显。新媒体在社会经济发展的宏观层面上正试图形成一种具有普惠、共享、集约和绿色特征的全新经济生态；在微观层面上实现传统行业的跨界融合，助推传统行业的优化创新，催生新产品、新业务与新模式。

本章思考题

1. 如何理解“互联网思维”？
2. 什么是“互联网+”？

本章参考文献

1. 张养志．从经济学视角看互联网思维[J]．北京印刷学院学报，2018，26(10).
2.《简明社会科学词典》编辑委员会编．简明社会科学词典[M]．上海：上海辞书出版社，1982.
3. 郭斌．“互联网思维”究竟是否存在？[J]．经理人，2018(8).
4. 彭兰．网络传播概论[M]．中国人民大学出版社，2017.
5. 袁东山，张晓君．浅谈互联网思维与汽车行业的碰撞[J]．内燃机与配件，2019(22).
6. 彭碧萍，唐璇．新媒体时代电影音乐传播的互联网思维构建[J]．中国电影市场，2021(1).
7. 谢文．互联网思维还是思维互联网[J]．商周刊，2014(10).

---

① 《国务院关于积极推进“互联网+”行动的指导意见》，中央政府网，2015年7月1日，http://www.gov.cn/gongbao/content/2015/content_2897187.htm，访问日期：2021年3月26日。

② 马化腾：《互联网+国家战略行动路线图》，中信出版社，2015，第2—5页。

第十五章

新媒体在传统经济领域的应用

扫码可见
第十五章PPT

第一节　新媒体为传统农业转型升级培育新动能

一、生产环节中的智慧农业

农业为人类提供衣食之源，是最古老的产业，历来为人们重视。到 2021 年，中央政府的一号文件已经连续 18 年聚焦“三农”问题。然而，在高歌猛进的信息化时代，农业“靠天吃饭”的季节性生产规律和高风险特征使其呈现踽踽而行之态。近年来，国内粮食安全问题受到高度重视，崛起的城市中产阶级释放出强烈的食品安全和个性化品类需求，农业生产的规模化经营也是大势所趋。在这些因素的综合作用下，利好政策和产业资本推动农业现代化、信息化，借助新媒体技术改造升级、解构重塑传统农业产业链。加之，移动互联网日益普及，智能设备价格下降，新媒体为传统农业全面转型升级培育出新动能。目前，已经诞生四大新型农业综合服务体系：新型智慧农业种植体系、互联网新型农业流通体系、新型农业技术服务体系和新型农业科技创新体系。

信息时代的农业不再是技术荒漠。在农业生产领域，物联网、大数据、云计算、遥感等新兴技术已经小试牛刀，形成“智慧农业”系统。“智慧农业”系统包括信息化感知—网络传输—决策支持—远程控制等环节。它以感知设备为前哨，运用物联网和云计算，远程获取温室大棚内部的空气温湿度、土壤水分与温度、CO_2 浓度、光照强度及视频图像等信息，通过 GPRS 等网络传输到云计算中心，经过作物生长模型分析，可远程或自动控制喷淋滴灌、内外遮阳、顶窗侧窗、加温补光、CO_2 气肥机等设备，保证温室大棚内环境最适宜作物生长，同时可以根据作物长势或病虫害情况，由农业专家给予远程农技指导。农户可以通过智能手机、iPad 等信息终端实时查询温室大棚内的环境信息和作物长势，也可以借助这些终端远程控制温室大棚环境调节设备，从而实现温室大棚集约化、网络化和智能化管理，有效降低劳动强度和生产成本，减少病害发生，提升农产品品质和经济效益。[①] 智慧农业的运作模式如图 15-1 所示。

截至 2017 年 3 月，山东省寿光市前王村已有 30% 的菜农在蔬菜大棚安装了自动放风

① 冯海英：《利用“互联网+”改造提升农业经济研究》，《现代商贸工业》2015 年第 10 期。

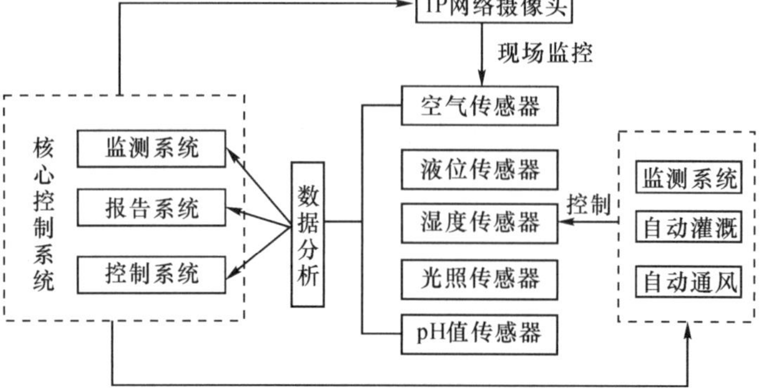

图 15-1　智慧农业的运作模式①

机，实现了蔬菜大棚天窗根据温度变化自动开合。② 传统的劳力耕作在这里被信息手段取代，并初步实现了人与人、人与物、物与物的全面互联。值得一提的是，在"智慧农业"的技术支持下，能够确保农产品安全的从餐桌到田间的可回溯机制将有望实现。人们可以将个性化需求通过智能家居或可穿戴设备传输到田间生产管理系统，并调取云端数据查看田间作业情况，甚至能追溯餐桌上农产品的产地。

案例：Farmlogs 和 CityFarm③

Farmlogs 和 CityFarm 是美国两个采用互联网思维革新农业生产方式的经典案例。

FarmLogs 让农民可以随时随地监管其土壤和作物的状况并相应调整资源分配。FarmLogs 使用由高端计算技术推动的软件算法，分析来自公开可用数据和放置在农业设备上的传感器中的信息，能够将实时的土地数据上传到互联网上。这使得农民可以知道田地的实时表现，而在过去根本做不到这一点。他们可以实时看到农场中发生的所有的事情，例如收获数据、种植条件和植物健康等。根据土壤条件、降水量级别和其他一些田间现场测量数据，在计算机、平板电脑或智能手机上进行分析，可以帮助农民在任何给定的日期或时间调整资源。以最重要的影响因素水为例，FarmLogs 能够帮助农民监测田间降水量，获得更好、更高分辨率的田间数据，帮助农民做出更明智的决策，来决定在何时灌溉，何时推后。FarmLogs 测量在过去五个收获季中植物成长的健康情况。这就为农民了解和量化可变性创建了基准，帮助其基于 FarmLog 的建议做出决策，快速应对。FarmLogs 还可以在农民收获时自动帮助完成日常任务。例如，FarmLogs 可以给拖拉机编程，告诉它如何根据土壤状况在其工作时调整播种，这能帮助农民对田间发生的状况迅速及时地做出响应。

CityFARM 是麻省理工学院的城市农场项目，专注于开发在城市中心区域种植生长食品的新方法。他们将具有食品成长新系统的农场带到城市中，系统中包括水培法（让植物在水中，而不是

① 王莹：《"互联网+"背景下我国智慧农业发展路径研究》，《物流科技》2021 年第 2 期。

② 周振：《原始农业与现代互联网技术的碰撞——当前"互联网+农业"应用现状、问题与对策》，《中国经贸导刊》2018 年第 3 期。

③ 夏溦：《智慧农业海外案例》，《新经济导刊》2015 年第 12 期。

在土壤中生长)、复合养殖(让植物与水生动物共同成长,例如鱼、虾等)和雾培法(让植物在空气或雾中生长)。他们的初步研究表明,能够捕获自然光的"立面集成"食品生产系统与传统的土基农场相比,化肥消耗可以减少60%,水消费减少90%,产生的二氧化碳量减少90%。而在CityFARM中,最重要的或许就是开放农业项目(Open Agriculture project)。这是一个在线平台,它能让全世界的食品研究人员共享数据,进行理念合作。该平台被描述成"食品中的Linux"。

二、流通环节中的农业电商

在农业流通领域,一大批涉农电商早已大展身手,形成备受瞩目的红海。全新的商业模式不断整合农用物资和农产品销售市场。从内容上看,农业电子商务界定一般包含农产品电子商务、农资电子商务和休闲农业电子商务三部分。① 从方向上看,当前农产品电商主要有两类:一是以菜管家、本来生活网、顺丰优选、沱沱工社等为代表的垂直电商平台,这类平台一般拥有线下生产、仓储、物流等配套服务;二是以天猫、京东、一号店等综合型电商为代表的"跨界"平台。② 目前,农产品电子商务交易规模稳步扩大。

商务部数据显示,2020年全国农村网络零售额达1.79万亿元,同比增长8.9%,全国832个国家级贫困县网络零售总额3014.5亿元,同比增长26.0%,农村电商发展迅猛。2019年中央一号文件明确指出要全力完成脱贫攻坚任务。"2019年度对接帮扶及销售贫困地区农产品超过28亿元,覆盖22个省478个贫困县842家企业,带动农户8万户。"③农用物资行业市场规模巨大,包含种子、化肥、农药、农机具等四大品类,保守估计已经超过1.5万亿元。农资电商平台逐渐替代以往的生产者—经销商—种植户的农用物资销售体系,从而降低商品价格,提高流通效率。同时,农资电商平台还利用大数据和云计算等技术消除农资贸易中的信息不对称问题,构建指导农业生产的综合服务体系。以"云农场"为例,它是一家B2B的农资综合电商平台,不仅让农民能够直接从厂家采购种子、化肥、农机、农药等农资,还提供农技服务、测土配肥、海外购销等增值服务。这类农资电商平台能助力于打通线上线下的农资销售,最终形成一个新型的、更贴近农村市场的闭环生态链。④ 相似的农资电商平台还有农集网、田田圈、田头批、龙灯电商、金正大、农一网、植品汇、点豆等。此外,休闲农业与乡村旅游行业相结合而成的电子商务也在持续升温。据统计,"2019年乡村休闲旅游接待游客约32亿人次,营业收入达8500亿元,直接带动吸纳就业人数1200万,带动受益农户800多万户",成为"绿水青山就是金山银山"的重要实现途径和生动写照。⑤ 不仅如此,农业电子商务还促生出一批具有互联网思维,运用现代农业生产和管理技能的"新农人"。比如,硕士毕业返乡干起土特产网售的"太行山山之孕土特产"店主杜千里。这些新农人借助互联网农业的沃土

---

① 张晶、赵俊晔、张峭:《农业电子商务发展现状及展望》,《农业展望》2018年第3期。

② 李国英:《"互联网+"背景下我国现代农业产业链及商业模式解构》,《农村经济》2015年第9期。

③ 王亦君:《中国电商扶贫联盟部署2020年助力脱贫攻坚》,中国青年报,2020年1月14日,http://shareapp.cyol.com/cmsfile/News/202001/14/web315538.html,访问日期:2021年3月26日。

④ 王艳华:《"互联网+农业"开启中国农业升级新模式》,《人民论坛》2015年第8期。

⑤ 《两部门召开全国休闲农业和乡村旅游大会》,中国政府网,2020年9月18日,http://www.gov.cn/xinwen/2020-09/18/content_5544438.htm,访问日期:2021年3月26日。

成为大众创新的典范。

2020年，新冠疫情暴发。这起公共卫生事件极大地影响了农业和食品领域，从春耕生产到养殖业，从餐饮业到零售业，农产品的生产、供给与流通都面临极大挑战。在这种严峻的形势下，农业电商联合行动携手并进，积极推动滞销农产品线上销售，与物流业配合顺利打通"产端最初一公里"和"收端最后一公里"的全程连接，推动了农产品产销对接体系的升级转型。

案例：新冠疫情期间主要电商平台抗疫助农实践①

1. 拼多多设立"抗疫助农"专区，大力推动"农货产销对接"

拼多多于2020年2月10日正式上线"抗疫开拼、爱心助农"专区。该专区覆盖包括230多个国家级贫困县在内的全国近400个农产区，商品覆盖脐橙、苹果、草莓等各类水果和主要生鲜食材。消费者通过拼多多App首页搜索"助农""农货"等关键词以及限时秒杀等入口，即可直达该专区，以最优惠价格购买产地直发的水果和蔬菜。

为了保障"抗疫助农"专区顺利运营，拼多多全方位多角度实施保障工作。第一，集中全平台资源，优化产销对接。拼多多为了解决农产品直销和果蔬生鲜订单猛增的供需错位问题，线上线下两手抓。线下，直接或间接发动近6万名新农人，对接400多个产区，帮助农产品出村。线上，通过"抗疫农货"专区，给予农产品最高优先级的流量扶持，帮助农产品进城，以最短路径直达消费者，以最优惠价格购买产地直发的水果和蔬菜。第二，联合各方力量，打通农产品上行通路。一方面，通过新农人迅速摸清各主要产区的库存现状，按照销售周期对农产品进行排序，将库存紧张、食用周期短的农产品，优先推送到消费者面前。另一方面，协调邮政、顺丰等骨干物流企业，保障重点产区的农产品上行通畅。同时，对平台农货系统里的产区信息、物流数据以及节点进行了紧急重新规划，优化农产品上行网络。第三，提供资金扶持，稳定农产品供应链。拼多多针对高频刚需农产品，提供了5亿元专项补贴，一方面引导农商以高于市场均价收、购滞销农产品，保障小农户收入；另一方面平抑农产品价格，让消费者得到实惠。此外，拼多多还设立了10亿元物流专项补贴基金，针对符合条件的农产品订单，每单补贴2元至3元，调动小农户和物流企业积极性，保障源头供应。

2. 阿里巴巴搭建"爱心助农"平台

阿里巴巴于2020年2月6日全面启动"爱心助农"计划，淘宝、天猫、菜鸟、盒马、饿了么、聚划算、乡村事业部、数字农业事业部等20多个涉农业务全团压上，合力打通线上线下农产品销售的全域网络，在助力滞销农产品触网"突围"的同时，加速农产品数字化。

2020年2月12日，淘宝宣布设立10亿爱心助农基金，帮助滞销农产品打开销路，主要包括：开通"爱心助农专线"，收集滞销农产品信息；推出农产品特卖系列专区，增加对核心产地农产品集中采购；加大对农产品快递物流专线投入力度，降低农产品在平台的销售成本；帮助涉农商家免费开通淘宝直播，推动原产地农产品标准化等；呼吁所有参与"爱心助农"项目的商家拿出最好的产品回馈广大消费者的爱心；"村播"推出一些针对性扶持政策，比如批量

① 人民网新电商研究院、中国农业大学智慧电商研究院：《保供给、保春耕：2020电商平台抗疫助农实践报告》，2020年3月，http://download.people.com.cn/temp/three15838035041.pdf，访问日期：2021年3月26日。

的主题营销活动、降低淘宝主播入驻的门槛、流量扶持、培训课的加入等;创新大商家与农民直播连麦帮卖的形式,力求用最新颖的形式助力农产品上行。阿里巴巴通过更加生动的形式帮助滞销农产品更好地触达消费者。

3. 京东开通“全国生鲜产品绿色通道”

京东于2020年2月10日发布“告全国农人书”,宣布开通“全国生鲜产品绿色通道”,全面开放并倾斜供应链、物流、运营、推广等核心资源,解决滞销生鲜农产品上行问题,让这些优质的生鲜产品迅速送达更多用户手中。

“绿色通道”所提供的支持和扶助的措施包括:京东生鲜将为平台商家提供入驻、运营、推广等帮扶政策,例如极速审核、流量倾斜;为湖北商家制定商家成长专属服务,减免疫情期间的平台使用费、代运营服务费;通过公开邮箱,京东向全社会收集受疫情影响导致滞销的农产品信息;京东物流专门为绿色通道推出冷链专项支持方案,针对滞销农产品搭建专线解决运输问题,并进行重点升级保障,优先生产、优先派送。针对交通受阻问题,京东冷链充分依托冷链仓配网、冷链卡班网、生鲜宅配网“三位一体”的冷链布局网络,及时对运输线路做出调整。京东的“全国生鲜产品绿色通道”已经初现成效,未来将继续促进农产品上行和农民增收。

三、服务环节中的科技创新

在农业技术服务和科技创新领域,新媒体技术以及互联网思维为农业科技创新和技术推广环境带来了深远变化。首先,新媒体实现了农业技术推广途径的多元化。短信平台、微博/微信平台、云平台等有效地传播农业信息与技术,在传播范围与针对性上远胜于传统渠道,极大地推动了农业现代化信息化进程。其次,通过互联网平台,建立基于互联网、物联网的品种、技术在线展示与自助培训平台,实行定向推送技术。再次,构建线上展示与线下示范的O2O形式的农技推广新模式。① 以成都市农业科技创新平台为例,它已汇聚新技术4600多项、新成果700多项、300多位专家资源,以及337个农业科技信息服务站。平台开设推送农事建议、经验分享、视频培训、交流互动、科技扶贫等栏目,利用微信公众号推送科技信息,组建农产品种植交流讨论组,邀请相关专家入驻讨论组,在线答疑解惑。②

案例:京东AI养猪③

中国是世界生猪养殖和猪肉消费第一大国。对中国的养殖户来说,养猪一直以来都是

---

① 周振兴:《基于互联网思维的农业科技创新与推广新探索——以江苏园艺产业为例》,《江苏农村经济》2015年第2期。

② 《互联网+农业科技服务的“成都模式”》,中国财经网,2017年6月29日,http://finance.china.com.cn/roll/20170629/4267595.shtml,访问日期:2021年3月26日。

③ 《京东AI新技术,刘强东却宣布用来养猪,130亿研究给猪刷脸》,百家号,2019年7月24日,http://baijiahao.baidu.com/s?id=1639904168709043286&wfr=spider&for=pc,访问日期:2021年3月26日;《京东公布“AI养猪”新成果:把每头猪饲养成本降低了80元》,百家号,2019年4月22日,https://baijiahao.baidu.com/s?id=1631528595561444621&wfr=spider&for=pc,访问日期:2021年3月26日;《网易、京东、阿里AI养猪哪家强?》,百家号,2019年11月8日,http://baijiahao.baidu.com/s?id=1649638464906881336&wfr=spider&for=pc,访问日期:2021年3月26日。

极耗心力的劳动密集型行业。如今，困扰养殖户多年的苦活累活，成为人工智能（AI）的用武之地。2018 年 11 月底，京东农牧正式发布智能养殖解决方案。

这套智能养殖方案包括：首先，开发猪脸识别系统，运用 AI 给猪刷脸。京东花费了非常大的人力物力，研究适用于给猪刷脸的摄像头，并且配备相应的智能芯片，可以将猪的健康状况完整呈现出来，包括猪的进食量、喜欢吃的饲料等，甚至每一头猪都有唯一的代码，连它的父母、生日、后代都能记录下来。猪在进食的时候，机器人可以识别出这头猪的年龄与体重，合理地给猪分配相应的饲料，以此来保持猪的合理体型和肥瘦比例，同时最大限度地节省饲养成本。其次，AI 机器人巡查。京东系统里的巡检机器人能够检测猪舍的气体、温度、湿度，将数据结果反馈到控制中心，然后人工智能自动调节风机、水帘、暖气等设备，保证猪舍的空气、温度和湿度都维持在一个最佳的状态。京东的系统还有为母猪妊娠的智能化设备，从饮食、疾病预防、孕检等多个方面，保障小猪的存活率。最后，环保处理猪粪。京东的养猪场将猪的粪便充分发酵，然后直接喷到玉米地里，种养结合，再次利用，打造生态环境健康产业链。

京东旗下的京东农牧公司运用 AI 技术养猪，把生猪出栏时间缩短 5—8 天，把每头猪的饲养成本降低 80 元，如果推广到整个中国的养猪业，每年可以节约行业成本至少 500 亿元。

四、经营环节中的农业金融

新媒体还为农业经营投资问题提供了新的解决途径，即农业金融。受农业生产的高风险因素和农村信用体系欠缺的影响，传统金融机构投资农业的积极性较低，农业经营主体融资成本高、融资难、融资贵的问题始终存在。而互联网金融则具有突出的个性化、碎片化特点，可以提供针对小客户的普惠性的金融服务。农业 P2P 网络信贷融资、基于大数据的小额信贷融资、众筹平台投融资和供应链融资模式等都是新型农业投融资模式。① 大北农打造的农村互联网金融服务和资信平台、京东复制格莱珉的商业模式以赊销的方式为农民提供资金等都是互联网农业金融的新型尝试。据 2019 年中央人民银行发布的《中国农村金融服务报告 2018（摘要）》显示，“自 2007 年创立涉农贷款统计以来，全部金融机构涉农贷款余额累计增长 534.4%，11 年间平均年增速为 16.5%。涉农贷款余额从 2007 年末的 6.1 万亿元增加至 2018 年年末的 32.7 万亿元，占各项贷款的比重从 22% 提高至 24%。债券、股票等直接融资也有较快发展，农产品期货市场从无到有，功能逐渐显现。2007 年至 2018 年，我国农业保险保费收入从 51.8 亿元增长到 572.7 亿元，参保农户从 4981 万户次增长到 1.95 亿户次，分别增长了 10.1 倍和 2.9 倍”。② 可见，农业金融有着非常广阔的发展前景，新媒体在这一领域将发挥更积极深远的作用。

案例：大北农及其农业金融服务③

大北农集团是一家青年学农知识分子创立的农业高科技企业。早在 2013 年，大北农就提出了

---

① 杨继瑞、薛晓、汪锐：《“互联网+现代农业”的经营思维与创新路径》，《经济纵横》2016 年第 1 期。

② 《中国农村金融服务报告 2018（摘要）》，中国政府网，2019 年 9 月，http://www.gov.cn/xinwen/2019-09/20/5431568/files/169df3a085ed4157b3d4750ed0ed6a17.pdf，访问日期：2021 年 3 月 26 日。

③ 周月书、笪钰婕、于莹：《“互联网+农业产业链”金融创新模式运行分析——以大北农生猪产业链为例》，《农业经济问题》2020 年第 1 期。

移动互联网与智慧大北农战略，进而形成“数据+电商+金融”三大核心业务平台。其中，“农信云”为基础数据平台，“农信商城”为电商综合服务平台，“农信金融”则着眼于金融领域。就农业金融板块来说，大北农利用农信云、农信商城积累的大数据为基础，面向农户提供信贷及理财服务，包括农业互联网贷款业务“农信贷”（包括农富贷、农银贷、扶持金）、面向农户和涉农企业的征信业务“农信评级”、农村理财和货款结算业务“农富宝”、农村第三方支付业务“农付通”等金融产品等。2015年，大北农全资子公司农信互联出资1亿元投资设立“北京智农支付科技有限公司”（智农支付），负责互联网支付、移动支付、支付结算和清算系统等方面的技术开发和应用。设立“智农支付”，可形成农业互联网金融平台生态圈闭环，增强用户体验。

第二节　新媒体为互联网工业融合创新提供推动力

一、国家战略：从欧美的“再工业化”到中国的“中国制造2025”

互联网向工业领域的深度渗透必将促使信息通信技术与工业的融合发展，这也正是新一轮工业革命的大势所趋。对此，欧美日等发达国家纷纷实施“再工业化”战略，加快推动信息技术与工业相融合。在欧债危机中保持坚挺的德国深谙制造业对维持工业增长和国际竞争力的重要性，2013年首先提出“工业4.0”计划。具体而言，德国将在制造业领域把各种资源、信息、物品和人融合在一起，使相互联网的众多信息物理系统（Cyber-Physical System，CPS）组成“工业4.0”。其中，CPS包括智能设备、数据存储系统和生产制造业务流程管理，从生产原材料采购到产品出厂，整个生产制造和物流管理过程，都基于信息技术实现数字化、可视化的智能制造。[①] 美国的“工业互联网”是利用信息通信技术升级制造业的另一个代表性模式。2012年年底，通用电气发布《工业互联网：突破智慧与机器的界限》白皮书，首次提出“工业互联网”的概念，认为“工业互联网”是数据、硬件、软件与智能的流动和交互，实际上就是通过先进的传感网络、大数据分析、软件来建立具备自我改善功能的智能工业网络。[②]

新一轮工业革命给发展中国家弯道超车的机会。2015年两会期间，李克强总理在政府工作报告中首次提出“中国制造2025”规划。5月国务院正式印发《中国制造2025》，明确提出要以加快新一代信息技术与制造业深度融合为主线，以推进智能制造为主攻方向。而“中国制造2025”无疑是离不开新媒体技术的，它将深化物联网、云计算、大数据、数控技术等技术在工业领域的应用，实时感知、监控行业动态和生产过程中的海量数据，针对生产系统的运行开展智能化决策分析。成熟的互联网工业将包括三个层次，底部技术基础层是物联网及其相关技术，中间管理层是企业生产与管理的信息化、智能化系统，上层营销层则是电子商务与在线支付。互联网工业是互联网在传统工业领域中深度应用的结果，一方面它将形

---

① 王喜文：《工业4.0、互联网+、中国制造2025 中国制造业转型升级的未来方向》，《国家治理》2015年第23期。

② 杨帅：《工业4.0与工业互联网：比较、启示与应对策略》，《当代财经》2015年第8期。

成融信息网络与制造体系于一体的社会化网络制造环境，另一方面将带来网络协同规范下的定制化、个性化智能工业生产模式。与传统工业相比，互联网工业是全新的“信息共享+物理共享”的模式。它解决了困扰企业的信息不对称难题，促成制造业上下游合作伙伴间无缝对接，更在理论上实现合作伙伴的无限多增长。同时，互联网工业还能带动大众创业和万众创新，让企业和个人都能够参与共享经济下的价值链打造。

习近平总书记近年来多次对发展工业互联网做出重要指示。在向2020中国5G+工业互联网大会的致贺信中，习近平总书记指出："当前，全球新一轮科技革命和产业变革深入推进，信息技术日新月异。5G与工业互联网的融合将加速数字中国、智慧社会建设，加速中国新型工业化进程，为中国经济发展注入新动能，为疫情阴霾笼罩下的世界经济创造新的发展机遇。"①图15-2显示了我国工业互联网推进进程。

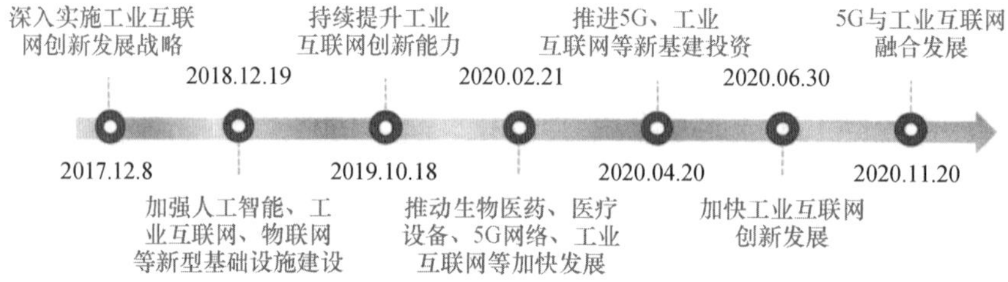

图15-2　我国工业互联网推进进程②

案例：汉云工业互联网平台③

2020年度工信部跨行业跨领域工业互联网平台公布，汉云工业互联网平台赫然在列。汉云工业互联网平台背靠装备机械制造商徐工成立，目前早已走出了徐工的范围，连接的83万台高价值设备中第三方占到了65%，赋能了70个细分领域，在建筑施工、有色金属、装备制造业、商用车等行业处于领先地位。

徐工信息汉云平台拥有四大特色：

1. 广泛、快速的设备接入能力：广泛适配多种数据制式；移动设备的快速大批量接入；固定设备的自动化改造及快速接入。

2. 将标志解析与工业互联网融合：打造工业互联的关键底层基础设施；为每个设备提供唯一身份证；异地异主异构数据互联互通。

3. 设备管理App专家：从状态监测、故障诊断、远程运维、预测性维护、能耗优化等方面

① 《习近平向2020中国5G+工业互联网大会致贺信》，中国政府网，2020年11月 http://www.gov.cn/xinwen/2020-11/20/content_5562888.htm，访问日期：2021年3月26日。

② 《一图读懂——工业互联网创新发展行动计划（2021-2023年）》，中国政府网，2021年2月18日，https://www.miit.gov.cn/zwgk/zcjd/art/2021/art_51dc2404f984445d831a36023a181f54.html，访问日期：2021年3月26日。

③ 《领跑工信部2020年“双跨”工业互联网平台，汉云做对了什么？》，36Kr，2020年12月30日，https://36kr.com/p/1032598078870281，访问日期：2021年3月26日；《汉云平台：最懂制造的工业互联网平台》，百家号，2019年10月29日，https://baijiahao.baidu.com/s?id=1648695144041954966&wfr=spider&for=pc，访问日期：2021年3月26日。

为设备赋能，提升设备的管理、运营能力。

4. 沉淀丰富的机理模型：生长于制造业的土壤，带有制造业的天然基因，沉淀了大量通用化、标准化工业机理模型，可以直接提供给用户或者合作伙伴使用。

“汉云工业互联网平台源于制造业，我们对制造业本身的机理、知识图谱、应用场景比其他企业更加熟知。在推动工业互联网的过程中，帮助企业解决了很多难点、痛点的问题。同时，在连接层面，我们对工业的协议也非常熟悉，在遇到不同厂家、品牌，不同年代的设备时，我们能快速地把设备上的数据连接过来。”徐工信息创始人、CEO张启亮言简意赅地总结了在工业互联网版图中，汉云平台的独特价值所在。

二、企业布局：传统企业到新兴企业各显神通

随着制造商向互联网工业转型，一些有代表性的案例纷纷涌现。房企巨头碧桂园运用互联网思维，跨界进入智能机器人领域，研发建筑机器人。“截至2019年12月，在研建筑机器人产品58款，其中28款产品已进入施工现场测试应用。”①

海尔互联工厂“致力于打造按需设计、按需制造、按需配送的体系，以实现从大规模制造向个性化定制的转型”。② 海尔所在的青岛市正在向工业互联网领军城市进军。该市的三迪时空率先提出建设“基于互联网和3D打印技术的智能制造云平台”，即通过互联网把分布在全国各地的3D打印机、材料商、应用企业连接起来，形成了开放的个性化定制服务平台，有助于3D打印技术快速应用到航空航天、医疗、汽车制造、模具模型设计、文化创意等领域。酷特智能（红领集团）打造“酷特C2M平台”，来自“客”的源点需求及时被“厂”端智能系统整合，从而在一个平台上实现客户订单提交、产品设计、生产制造、采购营销、物流配送、售后服务等。国内最大的毛绒玩具设计制造企业“大有电子玩具”研发工业互联网平台，集成智能研发系统、数据采集系统、智能管理系统和AGV设备等，让数据驱动整个设计、生产制造环节，用户可参与设计生产等环节，实现个性化定制，成为毛绒玩具个性化定制引领者。③ 自成立伊始，华仁药业就使用先进的机器人和自动化设备，在智能制造硬件方面走在前列。它的立体化智能仓库“整合了自动化码垛机器人接口软件技术、无线RF调度自动仓储技术、计算机自动仓储管理控制系统技术、现场总线技术、激光传感技术等，实现了从物料传输，到识别、分拣、码盘、仓储、检索和发售等各个环节的全程自动化作业”。生产轮胎的传统企业青岛双星借助O2O实现销售模式创新，并在生产环节实现智能化。青岛啤酒一方面实现个性化定制，另一方面采用物联网手段对产品进行智能识别、定位、跟踪和监控的全生命周期管理。④

除了制造商以外，诸如联想、华为等服务商翘楚也在积极筹备互联网工业的转型升级之

① 《碧桂园在机器人赛道的“突围”路径》，新浪网，2019年12月10日，http://finance.sina.com.cn/stock/relnews/hk/2019-12-10/doc-iihnzhfz4957167.shtml，访问日期：2021年2月10日。

② 《海尔全球首发工业4.0战略样本：互联工厂》，海尔官网，2015年3月，http://www.haier.net/cn/about_haier/news/jtxx/201503/t20150313_263795.shtml，访问日期：2021年2月10日。

③ 《青岛：打造工业互联网领军城市》，搜狐网，2018年10月9日，https://www.sohu.com/a/258449062_464075，访问日期：2021年2月10日。

④ 《青岛6家企业初探“互联网工业”新模式》，微信资讯，http://www.08kan.com/gwk/MjM5MzI1Njc1Mw/203220654/3/2e2b52cfaab9dd1058e1ed22f23a6d17.html，访问日期：2021年2月10日。

路。“对中国大量初创企业而言，联想全线智能终端制造优势、深入线下体验式渠道优势，正在形成的云计算+大数据优势，以及联想创投丰富的投资经验和孵化加速案例，都是面向智能互联网创业的利好消息。”①在华为看来，互联网工业的本质是信息通信技术和运营技术的融合。对很多企业而言，实现互联网工业的前提是智能化，而网络连接、大数据采集、计算分析等信息相关领域是其面临的短板。因此，华为致力于为向互联网工业转型的企业提供网络能力，如利用华为自身的企业云为客户提供定制性的数据服务。

如果说上述诞生在传统工业时期的企业是在互联网技术突飞猛进浪潮中以积极转型作为应对的话，那么，近年来依赖互联网技术与环境而问世的企业则天然地带有互联网工业的基因。被称为“制造业的滴滴”的3D打印服务商MakeTime和开展流线型、一站式服务的3D打印平台Xometry形成了一个“按需制造市场(Market Place)”的模式。这个模式重点在于利用互联网技术消除信息不对称问题。客户在线上传需要生产的产品设计图纸，MakeTime或Xometry负责查找对接合适的接单厂家，并负责生产后的零件配送物流。这一模式有效地连接了零散的小型项目和闲置产能的厂家，打破了以往劳动密集型的工业化大生产模式，显示出互联网工业的勃勃生机。

从各路企业的小试牛刀和大显身手中，不难看出，互联网工业是一种新型的工业形态。首先，互联网工业在信息化技术支持下，解决了生产者与消费者之间的信息不对称问题，高效对接生产和需求，并在电子商务和物联网技术的支持下，从传统工业的标准化、批量化生产模式中催生出定制化、个性化、小量化的新型生产模式。其次，同样是基于透明的信息环境和强大的电子商务与物联网技术，生产要素的配置由以往的生产者让位于结构性的主导力量，即信息资源。再次，互联网工业充分体现了互联网“连接”一切的本质。它的产业链将超越以往企业各部门之间，个别企业之间的小范围协同，形成全供应链上优势资源的相互补充、优势企业的相互配合，真正做到社会化协同生产。最后，附加值最大化是互联网工业不同于传统工业的另一个特征。如果说传统工业是以产品为中心，追求一定规模的产值和利润最大化，那么互联网工业则是以客户需求为导向。研发、设计、生产、营销、售后等各环节的数据积累和跟踪，最终都会形成服务于客户需求的衍生产品或服务，从而增大了附加价值。

第三节　新媒体为服务业业态优化植入催化剂

一、电子商务

电子商务可以被视为新媒体在传统经济领域最早的应用形态。电子商务利用互联网和移动互联网将商务活动转移到虚拟空间，极大地压缩了交易成本，改善了生产者、流通方、消

① 《投资智能互联网开放生态圈：联想目标下一个十年》，搜狐网，2016年12月31日，http://www.sohu.com/a/123080801_115931，访问日期：2021年2月10日。

费者等多方主体之间的信息不对称问题。自1994年我国接入国际互联网以来，我国的电子商务发展大致经历了四个阶段：1994—1997年的探索期、1998—2001年的雏形期、2002—2009年的成长期、2010年以后的普及期。[①] 这期间诞生了一批有实力的电子商务公司，如阿里巴巴、京东、唯品会、苏宁易购等；形成了五种主要的经营模式：B2B（Business to Business，商家对商家模式，如阿里巴巴），B2C（Business to Consumer，商家对客户模式，如当当网），C2B（Customer to Business，客户对商家模式，如当家物业联盟），C2C（Customer to Consumer，客户对客户模式，如淘宝），O2O（Online To Offline，线下商务与线上交易相结合模式，如团购网站），C2M（Customer-to- Manufactory，顾客对工厂模式，如酷特智能）；促进了经济增长，尤其是在2014年以来我国经济面临调整压力之时，电子商务依然保持高速增长。

电子商务发展至今，已经深刻改变了传统的商业模式和流程，融入国民生活的各个部门。它从商品交易领域拓展到物流配送领域，从商品供应链拓展到产业供应链[②]。此外，电子商务也随着应用行业的特点和时势变化不断地推陈出新，如跨境电商、农村电商、移动电商等。受智能手机、平板电脑不断普及以及我国4G商用进程全面启动的影响，移动电商表现出超越PC端电商的新趋势。移动端已经成为电子商务企业的必争之地，布局由此也悄然进行。阿里巴巴开展了"云+端"战略；京东联手腾讯全面布局移动端购物；当当网推出"无线三宝"；1号店在移动端积极开展与应用商店及大型流量渠道的合作；唯品会将特卖模式推广到移动端；苏宁易购、国美在线、蘑菇街、美丽说、口袋购物、明星衣橱、买卖宝等也纷纷发力移动端。[③]

不仅如此，各大电子商务运营商借助不断成熟的大数据、云计算、AI等技术，正在开发新媒体连接一切的潜力。阿里巴巴的智能私人助理"阿里小蜜"就是一款借助人工智能解决传统客服服务诸多难题的有益尝试。作为电子商务领域的智能私人助理，阿里小蜜充分利用阿里沉淀的海量数据，根据线上与线下的生活场景需求，提供智能导购、服务、任务助理等拟人交互业务体验。这一人机交互产品能够在跨终端、多场景领域中利用文本、语音和图像实现多轮交互，支持问题推荐预测；通过文本模型、客户模型和语音识别、图像识别来辨别客户意图。[④] 阿里小蜜极大地提升了传统电子商务的能效。据称，一个阿里小蜜可以抵上3万个人工客服。[⑤] 除了客服领域，阿里巴巴还在购物方式和支付方式上不断出新。2016年，阿里巴巴推出基于VR技术的阿里BUY+服务，开启了虚拟现实全球购物。阿里Buy+是阿里巴巴VR战略项目之一，它通过360度全景且实景的方式让用户足不出户体验购物的快乐。[⑥] 支

---

① 郑淑蓉、吕庆华：《中国电子商务20年演进》，《商业经济与管理》2013年第11期。

② 聂林海：《"互联网+"时代的电子商务》，《中国流通经济》2015年第6期。

③ 聂林海：《"互联网+"时代的电子商务》，《中国流通经济》2015年第6期。

④ 《未来已来！阿里小蜜AI技术揭秘》，搜狐网，http://www.sohu.com/a/127531546_488164，访问日期：2021年2月10日。

⑤ 《揭秘！大数据怎样改变了阿里巴巴的客服?》，红商网，2016年6月1日，http://www.redsh.com/a/20160601/112245_2.shtml，访问日期：2021年3月10日。

⑥ 《阿里Buy+服务正式上线 在虚拟现实中买买买吧!》，4399VR网，2016年11月2日，http://news.4399.com/vr/dongtai/jj/m/691948.html，访问日期：2021年3月10日。

付宝的二维码开始向个性化进军。阿里巴巴的新型支付方式“空付”赋予支付宝可以扫描任何实物并进行授权，赋予其在互联网世界中的身份和价值。无论是文身、钥匙、戒指或者其他任何实物，在被赋权后就具备了支付能力。较之当前的支付宝/微信等支付手段而言，“空付”能够脱离手机单独使用。

京东在物流领域进行了人工智能的布局。随着全球首单创新性的配送机器人顺利完成派送任务，京东以配送机器人、无人机、无人仓为代表的智慧物流全面落地投入运营，[①]极大地提升物流效率，改善用户购物体验。京东的智慧物流系统利用大数据技术，已经实现从仓储、运输、分拣、派送等环节的智能化。其中，机器人可以取货、扫码、前进、投货、移库、拣选、自动贴标签、集货等。京东昆山无人分拣中心的分拣能力已经达到9000件/小时，大大提升了运营效率。据了解，同等场地规模和分拣货量的前提下，大概每个场地可以节省180人力。[②] 在派送方面，无人机和无人车（配送机器人）则大显神通。无人机有望打开偏远地区的物流市场。作为智慧物流体系生态链的终端，京东用于城市配送的无人车具备高度的智能化和自主学习能力，能够面对复杂的配送场景，应对各类订单配送的现场环境、路面、行人、其他交通工具以及用户的各类场景。[③]

除了这些在电子商务领域的领军公司外，在电子商务蓬勃发展过程中产生的缝隙性长尾需求逐渐被其他公司捕捉并利用互联网技术一一满足。与已有的电商平台对接并为其提供各种服务的服务市场，正发挥着类似apple store的作用，带动起一批开发第三方应用的互联网公司迅速成长。杭州美登科技是国内首批电商服务商，它以营销为切入点，开发支持多终端场景，能够为电商商家“提供打折、满减、包邮、活动页、改邮费、流量钱包等服务功能”的产品。发展方向是利用大数据处理技术和人工智能手段，开发能够将消费者和商家进行更好匹配的个性化营销。上海云贝网络科技有限公司专注给电商提供一站式会员经营及解决方案，其核心业务是全域大数据应用；杭州光云科技股份有限公司是互联网SaaS模式的软件技术创新型企业，它自主研发的应用软件超级店长有效解决了商家开店过程中多种难题，提供包括客户营销、店铺装修等服务。[④] 类似的互联网公司正在塑造新媒体不断深入应用环境下的电子商务新生态。

二、互联网金融

2003年的“非典”给电子商务带来了意外的发展机遇，也相应催生了被视为互联网金融先锋队和排头兵的第三方支付。今天人们耳熟能详的易宝支付、支付宝、快钱、财付通等第

---

① 《京东配送机器人完成全球首单 正式开启“攻占”高校模式》，凤凰财经，http://finance.ifeng.com/a/20170618/15464309_0.shtml，访问日期：2021年3月10日。

② 《菜鸟傻眼！京东机器人已全面接管仓库分拣和配送》，搜狐网，http://www.sohu.com/a/162931750_465199，访问日期：2021年3月10日

③ 《京东配送机器人完成全球首单 正式开启“攻占”高校模式》，凤凰财经，http://finance.ifeng.com/a/20170618/15464309_0.shtml，访问日期：2021年3月10日。

④ 《六个案例，带你感受新零售服务市场的潜力》，搜狐网，http://www.sohu.com/a/164859767_465343，访问日期：2021年3月10日。

三方支付公司大都成立于2003年到2005年间。多年来,互联网金融的演变升级始终离不开技术力量的革新。移动互联网融合了线上线下,智能手机和平板电脑保障了附带个人化信息的动态联网,云计算技术实现了互联网流量的弹性扩展,大数据技术用于金融风险管控和大规模的个性化服务。2015年,人民银行等十部门发布的《关于促进互联网金融健康发展的指导意见》指出,"互联网金融是传统金融机构与互联网企业利用互联网技术和信息通信技术实现资金融通、支付、投资和信息中介服务的新型金融业务模式"。同时,列出当前主要的几种互联网金融类型,即互联网支付、网络借贷、股权众筹融资、互联网基金销售、互联网保险、互联网信托和互联网消费金,等等。① 互联网金融将推动金融生态系统多元化,深刻改变金融产品、业务、组织和服务,弥补传统金融难以惠及中微企业和个人的不足,有力驱动创新创业。

过去几年间,互联网金融不乏乱象,随着监管力度不断提升以及人工智能、区块链、云计算、大数据等新技术的不断发展与应用,互联网金融开始向金融科技转型。传统的互联网金融平台一般实现的是借贷业务网络化,尚未充分地将金融的本质与互联网技术的优势相结合。围绕着资产配置进行风险评估、定价和管理是金融的本质。充分利用大数据、云计算等技术设计量化风控模型来预测和预防风险是互联网金融自身演化的新阶段。以往判断客户信用的指标,如身份证明、住址证明、银行流水等,不仅存在因造假出现的安全隐患,更无法制定个性化的风险评估。而在大数据基础上的风险量化模型将提供数十个维度,能够精确地评估并提升用户信用。由此,互联网金融实现针对同一金融产品给每个消费者以精准的、具有针对性的风险定价体系的愿望指日可待。进而言之,进一步发展的互联网金融将在征信、风控、反欺诈、定价、营销与客服、辅助投资决策、识别投资机会、量化投资、智能投顾等场景中大有作为。

在互联网金融向金融科技升级转型之际,各路豪杰纷纷开展各有侧重的布局。京东金融正在打造数据驱动下的用户匹配、需求匹配以及定价匹配三种核心能力。蚂蚁金服"背靠大树好乘凉",借用阿里体系累积的用户电商消费记录、旅游消费记录、加油消费记录等数据,转化为评估用户信用系数的依据。一些后起之秀,如纳鑫金融科技研究院,通过车贷业务GPS应用上的客户每日行动提炼数据,从而进行授信评价。②

三、交通出行

在交通出行方面,新媒体正在推进智能交通的发展。所谓智能交通,即Intelligent Transportation System,简称为ITS,是将先进的信息技术、数据通讯传输技术、电子传感技术、控制技术及计算机技术等技术,有效地集成运用于整个交通系统而建立的一种在大范围内、全方位

① 《人民银行等十部门发布的〈关于促进互联网金融健康发展的指导意见〉》,中国政府门户网站,2015年7月18日,http://www.gov.cn/xinwen/2015-07/18/content_2899360.htm,访问日期:2021年3月10日。

② 《互联网金融下半场:金融科技重构未来行业生态》,和讯网,2017年8月22日,http://stock.hexun.com/2017-08-22/190540601.html?from=rss,访问日期:2021年3月10日。

发挥作用的，实时、准确、高效的综合交通运输管理系统。[①] 从道路客运联网售票系统、高速公路 ETC 应用、各类出行导航、自动泊车技术、停车场管理系统、城市交通综合管控平台等到人们更耳熟能详的打车专车领域的滴滴、神州，物流货运领域的货拉拉、同城货运，共享单车领域的摩拜、ofo 等，新媒体应用领域之广、速度之快、影响之深令人感叹。在交通出行的各个领域中，新媒体发挥的作用正是提高信息采集及处理水平、重组调配闲散资源、实现供需双方的信息透明。这无疑有助于改善城市化进程中的交通拥堵和环境污染等问题，真正实现绿色出行、智慧出行。

滴滴出行是新媒体在智能交通方面最有代表性的应用之一。2012 年，嘀嘀打车 App 悄然问世，2015 年更名为滴滴出行，目前已经发展成为涵盖出租车、专车、滴滴快车、顺风车、代驾及大巴等多项业务在内的一站式出行平台。滴滴出行安全事务高级副总裁王欣表示，“创立的原因是我国城市中普遍存在的居民出行难题：一方面，乘客打车难；另一方面，大量的闲置车辆没有得到充分利用。初心是用科技办法让人们的出行更加美好。”[②]的确，多年来滴滴始终致力于运用各种新兴技术提升城市交通运行效率。为解决叫车难的问题，滴滴大脑——制定大数据策略的智能系统，会实时分析每一个地点 15 分钟以后的出行需求，准确率已经超过了 85%，并提前调度交通工具满足需求。[③] 2017 年 12 月 3 日，滴滴出行“基于大数据的新一代移动出行平台”获世界互联网大会年度全球互联网领域领先科技成果奖。2018 年，滴滴出行再次推出智慧交通战略产品“滴滴交通大脑”，运用 AI 决策能力解决交通工具与承载系统之间的协调问题。该产品在空间上打破城市内区域的数字壁垒，实现全面高效的交通管理和协同，在时间上突破人类决策能力极限，实现更准确的预测和调配。目前，滴滴大脑已经在全国 20 多座城市落地。[④]

共享单车是颇受市民喜爱的另一项智能交通应用，它的快速发展得益于移动互联网、智能手机以及移动支付的广泛普及。共享单车是指前端用户利用 App 扫码一键解锁自行车，后台远程利用物联网技术、通讯技术、计算机软件平台以及大数据分析等进行运营、调度、监控、管理车辆运行状况的智能单车出行新方式。目前，市场上存在可分为政府付费投资的有桩公共自行车系统业务和用户付费无桩公共自行车业务两部分。于市民而言，共享单车取环车方便灵活，解决了出行“最后一公里”的难题，有效节约了时间成本和出行费用。于城市交通而言，共享单车能够缓解交通拥堵，减少环境污染，优化资源配置。

智能公共移动场景以地铁“魔窗系统”为代表。北京地铁 6 号线于 2020 年在列车中安装了 55 寸的透明 OLED 屏幕，取代了玻璃车窗，可显示列车位置、地图和车站三维示意图，车厢内还部署了检测乘客行为的摄像头，以及采集满载率、温度、湿度等信息的传感器，这些数据上传至云平台，可通过列车通道、车门和中间窗上方的高清 LED 屏幕适时告知乘客以上信

---

① 《互联网+交通发展概述》，中国安防行业网，2016 年 7 月，http://www.21csp.com.cn/zhanti/hlwyjt/article/article_14733.html，访问日期：2021 年 3 月 10 日。

② 李佳芯：《滴滴：科技让出行更美好》，《道路交通管理》2018 年第 7 期。

③ 冉叶兰：《智能交通下的创新出行——对话滴滴出行智慧交通战略负责人刘西帝》，《大数据时代》2017 年第 6 期。

④ 罗超：《AI 来了智能交通变了》，《中国公共安全》2018 年第 4 期。

息。列车还支持“网联化”,通过无线自组网,实现列车级信息传输。智能车厢以即时的虚拟信息叠加于乘客的视野中,营造了可交互的公共媒介信息空间,使乘客进入共同的经验模式中,智能化的乘坐场景成为沉浸式传播模式的新载体。图 15-3 展示的深圳地铁 10 号线“智慧车窗”较北京地铁的“魔窗”更进一步,支持触摸交互,显示广告、天气和路面交通等信息,还可访问互联网。

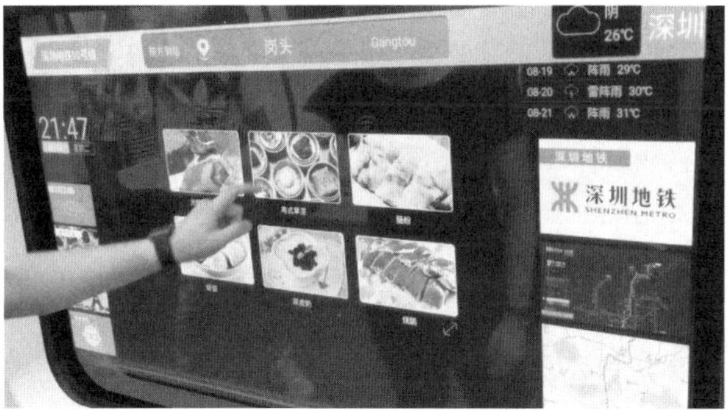

图 15-3　深圳地铁 10 号线的“智慧车窗”

本章思考题

1. 新媒体技术对传统农业生产、流通有什么帮助?
2. 新媒体技术在工业领域有哪些应用? 前景如何?
3. 结合实例谈谈新媒体在社会服务领域有何作为?

本章参考文献

1. 马化腾. 互联网+国家战略行动路线图[M]. 北京:中信出版社,2015.

2. 周振. 原始农业与现代互联网技术的碰撞——当前“互联网+农业”应用现状、问题与对策[J]. 中国经贸导刊,2018(3).

3. 周月书,笪钰婕,于莹.“互联网+农业产业链”金融创新模式运行分析——以大北农生猪产业链为例[J]. 农业经济问题,2020(1).

4. 夏溦. 智慧农业海外案例[J]. 新经济导刊,2015(12).

5. 张晶,赵俊晔,张峭. 农业电子商务发展现状及展望[J]. 农业展望,2018,14(3).

6. 李国英.“互联网+”背景下我国现代农业产业链及商业模式解构[J]. 农村经济,2015(9).

7. 王艳华.“互联网+农业”开启中国农业升级新模式[J]. 人民论坛,2015(23).

8. 周振兴. 基于互联网思维的农业科技创新与推广新探索——以江苏园艺产业为例[J]. 江苏农村经济,2015(2).

9. 杨继瑞,薛晓,汪锐.“互联网+现代农业”的经营思维与创新路径[J]. 经济纵横,2016

(1).

10. 王喜文. 工业4.0、互联网+、中国制造2025 中国制造业转型升级的未来方向[J]. 国家治理,2015(23).

11. 杨帅. 工业4.0与工业互联网:比较、启示与应对策略[J]. 当代财经,2015(8).

12. 郑淑蓉,吕庆华. 中国电子商务20年演进[J]. 商业经济与管理,2013(11).

13. 聂林海."互联网+"时代的电子商务[J]. 中国流通经济,2015,29(6).

14. 王莹."互联网+"背景下我国智慧农业发展路径研究[J]. 物流科技,2021,44(2).

第十六章

新媒体在智慧生活领域的应用

扫码可见
第十六章PPT

新媒体在提供公共服务、惠及民生方面潜力巨大。在智能家居、医疗、教育、养老、旅游等行业也都正在或即将大展身手，一些用户深度参与并深受好评的产品相继问世。我们正在迎接新媒体广泛深度应用的智慧生活时代。

第一节　新媒体在智能家居领域的应用

一、技术进步推动智能家居产业发展

互联网、移动互联网再到物联网，技术的更新推动着智能家居从高端别墅走进寻常百姓家。从发展历程上来看，智能家居的前身是30多年前的家居自动化(home automation)。今天所说的“智能家居(connected home)”是指以住宅为平台，基于物联网技术，由硬件(智能家电、智能硬件、安防控制设备、家具等)、软件系统、云计算平台构成的一个家居生态圈，实现人远程控制设备、设备间互联互通、设备自我学习等功能，并通过收集、分析用户行为数据为用户提供个性化生活服务，使家居生活安全、舒适、节能、高效、便捷。① 从技术上来讲，智能家居是一个新物种，由计算机、通信、自动化、传感器、大数据与云计算以及AI等技术共同孵化而来。从用户体验上来说，智能家居是以住宅为基础实现人们智慧生活的服务系统。从功能上来说，智能家居应包括如下系统：智能家庭安防系统、智能灯光控制系统、中控管理系统、智能家电、家庭门禁系统、家电控制系统、网络通信系统、家庭影音系统、智能感知系统和能源管理系统。它能实现家庭成员之间、在外的家庭成员与家庭、家庭与社区之间的连接。更重要的是，智能家居前景广阔，得到了政府的大力扶植和培育。2017年1月，工信部发布《信息通信行业发展规划物联网分册(2016—2020年)》，智能家居与智能制造、智慧农业、智能交通与车联网、智慧医疗与健康养老、智慧节能环保一起并列为6大物联网重点领域应用示范工程。据Strategy Analytics表示，受到疫情影响的全球智能家居市场将在2021年恢复。到2021年，全球消费者在智能家居设备上的支出将增长40.9%，达到创纪录的620亿美元。

① 易观智库：《中国智能家居市场专题研究报告2015》，2015年7月，https://www.analysys.cn/article/detail/11098，访问日期：2021年3月18日。

预测全球智能家居设备市场将继续以15%的复合年增长率增长，到2025年将达到880亿美元。[①]

二、国内外新媒体企业深耕智能家居领域

2014年被誉为智能家居元年，几乎各大家电巨头都对此不遗余力排兵布阵。2014年，苹果公司最先对外公布了它的智能家居平台HomeKit，第三方厂商获得授权认证后可以生产接入该平台的智能家居设备，用户可以用Siri进行控制。至2017年，HomeKit更新的产品已经包括电源插座、电动窗帘、空气质量检测等多个品类，如西勒奇Sense系列智能锁、杜亚的智能窗帘、艾美特的电风扇、Nanoleaf三角形智能灯板、Incipio的无线智能插座和智能灯泡转接器，等等。目前，海尔、美的已宣布接入苹果HomeKit平台，并推出基础该平台的智能空调产品，允许iPhone、iPad和iPod touch用户通过语音或App发出指令来控制空调。用户还可以创建使用场景以及发出简单指令来实现空调的开/关机、温度设定、风速和风向调节等。[②]

谷歌2014年以32亿美元收购美国智能家居公司Nest Labs，2016年秋季，正式推出试图与Amazon Echo一较高下的智能家居中枢Google Home智能音箱。该产品可以实现语音搜索，并借助语音控制已连接的智能设备。具体而言，通过机器学习与人工智能的结合，Google Home可以与电视、音响、插座、灯光、空调等家庭设备实现互联，转变成为智能家居控制中心；与苹果的Siri和微软的Cortana相比，Google Home语音功能非常强大，不仅能进行简单的语音双向交互，更可以通过机器学习与人工智能让这种沟通转变为智能家庭中一个非常棒的管家。[③] 截止到2017年4月底，Google Home在全美语音类音箱的份额已经达到23.8%。[④]

2014年11月，亚马逊推出的无线音箱Echo。次年4月，宣布Echo能够语言控制开关和灯光，之后亚马逊陆续和福特、SmartThings等合作，让Echo在家居上可能性越来越多。至2016年5月，支持Echo的第三方应用和服务已经有数百款之多。至2016年年底，亚马逊Echo市场份额达到80%。亚马逊的硬件更新速度让其对手难以望其项背。2016上半年，亚马逊就发售了Dot 1代和便携式的Tap。下半年，亚马逊推出了带屏幕的Echo Show、具备视觉交互能力的Echo Look。2017年，亚马逊继续推出了体积较大的Echo Plus，带屏幕的Echo Spot等。[⑤]

国内公司在智能家居领域起步较晚，但也不甘落后。从电商巨头京东、阿里，到IT企业百度、腾讯，再到硬件品牌商联想、海尔、小米，无一不在积极谋划自身的智能家居生态系统。早在2004年6月，海尔就主导成立了家庭网络标准产业联盟e家佳；2012年3月，龙头企业、科研院所、产业基地联合发起成立中国智能家居产业联盟；2014年3月，海尔发布U+智慧生活平台，将用户的个性

---

① 《2020年全球智能家居设备支出将降至440亿美元 2021年预计增长41%》，中商情报网，2020年7月16日，https://www.askci.com/news/chanye/20200716/1630421164158.shtml，访问日期：2021年3月18日。

② 《海尔美的接入苹果HomeKit智能家居平台》，新浪网，2015年3月18日，http://tech.sina.com.cn/mobile/n/apple/2015-03-18/153410018844.shtml，访问日期：2021年3月18日。

③ 《从Google Home看谷歌的智能家居野心》，智能家居网，2016年10月8日，http://smarthome.ofweek.com/2016-10/ART-91006-8440-30046049.html，访问日期：2021年3月18日。

④ 《在智能家居上，谷歌还能追上亚马逊吗?》，虎啸网，2018年3月5日，https://www.huxiu.com/article/234603.html? f=sohucom，访问日期：2021年3月18日。

⑤ 《在智能家居上，谷歌还能追上亚马逊吗?》，虎啸网，2018年3月5日，https://www.huxiu.com/article/234603.html? f=sohucom，访问日期：2021年3月18日。

化需求与它的互联工厂直接对接。美的发布 M-Smart 智能家庭战略;2015 年 4 月,京东联合科大讯飞成立灵隆科技,并于 8 月推出首款叮咚音箱,次年 6 月推出叮咚(DingDong)开放平台,可完成主动式的服务分发,将家庭需求与合作伙伴的服务相连接;2015 年 5 月,阿里巴巴成立智能生活事业部,2017 年正式发布阿里云 IoT 智能生活开放平台;2015 年 12 月,华为发布智能家居 HiLink 战略;2016 年 3 月,小米生态链独立品牌米家发布;2016 年 9 月,150 余家企业在工信部指导下共建中国智慧生活产业联盟;2017 年 2 月,百度收购渡鸦科技,成立智能家居硬件事业部;2017 年 7 月,天猫精灵首款智能音箱硬件产品发布,同时,小米 AI 音箱小爱同学发布;2018 年 3 月,百度联合小鱼在家发布小度在家智能视频音箱;2018 年 4 月,腾讯智能音箱腾讯听听上市。① 早在 2014 年,腾讯就推出了“QQ 物联智能硬件开放平台”。它的着力点在于快速覆盖海量用户,因此开放程度较高,横跨传统硬件、智能家居、可穿戴设备、智能车载、健康设备等多个领域。

新媒体在智能家居领域的应用广泛,该领域市场前景良好。2017 年,中国智能家居市场规模达到 3342. 3 亿元,同比增长 24. 8%。预计未来三年内,智能家居市场将保持 21. 4% 的年复合增长率,到 2020 年市场规模将达到 5819. 3 亿元。②

案例:海尔的“U+智慧平台”③

作为海尔旗下全球首个智慧家庭领域全开放、全兼容、全交互的智慧生活平台,U+智慧生活平台的 2. 0 战略制定了三个前瞻性的布局。首先,海尔 U+智慧生活平台克服了以往不同产品的设备无法互联共通的弊端,成为首个公开、透明的生态体系。全新升级的海尔优家 App2. 0,为用户提供家电定制、生产、配送、安装的全流程可视化体验,并且汇聚全球制造资源,将用户需求和制造资源无缝聚合在一起,实现智能制造下的大规模定制。其次,海尔推出 U+智慧生活大脑以改善用户体验。它采用了语音识别、图像识别等自然交互技术,能够像人一样“能听、能看、会说、能思考、有情感”,理解用户要求,帮助控制家电;它能感知用户的生活习惯和行为喜好,实现自主决策,主动提供服务。最后,海尔 U+智慧生活平台对七大生态圈进行升级,创新推出网器生态场景商务模式。以海尔馨厨生态圈为例,作为一个具有创新功能的网器,突破性地集购买、储存、烹饪、娱乐、交互五大厨房场景于一身。

第二节　新媒体在医疗健康领域的应用

2014 年被称为互联网医疗元年。国内外的互联网公司、药企、医院纷纷进入这块还未被互联网开垦的荒地。随后的一两年内,新媒体医疗健康领域的应用就呈现出投资劲爆、创新频出的火

---

① 艾瑞咨询:《2018 年中国智能家居行业研究报告》,2018 年 8 月,http://report. iresearch. cn/wx/report. aspx? id=3256,访问日期:2021 年 3 月 18 日。

② 艾瑞咨询:《2018 年中国智能家居行业研究报告》,2018 年 8 月,http://report. iresearch. cn/wx/report. aspx? id=3256,访问日期:2021 年 3 月 18 日。

③ 《海尔 U+智慧生活平台发布 U+智慧生活 2. 0 战略》,techweb,2016 年 3 月 8 日,http://mi. techweb. com. cn/tmt/2016-03-08/2291732. shtml,访问日期:2021 年 3 月 18 日。

热局面。苹果公司2014年发布移动健康应用平台Health Kit,IOS8以上系统的iPhone上可以使用Health应用。它可以同步用户的行走距离、步数、卡路里消耗、心率、睡眠状况、血压、血糖等生理数据,并向用户做出反馈。国内BAT三家巨头也积极布局互联网医疗。百度采用“平台+大数据”策略,利用大数据技术和成熟的智能医疗外部设备,与北京市政府联合搭建“北京健康云”平台,帮助老百姓“大病化小”“小病化了”以及“治未病”,同时提供诸如减肥瘦身指导、健康管理咨询、远程心电监测等个性化服务。它还推出医患双选App“百度医生”,为方便中老年用户特别采用了百度语音的智能识别技术。阿里巴巴在互联网医疗健康领域的跃进起步于2011年以来的一系列商业并购举措。它已经掌握全国最大的药品流通监管码,率先进入电子处方环节,涉足医药电商,倒逼医药分家,还推出“未来医院”计划,向医疗机构开放支付宝的平台能力。[①] 腾讯一方面投资丁香网、挂号网等,强化其在移动互联网医疗方面的影响力;另一方面还在微信上推出“全流程就诊平台”,用户扫描二维码或关注后就能预约、挂号和缴费。在这个领域竞争的还有软件公司东软集团、膳补企业汤臣倍健、电商明星京东、手机新秀小米,以及专攻互联网医疗的春雨医生、好大夫在线等,甚至医院本身。已有研究显示,北京的三甲医院除了各自开设微信公众号以外,还合作推出“京医通”“微官网”等服务。

与互联网在其他领域形成的重构之势相同,新媒体技术在医疗健康领域广泛应用带来的新模式也为传统医疗消费吹来一股新气息。首先,改善就医体验,优化就医流程,节约时间,提高效率。以核心需求挂号为例,挂号难、票贩子猖獗早已为人们诟病。对此,网上预约挂号发挥了良好效用。“北京114预约挂号”是北京市卫生局官方指定预约挂号平台“北京市预约挂号统一平台”在微信平台推出的对应服务。目前该平台已开通了北京市二级、三级医院120余家,用户只需简单几步的注册登录便可进行预约挂号。在挂号时用户可选择按医院、科室、指定日期查找。若没有医生出诊信息,系统会提示用户可预约的其他医院。[②] 其次,能够合理、高效甚至跨时空配置医疗/医药资源,实现在线问诊、远程医疗以及电商购药。病人甚至可以通过在线问答、电子邮件、文字及图片等方式来描述病症,请医生给出基本的诊断意见与建议。这种“轻问诊”的模式已经为春雨医生等互联网医疗企业采用。再次,随着可穿戴设备日益完善,加之大数据、云计算等技术,当前的医疗健康模式不仅能够做到病前健康管理、有效预防,还将提供精准医疗和个性化定制服务。百度未来商店中的智能水杯、智能体质分析仪、无线智能血压计、体脂秤、健康手环等可穿戴设备都致力于个人健康管理。

新媒体在医疗健康领域的应用对中国这样一个老龄化日趋严重的国家而言有着重要的意义。它在刚刚起步的智慧养老方面有着广阔的发展前景。从新媒体在医疗健康领域的当前应用来看,它在智慧养老方面提供了如下三种服务类型:第一,侧重在线咨询的远程医疗服务。基层卫生医疗机构和养老社区可以依托医疗资源雄厚的大医院,为行动不便的老人提供远程咨询/远程会诊、远程监护甚至远程手术等操作。简言之,就是利用互联网打破地域限制,将优质医疗服务带到老人面前。第二,养老O2O服务模式。远程医疗软件系统主要

---

① 《互联网医疗行业深度报告(上):解构互联网医疗模式,寻找重塑医疗生态王者》,生物谷网站,2015年4月24日,http://news.bioon.com/article/6668548.html? from=timeline&isappinstalled=0,访问日期:2021年3月19日。

② 郭敏、周晓英、宋丹、张黎:《“互联网+”时代的我国医院微信信息服务研》,《图书与情报》2015年第4期。

提供线上服务，配以社区医院与其他医院的联动机制，形成线上线下服务体系。老人可以在家通过多电子终端设备反馈身体状况，社区服务人员可以提供紧急救助、转诊治疗、上门理疗、慢病管理等服务。第三，智能可穿戴设备远程监测服务。目前，一些智能手表手环、血压计、血糖仪、摔倒报警、服药提醒等产品已经推广使用。智能可穿戴设备一方面可以记录老人诸如血压、睡眠、血糖、体重、行走步数等生理数据，并在个人手机 App 上直观呈现；另一方面，这些数据还能够上传至云端，方便家属和医生查阅。当大数据技术进一步应用后，可穿戴设备采集的老年人生理体征信息会更丰富，精准化医疗和个性化医疗就有望实现。

此外，随着 5G 技术在中国商用化的不断推进，依托 5G 网络建设，新媒体在医疗健康领域的应用更加广泛深入。远程监护、远程导诊、远程会诊、远程超声甚至远程手术都将成为现实。2020 年年初新冠疫情暴发，在给国内医疗机构带来巨大压力与挑战的同时，也让人们看到新媒体在医疗领域中的潜力与曙光。

案例：

1. 5G 远程医疗小推车在火神山医院启用①

在抗击新冠肺炎的核心地点武汉，火神山医院迅速建起。除了建得快以外，火神山医院还配备了 5G 高端配置。湖北移动为火神山医院搭建 4/5G 无线网络及专线网络，仅用 3 天便完成医院网络、线路的建设和调测。中国移动还为火神山医院制定了一系列 5G 智慧医疗解决方案，包括了远程医疗协作、防护监控、智能机器人等信息化服务，目前，已为医院打造 3 套远程视频会议系统，提供 300 部对讲机，为火神山医院的全面运转提供了信息技术保障。

值得一提的是，还有一批 5G 远程医疗小推车在武汉火神山医院正式启用，省外专家可以通过远程医疗系统对隔离区患者进行诊断，救治的效率与效果将进一步提升。5G 远程医疗小推车通过在医疗小推车终端设备上安装移动云视讯客户端，通过云视讯的视频和远程桌面功能，火神山医院的一线医务人员可以将本地医疗数据（含 CT 影像、检测指标等）共享给北京 301 医院，实现专家远程诊断。

针对远程医疗会诊中要求的高清画质，这套系统支持 1080P 的高清画质，华为提供 5G 设备，借助中国移动 5G 网络，充分发挥 5G 大带宽、低时延、广连接的特性，使图像清晰不卡顿，让专家实现高质量的远程医学诊断。

通过 5G 网络，省外专家与一线医护人员可实时互动、紧密配合，共同实施现场救治，大大提升医疗诊断信息的传输速度，为患者争取更多机会。同时，在一定程度上缓解了武汉一线医护人员调配紧张、超负荷工作的痛点，也可减少外地医疗专家前往武汉的风险。

2. 隔空看病，云上诊疗，浙江 5G 防疫催生智慧医疗落地②

新冠疫情期间，5G、VR、大数据等新媒体技术发挥了重要作用，显示出攻克特殊困难的

① 《5G 远程医疗小推车在火神山医院启用》，新华网，2020 年 2 月 17 日，http://www.hb.xinhuanet.com/2020-02/17/c_1125574774.htm，访问日期：2020 年 8 月 12 日。

② 《隔空看病，云上诊疗，浙江 5G 防疫催生智慧医疗落地》，新浪网，2020 年 3 月 19 日，https://tech.sina.com.cn/roll/2020-03-19/doc-iimxxsth0313043.shtml，访问日期：2021 年 2 月 12 日。

优越性。新媒体与医疗领域的深度融合时代已经到来。

新生儿5G+VR远程探视平台：浙江大学医学院附属妇产科医院联合浙江移动打造的5G+VR新生儿远程探视平台，借助5G网络，家属只需要带上VR设备，就能看到病人或婴儿的实时情况。据了解，5G+VR新生儿探视平台的使用，是浙大妇院与浙江移动合作，结合4K全景VR视频直播，研发出的面向5G的智慧医疗方案。通过这一应用，布局在医院内的全景摄像机会对医院指定场景进行360°VR全景影像视频采集，这些视频图像借助5G网络上传，用户可以通过VR穿戴设备获得流畅清晰的观看体验。它可以让父母仿佛置身于患儿身边，观察孩子实时状况，清楚听到医生对孩子病情的详细介绍，缓解家属的紧张焦虑情绪。

VR远程系统用于医疗示教与远程诊疗：在实时手术示教过程中，受教者通过VR眼镜，可以清晰地看到手术的细节过程，拥有与手术医生相同的视角，如同亲自"主刀"，实现医术观摩交流、现场教学的效果。2019年浙江移动与浙医二院联合打造全国首个"5G远程绿色急救通道"，首次将5G网络应用于多维度的智慧急救绿色通道，整合了5G远程超声、5G急救指挥平台、VR浸入式实时全景体验、远程高清音视频互动以及无人机航飞监控等多个子系统，借助5G网络建立起一条实时的数据互联互通多维度"跑道"，实现无时差的隔空远程生命数据传递。

第三节　新媒体在教育领域的应用

媒体技术在教育领域的应用由来已久，从早期的教育广播，到教育电视，再到近年来的在线教育。在线教育当属互联网与教育融合的最初尝试。但因主流应试教育的强势地位以及技术因素的限制，在线教育虽然在一定程度上实现了知识共享，如在线题库、课程视频等，但并未对传统教育模式发出实质性挑战，只是扮演着资源共享平台甚至线下补习班的边缘角色。但随着移动互联网、云计算、大数据等技术不断成熟并渗透进教育领域，新媒体技术在教育领域的应用新远景已见端倪。

从表象上来看，当前教育领域已经出现各式各样的网站、App，如沪江网、新东方、家长帮、猿题库、作业神器，等等；但从内核上看，这些功能定位各异并存在竞争关系的应用都在齐心协力地给传统教育做"整容"。首先，新媒体促使教育资源从封闭走向开放，推动教育机构从单一走向多元。① 事实上，媒介技术的演进史也是一部助推知识冲破禁锢，超越时空限制走向大众的过程，只是如今的互联网技术将这方面的作用发挥得更为极致。得益于互联网的强大存储功能和交互特性，教育资源能够实现迅速汇聚和有效流动，不仅方便用户主动"拉取"，还能为其直接"推送"。以手机应用"超级课程表"为例，它能源源不断地为用户推送全国各高校的课程信息。在对教育资源的分配整合过程中，除学校以外的社会教育机构或新型教育组织也开始出现，如备受好评的美国慕课平台。"美国慕课涵盖了每一个教学环节，是一个相对完整的教育过程，拥有课前讲义、课堂提问、随堂测验、课后作业与交流、期终

① 张岩：《"互联网+教育"理念及模式探析》，《中国高教研究》2016年第2期。

考试和结业证书，学生可以通过提问，得到相应的反馈和评价等信息；同时充分利用自身平台、教师、学习者和学习资源的优势进行交互。"①

这同时印证了新媒体对传统教育的另一个改变，即使学习从被动转向主动，甚至实现了知识习得的生活化。传统的课堂教学向来以教师讲授为主导，而得益于各类新媒体技术的新型教育模式正在孕育教师与学生、学生与学生之间的互动新模式，比如 C2C 在线学习方式。在移动互联网和智能移动终端的支持下，学习可以与生活时间有机交融。以受大学生欢迎的"百词斩"为例，它实现了学生充分利用各种碎片化时间来温习英文单词，学习的主动性可以随时满足。

在各类新媒体技术的影响下，一种新的教育生态环境也有望形成。对传统的学校教育而言，新媒体正深刻地改变着教育的各个环节，如课程、教学、学习、管理、评价等，形成"智慧校园"。对传统的商业性教育而言，在新媒体的冲击下，新型的运营和管理模式也在积极探索中。

2020 年年初的新冠疫情让我们见证了新媒体在教育领域的应用价值。疫情的暴发，令众多行业歇业，在社会运转和经济运行都面临重创之际，教育界却旗帜鲜明地喊出"停课不停学"的口号，力图借助各类新兴的互联网技术与新媒体手段，在疫情危难之时探索出建设一条维护正常教学进程的空中课堂道路。在这个过程中，传统的由各类学校和教育机构构建的各类在线教育平台，如中国大学慕课平台、智慧树网、学堂在线、学银在线等积极响应，推出免费课程；商业性的诸如学而思网校、新东方、看理想等泛知识平台也快速行动，争取在远程教育市场中占据更有利的位置；而依托于有着技术优势的各大互联网企业的教学应用，如腾讯会议、企业微信、雨课堂、飞书、钉钉以及各类直播软件等工具等，更是根据需要快速调整功能，升级产品。凡此种种，都极大地帮助了特殊时期教学工作的正常推进。

案例：停课不停学！深圳罗湖联手腾讯教育打造多元化解决方案②

2020 年新冠疫情期间，深圳市罗湖区教育局联合罗湖智慧城市建设中心、腾讯教育，共同推出了多元化的"停课不停学"解决方案，并充分利用互联网、大数据等现代技术，满足特殊时期全区中小学师生在家上课的需求。

早在 2019 年 9 月，腾讯教育就与罗湖联手，助力区智慧教育云平台的整合，并建立了统一用户身份认证、统一开放接口管理、统一云资源服务和统一生态资源，为罗湖教育主管部门、学校、教师、学生、家长提供智慧教育云服务。

疫情期间，在"智慧教育云平台服务"基础之上，罗湖区还以腾讯智慧校园、企业微信、腾讯课堂等平台为抓手，全方位引进整合各类教育教学应用平台，为学校提供满足线上学习的平台资源服务，构建全域教育应用生态。

罗湖区的在线课堂覆盖全区 13 万中小学师生。腾讯公司为此特别推出了腾讯课堂极速版，这是专门契合师生们在线教学需求的。老师们只需 3 步即可快速搭建专属的空中课堂，具有门槛低、稳定流畅、互动性强等特点。实时、高清、全平台、交互式的在线视频授课服务，能够同时满足小班制、大班额等多种在线教学场景的需求。另外，直播平台内置了丰富的平

① 马化腾：《互联网+国家战略行动路线图》，中信出版社，2015，第 370 页。

② 《停课不停学！深圳罗湖联手腾讯教育打造多元化解决方案》，百家号，2020 年 2 月 18 日，https://baijiahao.baidu.com/s?id=1658872148118636890&wfr=spider&for=pc，访问日期：2021 年 3 月 12 日。

台工具,包括实时音视频、PPT课件共享、屏幕分享和录制回放等,可实现线上线下的灵活互动和交流,让师生获得高质量的上课体验,保障教学效果。

本章思考题

1. 结合实例谈谈你对新媒体在智能家居中应用的认识。
2. 你觉得共享单车最大的优势是什么?
3. 你能举出一些新媒体在医疗健康方面的应用吗?
4. 你是否是互联网教育的使用者?感受如何?

本章参考文献

1. 马化腾. 互联网+国家战略行动路线图[M]. 北京:中信出版社,2015.
2. 艾瑞咨询.2018年中国智能家居行业研究报告[R/OL](2018-8)[2021-3-18]. http://report. iresearch. cn/wx/report. aspx? id=3256.
3. 郭敏,周晓英,宋丹,张黎."互联网+"时代的我国医院微信信息服务研究[J]. 图书与情报,2015(4).
4. 张岩."互联网+教育"理念及模式探析[J]. 中国高教研究,2016(2).

XINMEITIGAILUN

第五单元

新媒体产业论

新媒体不仅拥有媒介属性,自诞生之日起也表现出强烈的经济属性或产业属性,市场化与产业化是新媒体发展的主旋律之一,并逐渐成为一个快速发展、日新月异的新兴产业。新媒体产业具有创意经济、规模经济、范围经济和长尾经济的特征,成为我国和全球经济的重要增长点。

当然,由于“新媒体”的内涵与外延随着技术发展不断变化,新媒体产业的界定与行业选择也面对诸多困难。因此,本单元对新媒体产业的探讨主要采用概论和略览的方式,在对新媒体产业的经济内涵进行阐释的基础上,对新媒体产业的作用、发展趋势进行探讨。在具体产业门类方面,本单元主要选择近几年发展比较迅速并基本形成商业模式的产业进行分析,如网络游戏产业、网络影视产业、网络直播产业、短视频与 MCN 产业等。随着 5G、人工智能、数字化等新技术的广泛应用,新的产业形态也将不断出现并改变当代传媒产业整体格局。

第十七章 新媒体产业概说

扫码可见
第十七章PPT

自从文化产业被正式认可以来，媒体一直在其中扮演十分重要的角色。以各种大众媒体为载体的传媒产业，是当代文化产业最为重要的组成部分。而以移动互联网媒体、智能媒体等为代表的新媒体，已经成为当代媒体最为重要的组成部分，以其为载体的各种文化内容、商业模式也不断出现，改变、重塑着当代文化产业的整体格局。正如大卫·赫斯蒙德夫所说："在有关文化产业延续与变迁的任何一本书中，新媒体绝不可能是次要部分。"①在这种情况下，新媒体产业作为当代文化产业最为重要组成部分之一，也成为学界的重要研究对象。

第一节　新媒体产业的内涵和特征

一、何为新媒体产业？

在相关研究中，对"新媒体"的定义可谓众说纷纭，但是有关新媒体产业定义、内涵方面的探讨并不多见。究其原因，我们认为主要有两个方面：首先，在实践性很强的传媒产业领域，有关定义、本质、特征等"元问题"的探讨是一件费力不讨好的事情；其次，以时间为划分标准的"新"媒体，本身就处在不断的变动之中，今天的"新"媒体可能就意味着明天的"旧/传统"媒体，所以，直接切入，讨论在最近几年仍属"新"媒体范畴的各种现象可能来得更为轻松、便捷。

在本书中，我们也无意于建立一个封闭式的"新媒体产业"概念，但对于即将讨论的新媒体产业而言，它包括哪些方面，包含哪些行业门类，在这些行业门类中它偏重内容还是技术，等等，却又是我们接下来进行论述的一个前提。因此，我们采取一种较为宽泛、开放的概念界定方式，我们所说的新媒体产业，是指以数字技术、计算机网络技术和移动通信技术等新兴技术为依托和主要载体的，按照工业化标准进行生产、再生产，以广大普通民众为主要受众的内容产业。

---

① 大卫·赫斯蒙德夫：《文化产业》，中国人民大学出版社，2007，第234页。

二、新媒体产业的经济内涵

(一)创意经济

无论载体平台如何变化,能够吸引大众的优质文化内容都是在竞争中取胜的不二法门,因此,很多国家也将文化产业称为"内容产业"。在新媒体时代,内容仍是传媒产业最为重要的因素之一。但与以往传统媒体时代不同的是,新媒体的载体平台更加多元化,受众市场也更加细分。因而,在新媒体行业中,创意经济的特征较之以往更为明显。新媒体尤其是移动互联时代的到来,极大降低了内容生产的进入壁垒和生产成本,除影视公司、出版社等传统内容生产机构外,更多的普通大众和小微内容生产机构可以通过 UGC 内容生产方式,在直播、短视频平台乃至微博、微信朋友圈等个人化媒体中进行内容传播,受众注意力被极大分流到各个不同领域和平台之中,在这种情况下,唯有不断创意创新,才能在激烈竞争中脱颖而出。比如,西游记、哪吒等传统文化主题,在近几年随着新媒体不断发展呈现出更为多元化的创意形态。无论是《哪吒之魔童降世》等动漫电影,还是《封神之哪吒传》《战神哪吒》《哪吒之灵童归来》等网络游戏,都顺应新媒体时代的娱乐需求,呈现出更为多元化的创意形态。

(二)规模经济

规模经济存在于任何边际成本低于平均成本的产业之中。每当多生产一个单位产品的成本随着生产规模的扩大而降低时,就出现了规模经济。规模经济是传媒产业的固有属性,但在新媒体产业中规模经济的作用更为明显。与报纸、杂志等传统媒体相比,新媒体生产一个单位产品的成本更低。在报纸、杂志等传媒行业中,纸张、印刷、运输等都构成了一定的成本,而网络、手机等传输平台则以"无纸化"的传输形式省掉了纸张、印刷等成本,同时,它们的"在线化"传播方式则不需要人力、交通等运输成本,因此其边际成本更低,规模经济效应也更为明显。中国新媒体产业的迅猛发展,在一定程度上也是得益于中国庞大的互联网受众数量,2021 年 2 月发布的第 47 次互联网发展报告显示,截至 2020 年 12 月,我国网民数量已经达到 9. 89 亿,占全球网民的五分之一。在新媒体环境中,网民既是受者,又是内容的生产者和传播者,这为新媒体内容生产大大降低了成本,形成规模经济。①

(三)范围经济

范围经济也是传媒产业的一个共同特征。当通过分摊日常开支或增加其他效能,使共同生产和销售两个或更多相关产品比分别生产和销售这些产品更为划算时,就出现了范围经济。在论及当代中国传媒产业问题时,中国人民大学喻国明教授认为,过去十年中国传媒业发展的价值模式是通过追求规模经济效益来占有比较多的市场份额,而在今天的媒介生态中,市场规模跟过去不

① 中国互联网信息中心:第 47 次《中国互联网络发展状况统计报告》,2021 年,http://www. cnnic. net. cn/hlwfzyj/hlwxzbg/hlwtjbg/202102/t20210203_71361. htm,访问日期:2021 年 3 月 10 日。

一样，已经没有相当多的空地可以去圈。因此，传媒产业的发展方向要从过去的追求规模经济效应转向追求范围经济效应。也就是说，要在既定的市场份额、既定的用户规模基础之上，全面开发既定的市场份额和受众规模，然后用全面开发来实现多点产出，形成更大的价值提升。① 最近几年学界和业界讨论较多的“IP 为核心的泛娱乐”就是新媒体产业中范围经济的最好体现。在新媒体时代，一个具有较高影响力 IP 出现之后，有关机构往往会通过各种方式对 IP 进行“泛娱乐”式的多元化开发，在短时期内迅速在各个渠道变现。比如，《盗墓笔记》在以网络文学方式形成影响力之后，迅速以纸质书、电影、舞台剧、电视剧、网剧、手游等方式推出各种系列相关产品，从多个角度完成对《盗墓笔记》这一 IP 的价值变现。另外，大家熟知的《鬼吹灯》《三生三世十里桃花》《庆余年》《全职高手》等 IP 也都按照范围经济规律采取了多元化的开发方式。

（四）长尾经济

2004 年，《连线》杂志主编克里斯·安德森最早用长尾（The Long Tail）这一概念描述亚马逊、奈飞等新媒体企业的商业模式。长尾理论认为，只要存储和流通的渠道足够大，以前看似需求较少的“冷门”产品所共同占据的市场份额足以与主流产品的市场份额相匹敌。正如克里斯·安德森的统计表明：在线音乐店 Rhapsody 里下载排行 10 万名以后的那些歌，在任何一家最最专业的唱片店都找不到，每月下载次数只有几次、几十次，加起来却占了所有下载次数的 15%。②

长尾效应为新媒体产业提供了新的经营思路，互联网技术实现对用户需求、喜好的大量掌握，大众市场被瓜分为无数个细分市场，个体的需求得到重视，正如安德森所言，我们的文化经济重心正在加速转移，从需求曲线的热门产品，转向需求曲线尾端的利基市场和产品。互联网将供应链革命的诸多要素紧密结合，使得生产者既可以进行大规模的生产制造，又可以专注易被忽视的利基市场。巨大的利基市场集合起来，可以形成庞大的经济市场。在过去，视频网站的主要收入来源是广告主的广告费用。以腾讯、优酷、爱奇艺为首的视频网站将单一的 to B 的经营模式转向 to C，开拓付费会员市场。尽管单个会员业务每月仅有十元左右的收益，其背后却是数量庞大的付费用户市场。快手、拼多多放弃头部城市，转向三四线城市乃至乡镇、农村市场，汲取这部分用户的零散需求，将长尾效应发挥得淋漓尽致。

三、新媒体产业的基本特征

（一）新媒体产业的受众特征：全民化与细分化并存

在中国新媒体产业发展初期，其受众以青年群体、高学历群体为主。中国互联网络信息中心（CNNIC）发布的互联网报告相关数据显示，2005 年中国网民以年轻人为主，其中 18—24 岁的网民占到上网人数的 37.7%，而 35 岁以下的网民占到了上网总人数的 81.3%；在受教

① 喻国明：《从规模经济转向范围经济——新一轮传播模式的转型》，《视听界》2007 年第 6 期。

② 克里斯·安德森：《长尾理论：为什么商业的未来是小众市场》，中信出版社，2006 年。

育程度方面，中国网民高中（中专）以上学历的占到整体的85.8%。[①] 随着经济及互联网技术的不断发展，当今新媒体产业受众的全面化市场基本形成。截至2020年12月，我国网民数量已经达到9.89亿，网络普及率达70.4%。网民增长的主体由青年群体向未成年和老年群体转化的趋势日趋明显。未成年人、“银发”老人群体陆续“触网”，构成了多元庞大的“数字社会”。同时，城乡地区互联网普及率差异较2020年3月也缩小了6.4个百分点。[②] 由此可见，中国新媒体受众的全民化市场基本形成。

从世界范围看，截至2019年年底，We Are Social和Hootsuite合作发布的《2020年全球网络概览》数据显示，全球互联网用户总量超过45亿，社交媒体用户已超过38亿大关。[③] 国际电信联盟的调查结果显示，大部分互联网增长用户来自新兴经济体，特别是非洲地区，使用互联网的人口比例从2005年的2.1%，增长到2018年年底的24.4%。移动网络几乎覆盖了世界上的全部人口，96%的人口生活在移动网络的覆盖范围内，全球90%的人口可以通过3G或者更高速率的网络连接接入互联网。与此同时，发达国家与发展中国家的差距依然存在。2005年到2018年，发达国家使用互联网的人口比例从51.3%增加到80.9%，增速缓慢但稳定；发展中国家使用互联网的人口比例从2005年的7.7%增长至2018年年底的45.3%，增长快速且显著。国际电信联盟估算，2018年全球范围内，约有一半的家庭至少拥有一台计算机，拥有计算机的家庭分别占比约83.2%和36.3%。[④]

互联网时代，消费者的需求旺盛且多样，过大的市场规模导致企业无法同时满足市场内部的消费者需求，而消费者的需求越来越受到生产者的重视，新媒体受众的细分化成为不可阻挡的趋势，于是总体市场被划分为若干具有共同特征的子市场。新媒体产业在全民市场发展的同时，各个细分领域也发展迅速，全民化与细分化同时推进。以网络视频产业为例，截至2019年8月，我国网络视频用户规模已达到7.59亿，[⑤]在产业整体规模不断扩大的同时，各个视频平台逐渐以影视剧、综艺、动漫等核心产品种类为根基，不断向音乐、游戏、文学、电子竞技、旅游等新兴产品类型拓展，大力开拓新兴细分市场，形成多领域、跨平台的娱乐内容生态。以音像租赁业务起家的Netflix公司一直强调电影行业“细分市场”，通过Cinematch排序算法为用户提供个性化内容推荐，让用户更快找到自己喜爱的内容，Netflix对电影内容的细分可以说达到极致。

（二）新媒体产业的发展特征：呈现爆炸式增长态势

早在19世纪，马克思便在《共产党宣言》中指出：资产阶级在它不到一百年的阶级统治中所创

① 人民网：第16次《中国互联网络发展状况统计报告》，2005年，http://it. people. com. cn/GB/8219/50653/index. html，访问日期：2021年3月10日。

② 中国互联网信息中心：第47次《中国互联网络发展状况统计报告》，2021年，http://www. cnnic. net. cn/hlwfzyj/hlwxzbg/hlwtjbg/202102/t20210203_71361. htm，访问日期：2021年3月10日。

③ 199IT互联网数据：《2020年全球网络概览报告》，雪球网，2020年，https://xueqiu. com/7886851669/144268749？page=2，访问日期：2021年3月15日。

④ 方莹馨：《弥合数字鸿沟 共享发展红利》，人民网，2020年12月8日，http://world. people. com. cn/gb/n1/2020/1208/c1002-31958450. html，访问日期：2021年3月15日。

⑤ 中国互联网信息中心：第44次《中国互联网络发展状况统计报告》，2021年，http://www. cnnic. cn/gywm/xwzx/rdxw/20172017_7056/201908/t20190829_70798. htm，访问日期：2021年5月29日。

造的生产力，比过去一切世代创造的全部生产力还要多，还要大。而资产阶级这些成就的取得是以机器的采用、轮船的行驶、铁路的通行、电报的使用等科技进步为前提。正是在科技发展的推动下，人类社会的进程呈现出明显的加速度发展特点。进入 20 世纪以来，电影、电视、电话、航天技术等的突飞猛进更是大大加快了人类社会发展的进程。以计算机网络技术、数字技术和移动通信技术为载体的新媒体产业，其发展的加速度也是前所未有。

从最早的阿帕网（ARPANET）诞生到今天，不过短短的 50 多年的时间，网络的民用化、普及化的时间更短。然而，就在这短短几十年的时间内，互联网的发展速度却是惊人的。相关数据显示，2020 年全球互联网用户约为 45.4 亿，网络普及率达 59%，仅社交媒体用户就已超过 38 亿。① 而在 2010 年 6 月，全球互联网用户人数还只有 19.7 亿，在不到十年的时间内，全球互联网用户人数增长了 20 多亿。② 与之相比，手机网民用户的增长速度更快，截至 2010 年 12 月，中国手机网民达 3.03 亿，而到 2020 年 12 月，中国手机网民的数量则达到 9.86 亿。③

在互联网用户呈现爆炸式增长的同时，新媒体产业的规模也增速惊人。2019 年我国数字经济规模达到 35.8 万亿元，占 GDP 比重达到 36.2%。④ 我国新媒体产业的发展与数字生活、数字经济密切结合，成为我国经济高质量发展的核心动力。在 5G 和人工智能技术的驱动下，视频产业、物联网、产业互联网等都将得到新一轮升级。在新媒体产业爆炸式增长的同时，诸多前所未有的新媒体产业门类不断涌现，如数字阅读、网络直播、短视频、电子竞技、MCN，等等。这些产业门类的增速也远远超过传统媒体行业。总之，新媒体普及、增长的速度之快，远远超过了过去任何一种媒体。在数量庞大的受众依托下，新媒体产业的发展速度也势必会以几何级数增长。

（三）新媒体产业内容生产特征：从 PGC、UGC 到智能化生产

传媒产业不同于以物质生产为主要生产方式的第一产业和第二产业，其最主要的生产方式是内容生产。在广播、电视、报刊等传统媒体领域，内容生产需要经过专业的传媒机构和从业人员的选题、策划、采访、编辑、审核再通过多种媒介传递给受众。而互联网技术的发展，使内容生产主体的范围不断扩大，UGC、PUGC 和 PGC 等新的内容生产概念也不断出现。

新媒体改变了传统的内容生产方式，体现出鲜明的互联网特性，社交媒体、短视频平台等新媒体形态的崛起，在激起互联网用户内容创作热情的同时，也提供了更多的内容输出渠道。新媒体产业的内容生产呈现出创作、消费、传播一体化的特性，即新媒体终端用户既是内容的消费者，又是内容的生产者。各行各业的用户纷纷参与到内容生产之中，从主体到内

① 央广网，《世界互联网发展报告 2020》和《中国互联网发展报告 2020》蓝皮书发布，搜狐网，2020 年，https://www.sohu.com/a/433786597_362042，访问日期：2021 年 5 月 29 日。

② 腾讯科技：第 28 次《中国互联网络发展状况统计报告》，腾讯网，2011 年，https://tech.qq.com/a/20110719/000262.htm，访问日期：2021 年 5 月 29 日。

③ 环球网官方账号：《2019 全球移动互联网用户大数据行为报告：联网用户达 45.4 亿》，环球网，2020 年，https://baijiahao.baidu.com/s?id=1662666012113640263&wfr=spider&for=pc，访问日期：2021 年 5 月 29 日。

④ 中国网信网：《数字中国建设发展进程报告》，2019 年，http://www.cac.gov.cn/2020-09/10/c_1601296274273490.htm，访问日期：2021 年 5 月 29 日。

容类型都体现出多元化特征,PGC、UGC 等内容生产概念也体现出这种多元化的趋势。随着人工智能媒体平台的出现,人机协同生产模式使内容生产流程和组织结构更加高效。机器代替人类工作的 MGC(Machine-generated Content)模式和人机协作 IGC(Intelligence-generated Content)模式成为相关产业的研究热点。

在可预见的智能 IoT 时代,智能计算将取代云计算的地位,AI 技术也将成为文化发展的重要力量,这与新媒体产业的发展息息相关。人机协同生产模式无疑将提高内容生产的质量和数量,减少人工成本投入。人机结合的生产方式也能在提高效率的基础上弥补机器所不具有的人类情感,使内容更加具有感染力和情感逻辑。人工智能的生产技术也在不断成熟,微软推出的跨平台人工智能机器人微软小冰已经在诗歌、美术、服装面料设计、音乐等多个领域展现出惊人的内容生产能力,第七代的微软小冰已经具备了察言观色和主导对话的能力。随着人工智能的不断成熟,智能化生产也将成为内容生产的重要组成部分。

(四)新媒体产业的消费特征:从单一消费到多元消费

移动互联时代的到来,使跨屏消费成为常态,为用户提供良好的跨屏用户体验成为新媒体产业竞争的着力点之一。例如在观看电视时,使用手机摇一摇参与话题讨论或者在线互动;观看综艺时,打开手机扫二维码边看边买。多种平台平行进行消费、不同的媒介载体实现优势互补使用户消费更加便利。以手机为代表的智能终端成为内容的最主要载体,用户的内容消费行为也主要依赖手机等终端展开。移动终端的内容消费使得消费行为不再受限于空间和媒介形态,多任务、多线程平行进行的消费方式成为可能。①

经济社会的快速发展引发消费结构的变化,在新媒体产业内部精神消费越来越受到重视,文化、知识、健康、兴趣爱好等精神层面的消费选择快速增长。艾瑞咨询发布《新中产精神消费升级报告 2018》指出目前中国主力消费人群是 1970—1999 年出生的群体,占总人口的 47.8%,以新中产为代表的消费者群体更注重个人体验和精神消费,旅游、教育、休闲娱乐、个人爱好、学习提升成为这一群体的主要消费内容。②

内容生产和内容分发手段的变革引发消费行为的变化。消费者的消费地位由被动式消费转向主动式选择,消费的内涵也从主要代指实物消费,扩大到实物商品消费、体验感受消费和服务消费。在人人皆可表达的互联网时代,消费者随时可以在互联网上发表评论,口碑的裂变可能会导致品牌迅速地崛起或衰落,消费体验升级成为产业内部生产者品牌建设的重要一环。消费者的消费方式也变得更加多种多样,在线消费、情绪消费、实体消费、会员消费等多种消费行为与内容场景深度连接,用户可依据自己的使用习惯跨平台进行内容消费,平台之间相互引流也促进了用户的多元消费。以会员消费为例,用户只需一次消费就可以参与长期的优惠回报,同时平台也可以增加用户黏性。最早的电子付费会员体系亚马逊

① 韩晓宁、邹韵婕:《智能化、场景化、跨平台:内容产业 2.0 时代的产业特征与商业模式创新》,《出版广角》2019 第 7 期。

② 艾瑞咨询:《新中产精神消费升级报告 2018 年》,艾瑞网,2018 年,http://report.iresearch.cn/wx/report.aspx?id=3236,访问日期:2021 年 5 月 20 日。

Prime 会员通过免除高额配送费的方式吸引用户，之后扩展到 Kindle 电子书、流媒体视频、软件服务等服务领域，目前 Prime 会员数已经超过 1 亿人。

与此同时，新媒体产业多年的实践经验可以得出，高质量的内容可以影响用户的消费观念，带动用户的消费行为，进而带来新消费理念和新媒体产业盈利模式的变革。

第二节　新媒体产业的作用与意义

一、新媒体产业不断改变当代传媒产业的整体格局

在信息发布的自由度和接受的方便性方面，新媒体具有传统大众媒体无法比拟的优势，这使得新媒体初入传媒市场便迅速占据了竞争优势，不断抢夺传统媒介的受众，蚕食着传统媒体的受众预算和广告份额，从而不断改变当今传媒产业的整体格局。

在美国，影视、报纸等传统媒体正在遭受越来越大的冲击。皮尤研究中心对全美 110 家日报和 35 家数字新闻平台进行了调查，从 2017 年 1 月到 2018 年 4 月期间，40 家日报进行了裁员，占总数的 36%，其中有 12 家还进行了多轮裁员。① 截止到 2018 年 6 月，《纽约时报》380 万订户中有多达 290 万仅选择“在线订阅”一种方式。与传统媒体的愁云惨淡相比，亚马逊、奈飞等新媒体企业则一路高歌猛进。2018 年，亚马逊在出版领域的销售额突破两千亿大关，飙升至 2329 亿美元，比上年增长 31%；营业收入达到 124 亿美元，是 2017 年的两倍。2020 年，Netflix 实现了 250 亿美元的年收入，同比增长 24%。与此同时，营业利润增长了 76%，达到 46 亿美元。这充分说明数字视频平台已经代替传统电视机构成为美国传媒产业新的“领头羊”。②

在英国，2007 年到 2017 年的十年间，英国共有 292 家地方性报纸关门，新创办的 120 家报纸在生存压力下，也纷纷削减支出。从 2013 年至 2018 年英国主流报纸的发行量数据看，大都出现了明显下滑，仅 2017 年，整个英国报业发行量下降了 7.6%。英国全国性报纸的广告收入也下降了 12%。③

在中国，新媒体产业的发展速度也非常迅猛，不断冲击着传统媒体的市场份额，改变着传媒产业的整体格局。在广告方面，2018 年中国传统媒体广告同比下滑 1.5%，与之相比，2018 年互联网广告总收入为 3694 亿元，年增长率高达 24.2%。④ 在报纸产业方面，2018 年中国报纸日到达率降至历史新低的 25.4%，与 2013 年相比，报纸读者减少了一半。在电视方面，TCL 发布的数据显示，电视机的日均开机率已经由 3 年前的 70% 下降到了 30%，40 岁

---

① 《2018 年美国传媒产业发展报告》，传媒头条，2019 年 6 月，http://www.cm3721.com/toutiao/6330.html，访问日期：2021 年 5 月 20 日。

② 《2018 年美国传媒产业发展报告》，传媒头条，2019 年 6 月，http://www.cm3721.com/toutiao/6330.html，访问日期：2021 年 5 月 20 日。

③ 姚青群：《传统纸媒危机下英国报业的创新探索》，《中华读书报》2018 年 2 月 28 日。

④ 华文美亚：《2018 中国互联网广告发展报告》，搜狐网，2019 年，https://www.sohu.com/a/290887657_120015699，访问日期：2021 年 5 月 29 日。

以上的人成为收看电视的主流人群。[①] 与出版、广播电视的逐渐衰落相比，数字出版、网络游戏等的产业规模却呈现迅速增长态势，在整体传媒产业中的比例不断提升。《2019—2020 中国数字出版产业年度报告》数据显示，2019 年我国数字出版产业收入规模超过 9800 亿元，相较 2018 年增长幅度约为 17.65%，已经成为带动文化产业发展的新动力。[②]

当然，传统媒体的衰退只是相对的，是在传媒产业中所占份额的下降，而不是绝对值的下降。图书、电影等传统媒体如果能够改变增长方式、提高创新能力，在未来仍有很大的发展空间。但是，由于体制、基础设施等方面的限制，其发展速度与新媒体产业相比肯定要慢得多。在一定程度上，新媒体产业在我国传媒产业总体中的主体地位正在确立，同时，新媒体也难以全部取代传统媒体，在未来它们更多地是以一种“融媒体”的方式共生共荣。

二、新媒体产业将成为中国文化产业参与国际竞争的主力军

在电影、电视、图书版权等传统文化产业方面，美国等西方发达国家经历了上百年的发展历程，积累了大量市场经验，并在发展过程中形成了具有国际竞争力的大型跨国集团。与之相比，中国的这些行业在进入 21 世纪后才开启产业化、市场化的发展历程。如果要在这些行业与发达国家在国际市场上展开竞争，我国企业并无多少优势可言。与此不同，在新媒体产业的发展方面，中国与西方的时间差距并不明显，在这些行业中我们与西方发达国家处于同一个起跑线上。并且，新媒体产业的发展对受众基数的要求非常之高。没有一定数量的受众群体，网络游戏、网络直播、短视频等新媒体产业的发展就无从谈起。随着中国经济的发展，中国网民数量、手机用户数量在近几年的增长速度十分惊人。庞大的潜在消费者基数，为依托网络和手机等的新媒体产业发展提供了更大的空间。

诸多研究表明，拥有庞大的国内市场，是一国文化产品具有强大国际竞争力的基本前提。霍斯金斯等人的研究发现，美国影视产品之所以占据国际市场，其原因就在于它拥有巨大的国内市场，“美国拥有的大的国内市场会为它的电影和电视节目带来一个较大的、理想的（利润最大化）的生产预算，这使得其他国家的生产商很难与之展开有效竞争”[③]。在动漫领域，日本动漫产业的强大国际竞争力也得益于其庞大的国内市场、全民性消费和完善的动漫产业链条。

在新兴文化创意产业的国内市场方面，目前中国国内市场已经位居世界前列。Newzoo 数据显示，2018 年全球游戏市场收入 1379 亿美元，中国市场凭借 379 亿美元的收入排名第一，占到了全球游戏收入的 28%。2019 年中国游戏海外出口将突破 110 亿美元，较 2018 年的 95.9 亿美元大幅提升，10 年间增长百倍。与之形成对比的是，中国电影海外票房仅为数十亿元人民币。[④] 中国网络文学也凭借其庞大的市场规模在全球产生了巨大的影响力，与美国大片、日本动漫和韩国偶像剧并

---

① 环球网官方账号：《电视开机率只有 30%，何以重回客厅“C 位”》，环球网，2019 年，https://baijiahao.baidu.com/s? id=1641805119377007609&wfr=spider&for=pc，访问日期：2021 年 5 月 29 日。

② 中国财富传媒集团成员：《2019 年我国数字出版产业收入规模超 9800 亿元》，中国财富网，2020 年，https://baijiahao.baidu.com/s? id=1687019237012216265&wfr=spider&for=pc，访问日期：2021 年 5 月 29 日。

③ 考林霍·斯金斯等：《全球电视和电影——产业经济学导论》，刘丰海、张慧宇译，新华出版社，2004，第 59 页。

④ 环球网：《预计今年海外收入超 110 亿美元 中国游戏产品出口潜力巨大》，环球网百家号，2019 年 11 月 19 日，https://baijiahao.baidu.com/s? id=1650589701270913748&wfr=spider&for=pc，访问日期：2021 年 5 月 20 日。

称世界“四大文化奇观”。在不久的将来，依托巨大的国内市场，中国新媒体产业的国际竞争力必然大大加强，从而成为中国文化产业参与国际竞争的主力军。

三、新媒体产业使传媒产业的盈利模式更为多样化

在报纸、电视等传统媒体中，盈利模式以“二次售卖”为主，即传媒机构用内容来吸引受众，然后将受众批量“打包”卖给广告商，发行量、收视率的高低决定了广告投放量的大小。在这种情况下，受众消费的媒体内容与广告内容之间并无直接的联系。在大多数情况下，受众是在获得自己主动想要获得的“内容”的同时，附带在广告上耗费注意力和时间，换言之，他们不过是电视台“捆绑式”售卖的被动消费者而已。

在新媒体时代，吸引受众眼球的注意力经济依然起到至关重要的作用。然而，较之于传统媒体的大众传播特性，新媒体的盈利模式呈现出更加多元化、个性化的特点。简单而言，当前新媒体的主要盈利模式有以下几种：

大数据广告模式。互联网带动了数据信息的流动，而媒体的多样化组合打通了信息壁垒，为广告创作和投放提供新的发展方向，新媒体产业的广告盈利模式由传统广告向大数据广告升级。在大数据广告模式中，一方面，用户的喜好与个人需求不断被数据化，通过分析数据便可以把握先机，投其所好地进行广告的精准投放。另一方面，信息数据积累成数据库，为广告主了解市场需求和消费者喜好提供依据，对广告创作也有新的意义。

社交+电商模式。社交媒体平台积累了大量的 C 端用户，通过社交平台为电子商务网站提供导流入口，实现盈利。以微信平台为例，目前微信用户已经超过十亿，拥有庞大的“注意力资源”，在微信“发现”中点击“购物”便可以跳转到京东购物平台。在抖音和快手，用户也可以将自己出售的商品链接放在小视频中，受众点击便可跳转购买。在线上布局电子商务的同时，京东、天猫等电商巨头也开始在线下建立精细化运营的小型门店，使新零售模式与社交电商达成线上下单、门店送货的配合。

内容付费模式。在传统媒体领域，受众与内容生产者之间极少存在直接关系，受众在观看一部电视剧或收听一首歌曲的时候，很难直接给内容生产者付费。而在新媒体时代，受众则可以直接对内容进行付费，而内容生产者则根据付费多少与平台进行分账。

付费会员模式。在视频行业和网络出版平台，以优质内容撬动用户的付费意愿、培养用户付费习惯已经成为行业共识。线上电商也开始采纳这一模式，如京东的 PLUS 会员、阿里的“88 超级会员”、小红书的小红卡会员、苏宁的 SUPER 会员等。对消费者而言，通过购买会员可以获得更多专属权益，降低选择成本；对平台而言，可以增加用户黏性，激励用户进行消费转化。目前，我国付费会员的渗透率远不及国外市场，这也意味着在付费会员模式上还有很大的提升空间。

付费打赏模式。这一模式是一种非强制性的付费模式，用户根据个人喜好对媒体或个人产出的内容进行赞赏并主动付费。这一模式在直播行业中运用非常广泛，用户通过购买虚拟礼物向喜爱的主播进行打赏，主播收到后与平台分账，获得收益。

第三节　新媒体产业的发展趋势

一、新媒体产业的集群化发展

产业集群是一种空间经济组织形式，它指的是在特定区域内，具有竞争或者合作关系等相关性的企业、供应商、服务机构以及其他相关机构共同组成的群体。新媒体的出现和快速发展为产业内部组织进行集群化发展提供了有利的条件。

在传统媒体时代，产业集群的效应已经十分明显，例如美国电影产业最集中的好莱坞和英国的戏剧产业最集中的百老汇和伦敦西区。新媒体的出现不仅带来了媒介和产业之间的融合，同时成为促进产业实体之间加强联系的纽带。新媒体产业集群化发展不仅包括原来的传媒产业内部组织，还延伸到外部相关产业如 IT 产业、电子商务等非传统传媒产业。从组织生态学的观点来看，分工和专业化是产业集群组织发展的基础和表现，而产业链是链接产业集群内部组织机构的纽带。新媒体产业的产业集群包括内容生产、加工制作、分销和服务等相关联的业务组织，通过密切的分工协作形成产业集聚。媒介融合形成的产业集聚不是孤立的，而是相互促进相互配合，同一产品生产后可以通过多种媒介载体进行输出，甚至同一个品牌可生产出影视、综艺、漫画、游戏、图书等多种不同的产品形态。例如《权力的游戏》打造影视结合游戏的产业链，《超级玛丽》打造动画和游戏结合的产业链。

二、技术驱动新媒体产业变革

随着人工智能在新媒体产业各个领域的逐渐渗透，技术为内容生产赋能正在改变新媒体产业的信息传播生态。美国“未来今天研究所”针对新闻行业发布的技术发展趋势报告中列举了 75 个行业相关技术发展趋势，其中有一半以上的技术与人工智能息息相关。① 新技术的发展，将对新媒体产业内容生产、分发、消费方式和渠道等环节产生巨大影响，新的传媒形态也会出现，新媒体产业的边界将进一步扩大，与其他产业的关联度将大大提高，新的产业生态将会到来。

5G 带来的不仅是更快的传输速度，更昭示了传媒业态的进一步重组和改变。目前，用户的注意力已经从传统媒体流向流媒体，媒介组织的内容呈现方式也将从文本中心和视觉中心转向为用户营造良好的体验为中心。《纽约时报》、ABC News 等知名老牌传统媒体纷纷尝试“VR+新闻”的呈现形式。Netflix、YouTube 等流媒体平台也转向对 360°视频的支持和开发。未来的内容呈现方式或将朝着体验的角度发展，人工智能设备的应用将给用户带来身临其境之感，能否满足用户的这一需求，将成为媒介竞争的因素之一。

全球范围内，各个国家以及相关产业实力较强的大型企业都在 5G、人工智能、虚拟现实、区块链等领域展开激烈竞争，谁能率先掌握技术和市场，谁就能在这场竞争中取得先机。根

① 张建中：《人工智能如何重塑新闻业：2018 年新闻媒体技术发展趋势报告解读》，《新媒体与社会》2018 年第 2 期。

据全球移动供给商协会数据统计,在2018年已经有来自78个国家的182家供应商开展了5G技术演示、试验等活动。新媒体已不仅是传播信息和娱乐大众的载体,而是具有重新定义媒体、定义产业的作用,进而获得影响经济甚至政治的能力。5G网络提供更快的下载速度,能够适应用户对超高清视频等的需求,同时更低的延迟可以在更大程度上满足无人驾驶汽车、智能家电等设备的需求,相关产业也将实现更大发展。麦克卢汉曾指出"媒介是人的延伸",而5G的到来,将这种延伸极大扩展。2019年,华为在2019MWC上海移动大会上展示了一位挖掘机司机远程操纵千里之外的挖掘机作业,通过5G技术可以将人的动作转化成数据的形式传递到接收终端,使终端依据指令进行操作,这就实现了人的主体延伸,使"遥远的在场"成为一种新的体验方式。加之VR、AR技术的配合,使用户能够浸入其中获得如真实一般的体验,用户可以直达"现场",这对直播行业乃至现场演出、旅游等行业影响巨大,也将把新媒体产业发展推进到前所未有的高度。

三、新媒体产业公司竞争格局重塑

新媒体产业的发展得益于互联网技术的进步,而中国互联网行业的发展本身就是一部"商业创新史",互联网技术激发了各个领域的创新与活力,成为经济发展的新引擎,创造来了新的经济模式,并对传统产业进行革新。2019年,中国正式进入5G商用时代,同时互联网的发展将从上半场的信息科技时代进入下半场的数字科技时代,也就是从传统互联网过渡到智能互联网。[①] 新一轮以5G、AI、IoT、区块链、数字孪生等为代表的智能技术蕴含着巨大的能量,以人工智能为核心驱动力,以大数据、互联网、云计算等新一代信息技术为基础的智能经济将成为互联网经济发展的新引擎。

在用户层面上,以5G为代表的新一代网络技术能够保障互联网计算能力的充足,智能经济时代,用户的需求将由碎片化转向微粒化,这意味着独立的互联网参与者的个体消费需求将得到重视和充分地满足。在产业层面,技术的发展将推动下一代超级互联网的发展,用户的需求和网络终端设备的改变,将引发新媒体产业的又一次革命。

随着"互联网+"进程的不断深入,引领更深层次的智能化浪潮,必将为企业和创业者带来新的发展机遇,新媒体产业内部也将进一步分化,目前已有的互联网企业的垄断地位或将被新崛起的独角兽企业打破,形成新的产业竞争格局。

四、产业互联网成为新的发展方向

从互联网发展的角度来看,消费互联网的市场已经趋于稳定和饱和,以价值经济为主要盈利模式的产业互联网逐渐兴起。消费互联网发展关注的是消费者的数量和消费者的注意力,但是随着我国互联网用户不断增长,总体用户规模逐渐趋于饱和,无论是消费者的数量还是注意力都再难取得突破性增长。产业互联网是建立在人工智能、大数据、云计算等新技术的基础上,利用互联网思维打通产品生产流程,使供给侧与需求侧进行更高效的连接,即

① 彭波:《互联网下半场新媒体演进趋势分析》,《现代出版》2019年第6期。

跨产业的通用型技术服务平台。产业互联网的到来,则意味着诸如制造业、农业、教育行业、医疗卫生行业等的互联网化,并且产业内部各个企业和各个环节将实现数字化。产业互联网意在打破产业中的参与者也就是产业主体之间的信息壁垒,弥合生产与消费之间的错位,让企业能够更及时更全面的满足市场需求。

融合是产业互联网发展的核心。产业互联网是实体经济行业的重要推动力,能够帮助各行各业进行数字化、智能化的改造,实现商业模式、管理手段、成本控制、供应链管理的多效提升。教育、医疗、卫生、零售、文娱、公共管理、金融、制造、政府管理等多个行业投资潜力巨大,为产业互联网发展提供了巨大的机遇。

消费互联网时代,以百度、阿里、腾讯、京东为代表的互联网企业聚集了大量的C端用户,以消费端为基础,沿着行业供应链向产业上游渗透,达到对供给端与需求端的整合,实现产业互联网布局。阿里巴巴在云计算和产业互联网领域早早完成了布局,推出一套"商业操作系统",希望借此解决企业在智能化时代的生存和发展问题;腾讯进行组织架构调整,成立了云与智慧产业事业群;京东也在产业互联网领域发力,旗下"京东云"提供基础设施层的公有云服务。

2020年,COVID-19疫情在全球范围暴发,为产业互联网的发展带来机遇,线下消费受到严重限制,很多传统行业运用数字化手段为用户提供线上服务。以医疗行业为例,为减少和避免线下问诊可能带来的交叉感染,全国各地医院投入线上问诊,通过微信小程序、丁香医生、好大夫在线等服务平台等为患者提供在线问诊,还通过视频和直播功能向群众提供安全卫生知识,发挥出线上问诊低成本、多样化、高效率的优势,调集了分散的医疗力量,弥补了医疗资源空间分配不均的不足。全球范围内,在线办公和在线教育需求暴涨,Zoom、谷歌、微软、阿里巴巴、腾讯等企业纷纷提供免费的OA在线办公软件服务。巨大的市场需求也让更多投资者加快了布局相关领域的决心,不少教育培训机构相继转向线上求生,零售行业也大范围的开启在线业务。疫情过后,在线教育、移动办公、物流配送、政务服务、线上娱乐以及医疗卫生等行业也有望迎来更好的发展机遇,线上和线下的融合发展也会更加紧密。目前,产业互联网在各个行业中的应用程度不同,但是不同细分行业与不同业务组成相互交叉,能创造出数量庞大的服务节点。产业互联网使产业链条上的各个企业之间、各个终端之间通过信息网络、数据流连接实现资源整合,达到资源利用率的最大化。产业互联网内部也将不断推进行业分化和业务细化,带来众多的就业机会和无限的创造空间。

本章思考题

1. 新媒体产业的经济内涵是什么?
2. 如何看待新媒体产业在当代中国传媒产业中的作用与价值?
3. 结合具体案例,谈一谈新媒体产业的发展趋势。

本章参考文献

1. 崔保国,徐立军,丁迈. 中国传媒产业发展报告(2019)[M]. 北京:社会科学文献出版社,2019.

2. 翁立伟,官承波. 新媒体产业论[M]. 北京:中国广播电视出版社,2010.

3. 彭兰. 万物皆媒——新一轮技术驱动的泛媒化趋势[J]. 编辑之友,2016(3).

4. 方兴东,陈帅. 中国互联网25年[J]. 现代传播(中国传媒大学学报),2019(4).

5. 彭波. 互联网下半场新媒体演进趋势分析[J]. 现代出版,2019(6).

6. 陶喜红. 媒介融合背景下传媒产业结构转型分析[J]. 当代传播,2010(4).

7. 张建中. 人工智能如何重塑新闻业:2018年新闻媒体技术发展趋势报告解读[J]. 新媒体与社会. 2018(2).

第十八章

新媒体产业略览

扫码可见
第十八章PPT

作为一门新兴产业，新媒体产业内部分类非常繁杂，而且随着软硬件设备的发展，新的行业也在不断涌现。面对众多的新媒体类型，我们很难对之进行一一讨论。很多原有的“新媒体”类型如彩信、短信、播客等在互联网发展过程中被逐渐淘汰，而另外一些新出现的类型到目前仍然没有形成比较成熟的商业模式，其产业化发展也处于起步阶段。因此，在本章中我们选择几种目前发展相对成熟的新媒体产业——网络游戏产业、网络影视产业、网络直播产业、短视频及 MCN 产业等进行分析，对它们的发展历程、现状特点及未来趋势进行讨论。

第一节　网络游戏产业

1961 年，麻省理工学院的学生史蒂夫·拉塞尔推出《太空大战》，这被看作是电脑游戏诞生的标志性事件。在网络游戏诞生 60 年后的今天，玩网络游戏已经成为很多人上网的重要目的之一。网络游戏依托于现代信息技术，又蕴含传统的文化元素，通过游戏开发者的创意聚合与技术实现，最终呈现在游戏玩家面前。网络游戏在类型上主要分为：动作类、休闲类、冒险类、角色扮演类、模拟类及其他游戏六大类，这六种类型在 PC 端、主机端、移动端等不同的游戏平台上有不同的呈现方式，但都受到玩家们的追捧和喜爱。正是基于巨大的市场需求，网络游戏逐渐产业化，形成了完备的网络游戏产业体系，游戏开发商、发行商、代理商、运营商、游戏软硬件支持企业等分工明确的产业主体纷纷出现，共同促进网络游戏产业高速发展。

一、中国网络游戏产业的发展与现状

（一）中国网络游戏产业的发展概况

相对于国外，我国的网络游戏产业起步较晚，但是发展迅速。1993 年，台湾成功大学的两位博士生麦树翔和金昌里，使用“Merc Diku Mud 1.0”架设了一个 MUD 平台，这是由中国人自主建立的第一个 MUD 游戏。同年，采用“Merc Diku Mud 1.5”架设的《风之领域Ⅰ》（Realm of the Wind Ⅰ）也在台湾出现，这是第一个能够输入中文的 MUD 游戏，但是此时还没有形成真正的网络游戏产业。

1992—1996 年是中国网络游戏的“史前文明”时期，以《侠客行》为代表的文字网络 MUD

游戏开始盛行。1998 年 6 月，国内首家专营网络游戏的门户网站——“联众游戏世界”正式开通运营。1999 年 4 月，“乐斗士工作小组”推出了国内最早的简易图形 MUD 游戏——《笑傲江湖之精忠报国》。同年 7 月，“网络创世纪”民间服务器开始在深圳、北京、上海等地大量出现，中国的网络游戏市场很快就完成了由文字 MUD 向大型多人图形网络游戏的转变，其发展速度位居世界首位。专业游戏网站的出现和大量民间服务器的出现标志着我国网络游戏产业真正起步。

2000 年后，中国的网络游戏产业进入快速发展时期。年初，由台湾华义国际集团投资创办的北京华义联合软件开发有限公司推出了网络游戏《石器时代》获得空前成功。7 月，台湾雷爵资讯公司设计开发的《万王之王》进入内地游戏市场，在四个月之内就拥有 10 万注册用户。2001 年 3 月，北京中文之星数码科技有限公司推出了大陆第一款原创网络游戏《第四世界》，填补了自主研发网络游戏的空白。2001 年 5 月，“联众世界”已成长为世界上最大的网络游戏网站，具有注册用户 1800 万人且可同时在线 17 万人的规模。

2001 年 11 月，上海盛大代理的《传奇》正式上市。这款被韩国媒体评为“年度最佳网络游戏”的产品，不但让国内玩家真切地体会到了韩国网络游戏的独特魅力，也创造出网络游戏界的神话，它所开创的风格和成功运营的经验模式极大地影响着国内网络游戏产业的发展。2002 年年底，《传奇》的注册用户数量突破了 1900 万，最大同时在线人数达到了 30 万。

2003 年 9 月，网络游戏被正式列入国家 863 计划，政府投入 500 万支持原创网络游戏的开发。2003 年 11 月 18 日，电子竞技被国家体育总局列为正式开展的第 99 个体育项目。这些科研项目和政策规定使得网络游戏和游戏竞技活动有了合法的身份。网络游戏和电子竞技的合法化促进了网络游戏产业进一步的大发展大繁荣，有效的政策支持、法律保护及版权管理为网络游戏企业打造了一片肥沃的发展土壤。

有关数据显示，2013 年中国游戏市场规模为 892 亿元，而到 2019 年，这一规模已达到 2884. 8 亿元，六年时间游戏市场规模就扩大了三倍以上，可见我国网络游戏市场的发展之迅猛，其中增速最快的是移动游戏市场，自 2019 年起，我国移动游戏市场规模占游戏产业市场规模的比重已经超过 70%①，根据 iResearch 公布的预测数据，2020 年中国移动游戏的市场规模将达到 2496. 8 亿元，占网络游戏市场规模的比重达 75. 1%。②

（二）中国网络游戏产业的现状与问题

1. 中国网络游戏市场增速放缓，经过野蛮生长期进入平稳发展

2010 年以前，我国网络游戏行业处于野蛮生长期，市场规模扩展迅速，2012 年增长率高达 187. 6%，大量国外游戏通过代理机构进入中国市场，同时国产游戏也快速发展获得了大

---

① 前瞻产业研究院：《2020 年中国移动游戏行业发展现状与市场规模分析 中国稳居全球移动游戏第一梯队》，前瞻经济雪人，2020 年，https://www. qianzhan. com/analyst/detail/220/201113 - 2b4b8ead. html，访问日期：2021 年 5 月 29 日。

② 前瞻趋势：《2020 年中国移动游戏行业市场现状及竞争格局分析 2020 年用户规模有所下降》，前瞻产业研究院，2020 年，https://m. sohu. com/a/449659833_120868906? ivk_sa = 1024320u，访问日期：2021 年 5 月 29 日。

批玩家支撑。[①] 2010 年以后，随着人口红利慢慢用尽，监管政策不断收紧，我国网络游戏市场规模增速逐步放缓并趋于平稳。

表 18-1 近年来我国网络游戏市场规模情况

年份	2011	2012	2013	2014	2015	2016	2017	2018
销售额(亿元)	538.6	670.9	891.6	1104.9	1435.8	1789.2	2355	2454
增长率(%)	32.3	24.6	32.9	23.9	29.9	24.6	31.6	4.6

2018 年增长率骤降是由于我国机构改革，3 月起暂时停止游戏版号的审批，直到 12 月才恢复，因此很多游戏未能获得批号进入市场，整体游戏市场规模呈现了低增长，但这一情况是暂时的，2019 年后，随着审批的恢复，市场规模的增速也逐渐恢复平稳。

2. 网络游戏市场份额集中，寡头垄断特征明显

艾瑞咨询的数据显示，2016 年中国上市网络游戏企业的营收规模中前五位的分别是腾讯游戏、网易游戏、三七互娱、完美世界、游族网络，其中腾讯游戏和网易游戏的市场份额占整体市场份额的 55%，寡头垄断特征非常明显。[②] 普华永道数据显示，2020 年中国视频游戏市场的巨头仍然是腾讯和网易，占据接近 70% 的市场份额。[③]

腾讯的优势来自于自身社交网络的用户量储备，大量腾讯系游戏都是通过 QQ 或者微信账号直接登录，用户量的导流非常便捷。腾讯布局多个游戏类型，PC 端的《英雄联盟》平均日活跃玩家数量超过 2700 万，注册账号有 1.17 亿个。[④] 移动端的《王者荣耀》与《和平精英》也拥有庞大的玩家市场，极光大数据显示，截至 2017 年 5 月，《王者荣耀》渗透率达到 22.3%，用户规模达到 2.01 亿人，腾讯 2019 年 6 月 20 日的电竞发布会更是宣布《和平精英》的日活跃用户数突破 5000 万。[⑤] 庞大的用户量和不断加大的研发投入，让腾讯游戏成为目前中国网络游戏市场最大的赢家。网易的优势有两点：一方面它代理了暴雪的国内游戏业务，《魔兽世界》《守望先锋》《炉石传说》都是拥有大量玩家的多人在线游戏；另一方面网易也一直不断开发自己的手游业务，《阴阳师》《神都夜行录》《梦幻西游》等有着庞大的移动端用户群。

3. 从游戏平台来看，移动端游戏超越 PC 端成为网络游戏第一大入口

网络游戏在早期基本上都是由 PC 客户端游戏占据市场主要部分，截至 2014 年，PC 端游戏仍然占据中国游戏市场的一半以上，而移动端游戏在 2014 年仅占市场份额的四分之一。

---

① 新华社、文化部：《2012 年我国网络游戏市场规模达 601.2 亿元》，中华人民共和国中央人民政府网，2013 年，http://www.gov.cn/jrzg/2013-04/26/content_2391432.htm，访问日期：2021 年 5 月 29 日。

② 艾瑞咨询：《互联网全行业洞察及趋势报告 2016 年》，艾瑞网，2017 年，http://report.iresearch.cn/report/201701/2804.shtml，访问日期：2021 年 5 月 29 日。

③ 普华永道：《2019-2023 娱乐及媒体行业展望》，普华永道中国，2020 年 https://www.pwccn.com/zh/tmt/5g-optimizes-video-experience-high-speed-development.pdf，访问日期：2021 年 5 月 29 日。

④ 中国报告大厅：《中国英雄联盟玩家数量数据分析》，中国报告大厅，2017 年 9 月，http://www.chinabgao.com/k/jingjiyouxi/29336.html，访问日期：2021 年 5 月 21 日。

⑤ 极光数据：《手机游戏流失用户研究报告——以王者荣耀和和平精英为例》，极光数据，2020 年，https://www.jiguang.cn/reports/465，访问日期：2021 年 5 月 29 日。

但是随着智能手机的普及和移动端游戏的大力开发，从 2015 年开始，移动端游戏快速增长，①艾瑞咨询的数据显示，2020 年我国移动端游戏已经占整体游戏市场的 75. 04％。②

图 18-1　2013—2021 年中国网络游戏产业细分
（数据来源：艾瑞咨询《中国网络游戏行业研究报告 2017 年》）

移动端游戏的主要使用设备是智能手机，在 4G 网络普及和流量减费提速之后，手机游戏以其便携性、灵活性以及易操作性吸引了大量玩家。但是手机游戏也有其小屏的局限性，代入感、画面感和游戏体验远不如大屏游戏。随着 5G 技术和 VR 技术的发展与普及，未来网络游戏会向着多屏互动、全方位沉浸等方向继续发展，我国游戏市场仍具有可观市场。

二、中国网络游戏产业的发展趋势

（一）网络游戏产业纵向一体化

目前我国网络游戏产业中开发商和运营商有着明显的区分，其原因主要有两部分：一方面源自我国对游戏行业的政策限制，国外网络游戏难以独立运营，因此《英雄联盟》《和平精英》等由国外开发商研发的游戏，必须通过腾讯、网易这样的运营商才能进入中国市场；另一方面，我国很多中小型游戏开发公司并不具备游戏运营的人力和物力，特别是服务器、技术支持等方面远远无法满足大量玩家同时在线的需求，因此借助运营商强大的运营能力能够节约成本提高收益，成为大量中小型游戏开发商的选择。

但是随着网络游戏产业的发展和资金人才积累，很多运营商开始自行开发游戏，比如网易游戏旗下的《阴阳师》《神都夜行录》，以及腾讯游戏从 PC 端延伸开发的《QQ 飞车》《QQ 炫

① 艾瑞咨询：《艾瑞：2014 年中国网络游戏市场规模 1108. 1 亿》，艾瑞网，2015 年，http://report. iresearch. cn/content/2015/02/246130. shtml，访问日期：2021 年 5 月 29 日。

② 艾瑞咨询：《2020 年中国移动游戏行业研究报告》，艾瑞网，2020 年，http://report. iresearch. cn/report/202011/3679. shtml，访问日期：2021 年 5 月 29 日。

舞》等都是运营商自行开发成功的典型游戏。运营商一方面自行培养研发团队，另一方面也积极收购中小型游戏公司，将团队和游戏版权一同纳入麾下。目前网络游戏行业中运营商和开发商的博弈，在未来也将逐渐化解，形成共赢局面。

这一点我们在国外网络游戏企业的发展中可以得到印证。任天堂是日本著名的游戏软硬件开发公司，是世界电子游戏三巨头之一，有众多游戏代表作，包括《马里奥》《塞尔达传说》《宝可梦》，还有大量自己的游戏硬件设施，包括 FC、SFC、N64、NGC、Wii、WiiU、Nintendo Switch 等家用游戏机以及 Game&Watch、GB、GBA、NDS、3DS 等掌上游戏机。由此可见，无论是游戏的开发还是运营，甚至游戏硬件设备的研发与生产，实际上并不是相互矛盾的部分，反而在游戏产业的发展中，企业在利润驱动下会向产业的上下游伸展，从而实现产业一体化，获得更大的经济效益。我国网络游戏产业未来也将打破开发与运营相互隔阂的竞争局面，走向产业一体化的良性发展。

（二）网络游戏产业链横向辐射

网络游戏作为线上娱乐的一个重要组成部分，未来将成为泛娱乐生态圈中的重要一环，其产业链条必定向泛娱乐各个领域辐射，实现多元化经营。网络文学、动漫、影视将成为游戏 IP 的重要来源，手游《花千骨》是 2015 年由天象互动开发的一款角色扮演游戏，由《花千骨》的原著小说和电视剧《花千骨》共同授权开发，手游和电视剧同步上线，月收入竟然超过 2 亿元，远远高于电视剧。[①] 这说明借助网络文学、动漫和影视 IP，有利于吸引 IP 粉丝成为玩家，借助原有 IP 的剧情和设定也能够降低开发成本，从而降低风险、提高游戏收益。

同时游戏 IP 的动漫化、影视化也成为游戏衍生开发的重要方向，《生化危机》游戏是由日本嘉富康（Capcom）公司于 1996 年发布的一款单机游戏，2002 年第一部《生化危机》电影上映，之后又先后推出 5 部系列电影，总计票房超过 12 亿美元。除了真人电影，嘉富康公司还自己开发了全 CG 动画电影《生化危机：诅咒》和《生化危机：恶化》，同样受到了游戏玩家和电影观众的喜爱。

游戏的周边产品开发是产业链延伸的重要手段，很多游戏都有自己完整的世界观和性格迥异的角色设定，也因此拥有大批从游戏玩家转化而来的粉丝，他们是游戏周边的主要消费群体。以网易游戏为例，由于网易代理了暴雪的国内业务，因此有一个专门的网易暴雪周边商城，里面涵盖《守望先锋》《魔兽世界》《炉石传说》等多款游戏的周边产品，从人偶手办、艺术设定集到日常生活用品，应有尽有。网络游戏作为娱乐生态中的重要一环，未来也将继续深入上下产业链，与大文娱的各个环节产生有机互动，形成更加完善的游戏产业链。

第二节　网络影视产业

2004 年 11 月我国第一家网络视频网站——乐视网上线，标志着我国网络视频产业的开

---

① 新华网：《〈花千骨〉手游月收入接近 2 亿元》，搜狐网，2015 年 9 月 20 日，https://www.sohu.com/a/32554854_115402，访问日期：2021 年 5 月 21 日。

端，自此网络视频产业成为新媒体产业中的重要一环。任何在互联网上传播的视频内容都可以称为网络视频，随着网络视频制作不断专业化，网络影视产业应运而生。在本节，我们将重点讨论网络影视产业中的网络电视剧、网络大电影和网络综艺节目等专业网生内容产业。专业生产内容（Professional Generated Content，PGC）是相对于用户生产内容（User Generated Content，UGC）的概念，UGC是在Web2.0时代，用户从被动接受到主动上传内容转变的产物，但是早期的UGC内容无论在版权管理、广告收益或者内容质量上，都无法与专业的电影、电视内容媲美，随着4G、5G网络与智能手机的普及，互联网观众对优质专业内容的需求与日俱增。以优酷、爱奇艺、腾讯视频为代表的视频网站纷纷开始自制电视剧、自制电影、自制综艺的开发，逐渐形成了当下较具代表性的专业网生内容产业。

一、中国网络影视产业的发展与现状

（一）中国网络影视产业的发展概况

1. 网络影视产业起步期（2004—2009年）

我国网络影视的产业化离不开视频网站的发展，早期虽然也有影视片段的网络传播，但未能形成网络影视产业，直到专门的影视网站出现，网络影视产业才开始真正形成。我国第一家专业的视频网站是2004年11月上线的乐视网，乐视网在当时以播放影视内容为主，是一个播放类的视频网站。随后，2005年4月土豆网正式上线，土豆网和乐视网的区别在于主打UGC，鼓励用户上传视频。比起乐视网，土豆网更像国外的YouTube平台，也是我国最早的视频分享类网站。几乎同时成立的56网也以“分享视频，分享快乐”的口号成为一家视频分享互动类的网站。同年6月，PPS上线，这是我国第一家专注于P2P直播点播的视频网站，它的定位是网络电视平台。2006年优酷网正式上线，2004年到2006年是我国早期视频网站的井喷时期，主要受到当时国外YouTube网站的启发，以及国内互联网行业快速发展的影响。

但是视频网站前期的发展存在很多问题，如恶搞、侵权、低俗内容层出不穷，平台审查管理机制不完善等，针对此类现象，2007年国家出台了《互联网视听节目服务管理规定》，指出视频网站经营要采取牌照申领制度。2009年国家又开始整顿视频版权问题，通过“整顿互联网低俗之风专项整顿行动”和“剑网行动”，关闭了多家视听节目网站，这些措施都促进了网络视频行业朝着专业化、正版化方向发展。

2. 网络视频产业发展期（2009—2014年）

在经历了2008年金融危机和2009年的整治行动后，网络视频产业进入发展期。这一时期，很多中小型的视频网站都被市场洗刷，留下来的视频网站也开始积极寻求合作，以巩固自己的发展成果。2009年年末，酷6网率先与盛大集团合作，在美国纳斯达克上市，成为我国第一家上市网络视频公司。[①] 2010年乐视网在中国上市，同年优酷、土豆相继上市。2011

① 侯顺：《中国网络影视产业研究》，博士学位论文，华中师范大学，2019。

年,56 网被人人网全资收购,2012 年优酷土豆强强联合,合并成一家网站。2013 年 PPS 被百度收购,并与百度旗下视频网站爱奇艺合并。经过一轮市场洗牌后,通过上市融资、并购收购等方式,各大视频网站都获得了大量资本支持,资本入局激发了网络视频产业的生产积极性,一方面网络视频企业大量购入电视台节目和剧集版权,极大地丰富了网络视频内容;另一方面,一些平台开始寻求视频内容的自主开发,出现了早期的自制节目,无论是购入节目还是低成本自制节目,都吸引了大量"网生代"观众进入视频网站,并逐渐养成网络视频收看习惯,网络视频产业迎来高速发展期。

3. 网络视频产业兴盛期(2014—2019 年)

随着网络视频市场的进一步优胜劣汰和大量资本入局,网络视频产业进入兴盛期,目前网络视频市场逐渐分化,优酷土豆、爱奇艺和腾讯视频逐渐成为头部视频网站,占领了大部分的市场份额。爱奇艺由百度提供资金和技术支持,腾讯视频建立在自身社交属性之上,优酷土豆在 2016 年成为阿里巴巴的全资子公司。借助母公司或合作方的力量,网络视频企业从内容生产到运营盈利都实现了跨越式发展,内容生产逐渐专业化、大成本大制作化、盈利模式也多元化,通过"花式"广告植入、会员制度逐渐成熟,版权全方位开发等,实现了优质内容变现,促进了网络视频产业可持续发展。

在 2014 年及之前,视频网站大多是购进电视台节目或者电视剧的版权进行播放,但是随着版权费的水涨船高,视频网站开始自寻出路,打造自制内容。根据艺恩数据的统计显示,2014 年网络自制剧突破 55 部,网络自制节目突破 143 档。[①] 网络大电影也在这一年正式被提出,成为互联网影视产业的一个分支。

2016 年开始,网络影视节目开始反向输出电视台,《他来了请闭眼》《老九门》等优质网剧开始反向输出,网络自制内容的专业性进一步得到认可。网络大电影在 2016 年上线部数达到 2500 部,同比增长 263%。[②] 网络综艺也从早期的《奇葩说》《你正常吗》等小成本语言类节目,进入真正的大制作时代,《中国有嘻哈》《明日之子》《乐队的夏天》等节目持续引爆网综市场。

(二)中国网络影视产业现状

1. 内容精品化,制作规范化

早期网络自制内容质量不高,主要由于制作团队不专业,投入成本有限,但是随着视频网站的进一步发展壮大,吸引了大量专业团队和投资,网络电视剧、网络大电影和网络综艺的制作都趋向专业化、规范化,很多从业人员本身就是电视或电影行业出身,能够有效提高网生专业内容的精品化程度。

---

① 艺恩数据:《2014 年中国网络自制内容白皮书》,艺恩,http://www.endata.com.cn/Market/reportDetail.html?bid=6397e4b7-f6d3-4e17-b944-ac50185fe560,访问日期:2021 年 5 月 21 日。

② 爱奇艺:《中国网络游戏行业研究报告》,央视网,2018 年,https://baijiahao.baidu.com/s?id=1589263081101176952&wfr=spider&for=pc,访问日期:2021 年 5 月 29 日。

优酷自制原创网络剧《白夜追凶》于 2017 年 8 月上线，该剧由优酷和五元文化共同出品，由王伟导演，潘粤明主演。该剧单集平均成本 200 万元，总播放量超过 54 亿次，豆瓣评分高达 9 分，而且成为首部被 Netflix 订购，进行全球发行的大陆网剧。《白夜追凶》既没有大 IP 的加持，也没有流量明星的参与，获得高口碑和高播放量的原因主要依靠原创剧本和用心制作。观众不再一味追求大 IP 和流量明星，而更喜欢小而美的精品剧集。

爱奇艺自制综艺节目《中国有嘻哈》于 2017 年 6 月播出，该节目的投资成本高达 2 亿元，是真正的大制作网络综艺。而且制作团队也非常专业，制作人是陈伟，导演是《蒙面歌王》系列的总导演车澈，编剧是《跑男》三季总编剧岑俊义。高额的投资和强大的制作团队换来了不俗的成绩，《中国有嘻哈》单集播放量基本都在两亿次以上，12 期累积播放量超过 26 亿次，成为当年独一无二的“现象级”综艺。

爱奇艺网络大电影《灵魂摆渡・黄泉》是其网络剧《灵魂摆渡》的番外篇，于 2018 年 2 月上线，也是一部投资过千万元的网剧大制作，无论从场景设计还是后期制作来看，都是足以媲美院线电影的品质。该片在播放当日上线两小时播放量突破 500 万次，上线八小时就刷新网络大电影首播八小时的最高播放记录。①

2. 付费习惯养成，会员制逐渐完善

近几年，中国网络视频付费会员的高速增长，究其原因，一方面是由于有关部门和视频平台对于盗版内容的打击力度加大；另一方面是由于网络视频内容本身的质量提高，再加上在线支付方式的便捷化，使得用户既有付费意愿也有付费渠道，2019 年上半年，中国网络视频用户 7.59 亿人，占网民整体的 88.8%，用户付费规模占整体市场规模的比重也从 2016 年的 44% 增到 2018 年的近 50%。②

付费会员制的核心是内容，2018 年主要拉动爱奇艺付费会员增长的剧集就是《延禧攻略》，该剧虽然不是爱奇艺的自制剧，但爱奇艺买断了网络独播权，并将该剧设置为会员剧集。同年，腾讯视频有会员剧集《如懿传》，优酷有《镇魂》，都为视频网站带来了大量付费会员。除了新剧集，各大网站还从国内外购进大量优质电影，如爱奇艺的《寻梦环游记》《三块广告牌》《二十二》等，也为会员量增长起到了很大作用。在网络综艺方面，2018 年爱奇艺的《偶像练习生》通过会员衍生节目《偶像有新番》和会员投票特权吸引了大量粉丝成为会员为偶像“打榜”，这也是综艺付费模式的新尝试。

3. IP 全产业链开发布局逐渐形成

以视频网站为主导的 IP 全产业链开发，包含了网络剧、动漫、手游、电影等一系列的内容。以《画江湖之不良人》为例，最早它是一部动漫，2014 年上线爱奇艺，动漫本身就是会员付费制，获得了版权收入和手办衍生品收入，后来因为这个 IP 吸引了大量跨次元的粉丝，在

① 网易娱乐：《〈灵魂摆渡・黄泉〉灵魂摆渡・黄泉刷新网大首八记录 王瑞昌首演仙童获赞》网易娱乐，2018 年 2 月 2 日，https://www.163.com/ent/article/D9KV831C00038793.html，访问日期：2021 年 5 月 29 日。

② 中国信息产业网：《2020 年中国在线视频用户付费规模、在线视频平台收入、渗透率及发展空间分析》，中国产业信息网，2020 年 4 月 28 日，https://www.chyxx.com/industry/202004/857227.html，访问日期：2021 年 5 月 21 日。

2016 年开始开发网络剧，目前已经成功上线了两季，同样获得会员付费收入和广告收入。同年同名手游也开发上线，游戏端的收益也很可观，除此之外，还有舞台剧、电影和电视剧的延时开发也在进行中。除《画江湖之不良人》之外还有很多其他 IP 进行全产业链开发成功的例子，目前网络影视节目产业 IP 全产业链开发布局已经逐渐形成。

二、中国网络影视产业的未来趋势

（一）付费分账模式进一步成熟，网络剧大一统时代即将到来

随着网剧制作水平的进一步提高，高品质网剧势必会吸引越来越多的付费用户，通过广告、用户付费、电商导流、单篇付费等多种盈利方式，提高网络剧盈利能力，再通过更加科学、成熟的分账系统，使制作方、平台方、广告方多方收益，从而形成制播良性循环。另外电视剧收视也将从原来的先台后网到网台同步，再到以后的先网后台，视频网站将会成为未来剧集发布的首选平台，网络剧大一统时代即将到来。

（二）网络大电影数量饱和质量提升，盈利模式有待进一步开发

网络大电影经过这几年的发展，在数量上已经趋近饱和，但是质量上还有待提高，目前网络大电影无论在演员阵容还是制作上，和院线电影还是有很大差距，未来随着市场扩大、资本入局，网络大电影在质量上将会进一步提高。另外，目前大部分网络大电影还是以有效点击分成为主，广告植入、衍生品开发以及 IP 深耕都做得不够，未来随着网络大电影质量的提高，广告收入、衍生品收入、IP 深耕开发收入等将会成为新的盈利点。

（三）AI 分发、VR 终端，技术助力产业链延伸

AI 技术的进一步成熟，能够让网络影视节目产业从开发制作到宣传推广整个过程都更加科学和精准，通过 AI 的智能算法和大数据分析，能够实现内容与用户的精准匹配，能够实时挖掘用户需求，并将这些需求及时传达给制作方和平台方，在影视项目开发的前期阶段，可以通过 AI 收集用户偏好，从而降低项目风险，在项目制作阶段，可以实时监测舆情和观众喜好，对内容进行调整，在播放阶段可以通过 AI 精准投放至用户首页，真正实现私人订制式的推广。

VR 影视是未来影视发展的又一个新方向，它将颠覆目前所有平面介质的传播方式，以全景式的视角、全方位的体验将观众带入沉浸式的观影观剧环境中，随着 VR 一体机的开发和优秀 VR 影视制作人的加盟，未来 VR 影视也将成为网络影视节目行业发展的一个重要方向。

第三节　网络直播产业

2016 年被称为“网络直播元年”，大大小小的网络直播平台纷纷上线，有人直播吃饭有人直播写作业，有人唱歌跳舞有人单口相声，直播为每一个普通人提供了自我展示和寻求陪伴的线上空间，“直播+电商”在 2019 年为淘宝直播带来了千亿收入，“直播+网课”在 2020 年为

全国广大师生带来便捷云课堂，直播正以它的方式悄然改变着我们的生活。

一、中国网络直播产业的发展与现状

（一）中国网络直播产业的发展概况

1. 直播1.0时代：秀场直播

我国的网络直播最早可以追溯到2005年，当时受到韩国视频聊天网"十一人房"的影响，由傅政军创立的9158视频交友社区是我国视频直播的最早雏形。但是受到当时互联网传播效率和视频设备的限制，网络视频直播并没有真正发展起来。

直到2010年六间房从视频网站转型为网络直播平台，通过签约主播进行室内直播，开启了真正的秀场直播时代。秀场直播的主播大多数为帅哥美女，直播内容包括唱歌跳舞在内的一些才艺表演，也有和观众聊天交流的，但是大部分都为了博眼球，内容大都暧昧低俗。秀场直播的主要盈利模式是依靠观众打赏，这些用户主要是80后男性，其中月收入在8000元以上的占29.4%，据统计43.7%的直播用户都有过打赏经历，说明秀场直播的用户消费意愿和消费能力都很高。[①] 但是由于很多秀场直播内容打擦边球，国家相关部门开始整治，2016年4月，斗鱼、虎牙直播、YY等19家网络直播平台被文化部列入查处名单。

2. 直播2.0时代：游戏直播

游戏直播的兴起首先源于《魔兽世界》这款风靡全球的网络游戏，《魔兽世界》是一款多人在线的角色扮演游戏，玩家们需要通过互相配合一起打副本，由于当时QQ语音功能不完善不足以应付游戏沟通需求，此时欢聚时代推出"YY语音"受到了游戏玩家的欢迎。[②] 2009年，YY正式转型为"YY直播"。2011年又借着《英雄联盟》的兴起，YY直播开启电竞直播功能，签约游戏主播，国内游戏直播行业正式开始发展。

2014年大量游戏直播平台涌现，首先上线的是斗鱼TV，其前身是ACFUN的生放送直播频道，在2014年1月1日独立上线提供专门的直播服务。随后YY也将直播业务分离出来单独上线，成立了虎牙直播，另外战旗TV、熊猫TV等直播平台也纷纷上线，游戏直播市场快速壮大起来。

3. 直播3.0时代：泛娱乐直播

2016年被称为中国"网络直播元年"，映客、花椒、章鱼等泛娱乐直播App纷纷上线，这些直播平台一开始还是以升级版的秀场直播为主，但是除了帅哥美女主播之外，还加入了很多素人自发直播，在内容上，仍然充斥着一些"三俗"内容，针对这一现象，国家出台了一系列相关政策进行监管，2016年9月国家新闻出版广电总局出台《关于加强网络视听节目直播服务管理有关问题的通知》，同年11月国家互联网信息办公室又出台了《互联网直播服务管理规

---

① 艺恩数据：《网络直播面临整体转型，如何摆脱"囚徒困境"？》，艺恩，http://www.endata.com.cn/Market/reportDetail.html? bid=2825f7ec-0a82-4f34-9b45-5b6b36f754d6，访问日期：2021年5月21日。

② 陈昊：《我国网络直播平台的运营发展研究——以斗鱼TV为例》，硕士学位论文，江西财经大学，2019。

定》进一步进行监管。由于监管的进一步加深，直播平台开始向泛娱乐方面发展，泛娱乐直播涵盖了美食、美妆、穿搭、旅行等多个领域，并且进一步专业化，在各自的垂直领域深耕开发，走向专业直播。直播的受众群体也进一步扩大，不再局限于男性市场，特别是美妆、穿搭、美食等领域吸引了大量女性用户，方正证券预测，到 2020 年直播市场规模将会接近 600 亿元。①

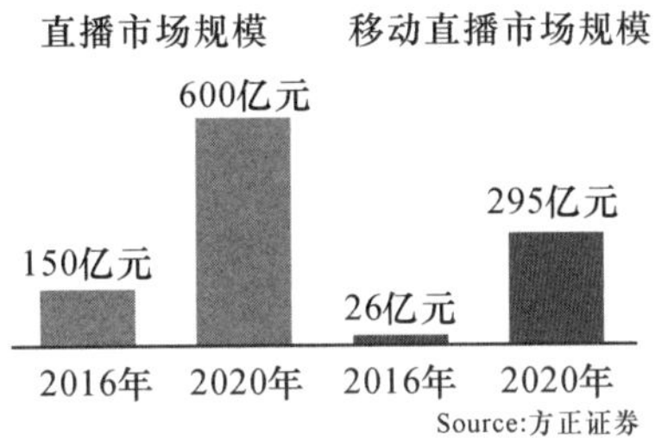

图 18-2　2016—2020 年中国直播市场规模（数据来源：中国证券网）

（二）中国网络直播产业的现状与问题

1. 直播营收占总营收比重过高，盈利模式单一

YY 发布的年度财报显示，2018 年 YY 净利润 31.964 亿元，总营收为 157.64 亿元，同比增长 36%。而从映客 2018 年的年报来看，公司全年总营收 38.61 亿元，净利润 11.01 亿元。从数据上看，无论是 YY 还是映客截至 2018 年仍然保持着高利润率，但是我们也要看到从 2016 年兴起到 2018 年，短短两年多时间，也有很多直播平台陆续关停，根据统计数据显示，2018 年大部分直播平台的直播收入占平台总营收的 80%。其中，映客 2018 年上半年直播收入占营收比重为 98%，YY 的直播收入占总收入的 94.3%，陌陌的直播收入占比 83%。② 直播收入包括平台内的道具购买、打赏分成、售卖广告位等收入，这些收入主要依靠用户量，正是因为大部分直播平台都过于依赖直播收入，一旦用户对内容失去新鲜感，直播收入就会骤然下降。

2. 市场洗牌，头部平台马太效应明显

经过 2010 年到 2018 年的高速发展期，整个直播行业进入成熟阶段，面临产业全面洗牌。③ 2018 年，网易薄荷全面关停，2019 年熊猫直播宣布关闭服务器，开启熊猫直播主站流浪计划，花椒直播与六间房重组合并，一直播被微博收购，全民直播倒闭……在大量中尾部直播平台难以继续的同时，头部直播平台如映客、YY、虎牙、斗鱼却持续存活并且有了更大的用户群体，有大量资本支持的腾讯直播和淘宝直播也从游戏和电商两个细分领域切入，瓜分

---

① 方正证券：《方正证券：预计 2020 年网络直播市场规模将达到 600 亿》，中国证券网，2016 年 11 月 4 日，https://www.cnstock.com/v_news/sns_bwkx/201611/3941544.html，访问日期：2021 年 5 月 29 日。

② 廖秉宜、索娜央金：《中国网络直播产业市场结构、行为及绩效分析》，《新闻与写作》2019 年第 7 期。

③ 江瀚：《直播产业的下半场》，《理财》2019 年第 5 期。

了大量用户，整个直播行业的马太效应越发明显。

3. 内容精耕逐渐构筑起竞争壁垒

在网络直播行业发展的下半场，核心竞争力来自内容，早期的用户具有猎奇心理，会接受各种各样的内容，但是在看了一段时间之后，很容易产生审美疲劳，因此只有对内容精心深耕，满足用户日益增长的个性化需求，才能在激烈的竞争环境中获得一席之地。以映客直播为例，2018 年映客增加了电台、交友、户外、二次元、电商等多个频道，还增加了社交属性，另外专门为三四线城镇青年推出了种子视频，日活跃数达到 200 万，为中老年人推出了老柚直播，开发银发市场。[①] 这一系列的布局都使得映客直播在各个内容分布领域都筑建起自己的竞争壁垒，而且随着用户量进一步增加和平台的技术发展，这一壁垒将会更高。

淘宝直播是内容精耕的另一种类型，淘宝直播依靠淘宝网的天然优势，将观众、商品和购买场景结合在一起，让"种草"与"拔草"发生在 1 秒之内，真正实现了电商直播的流量变现。2019 年直播电商中最引人注目的莫过于"口红一哥"李佳琦，在 2019 年的"双十一"购物街，李佳琦的淘宝直播观看人数高达 3000 万，卖出 39 款单品，创造了 10 亿元的销售记录。[②] 由此可见，与其他领域的直播相比，电商直播的平台整合优势明显，变现途径最为便捷。淘宝直播能有效实现将观看流量以最方便、快捷的途径导流到电商，这便是淘宝平台在直播行业中独特的竞争壁垒。

二、中国网络直播产业的未来趋势

（一）网络直播产业链拓展，"直播+"赋能多领域

2014 年"直播+游戏"让游戏直播和电竞直播行业蓬勃发展起来，2019 年"直播+电商"又给直播行业赋予了新机遇，直播作为一个让主播和观众实时面对面交流的渠道，拥有其他渠道难以比拟的亲和力和社交性。"直播+"与各个领域相结合会为宣传、变现、用户偏好调查等各个方面带来不一样的效果。

"直播+影视"为影视作品宣传造势带来很好的效果，2016 年 5 月 12 日《百鸟朝凤》出品人方励在微博直播平台下跪请求院线经理为电影排片，结果"一跪成名"，5 月 14 日开始票房直升从 13 日的 175 万元一跃达到 887 万元，15 日更是达到 1224 万元，可见"直播+"在影视营销中的强大作用。《百鸟朝凤》之后，又有多部影视作品借助直播进行营销宣传，《大闹天竺》中王宝强在斗鱼直播印度片场，《受益人》主演大鹏和柳岩到淘宝主播薇娅直播间宣传，十万张电影票瞬间卖光。除了影视行业，"直播+"未来将于更多领域结合产生"直播+新闻""直播+教育"等，创造出更多元化的内容，拓展网络直播产业的产业链条。

（二）直播产业形成生态闭环，实现一体化直播服务

在前文对直播产业发展历程的梳理中，我们看到网络直播产业从秀场直播到游戏直播

① 江瀚：《直播产业的下半场》，《理财》2019 年第 5 期。

② 何明钦、杨燕：《直播电商新发展迎来高光时刻》，《宁波经济（财经视点）》2020 年第 2 期。

再到现在的泛娱乐直播，实现了内容的规范化和多元化。实际上这也预示了我国网络直播产业未来的发展方向，即泛娱乐一体化，打通上下游产业链，形成直播产业生态闭环。

网络直播产业的泛娱乐一体化形态当下已有雏形，斗鱼以游戏直播起家，现在不仅覆盖网游、手游、单机游戏，还开发了舞蹈、二次元、美食、交友互动、数码科技、在线教育、汽车、电台等多个领域，哔哩哔哩直播也开发了包括游戏、唱见、舞见、虚拟主播、户外、手工、学习、美食等领域的直播分平台，除了线上直播之外，B 站还积极开发线下活动。BILIBILIWORLD 是 B 站从 2017 年开始举办的娱乐嘉年华，包括漫展、演出、互动游戏等多项活动，为红人 UP 主和粉丝搭建面对面舞台，打破屏幕隔阂，将线上互动转入线下。可见多元化娱乐内容的直播只是第一步，接下来，直播产业将进一步延伸到上游的主播经纪、内容生产与下游的内容变现、线下活动、广告营销等领域，真正打通上下游产业链，实现多元化盈利，形成直播产业良性生态闭环。

（三）直播行业规范化，竞争逐步有序化

从 2016 年开始，国家就出台了一系列法律法规对直播行业进行约束和规范，2019 年有关部门更是针对网络直播平台出台了《网络直播平台管理规范》和《网络直播主播管理规范》，对未成年主播、网络主播的穿着等细节方面做出了严格规定。可以预见未来随着对网络直播行业监管力度加大，通过“三俗”内容打擦边球的方式博眼球的直播将会销声匿迹；相反，高质量、高水平的直播内容会吸引用户的关注。平台之间的竞争也不会再依靠美女主播博出位，而是通过内容、渠道和用户黏性筑建自身壁垒，直播行业的竞争将更加有序。

第四节　短视频与 MCN 产业

一、中国短视频与 MCN 产业的发展与现状

短视频和 MCN 都是近年来出现的新兴领域。短视频的定义在本书其他章节已有说明，此处重点介绍 MCN 的概念。MCN 是联合若干垂直领域具有影响力的互联网专业内容生产者，利用自身资源为其提供内容生产管理、内容运营、粉丝管理、商业变现等专业服务和管理的机构。其中短视频 MCN 是聚合若干短视频内容创作方，为其提供包括内容制作、版权管理、宣发推广、用户拓展、变现销售等专业化服务，获取广告或销售收益分成的机构。①

（一）中国短视频产业发展概况

2016 年，我国短视频产业兴起，抖音、梨视频、一条等短视频 App 上线，短视频以其“短、

---

① 易观数据：《2017 年中国短视频 MCN 行业发展白皮书》，易观分析，2018 年 2 月，https://www.analysys.cn/article/analysis/detail/1001185，访问日期：2021 年 5 月 21 日。

平、快”的特点,迅速吸引了大量用户,形成了体量庞大的短视频市场,2016年短视频用户为1.53亿人,2018年已达到6.48亿人;2017年短视频市场规模达到57.3亿元,同比增长183.9%,2018则达到了467.1亿元,同比增长了744.7%。[①] 短视频行业内,用户数量和市场规模爆发性增长的背后,是该行业的人口红利和大量资本的注入,2018年全行业投融资金额达到407.87亿元,今日头条拿出10亿元扶持短视频创作者,腾讯3.5亿美元投资快手,“芒种计划”宣布拿出12亿元扶持内容创作者,阿里巴巴实施“大鱼计划”,用20亿元扶持短视频创作,短视频行业目前已经进入白热化阶段。[②] 资本的大量入局和专业化团队的进驻,使短视频行业逐渐从野蛮生长向产业化、规模化、专业化方向发展。

短视频行业目前还处于高速发展阶段,短视频内容从早期的UGC内容转化为PUGC和PGC内容,从无组织自发性的内容制作上传变成在MCN的组织下创作推广的专业内容。内容从质量和数量上都得到了保证,所以对用户的吸引度也进一步提高,短视频App的用户黏性都有所上升。2019年6月,抖音活跃用户7日留存率为81.7%,快手活跃用户7日留存率为84.4%。[③] 而且用户的停留时间也在不断上升,艾瑞数据显示,2017年1月单机单日使用时长为27.2分钟,到8月的时候这一时长已长达42.1分钟。[④] 用户量的增加和停留时间的增长,为短视频平台开发多元化盈利提供了基础,目前我国短视频的盈利方式主要有四种,分别是广告变现、电商导流、内容付费、平台分成,其中主要依靠平台分成和广告变现。

(二)中国MCN行业发展历程与现状

MCN(Multi-Channel Network)是一个源于国外视频网站YouTube的概念,直译为多频道网络。国外的MCN平台基本都是基于YouTube平台发展起来的,第一个MCN是由Jay Adelson和Kevin Rose建立的Revision3 Corporation。[⑤] 但它主要是一个电视内容的网络播出频道,并不是现在这种成熟的MCN频道。2007年,被谷歌收购后,YouTube开始更进一步的扩大它的公司规模并积极寻求盈利方式。很快,YouTube建立了以广告为核心的主要盈利模式,并且通过与内容创作者分账的形式来进一步源源不断获取优质内容,以保证广告收入的稳定。为此,谷歌开发了自己的内容ID管理系统和内容锁定管理系统,让第三方公司具有了管理广告投放和自动移除侵权内容的权限,YouTube的商业化催生了“中间商”MCN的产生。

国外MCN的快速发展主要动力有三个方面:一是谷歌公司及YouTube平台本身的发展需求,使得它们成为塑造MCN并推动其发展的主要推手;二是传统娱乐传媒公司想要进入

---

① 前瞻产业研究院:《2019年中国短视频行业研究报告》,前瞻产业研究院,2019年9月 https://bg.qianzhan.com/report/detail/1909091648561802.html,访问日期:2021年5月21日。

② 侯顺:《中国网络影视产业研究》,博士学位论文,华中师范大学,2019。

③ QuestMobile:《2019短视频行业半年洞察报告》,豆丁网,2019年7月22日,https://www.cnstock.com/v_news/sns_bwkx/201611/3941544.html,访问日期:2021年5月29日。

④ 艾瑞咨询:《中国网络经济年度洞察报告》艾瑞网,2018年,http://report.iresearch.cn/report_pdf.aspx?id=3284,访问日期:2021年5月29日。

⑤ Vonderau, Patrick, "The video bubble: Multichannel networks and the transformation of YouTube." Convergence 22.4 (2016): 361—375.

新媒体市场的需求，促使这些公司通过投资、收购等方式进入 MCN 领域；三是 MCN 公司成形之后，自我发展和扩张的需求促进了整个 MCN 行业的多元化。

国内的 MCN 于 2016 年快速兴起，其主因是短视频市场的快速发展，根据易观数据的统计数据，2017 年短视频平台的用户规模和用户使用时长与年初相比增幅都超过 100%，2016 年我国 MCN 机构有 980 家，其中 43% 是短视频 MCN。2017 年开始，我国 MCN 迎来爆发性增长，各大平台转型并推出"内容补贴"战略，头部网红、工作室、内容平台、签约博主都开始转型做 MCN，随着短视频市场规模的扩大，对 MCN 的需求也不断增加，2018 年 MCN 的市场规模突破百亿级，头部 MCN 贡献了 60% 的市场规模。① 目前为止，原有的 MCN 还在不断强化自身竞争力向大型公司努力，新的 MCN 也在不断涌现，MCN 行业仍处于高速上升期。前瞻产业研究院数据显示，2018 年我国 MCN 机构的数量约有 5000 家，约是 2017 年数量的三倍；2019 年 MCN 机构数量为 20000 家，约是 2018 年的四倍，短短的一年间行业内机构数量破万。②

我国 MCN 以内容生产和运营为业务核心，在此基础上开发营销、电商、经纪、知识付费、IP 授权、版权业务等，一般的 MCN 都是在核心业务的基础上，增加一到两项其他业务做大做精，营销类的代表机构有蜂群、青藤文化等，电商类有如涵控股及旗下的张大奕，达人说及其旗下的张凯毅，经纪模式的有 papitube、贝壳视频等，主要是头部网红转型签约新的达人组成的，还有米未传媒、日日煮等做知识付费的平台。总的来说，根据短视频细分市场的不同，MCN 也有不同的业态设计，盈利模式也趋向多元化发展。

二、中国短视频及 MCN 产业的未来趋势

（一）中国短视频行业的未来发展趋势

1. 用户停留时间继续增长，用户黏性增强

当前短视频行业与其他行业竞争的本质就是用户时间的争夺，用户时间碎片化的当下，社交平台、长视频平台和短视频平台是三大娱乐时间占用者。截至 2019 年 6 月，其中社交类平台占时最长，其次是长视频，再其次是短视频，但是从增长趋势来看，短视频的增长很快，用户每日观看短视频的时间超过 3.15 亿小时，而长视频则为 3.98 亿小时。③ 可以预见在不久之后，短视频的使用时间将超越长视频，成为仅次于社交 App 的第二大用户时间占用者。用户已经慢慢养成了短视频收看习惯，用户对自己订阅的博主也已经产生了粉丝黏性。未来短视频的用户停留时间和用户黏性将会进一步增加，短视频的商业价值也将会进一步

---

① 克劳锐：《2019 中国 MCN 行业发展研究白皮书》，互联网数据资讯网－199IT，2020 年 5 月，http://www.199it.com/archives/856334.html/embed，访问日期：2021 年 5 月 29 日。

② 前瞻产业研究院：《2020 年中国 MCN 行业市场分析》，前瞻产业研究院，2020 年 8 月 19 日，https://bg.qianzhan.com/report/detail/300/200819-3a44a70e.html，访问日期：2021 年 5 月 21 日。

③ 前瞻产业研究院：《2019 年中国短视频行业研究报告》，前瞻产业研究院，2019 年 9 月，https://bg.qianzhan.com/report/detail/1909091648561802.html，访问日期：2021 年 5 月 21 日。

提高。

2. 内容付费市场需要进一步开发

我国长视频的付费习惯和付费模式已经慢慢成形，但是相对来看，短视频内容付费的意愿和习惯都低得多。前瞻产业研究院的调研数据显示，2018 年受访短视频用户中仅有 31.1% 愿意付费，还有三分之一的用户明确表示不愿意付费，[①]其他用户视内容质量而定，但是由于短视频时长短内容精简，很难吸引用户付费。

内容付费也是短视频未来发展的一个重要盈利点，目前还没有非常有效的模式进行内容付费，未来需要进一步研究，在短视频精简的内容中尽量给用户传达有效信息才能真正拥有付费价值。

3. 用户下沉将开拓新的市场空间

短视频在一二线城市的用户增长已经进入平台期，一二线城市的人口红利基本用尽，接下来短视频的竞逐地将下沉的三四线城市的用户。根据 QuestMobile 的数据显示，2019 年 3 月，短视频行业新安装用户达到 9274 万，其中 60% 来自低线城市，30 岁以上人群呈明显的增长趋势。[②] 三四线城市的普通人正成为短视频行业下一步争夺的巨大市场，一方面这一人群的人口数量庞大，另一方面由于城镇居民可支配收入增长速度普遍低于农村，这一人群的消费潜力也很强，为下一步的流量变现提供了可能。

（二）中国 MCN 行业的未来发展趋势

1. MCN 的盈利模式进一步成熟

我国短视频 MCN 的盈利模式还不成熟。据金秒奖数据显示，2017 年 11 月，47.9% 的短视频团队不能盈利，21.85% 的团队不能达到收支平衡，30.25% 的团队可以做到略有盈余，在盈利的团队中仍有 71.18% 是通过平台补贴的方式。[③] 虽然大部分 MCN 目前除了内容和运营之外都在积极寻求新的盈利点，但是还没有完全发展成熟，获得持续的营收增长。

国外的很多 MCN 公司已经建立起以自己为核心的价值网络，通过整合创作者、内容、广告商、观众等资源，实现了多平台内容分发、自制内容的广告植入、基于用户大数据分析的咨询和营销服务以及从线上导流到线下的巡演活动和实体商店，有非常丰富、成熟、系统化的盈利模式，随着行业的发展，我国 MCN 的盈利模式未来也将会进一步成熟。

2. 市场洗牌后，MCN 向专业化程序化发展

目前 MCN 行业还处于疯狂增长的阶段，接下来经过市场洗牌，尾部 MCN 将会渐渐失去

---

① 前瞻产业研究院：《中国视听新媒体行业市场前瞻与投资预测分析报告》，前瞻产业研究院，2019 年 6 月，https://bg.qianzhan.com/report/detail/aae2b650d70f42ce.html，访问日期：2021 年 5 月 29 日。

② QuestMobile：《2019 短视频行业半年洞察报告》，豆丁网，2019 年 7 月 22 日，https://www.cnstock.com/v_news/sns_bwkx/201611/3941544.html，访问日期：2021 年 5 月 29 日。

③ 周小白：《从金秒奖看短视频这一年关键词：MCN 国际化等上榜》，TechWeb，2018 年 1 月 26 日，http://www.techweb.com.cn/internet/2018-01-26/2633127.shtml，访问日期：2021 年 5 月 21 日。

话语权，而头部和中部的 MCN 机构会为了整个行业的有机发展自发进行行业自治，再加上国家相关部门的监管和调控，MCN 市场将会更加健康有序发展。

可以预见的是除了行之有效的行业规范和法律法规，MCN 行业内部也将进行优化升级，随着内容电商的需求增大，可能会出现专业的程序化平台，为了更好地获取和分析用户数据，也会有专业的第三方数据机构介入进行评估，另外随着 MCN 机构的扩大化，机构内部的科学管理系统也将启用。MCN 行业的分工和管理将趋向专业化、程序化和科学化，整个行业走向健康发展。

3. MCN 国际化发展，内容出海

我国 MCN 和国外 MCN 发展早期最大的不同就是对平台的依赖度很低，因此不论是中国的抖音快手或者是国外的 YouTube、Instagram 都可以成为 MCN 机构的展示平台。目前我国一些 MCN 的内容在国际平台上的发展已经受到了很多粉丝的欢迎，例如办公室小野的 YouTube 粉丝有 37 万，Facebook 粉丝有 250 万，单集播放量超过 50 万次，短视频内容出海比长视频更方便、更容易，因为内容短而且反映平常人的生活，文化折扣小，只要带上字幕基本上都能被理解。很多跨境 MCN 也会把国外的内容“引进来”，丰富国内的平台，例如 pony 朴惠敏的头条号粉丝就有 7.4 万，视频播放量高达 186 万次。短视频内容的“引进来”和“走出去”都是 MCN 国际化所带来的结果，它极大地丰富了短视频平台的内容，也促进了国内外的文化交流。

本章思考题

1. 中国网络游戏产业的发展趋势是什么？
2. 中国网络直播产业主要有哪几个发展阶段？
3. 什么是 MCN？你认为 MCN 在未来是否会被替代或消失？

本章参考文献

1. 廖秉宜，索娜央金．中国网络直播产业市场结构、行为及绩效分析[J]. 新闻与写作，2019(7).

2. 艾瑞咨询．2019 年中国移动游戏行业研究报告[R/OL]. (2019-07-05)[2021-05-21]. http://report.iresearch.cn/report/201907/3405.shtml.

3. 易观数据．2017 年中国短视频 MCN 行业发展白皮书[R/OL]. (2018-02-01)[2021-05-21]. https://www.analysys.cn/article/analysis/detail/1001185.

4. 前瞻产业研究院．2019 年中国短视频行业研究报告[R/OL]. (2019-09-09)[2021-05-21]. https://bg.qianzhan.com/report/detail/1909091648561802.html.

XINMEITIGAILUN

第六单元

网络文明建设论

从1969年世界互联网诞生迄今50多年的时间里，网络在不断地影响着人类的生产生活方式和思维方式，并对整个社会的经济、政治、文化带来了前所未有的冲击，网络技术引发的工具理性与价值理性的冲突日益显现。一方面，现实世界中的各种道德和法律问题，不可避免地会反映到网络空间中来；另一方面，网络空间又产生了许多现实世界中未曾遇到过的新问题。习近平主席在第二届世界互联网大会开幕式上指出，“网络空间同现实社会一样，既要提倡自由，也要保持秩序。自由是秩序的目的，秩序是自由的保障”。面对层出不穷的新现象、新问题，如果没有相应的管理制度、法律制度及伦理道德规范，整个网络环境就极易失范，陷入无序的状态，进而延伸到现实世界，给社会带来风险与危机。因此，网络环境的健康有序是网络文明的根基，网络空间的清朗需要网络治理和网络文明建设。

本单元将概括分析网络文明建设体系，呈现国内外网络法制建设、网络道德文明建设和网络素养教育的基本情况，探讨在国家治理体系和治理能力现代化的进程中如何加强网络文明建设。

第十九章

网络文明建设体系概观

扫码可见
第十九章PPT

20 世纪 90 年代以来，互联网的逐步普及带来了信息共享。以信息生产与信息连接为核心的网络社会在经历了前期技术至上的发展阶段以后，网络文明建设提上日程。

第一节　网络文明建设的基本认识与范畴

一、网络文明的含义

汉语“文明”一词，最早出自《易经》：“见龙在田，天下文明。”《中国大百科全书》将其定义为：“人类改造世界的物质和精神成果的总和，社会进步和人类开化的标志。”①

因此，文明是一种社会进步状态，涵盖了人与人、人与社会、人与自然之间的关系。文明不同于文化，文化是一种存在方式，有先进文化也有落后文化。而文明总是先进的，与“野蛮”相对立。按照法国文明史家基佐指出的：“文明由两大事实组成：人类社会的发展和人自身的发展。一方面是政治和社会的发展，另一方面是人内在的和道德的发展。”②政治和社会的发展需要维护公众利益和公共秩序，人内在的发展即追求个人道德修养的完善。这两方面构成了文明的基本作用。文明进步离不开生产力的发展。

网络文明，有狭义和广义之分。狭义的网络文明是指以网络进行的各种文明活动，主要指行为层面而言。广义的网络文明则是指借助计算机网络所形成的经济、政治和社会文化现象，是相对于农业文明、工业文明而言的，“指的是人类社会进入信息网络社会后的进步状态及其积极成果”③。网络文明具有开放、虚拟、共享、交互等特点，其表现与影响是全方位的，广泛地体现在物质文明、政治文明和精神文明的发展进程中。是人的个性、交往与精神世界进一步的丰富与完善。信息与网络社会是网络文明产生发展的基础，网络文明的秩序、规范与伦理道德是信息与网络社会健康发展的保障。

---

① 中国大百科全书总编委会主编：《中国大百科全书》（第 23 卷），中国大百科全书出版社，2009，第 296 页。

② 基佐：《欧洲文明史》，程洪逵等译，商务印书馆，1998，第 29 页。

③ 张瑜、闫聚群：《“网络文明”的概念辨析》，《青海社会科学》2014 年第 6 期。

二、网络文明建设的基本范畴

网络的产生发展带来了媒介环境乃至社会环境的改变。在变化了的环境中,新旧道德规范并存、冲突、交替,同时,网络世界与现实生活交叉、分化、互映。技术变革伴随着新情况、新问题层出不穷,给网络空间与社会治理不断带来新挑战。对此,习近平总书记明确指出:“要加强网络伦理、网络文明建设,发挥道德教化引导作用,用人类文明优秀成果滋养网络空间、修复网络生态。”世界各国也都在不断地采取积极措施加强网络文明建设。

网络文明建设是综合性系统工程。从建设主体来看,需要政府、行业、公众等各方的全面参与。从建设内容来看,包括网络法制建设和网络伦理与道德建设,二者都具有规范网络行为、调节网络社会关系、维护网络社会秩序的作用。从建设渠道和方式上来看,离不开法律法规、伦理规范、自律条约、技术管制等多方面的综合引导。

网络法制建设是网络文明建设的基本范畴之一。互联网的文明和秩序首先需要法制的保障。党的十八届四中全会明确指出,加强互联网领域立法,完善网络信息服务、网络安全保护、网络社会管理等方面的法律法规,依法规范网络行为。十九届四中全会提到,建立健全网络综合治理体系,加强和创新互联网内容建设,落实互联网企业信息管理主体责任,全面提高网络治理能力,营造清朗的网络空间。这些决定为网络法制建设指明了方向,也提出了要求。

网络伦理与道德建设是网络文明建设的另一基本范畴。我国有强大的伦理与道德传统,在漫长的社会演进和发展过程中起着重要的基础性作用,地位无可动摇。因此,从20世纪90年代互联网传入中国起,有关伦理与道德规范就应运而生,在网络文明建设中发挥着重要作用。法安天下,德润人心。依法治国与以德治国相辅相成,在网络文明建设中,网络伦理与道德建设和网络法制建设互为补充,缺一不可。

第二节　网络文明建设的基础与原则

一、网络文明建设的基础

技术进步。人类文明从农业文明、工业文明到网络文明一路走来,每一步发展变迁都离不开技术的进步。网络技术带来的不仅是网络基础设施,近年来,伴随着网络计算、移动互联、大数据、人工智能等新的信息技术,人类传统的生产生活形态也被迅速地改变,对政治、经济、文化等领域都带来了巨大影响,人类已然全面步入网络社会。网络技术的发展是网络文明的基础,同时也引发了许多新问题。面对这些新问题,解决的渠道和方式不可一概而论,但技术带来的问题离不开技术层面的考虑和策略,网络文明的进步和世界文明的发展离不开网络技术尤其是核心技术的突破与掌握。20多年来,我国互联网技术取得了很大成就,在某些方面已走在世界前列,为我国网络文明建设奠定了坚实的技术基础。

价值共识。无论伦理道德还是法律法规,只有建立在人们“普遍的认识”基础上,才容易被接受,才能真正地持久地起作用。我国自农业文明以来积累了深厚的文化传统,“仁、义、礼、智、信”是传统中国社会的价值共识，在此基础上逐渐形成并构建了延续千年的行为规范，直到今天仍深深地影响着中华儿女。2012 年 11 月，中共十八大报告明确提出“三个倡导”，即“倡导富强、民主、文明、和谐，倡导自由、平等、公正、法治，倡导爱国、敬业、诚信、友善，积极培育社会主义核心价值观”。社会主义核心价值观是与新时代中国特色社会主义发展要求相契合，与中华优秀传统文化和人类文明优秀成果相承接，是全党全社会的价值共识，也是我国网络文明建设的基础。要把社会主义核心价值观贯彻到网络法制建设和网络伦理与道德建设中，维护社会的公平正义、文明和谐。同时，网络的全球性亦要求形成共同的行为规范。在哲学界，学者们提出了“全球伦理”的理论构想，希望从不同的民族文化传统中汲取资源，对当今社会重大问题达成“最低限度上的共识”，形成“和而不同”的“全球伦理”。“全球伦理”应成为世界网络文明建设的基础。

二、网络文明建设的基本原则

开放共享原则。网络是开放的，网络信息交流和互动的通畅是网络文明先进性的基本特点，网络最大的吸引力也在于此。其丰富、海量的信息带来了知识与资源的共享。知识与资源的共享不仅促进了以网络为代表的新媒体的快速发展，也可以增进多元文化的交流和共同进步。当然，这种开放共享原则具有约定性，它使用的是网络提供的默认值，如果超出约定的范围，这一原则就会受到挑战和限制。但是，无论如何，网络信息交流和互动，不同于商品社会中的资源配置原则。后者体现的是利益最优，而前者却是以信息传播效果的最大化为出发点的。

无害原则。这一原则被称为“最低道德标准”，即人们不应利用计算机和信息技术给他人造成直接或间接的损害。无害原则是网络伦理的基本准则，也是网络伦理最起码的道德规范。正如斯皮内洛所提出的，“不允许对他人造成伤害的被动强制令有时被称为最低道德标准，也就是说，不管选择什么样的道德准则，都应包括这条强制令。确切地说，大多数道德体系都会超过这个最低道德标准”，而“这一原则对分析信息技术领域里出现的道德两难的困境是很有帮助的”。① 因此，避免实际或潜在的损害或危害是最低道德标准。

自律与他律结合原则。网络传播的低成本和强互动性，给我们带来充分的传播自由和较少约束的同时，也容易带来诸如网络谣言、网络欺诈、侵犯隐私、侮辱、诽谤，甚至危害国家安全等一系列问题，这些问题的解决无论是完全靠法律还是完全靠自律，都不现实、也不可能。网络时代，每个网络用户的自觉性和对一般道义原则的遵守是必不可少的，只有这样，每个人才能够充分享有互联网带来的便捷与自由。自律是一种终极的道德诉求，遵循最小授权原则，即只在网络中获取应当获取的资源，而不越权去访问或者试图获取那些不应该获得的资源，否则就会被取消授权。② 同时，网络平台的快速发展带来的国家安全、网络犯罪等问题也引起了政府和监管部门的注意。在遵循比例原则、平衡各方权利的基础上提高网络平台的注意义务成为趋势。因此，未来网络治理与网络文明建设离不开自律与他律的相辅

① 理查德·A. 斯皮内罗：《世纪道德》，刘钢译，中央编译出版社，1999，第 54 页。

② 刘俊英、刘平：《网络伦理难题与传统伦理资源的整合》，《烟台大学学报（哲学社会科学版）》2004 年第 1 期。

相成,以自律促规范,用他律保安全。

第三节　我国网络文明建设的路径选择

截至2020年12月,我国网民人数已达9.89亿。[①] 网络与经济、政治、文化、生态、安全等社会各领域已呈现出深度融合趋势,网络治理和网络文明建设面临挑战。2018年4月21日习近平总书记在全国网络安全和信息化工作会议上强调:"要提高网络综合治理能力,形成党委领导、政府管理、企业履责、社会监督、网民自律等多主体参与,经济、法律、技术等多种手段相结合的综合治网格局。"由此可见,我国网络文明建设需在网络综合治理的理念指导下,从伦理约束、法律体系、行业自律及网络素养教育等领域协同实践。

一、以伦理约束为先

对网络的管理,如若像对传统媒体一样层层把关,不仅收效甚微,甚至会起反作用。首先,从网络本身的特征来看,信息自由交流对整个互联网有决定性的推动作用。美国ARPA-NET管理局不能容忍在网络上讨论诸如药物、性、摇滚乐之类的话题,为USENET新闻组设立了路径系统对其采取技术限制,但这一政策遭到了网络用户的反对,认为这是"新闻检查制度"的翻版。不到5个月,ARPANET当局做出了让步,取消了检查制度。获取信息的自由和信息传播的自由已是网络用户的基本理念,网络如今的成就与吸引力也无不体现着自由的魅力。其次,网络空间作为公民社会的一种延伸,言论自由是现代社会中公民享有的一项基本人权,是公民发表个人见解、参政议政、进行舆论监督的基本前提。现代社会中,网络大众传媒是公民舆论的集散地和代言人,承担着舆论监督的职责,保护公民的言论自由不仅是大众传媒实现社会责任的基本前提,更反映了一个社会的法治和文明程度。过于从紧的政府管理和规制会对言论自由产生一定的威胁与禁锢,不利于网络的正常运转和健康发展。因此,网络文明建设应以强调内在准则的伦理约束为先。

二、完善网络法律体系

从目前我国有关网络的法律法规总体来看,数量丰富,既有网络本体法,又有网络关联法。仅就网络本体法而言,也已多达百余部,但具体来看,上位法较少,即由全国人民代表大会或全国人民代表大会常务委员会制定的基本法律(目前仅有2017年6月1日施行的《中华人民共和国网络安全法》),以及国务院制定的行政法规偏少,各部门如工业和信息化部等部门制定的部门规章较多。法律位阶较低的部门规章调节范围小、法律效力弱,而网络的无边界使其相关行为错综交叉,部门规章使用起来常有冲突,不利于规范。而且,有的规章与上

① 中国互联网络信息中心(CNNIC):《第47次中国互联网络发展状况统计报告》,中国互联网络信息中心,2021年2月,http://cnnic.cn/gywm/xwzx/rdxw/20172017_7084/202102/t20210203_71364.htm,访问日期:2021年3月26日。

位法也有冲突，如《互联网视听节目服务管理规定》里的相关条款就与《行政许可法》有冲突。还有，目前有关网络的法律大多属于管理型的，禁止性规范较多，这与网络与生俱来的开放、资源共享的特点和原则不相符。

因此，未来需构建完善的网络法律体系，进一步制定位阶较高的基本法律，统一规范互联网行为；同时，修改目前相关规章中与其他基本法律相冲突的条款，做到下位法符合上位法；在符合网络特点和遵循网络规制基本原则的基础上平衡授权性规范和义务性规范。

三、提高行业自律

随着计算机技术的进一步发展，世界各国计算机协会与网络组织大多制定了一些相应的行为规范，如美国计算机伦理协会的十条戒律、南加利福尼亚大学的网络伦理申明，以及欧盟最新发布的人工智能道德准则等。近十年来，我国很多行业协会、网站也建立了自己的自律公约、自律条例，但遗憾的是大多公信力、影响力不高，可行性和认可度也就形同虚设。网络的宽泛性使分散的伦理条约难以真正起到作用。此时，政府宜积极引导并与民间团体共同推行相应的网络伦理规则，以规范网络行为和促进网络空间文明。可建立多层次、多样化的网络伦理与道德委员会，通过最广泛的商讨和民主程序，逐步形成新的网络文明共识，构建适合网络交往和网络特点的道德原则、规范和要求。同时，网络作为“第四媒体”，在传播主体、传播方式、传播过程及传播效果等方面均与传统媒体有很大的不同，政府与相关行业应该坚持“与时俱进”的原则，推动网络文明建设，把网络伦理道德建设当作一个系统工程来展开，努力建立较为客观和适应网络发展的行业自律规范。

2019 年 6 月，国家新一代人工智能治理专业委员会发布《新一代人工智能治理原则——发展负责任的人工智能》，提出了人工智能治理的框架和行动指南，强调了和谐友好、公平公正、包容共享、尊重隐私、安全可控、共担责任、开放协作、敏捷治理等八条原则。《治理原则》旨在更好协调人工智能发展与治理的关系，确保人工智能安全可控可靠，推动经济、社会及生态可持续发展，共建人类命运共同体，突出了发展负责任的人工智能这一主题。《治理原则》的发布体现了对人工智能的积极引导与行业自律。

四、构建网络素养教育机制

网络文明的基础是网络素养。网络素养主要表现为伦理意识和道德自觉，而伦理意识和道德自觉首先是人们内心世界的活动，它是一种无形的、非程序化的精神力量，深藏于人们的品性、意向之中，内化为人的情感、意志和信念。某种价值观念要想成为现实的道德力量，就必须以征服人们的心灵、获得主观上的认同为前提。衡量文明建设成败的关键主要不在于订立了多少伦理道德规范以及这些规范的内容达到了何等水平，而在于公众是否都遵守了一个社会共同要求的伦理道德准则，是否普遍地养成了文明习惯。如果一个社会所倡导的道德规范是高度文明和进步的，但公众的行为选择普遍是不道德的，整个社会的风气是不健康的，那么其伦理道德建设不可能是成功和有效的。[1] 因此,加强网络文明建设必须着眼于如何增进社会公众伦理意识的养成和道德行为的自觉。有些国家的网络伦理教育是通过硬性、长效的教育机制实现的。比如美国、韩国、新加坡等从中小学开始就开设有关网络伦理和计算机伦理的课程,通过持久、深入的教育,使网络伦理思想深入人心,提高国民整体网络伦理道德水准;在大学则开设讲座,培养学生正确的技术价值观,使其能在价值理性的指导下,成为合格的网络公民。一个不明是非对错、不辨善恶美丑的行为主体,是很难有好的伦理意识和道德自觉的,即使他并非故意作恶,也有可能因无知而违背伦理道德规范。因此,通过必要的网络素养教育,帮助人们在网络空间正确区分是非对错、善恶美丑,并在此基础上引导公众逐步提高网络自律意识,普遍的、共同的网络伦理道德自觉才会成为可能,整体网络文明状况才会进一步提高。

本章思考题

1. 什么是网络文明?网络文明的基本范畴有哪些?
2. 网络文明建设的基础和原则是什么?
3. 我国网络文明建设的路径如何选择?

本章参考文献

1. 宫承波,刘姝,李文贤. 新媒体失范与规制论[M]. 北京:中国广播电视出版社,2010.
2. 宫承波. 新媒体的多维审视[M]. 北京:中国广播电视出版社,2008.
3. 王中军. 网络文明建设中网民自律培育[M]. 长沙:湖南人民出版社,2011.
4. 丁春燕. 网络社会法律规制论[M]. 北京:中国政法大学出版社,2016.
5. 李伦. 网络传播伦理[M]. 长沙:湖南师范大学出版社,2007.
6. 东鸟. 网络战争[M]. 北京:九州出版社,2009.
7. 理查德·A. 斯皮内罗. 世纪道德[M]. 刘钢,译,北京:中央编译出版社,1999.
8. 基佐. 欧洲文明史[M]. 程洪逵等,译,北京:商务印书馆,1998.
9. 牟宗艳,吕本修. 构建网络伦理的基本原则[J]. 齐鲁学刊,2003(2).
10. 张瑜,闫聚群. "网络文明"的概念辨析[J]. 青海社会科学,2014(6).
11. 李仁武. 论道德建设的制度伦理环境[J]. 云南社会科学,2002(5).
12. 张丹丹. 21世纪以来国内网络伦理研究现状与评述[J]. 法制与社会,2006(10).
13. 薛伟莲. 国外网络伦理教育的主要做法及启示[J]. 教育科学,2011(2).
14. 李琨. 媒介素质教育与中国[J]. 国际新闻界,2003(5).
15. 刘俊英,刘平. 网络伦理难题与传统伦理资源的整合[J]. 烟台大学学报(哲学社会科学版),2004(1).

---

① 李仁武:《论道德建设的制度伦理环境》,《云南社会科学》2002年第5期。

第二十章

网络法制建设

扫码可见
第二十章PPT

网络兴起以来，世界各国都在进行管理，尽管理念不一、程度不同，但基于网络传播的全球性特征，还是逐渐形成了一些基本原则。从国际上来说，成立于 1998 年的 ICANN（Internet Corporation for Assigned Names and Numbers）是一个影响甚大的互联网治理机构。掌握了互联网地址的分配方案，即 IP 协议；控制了互联网的基础服务——域名系统；掌握了互联网最关键的资源服务——根服务器。ICANN 名义上是非营利性国际组织，但实际上一直处于美国政府的控制之下。① 另外，网络中立也是国际社会普遍遵循的原则，一般是指终端用户对互联网内容及手段的使用是畅通无阻的。还有保护言论自由的原则等。在这些基本原则的指导下，各国都制定了有关互联网的指令和法律。我国也积极采取措施加强网络法制建设，依法规范网络行为。

第一节　国外对网络的政府监管与法律规制

一、完善网络监管立法体系

用法律规制互联网行为是世界多数国家的普遍选择，经过多年的探索与实践，各国的互联网立法体系都在不断完善。

（一）美国

作为互联网的诞生地，美国是最早对互联网进行管制的国家，也是世界上有关互联网立法最多的国家，积累了比较成熟的网络监管经验。1977 年以来，美国先后出台了 130 多项涉及互联网的法律法规，包括联邦立法和各州立法。比较有影响的有 1984 年颁布的《伪装进入设施和计算机欺诈及滥用法》，这是美国第一部联邦计算机犯罪成文法。之后，1986 年颁布《电子通信隐私法》、1987 年颁布《计算机安全法》，并在 1987 年设立了国家计算机安全技术中心。此后还有 1996 年《电信法》、1997 年《全球电子商务框架》、1998 年《千禧年数位版

① 邵国松：《网络传播法导论》，中国人民大学出版社，2017，第 4—5 页。

权法》、1999 年《反域名抢注法》、2002 年《电子政务法案》、2003 年《控制未经请求的淫秽信息和营销信息法案》等。2002 年、2009 年、2018 年分别通过了《加强网络安全法》《网络安全法》《网络威慑与响应法案》，均涉及强化美国的网络安全问题。2015 年，在经历了数年的激烈争论和此前的败诉之后，美国联邦通信委员会（FCC）重新发布了《网络开放指令》，为“网络中立”原则提供强有力的保护，以确保互联网成为一个自由公开的交易平台，该指令是近 20 年来对互联网行业做出的最大监管整顿。①

（二）欧洲

英国。由于坚持严格的言论自由保护立场，英国在网络规制立法方面非常谨慎，在 1996 年之前没有专门针对互联网内容的立法。后来，作为英国互联网主要监管机构的互联网监察基金会确立了基本的管理指导思想，即对其他媒介适用的法律，对互联网同样适用。因此沿用已有的《诽谤法》《公共秩序法》《广播法》《黄色出版物法》《青少年保护法》《录像制品法》《禁止滥用电脑法》等对互联网行为进行规制。2006 年，英国政府对《反恐怖主义法》作了修正，将严重干扰或中断电子系统运行的行为、计算机黑客行为纳入恐怖主义范畴。2008 年，英国内政部提出监听现代化计划，监听并保留英国互联网上所有人的通信数据。2010 年出台了《数字经济法》，补充了原有的《通信法》《著作权法》，将原法的适用范围扩展到了互联网。还有 2012 年《通信数据法》、2014 年《数据保留和调查权法案》等。

德国。德国对网络的规制主要有两个渊源：议会立法和法院判例。1977 年，德国出台了《联邦数据保护法》，此后历经多次修改，成为德国数据保护法的根基。该法确立了个人数据的保护规则：一般情形下，禁止使用个人数据。此后德国还制定了《电信法》《多媒体法》《青少年媒体保护州际协议》《信息技术安全法案》等一系列有关互联网的法律。其中 1997 年通过的《多媒体法》是世界上第一部规范互联网的法律，该法案确立了“传播自由”和“责任并重”原则、数字签名合法性原则、保护未成年人原则等，并对网络服务商提出了责任三原则：第一，对自己提供的网上信息内容负全部责任；第二，对网上提供来自他人的内容只是在一定条件下才负有责任；第三，对于仅仅提供了进入通道的网上信息不承担责任。2017 年又通过了《网络执行法》，要求注册用户超过 200 万的网络平台，应当在收到投诉的 24 小时内删除“明显非法”内容，违者面临高达 5000 万欧元的罚款。德国政府在互联网监管方式上采取联邦、各州和行业混合监管模式，将国家安全视为首要价值选择，同时重视良好社会秩序的维护。在监管机构上设立联邦、州和行业三级管理机构。联邦互联网监管机构，如内政部的联邦信息技术专员办公室和联邦数据保护与信息自由专员办公室；州互联网监管机构，如青少年媒体保护委员会；行业自律机构，如多媒体服务提供商自愿自我规制协会、互联网内容分级协会等。

法国。1996 年，法国对一部有关通信自由的法律进行补充并提出《菲勒修正案》，为解决互联网从业人员和用户之间的问题提出了相关措施。2006 年，通过了《信息社会法案》，加强

① 参见邵国松：《网络传播法导论》，中国人民大学出版社，2017，第 7 页。

对互联网的监管，在给人们提供自由空间和人权自由的同时，充分保护网民的隐私权、著作权以及国家与个人的安全。2009年，法国政府又通过了被认为到目前为止最严厉的打击网络非法下载行为的法案，并以此成立了“网络著作传播与权利保护高级公署”，维护公共秩序，保护著作权人的合法权益，打击侵权盗版活动。另外，法国基础法律中也有许多条款可以规范网络行为，如民法典第6条规定：“任何人不得以特别约定违反有关公共秩序与善良风俗之法律。”这对网络低俗行为有很强的约束力。

俄罗斯。俄罗斯的互联网监管部门比较健全，设立了俄罗斯网络安全管理委员会、俄罗斯科技委员会、俄罗斯特种技术措施局等专门机构，分工明确、职责明晰、管理规范。俄罗斯重视对互联网自由的保护，形成了以《俄罗斯联邦宪法》为准则，《俄罗斯联邦信息、信息技术和信息保护法》为基础的互联网监管法规。

欧盟。欧盟自成立以来，通过和颁布了许多有关网络规制的决议、指令等。如1992年的《信息安全框架决议》，提出了有关信息安全的总体战略。2005年通过了《打击信息系统犯罪的框架决议》，规定了应受惩罚的犯罪类型。近年来，在个人隐私和数据保护、青少年保护、网络版权、人工智能等领域不断制定相关规范。

（三）亚洲

韩国。韩国是世界上最早设立互联网审查机构的国家。分别在1991年、1995年两次修改《电信事业法》，将“危险通信信息”作为管制对象，并根据该法组建信息通信道德委员会。虽然该法有关“不当通信”的标准在2002年被韩国宪法法院判定违宪，但为最终制定的《信息通信网络促进法》中的“非法通信”标准提供了依据。其内容包括：以“非法通信”标准取代“不当通信”标准；韩国信息通信部可以发布命令要求网络服务提供者删除或阻断“非法通信”，而拒绝服从命令的网络服务提供者将受到刑事制裁；韩国信息通信道德委员会可以建议网络服务提供者删除和阻断“非法通信”；推行互联网内容分级制，韩国信息通信道德委员会有权决定分级的标准、程序以及应用于分级的标识方法，并有权直接判定网站属于何种等级并进行公告；网络服务提供者经营对未成年人有害的网站必须按规定进行标识，否则将受到惩罚；学校和图书馆必须安装过滤软件等。[①] 2005年10月，韩国政府发布了“网络实名制”规定，规定网民在网站留言、建立和访问博客时，必须先登记真实姓名和身份证号，通过认证后方可使用。2006年年底，国会通过了《促进信息通信网络使用及保护信息法》修正案，规定主要门户网站在接受网民留言、发布照片和视频等操作前，必须先对网民个人的真实姓名和身份证号码等信息进行记录和验证，否则将对网站处以最高3000万韩元的罚款。由此，韩国成为世界上首个强制推行“网络实名制”的国家。然而推行以后，韩国政府也遭遇了一系列考验，如韩国女星崔真实自杀事件，韩国门户网站Nate遭黑客攻击导致1000万用户信息外泄事件等，最终2012年8月，韩国政府宣布废除网络实名制。

---

① Kijoong Kim: Internet filtering, blocking and government censorship in South Korea. Presentation Document for “Computer Freedom and Privacy 2003 ” conference, April 2003.

日本。日本的互联网管理过去基本采取行业自主管理、自我约束的方针。但针对网上犯罪现象增加等问题，日本警察厅成立了“信息系统安全对策研究会”，在一定程度上反映了日本政府对互联网管理态度的变化。近年来，日本政府针对互联网领域出现的网络诈骗、网络色情、垃圾邮件、电脑病毒等问题，加大了通过法律手段监管的力度。如通过修改《刑法》草案，将制作、传播、拥有电脑病毒纳入刑法处罚范围，还规定政府可以要求网络运营商保存某特定用户最长 60 天的上网和通信记录。另外还相继出台了《禁止非法访问法》(1999 年)、《规范电子邮件法》(2002 年)、《打击利用交友网站引诱未成年人法》(2003 年)、《个人信息保护法》(2003 年)、《青少年网络规范法》(2008 年)、《青少年安全上网环境整备法》(2009 年)等专门法规遏制网络犯罪和违法有害信息的传播。①

新加坡。1996 年，新加坡出台《国际互联网管理办法》，依法对互联网实行管制，宣布实施分类许可证制度，以保护网络用户尤其是年轻人免受非法和不健康信息的侵害。同时对网络从业者的管理采取分级授权制度，依照其性质及提供内容的不同而予以划分。新加坡互联网治理最重要的特色是 3C 原则，即服从原则、妥协原则和竞争原则。服从原则是指媒体必须服从国家整体利益，必须实行许可和注册登记制度，以保证网络服务提供者的合法性和正当性，同时采取严格的检查制度。妥协原则是指实行互联网内容监管轻度干预原则，对互联网内容监管实行区别对待，包括对进入家庭资料的检查严于对进入公司企业资料的检查；对青年人的信息利用严于对成年人的信息利用；对公共消费信息的检查严于对个人消费信息的检查；对仅用于艺术、教育等资料的检查则较为宽松。竞争原则是指新加坡政府从国家软实力的角度考虑如何使小国家在互联网领域保持竞争优势，如何制定最恰当的政策保证观点和意见可以自由公开的讨论和交换。近年来新加坡有关网络的法律法规主要有《计算机犯罪法》《通信与多媒体法》《广播电视法》《电影法》《垃圾邮件控制法》《2012 年个人信息保护法》《2013 年新加坡媒体发展管理局新闻网站许可证制度》等。

印度。印度的互联网治理与其信息产业推进和信息立法密不可分。1998 年，印度制定了“信息技术超级大国”计划，并相继制定了一系列政策法规，包括：下调互联网收费标准；允许一家电信公司经营多种业务，某些业务允许多家运营商参与竞争经营；全面开放海底电缆连接通道；增加互联网站点，扩大带宽；免除信息产业销售税；放宽购买计算机和软件贷款条件；严惩电脑黑客违法犯罪等。印度互联网监管最重要的法规是 2000 年 5 月通过的《信息技术法》，确认电子商务活动的法律地位以及规范电子商务活动，防范并打击针对计算机和网络的犯罪。

二、重视网络安全

近年来，网络安全的重要性日益提高，世界各国也都加强了该领域的立法。如 2001 年“9·11”事件以后，美国众议院以绝对优势通过《爱国者法案》，该法案有多项条款涉及互联网管理和监督的内容。2018 年 9 月 5 日，美国众议院又通过《2018 网络威慑与响应法案》，旨

① 严圣禾：《日本监管互联网》，《光明日报》2011 年 4 月 23 日第 8 版。

在应对国外网络技术对美国网络的破坏、对基础设施的威胁、对经济的损害、对选举的破坏，保护国家免受外国网络威胁，对抗各种数字威胁。该法案将是一个识别、阻止和应对恶意的国家支持的网络攻击的法案。它要求总统确认那些在网络活动中对国家安全，如国家政策、经济健康或金融稳定等构成重大威胁的外国组织或个人，并规定了一系列制裁措施。法案还规定了总统对发现从事恶意网络的国家实施外交、经济和刑事制裁的正式程序。2019 年 10 月，美国国家安全局新建了网络安全局，将通过向合作伙伴与客户提供威胁情报，以及其他方式来使其免受网络安全威胁，包括针对基础设施的网络攻击、机密信息的窃取和大规模网络诈骗。但该机构将只专注于防御，并不会发起针对性反击。

2019 年 4 月，俄罗斯联邦委员会批准了《〈俄罗斯联邦通信法〉及〈俄罗斯联邦信息、信息技术和信息保护法〉修正案》（又称《稳定俄网法案》或《主权互联网法》），允许俄罗斯创建自主互联网，旨在确保俄罗斯互联网在受到境外威胁时仍能够稳定运行；同时要求政府、电信运营商和技术网络所有者要定期举行“断网”演习。

欧盟 2006 年通过了《信息数据监管指引规则》，要求成员国控制与储存通信信息数据，建构统一的通信服务平台监管信息网络数据，以应对恐怖主义。[①]《网络安全法》于 2019 年 6 月生效后，欧盟网络与信息安全局（ENISA）正式获得永久授权，旨在保护欧盟的关键网络和信息系统。ENISA 的新任务之一是开发网络安全认证计划，为 ICT 产品、流程和服务的安全性提供保障，并将继续在网络安全方面发挥咨询作用，协助成员国和联盟机构在自愿基础上制定和执行脆弱性披露政策，帮助成员国协调应对跨境网络威胁和攻击。

加拿大于 2019 年 5 月发布了全新的《数字宪章》，旨在保护公民的在线权益，并加强对社交媒体平台的管理。其中提到：“加拿大政府将捍卫言论自由、防范旨在破坏选举和民主制度完整性的网络威胁和虚假信息。”“加拿大人可以期盼数字平台不会助长或传播仇恨、暴力极端主义或犯罪内容。”“对违反支持这些原则的法律和法规的行为将给予明确、有意义的惩罚。”

韩国为应对国家网络安全风险，于 2019 年 4 月公布《国家网络安全战略》，同年 11 月确定《国家网络安全基本规划》，落实具体方案。根据规划，政府将通过改善国家信息通信网和主要信息通信设施的安全环境，增强网络修复和存活能力，开发和推广安全便利的新一代安全基础设施，提高核心基建设施的安全性；增强民官军联合应对体系，以便事先有效防控网络攻击，主动迅速应对事故，提升网络威胁的应对力量；基于个人、企业和政府的互信与合作，激活国家信息共享系统，增进与地方政府、中小企业和信息保护支援中心等的合作，打造综合网络安全管理系统。

新加坡政府近年来也逐步加强网络安全措施，分别于 2016 年实行网络隔离政策；2019 年 3 月宣布成立公共部门数据安全审查委员会，以加强公共部门的数据安全；2019 年 5 月通过了《防止网络虚假信息和网络操纵法案》，以保护社会免受恶意行为者在网上制造谎言和进行操纵。

---

① 参见北京市互联网信息办公室：《国内外互联网立法研究》，中国社会科学出版社，2014，第 222—226 页。

印度于2008年再次修订《信息技术法》，重点规定了网络恐怖主义的内容，将网络反恐上升到国家安全高度。2019年印度还关闭了部分地区的互联网长达130多天，创造了民主国家最长的互联网关闭记录。还有部分地区的通信服务也被关闭，引发民众走上街头游行。

三、重视未成年人保护

对未成年人的保护一直是各国网络法治建设的重点，尤其是对儿童隐私、有害信息等，许多国家都制定了相关法律予以明确规范。

美国1996年颁布《通信规范法》，禁止利用网络向未成年人发送或开放涉及性行为或者性器官的信息，1998年又通过了《儿童在线保护法》，限制未成年人接触那些法律规定为对其有害的信息，但这两个法案最终都被联邦最高法院宣布违宪无效。2000年《儿童在线隐私保护法案》正式生效，它规定任何提供网络服务和产品的组织和个人不得通过互联网收集13岁以下儿童的姓名、住址、电话或儿童父母的个人信息。2019年9月，谷歌旗下YouTube被指控涉嫌违反儿童隐私法，诉状称YouTube在未经父母同意的情况下，使用cookie收集了“儿童频道”观众的个人信息。谷歌为此将支付1.7亿美元罚金，被认为是自《儿童在线隐私保护法》通过以来涉案最高罚款。美国在2000年还出台了《未成年人互联网保护法》，规定中小学校、公共图书馆等区域必须在网络服务目录上提供过滤器，以确保儿童接触不到带有色情内容的网站；任何因为商业目的在网络传播中导致未成年人接触到有害信息的行为，视情节轻重予以处罚。很多州还制定了适用于公立学校和图书馆的网络过滤法。① 此外，美国还专门成立机构保护未成年人的网上安全，如司法部成立特种部队，打击针对未成年人的互联网犯罪活动，联邦调查局设立专门机构，辨认甄别互联网上发布的儿童色情图像，调查不法分子。

2019年4月，英国数字、文化、媒体与体育部(DCMS)和内政部联合发布《网络有害内容白皮书》，以保护用户免受虐童影像、网络欺凌、极端思想和恐袭言论等有害内容的影响，标志着英国对网络有害内容的治理进入立法阶段。

德国《联邦反垃圾邮件法案》规定：对于滥发色情信息之类的垃圾短信者，政府将会处以最高5万欧元的罚款；对于利用手机或网络传播青少年色情内容者，可判处最多2年徒刑或处以罚金。2009年6月，德国联邦议院高票通过了《阻碍网页登录法》，赋予了德国执法机关封锁儿童色情网站的权力。他们还通过专项行动的方式打击手机网络色情。

法国1998年通过了《未成年人保护法》，从严从重惩罚利用网络诱惑青少年犯罪的行为。如在网上传播带有未成年色情内容的图像要处以3年徒刑，4.5万欧元的罚款；向大众或是通信网络上传播类似内容，则要被判刑5年，罚款7.6万欧元。②

俄罗斯出台了诸如《保护青少年免受对其健康和发展有害的信息干扰法》等专门法规。

欧盟有《保护未成年人和人权尊严建议》(1998年)、《儿童色情框架决定》(2004年)等，

① 参见北京市互联网信息办公室：《国内外互联网立法研究》，中国社会科学出版社，2014，第200—203页。

② 姚立：《法国依法监管互联网》，《光明日报》2010年7月26日，第8版。

以保护未成年人免受儿童色情伤害。

韩国近年来陆续制定了《促进信息化基本法》(2005 年)、《促进信息通信网络使用及保护信息法》(2006 年)等，对在互联网上散布淫秽色情信息、通过侮辱诽谤来损害他人名誉、反复发送可诱发恐怖或不安情绪的信息、网络赌博、放任发布对青少年有害的信息等行为，韩国广播通信审议委员会一经核实后，可要求互联网服务商或网站管理者进行删除或限制。

日本政府特别重视对手机网络色情的打击。2009 年 4 月正式实施《青少年安全上网环境整备法》，首次以法律形式明确规定手机过滤软件的地位。2003 年 9 月实施的《交友类网站限制法》也明确规定了交友类网站有义务传达儿童不得使用的信息，并在做广告时明示禁止儿童使用。《关于处罚致使儿童卖春、儿童涉黄相关行为以及儿童保护法律》中对在网络等媒体上散步有害信息者也都视情节轻重给予不同程度的处罚，如利用互联网、手机等媒体散布有害信息者可视情节轻重给予判刑 3 年并罚款 300 万日元，或者判刑 5 年并罚款 500 万日元的处罚。

四、保护个人隐私

互联网的普及利用带来个人数据、个人信息的广泛泄露，因此，近年来各国纷纷加强立法保护个人隐私。

2018 年，剑桥分析丑闻引起全世界关注。2019 年 12 月，美国联邦贸易委员会(FTC)对剑桥分析作出裁定，认为该公司通过数百万脸书用户收集个人数据(直至 2016 年大选)进行选民分析从事“欺诈行为”，违反了《联邦贸易委员会法》。此外，美国联邦贸易委员会还发现剑桥分析并未遵守《欧盟—美国隐私盾》规定，下令该公司停止对数据收集方式进行“虚假陈述”，并表示必须删除已收集的个人数据。另外，《加州消费者隐私法》于 2018 年 6 月获得批准，被认为是美国最激进、最全面的数据隐私法规之一。据其规定，企业必须向用户披露其收集的个人资料、资料是否会被出售及出售对象，并允许用户选择不出售个人资料。

在保护个人隐私方面，欧盟被认为是全世界最严格的地区，先后颁布 1996 年的《电子通信数据保护指令》、1998 年的《私有数据保护法》、1999 年的《互联网上个人隐私权保护的一般原则》等，建立起网络隐私权保护的法规体系。2018 年 5 月，又出台了《通用数据保护条例》(GDPR)，规范数据收集者的操作，禁止网络公司以默认隐藏的模式收集用户数据，同时保障用户对自己数据完全自主的权利。违规者则会被处以巨额罚款。

五、互联网反垄断与国际合作

新媒体的迅猛发展和强大影响力给世界各国政治、经济带来了不同程度的影响，原有的利益分配格局受到了挑战，尤其是不断形成和发展的互联网巨头垄断日益引发关注，欧盟、北美、澳大利亚等国家和地区均不同程度地发出呼声。近年来，欧盟发起过多起对谷歌的反垄断调查，美国司法部宣布对包括亚马逊、苹果、脸书、谷歌等在内的科技公司进行反垄断调查，韩国也呼吁打破硅谷网络巨头的垄断。加拿大新闻媒体协会(NMC)则发起了名为“消失的头条”运动，2021 年 2 月 4 日，《国家邮报》《多伦多星报》《多伦多太阳报》等多家加拿大报纸发布空白头版，仅在底部印有一句话“想象一下这里没有新闻是什么样子”。此举矛头直指谷歌和脸书,称其"剽窃"媒体内容、不仅拒绝付费还获取了巨额数字广告收入。而澳大利亚参众两院则在2021年2月25日通过了《新闻媒体议价法》,成为全球第一个有权强制谷歌、脸书等科技巨头为新闻内容付费的国家。

互联网垄断反映了网络发展的不平衡,也凸显了网络空间全球治理的重要性。在互联网管制、打击网络犯罪过程中,需要开展国际合作。2019年10月,美、英政府签署了"史上首份"双边数据分享议,允许执法部门直接向对方国家的科技公司要求数据。这意味着,英国当局不再需要向美国政府提出申请,即可直接要求美国Facebook、谷歌、推特等公司提供用户数据,协助涉及恐怖主义、儿童侵害与网络犯罪等严重犯罪的调查。

为了围剿网络色情,尤其是儿童色情,德国积极与欧盟、欧洲理事会及八国集团开展合作,在八国集团范围内建立网上常设联络机构,并参与建设"打击儿童色情数据库"。德国还在1997年由各联邦州的青少年部以公益有限责任公司形式共同组建企业,主要负责电子媒体尤其是互联网青少年保护事务的运营,对网络内容进行审查和监督,处理网络上的垃圾信息。

法国、日本于2019年10月签署了网络安全领域的第一份合作协议,呼吁两国讨论它们面临的一个重大问题:举办大型国际文化和体育赛事所面临的安全挑战。两国迫切希望在此协议基础上加强对话,共同在不断变化和复杂的数字环境中应对此类网络安全挑战。

为了打击日益猖獗的网络犯罪,全球最大的警察组织——国际刑警组织,对其工作人员提供专门培训,开通了24小时不间断的网络支持系统,以为其成员国警方提供证据调查、收集及专家咨询服务。2019年9月,27个国家签署了《推动各国在网络空间中担负责任的声明》,为各国继续支持以规则为基础的国际秩序提供了框架,并鼓励各国遵守、执行和发展这一框架。同时,北大西洋公约组织(NATO)宣布北约《集体网络防御战略》,将在比利时的蒙斯建立一个新的网络运营中心,以加强北约各国在网络防御领域的合作,进一步提升成员国的网络防御能力。欧洲数据保护委员会则于2019年7月成立工作组负责处理欧盟《一般数据保护条例》(GDPR)的违规行为。

以上国际合作主要源于现有的国际法、政治协议以及相关技术协议等,面对新技术带来的互联网领域的新挑战,各国仍需进一步加强合作与对话,完善相关规范。

第二节　我国对网络的法律规制与行政管理

我国对网络的法律规制与行政管理始于20世纪90年代。2014年十八届四中全会审议通过的《中共中央关于全面推进依法治国若干重大问题的决定》又进一步指出,加强互联网领域立法,完善网络信息服务、网络安全保护、网络社会管理等方面的法律法规,依法规范网络行为。从此,我国网络法制建设进入了快车道。

一、法律规制

我国关于网络的法律规制分为网络本体法与网络关联法。

（一）网络本体法

网络本体法是指主要针对网络传播的立法。从1991年劳动部出台的《全国劳动管理信息计算机系统病毒防治规定》开始，截止到2019年12月国家互联网信息办公室发布的《网络信息内容生态治理规定》，据不完全统计，先后制定了100多部有关网络的法律、法规和规章，初步形成了有关网络的基本体系。主要分为三个层次：一是底层的关键信息基础设施，如《中华人民共和国网络安全法》；二是中间层的互联网服务提供商，如《信息网络传播权保护条例》；三是应用层的互联网信息，如《互联网信息服务管理办法》。网络本体法的立法内容从互联网物理接入、信息服务规范、信息内容治理、知识产权保护、网络安全，到互联网文化管理各个方面。

保障网络运行与信息安全的法律主要有：《中华人民共和国网络安全法》（2017年6月1日施行）、《中华人民共和国密码法》（2020年1月1日施行）。较早的还有《全国人民代表大会常务委员会关于维护互联网安全的决定》（2000年12月通过，2009年8月修订）、《全国人民代表大会常务委员会关于加强网络信息保护的决定》（2012年12月施行）、《中华人民共和国计算机信息系统安全保护条例》（1994年2月发布，2011年1月修订）、《计算机信息网络国际联网安全保护管理办法》（1997年12月发布，2011年1月修订）、《计算机信息系统保密管理暂行规定》（1998年2月施行）、《互联网安全保护技术措施规定》（2006年3月1日施行）、《通信网络安全防护管理办法》（2010年3月1日施行）等。还有相关司法解释，如《最高人民法院、最高人民检察院关于办理危害计算机信息系统安全刑事案件应用法律若干问题的解释》（2011年9月1日施行）、《最高人民法院最高人民检察院关于办理非法利用信息网络、帮助信息网络犯罪活动等刑事案件适用法律若干问题的解释》（2019年11月1日起施行）等。

保护个人信息的法律主要有：《电信和互联网用户个人信息保护规定》（2013年9月1日施行）、《互联网医疗保健信息服务管理办法》（2009年7月1日施行）、《网络游戏管理暂行办法》（2010年8月1日施行）、《互联网信息服务管理办法》（2000年9月公布，2011年1月修订）、《中国互联网络域名管理办法》（2004年12月20日施行）、《互联网IP地址备案管理办法》（2005年3月施行）、《互联网电子邮件服务管理办法》（2006年3月30日施行）、《互联网用户公众账号信息服务管理规定》（2017年10月8日施行）等。党的十九届四中全会提到推进数字政府建设，加强数据有序共享，依法保护个人信息。这方面的立法、执法力度都在不断加强。

有关电子商务的法律主要有：《中华人民共和国电子签名法》（2005年4月施行，2015年4月修订）、《互联网销售彩票管理暂行办法》（2010年9月发布）、《网络交易管理办法》（2014年3月15日施行）、《网络零售第三方平台交易规则制定程序规定（试行）》（2015年4月施行）、《网络发票管理办法》（2013年4月1日施行）等。

保护未成年人上网安全的法律主要有：《互联网上网服务营业场所管理条例》（2002年9月公布，2011年1月修订，2016年2月第二次修订）、《最高人民法院、最高人民检察院关于办理利用互联网、移动通讯终端、声讯台制作、复制、出版、贩卖、传播淫秽电子信息刑事案件具体应用法律若干问题的解释》(2004年9月施行)、《关于办理利用互联网、移动通讯终端、声讯台制作、复制、出版、贩卖、传播淫秽电子信息刑事案件具体应用法律若干问题的解释(二)》(2010年2月4日施行)、《文化部关于加大对网吧接纳未成年人违法行为处罚力度的通知》(2010年3月发布)。针对部分青少年网络游戏成瘾却又存在着监管矛盾的现象,2019年5月,文旅部发布通知,今后网络游戏行业管理职责归属于新闻出版部门。从此,网络游戏告别多头监管。同年10月,国家新闻出版署发布《关于防止未成年人沉迷网络游戏的通知》(2019年11月1日起施行)。2019年8月,网信办发布《儿童个人信息网络保护规定》,确立儿童信息的收集和使用应征得监护人的明示同意,要求网络运营者设置专门的儿童个人信息保护规则和用户协议,设立个人信息保护专员或指定专人负责儿童信息保护。

保护网络知识产权的法律主要有:《计算机软件保护条例》(2001年12月公布,2011年1月第一次修订,2013年1月第二次修订)、《信息网络传播权保护条例》(2006年5月公布,2013年1月修订)、《最高人民法院关于审理侵害信息网络传播权民事纠纷案件适用法律若干问题的规定》(2013年1月1日施行)、《最高人民法院、最高人民检察院关于办理侵犯知识产权刑事案件若干具体应用法律问题的解释》(2004年12月施行)、《最高人民法院、最高人民检察院关于办理侵犯知识产权刑事案件若干具体应用法律问题的解释(二)》(2007年4月施行)、《互联网著作权行政保护办法》(2005年5月20日施行)等。

关于互联网新闻信息与视听节目的规定主要有:《互联网新闻信息服务管理规定》(2017年6月1日施行),保障互联网新闻信息的健康有序。《互联网视听节目服务管理规定》(2008年1月31日施行)、《网络音视频服务管理规定》(2020年月1日施行)等,将互联网视听节目和音视频均纳入广播电视总局的管理和审查范围,相关节目必须经过审查方能在互联网上播出。2019年国家广播电视总局发布了第一份专门针对未成年人节目的《未成年人节目管理规定》(2019年4月30日施行),明确提出16条未成年人节目禁止的内容,如渲染暴力、血腥、恐怖,教唆犯罪或者传授犯罪方法等,并对未成年人参与节目制作、未成年人节目广告播出等内容作出明确规定。

随着互联网的深入发展,网络综合治理提上日程。党的十九届四中全会决定指出,建立健全网络综合治理体系,加强和创新互联网内容建设,落实互联网企业信息管理主体责任,全面提高网络治理能力,营造清朗的网络空间。2019年12月,国家互联网信息办公室发布了《网络信息内容生态治理规定》(自2020年3月1日施行),对网络信息内容生产者、网络信息内容服务平台、网络信息内容服务使用者等提出了具体要求。如明确规定:网络信息内容服务使用者和生产者、平台,不得开展网络暴力、人肉搜索、深度伪造、流量造假、操纵账号等违法活动。该规定是对网络安全法等相关法律法规在互联网内容安全领域适用的具体解释,有利于加强网络生态治理,培育积极健康、向上向善的网络文化,建立健全网络综合治理体系。这一规定必将对未来我国互联网内容安全与生态安全起到至关重要的作用。

(二)网络关联法

网络关联法是指与网络传播相关联的法律。有关互联网立法与现行其他法律法规是“你中有我,我中有你”的关系,即现行相关法律有许多涉及互联网领域的条款,同时,互联网法律亦与其他法律有交叉。网络关联法主要有：《刑法》《刑事诉讼法》《民法典》《著作权法》《商标法》《广告法》《反不当竞争法》《反垄断法》《消费者权益保护法》《民事诉讼法》《涉外民事关系法律适用法》《行政许可法》《治安管理处罚法》《行政处罚法》《行政复议法》《行政诉讼法》《未成年人保护法》《预防未成年人犯罪法》《反间谍法》《突发事件应对法》《保守国家秘密法》《出版管理条例》《音像制品管理条例》《政府信息公开条例》等。

（三）成立互联网法院

2017 年 6 月，中央全面深化改革领导小组第三十六次会议审议通过了《关于设立杭州互联网法院的方案》。根据会议精神，2017 年 8 月 18 日，杭州互联网法院正式揭牌，成为中国首家互联网法院。互联网法院旨在通过互联网方式审理互联网案件，从起诉、立案、举证、开庭、送达、判决、执行全部在网上完成，以实现"网上纠纷网上审理"，推动网络空间治理法治化。随后，2018 年 9 月 9 日，北京互联网法院挂牌成立。2018 年 9 月 28 日，广州互联网法院挂牌成立。同时，2018 年 9 月 3 日，最高人民法院审议并通过《最高人民法院关于互联网法院审理案件若干问题的规定》，明确规定了互联网法院的管辖范围、上诉机制和诉讼平台建设，并制定了身份认证、立案、应诉、举证、庭审、送达、签名、归档等在线诉讼规则。互联网法院的设立和完善，是我国司法主动适应互联网发展大趋势的一项重大制度创新，也是我国主动参与全球网络空间治理和规则制定的重大尝试。

二、行政管理

（一）机构设置

我国当前管理互联网的基础机构主要有中华人民共和国工业和信息化部、中共中央网络安全和信息化委员会，中华人民共和国国家互联网信息办公室等。工业和信息化部（工信部）组建于 2008 年 3 月，主要职责为：拟订实施行业规划、产业政策和标准；监测工业行业日常运行；推动重大技术装备发展和自主创新，管理通信业；指导推进信息化建设；协调维护国家信息安全等；系管理互联网技术和基础设施为主的行业管理机构。中共中央网络安全和信息化委员会成立于 2018 年 3 月，由中央网络安全和信息化领导小组改组而来，负责网信领域重大工作的顶层设计、总体布局、统筹协调、整体推进、督促落实。国家互联网信息办公室（网信办）成立于 2011 年 5 月，主要职责为：落实互联网信息传播方针政策和推动互联网信息传播法制建设，指导、协调、督促有关部门加强互联网信息内容管理，依法查处违法违规网站等；系管理互联网信息和内容为主的互联网核心管理机构。另外，文化和旅游部、国家新闻出版署、国家广播电视总局、公安部、教育部、商务部、卫健委、农业农村部、国家市场监督总局等管理部门也都对各自管理的行业内的网络行为负有相应的管理职责。

目前我国互联网的行政管理机构多达 60 多个，一定程度上存在着多头管理的问题，容易相互矛盾、职责不清，影响管理效率。近年来随着机构调整，各部门职责权限也不断调整、进一步清晰。如 2019 年明确把网络游戏归国家新闻出版署管理，使其告别了多年来的多头管理状况。但职能交叉带来的成本增加和监管不力的问题仍亟待解决。

(二)行政执法

我国政府在对互联网信息的治理中,有时会采取行政执法的方式,通常由特定机构在特定情况下针对一段时间以来反映比较突出的问题集中开展专项行动。主要有:打击淫秽色情网站专项行动;治理网吧专项行动;"阳光绿色网络工程"系列专项行动;搜索引擎清理整治行动;打击网络侵权盗版专项行动;整治互联网低俗之风专项行动;"扫黄打非"专项行动;保护公民个人信息安全专项行动;整治网络赌博专项行动等。如2018年以来,公安部等部门持续开展打击整治网络侵犯公民个人信息安全的"净网"专项行动,有力筑牢公民个人信息防护墙。再如针对网络淫秽色情,2019年网信办进行了为期6个月的网络生态治理专项行动,对淫秽色情、低俗庸俗、传播不良生活方式和不良流行文化等12类负面有害信息进行整治。除特定机构外,相关行业也会进行有关网络的专项治理,如市场监管总局在2019年6—11月开展了网络市场监管专项行动,以规范电子商务,维护网络市场秩序。

法律规制和行政管理相结合,是我国政府对网络监管的主要方式。其中行政管理运用颇多,这样虽然便于统一管理,有时效率也颇高,但也不可避免地使某些部分容易形成重叠管理,同时又存在着无人管理的真空地带。而且如果运用不当,还可能对言论自由及网络产业造成影响。

本章思考题

1. 世界主要国家网络监管的重点领域有哪些?各自采取了哪些方法?
2. 我国网络法律规制的基本状况是怎样的?
3. 我国网络行政管理的基本状况是怎样的?

本章参考文献

1. N. 哈里森. 第三世界:苦难·曲折·希望[M]. 钟菲,译. 北京:新华出版社,1984.
2. 约瑟夫·奈. 硬权力与软权力[M]. 门洪华,译. 北京:北京大学出版社,2005.
3. 阿尔文·托夫勒. 第三次浪潮[M]. 黄明坚,译. 北京:中信出版社,2006.
4. 邵国松. 网络传播法导论[M]. 北京:中国人民大学出版社,2017.
5. 北京市互联网信息办公室. 国内外互联网立法研究[M]. 北京:中国社会科学出版社,2014.
6. 潘天翠. 透视国外互联网管理[J]. 网络传播,2007(5).
7. 姚立. 法国依法监管互联网[N]. 光明日报,2010-07-26.
8. 严圣禾. 日本监管互联网[N]. 光明日报,2011-04-23.
9. 陈怡. 韩国以加强立法和实名制规范网上行为[EB/OL]. (2010-01-31)[2021-03-26]. http://news.qq.com/a/20100131/001025.htm.

第二十一章

网络伦理建设与网络素养教育

扫码可见
第二十一章PPT

网络给人类生产生活带来便利和效率的同时，社会伦理与道德规范也遭遇着冲击。虚拟性和去中心化使传播主体与接受主体的符号功能越发强大，主体意志更加容易屈从于群体情境，身份隐匿伴随着责任模糊，使人们在网络空间中的自我控制能力和道德约束能力都变得弱化，既有的社会文明与道德规范对网络治理来说，较难在操作层面付诸实施。因此，网络伦理建设与网络素养教育也是网络文明建设的重要方面。

第一节　国外网络伦理规范

一、网络伦理与行业自律

由于互联网所特有的自由和开放，完全依赖刚性的法律和政府手段反而会影响网络信息资源的正常开发和利用。与直接干预相比，基于伦理约束的行业自律不仅可以减轻政府的压力，还能给予行业更多的灵活性来应对快速变化的网络与新媒体环境。因此，“少干预、重自律”逐步成了当前国际社会管理网络的共同思路。为了有效地进行网络伦理规范，许多国家都建立了行业自律组织。

英国对网络媒体监管主要采取行业自律的方式。英国的行业自律模式是目前世界上最成功的互联网管理模式。其主要靠成立于1996年的互联网观察基金会（IWF），目前已经有100多个成员，其中包括社会网络、网络运营商、移动运营商、内容服务提供商、技术过滤公司、搜索服务提供商、商业联盟以及支持基金会工作的财政部门等。其主要工作集中在英国网民、运营商和执法部门三个方面，对英国网民，主要培养网民对互联网的信赖；对运营商，主要是协助其消除系统中非法内容的散布；对执法部门，主要是协助其对网络违法内容的执法。英国互联网观察基金会在政府和行业财政的支持下，主要负责打击网络非法内容，尤其针对互联网上儿童虐待图像、色情犯罪以及煽动种族仇恨三种内容。1996年，英国互联网观察基金会与贸工部、主要互联网服务提供商、城市警察署、内政部签署了《R3安全网络协议》，这是国际上第一部有关互联网监管的行业自律规范，也是英国接受度最高、涵盖面最广、影响力最大的互联网行业自律规范。该协议的R3分别代表分级管理（Rating）、告发举报（Reporting）和承担责任（Responsibility），其宗旨是消除网络儿童色情和其他有害网络信息，具有明确的权责界定。以此为基础,英国互联网观察基金会又拟定了《互联网从业人员行为守则》,要求网络提供者承担起确保内容合法的责任。英国有众多网络安全公司提供网络安全业务。

手机上网业务兴起之后,英国主要电信运营商于2004年联合发布了一份关于手机上网的行业自律条例,并于2009年6月进行了修订和更新,形成了《英国关于新形式手机内容的自律执业条例》,要求所有电信运营商以自律的方式对有关内容进行分级。分级的标准则主要是"依据年龄"。对于适合所有年龄层消费者接触的内容,归为"非18级";对于仅适合18岁以上消费者接触的内容,归为"18级",即为限制级。对于限制级内容,电信运营商必须要透过年龄辨识程序进行禁用管制,以确保这些内容不被18岁以下的未成年人取得。为了建立一个内容分级的共同标准,英国于2005年2月颁布了一份指导性文件《英国电信运营商商业内容服务指南与分级架构》。在这一架构下,包括静态图片、影音内容以及在线游戏等三种形态在内的商业内容都需要进行分级,而商业内容的提供者(包括电信运营商与第三方内容提供商)将自行判断内容的所属级别并进行分级标注。为了更有效地监管手机媒体,英国政府还实行了准入机制:一是年龄验证机制。采取"年龄确认"的方式控制手机用户可访问内容的范围。自2008年10月起,英国所有购买手机的用户,包括预付费用户,都要登记姓名和住址,提供护照或官方个人身份信息。二是父母控制机制。所有的手机运营商都提供有免费的父母控制服务,父母通过控制软件,不仅可将未成年人可以接触的网站限制在"非18级",而且可以切断蓝牙连接。三是教育和辅导机制。在分级机制之外,电信运营商的自律责任还体现在向消费者——包括未成年人以及他们父母和监护人等提供有关手机上网等方面的技术辅导和信息建议,以使前述分级和保护系统能够更好地运作。①

美国的行业自律近年来的重点在网络安全方面。2019年11月,美国国防创新委员会发布了有关美国国防部开发和部署人工智能技术的道德准则,主要包括责任、公平、可靠、可治、可追溯等。国防创新委员会认为,这些准则符合现有国际条约和美国国防部规范,可用于解决国防部现有道德框架未涵盖的人工智能技术问题,并将有助于促进美国国防部人工智能战略的实施。谷歌则与三家移动安全软件商EST、Lookout和Zimperium合作成立了"应用防御联盟",共同打击Android上的恶意软件。

德国实施"受监管的自我监管"模式,其行业自律的代表性机构、成立于1997年的多媒体服务提供商自愿自我规制协会(FSM),以在线网络服务提供商为主要成员,负责审查和过滤有关虐童的网络信息,附带对有关宣传纳粹、仇恨言论和暴力色情等网络内容进行审查和屏蔽。在实施互联网监管的过程中,它会参照联邦刑事警察署提供的信息,主动删除和屏蔽那些被列为违法的网络内容,使这些内容无法进入搜索引擎,从而保证德国的信息安全。

上述英美的网络行业自律与包括德国在内的欧陆有所不同,前者作为受规制的自律,是政府和私人利益的调和,在一定意义上是政府根据宪法所确立的原则对网络行业所做的间

① 陈映:《手机不良内容的规制路径、框架和手段——英国的经验及启示》,《新闻界》2014年第14期。

接调整；而后者则在一定程度上是源于国家保障社会经济基本权利实现的需要。①

近年，人工智能技术获得长足发展，图像识别、视频识别、人脸识别得到了广泛应用，也引发了进一步的伦理担忧。2019 年 4 月欧盟发布了人工智能道德准则，要求“值得信赖”的人工智能应当满足技术的健全性和安全性、隐私和数据管理、透明性、多样性、非歧视和公平性、环境和社会福祉、问责制七个方面的要求。该准则标志着欧盟的人工智能产业发展立足于强化产业的道德水准。2019 年 11 月澳大利亚工业、创新和科学部发布了八项人工智能伦理原则，内容涉及人类社会和环境福祉、以人为中心的价值观、公平、隐私保护和安全、可靠性和安全性、透明度和可解释性、可争议性和问责性。这些原则是自愿遵守的，相关行业已签署协议。2020 年被称为人工智能监管元年，1 月，欧盟委员会《人工智能白皮书》提出，欧盟正在考虑禁止在公共场所使用人脸识别技术 3 至 5 年，以便有时间研究如何防止这种技术被滥用。意在设置严苛的条件事前规制。美国白宫科学技术政策办公室（OSTP）则发布了《人工智能应用监管指南》，提出人工智能十项监管原则，包括：人工智能的公众信任、公众参与、科学诚信与信息质量、风险评估与管理、收益与成本、灵活性、公正和不歧视、公开透明、安全保障、机构间协作。该原则旨在限制当局对人工智能的“过度干预”，确保公众参与，促进公平、透明和安全的可信赖人工智能。

除各国关于网络的行业自律规范以外，国际联盟也逐步就网络伦理达成共识。2018 年法国呼吁建立“信任互联网”，发出《网络空间信任与安全巴黎倡议》。一年后就有 74 个国家，350 多个国际、民间社会和公共组织以及 600 多个私营部门实体参加。2019 年 9 月，国际互联网协会（ISOC）发布《物联网隐私保护的政策建议》，对政策制定者、物联网服务提供商和其他利益相关者应采取的行动提出建议：加强用户控制、提高透明度及告知用户、紧跟技术发展、加强多利益相关者对物联网隐私保护的力量。2019 年 11 月，全球网络空间稳定委员会（GCSC）发布《推进网络空间稳定性》报告，报告制定了“国家和非国家行为者都不应进行损害互联网公共核心的通用性和完整性以及网络空间稳定的行为”“国家和非国家行为者不得追求、支持或默许旨在破坏选举、投票技术基础设施的网络行动”等八条规范，旨在更好维护网络空间稳定并解决技术问题或漏洞。

二、网络伦理与网民监督

英国在互联网领域还建立起了一个全民共管的监督体系。如英国互联网观察基金会建立了著名的“热线举报”制度，获得了 100 多个互联网行业成员的支持和广泛认可。其一般流程是互联网观察基金会收到网民举报和投诉之后，查找被举报的内容，并进行评估，如果在英国法律框架下，被举报的内容不违法或仅仅是潜在违法，则不采取进一步行动；如果被举报的内容违法或显在违法，则将结果回复给举报者，并告知下一步采取的行动。英国除了“热线举报”制度之外，还支持网络举报，尤其是英国通信管理局（OFCOM）的在线投诉，涵盖了与英国通信行业相关的各种投诉，涉及 9 个主要方面：固定电话、手机、互联网服务、视频点播服务、电视、赞助广告和电视、电台、无线电干扰和接待，以及对英国通信管理局自身的投诉。同时对投诉内容、纠纷及指导方针界定清晰并对每一类的具体划分也非常细致。比如

① 北京市互联网信息办公室：《国内外互联网立法研究》，中国社会科学出版社，2014，第 232 页。

对“互联网服务问题”的投诉，细分为垃圾邮件、服务的销售方式、账单和费用、合同等七个类别。[①] 为了避免基于行业自律的分级机制流于形式，英国电信运营商们还联合成立了一个非营利的民间组织——“独立移动通信分级组织”，专门负责调查消费者对内容提供商所提供内容的投诉，并依照框架协议对分级进行监督。面对人工智能带来的相关伦理道德问题，英国也提出了很多对策，鼓励公众参与就是其中之一。他们认为应该鼓励公众积极参与到关于人工智能的决策中来，以尽量避免可能出现的伦理道德问题。

其他如澳大利亚联邦政府曾拨款500万澳元用于向社区提供关于儿童上网的咨询；欧盟也在1998年制定了从1999年到2002年的“通过与全球网上非法和有害内容做斗争来促进更安全地使用互联网的4年行动计划”，其中专门有一条“鼓励充分提高认识行动”，并准备为此项行动投资770万欧元，帮助家长和所有与儿童打交道的人（如教师、社会工作者等）认识互联网的利弊，了解保护儿童不受网上不良内容侵袭的最佳方法（包括如何确定有益的内容和清除有害内容的技术方法）。美国对网络的监管则特别重视家庭教育的作用，家庭一般会对使用手机的小孩“约法三章”：告诉孩子网络的利弊和安全使用网络的重要性；在给孩子买智能手机前，考虑孩子的自控力，和孩子签订一份文字协议，告诉孩子使用手机的权限；告诉孩子不可删除手机里的短信，父母如有必要，可以当着孩子的面查看信息；告诉孩子发言要谨慎，每次发言时，自己至少要思考三遍，是否会给他人造成不利影响；是否会给自己带来潜在的不利影响；是否会泄露个人的重要信息；要求某个时间段，手机要放在固定的地方，不能时刻都放在身边。[②]

三、网络伦理与技术管制

网络技术催生了网络伦理，网络伦理也需要技术的保障。目前，维护网络伦理和互联网行业自律的基本技术手段是分级与过滤技术，也是对网上不良信息尤其是对青少年不利信息进行技术监管的核心。分级与过滤是指通过应用软件来设定不同的信息获取水平，帮助用户控制在登录网络后应该看到和不应该看到的信息内容。目前已经有包括美国、日本、澳大利亚等40多个国家建立了分级和过滤技术，开发了相关网络过滤软件。

（一）互联网分级技术

互联网分级技术的工作模式分为两种：一种以内容为基础，另一种以年龄为基础。前一种通常是按暴力、性、裸露、语言、潜在有害内容等几个方面进行分级，从而把网络信息分为一般节目、色情节目、暴力节目等，以防止用户接近有害信息。后一种则通常分为适合成人的内容、儿童必须在父母指导下观看的内容、适合13岁以下儿童观看的内容、所有观众观看的内容等若干级别。在不少国家，这种分级标准常常参照已有的电影分级制度。目前通用的分级制度标准采用PICS（Platform for Internet Content Selection）技术标准协议，此协议主要是以网页呈现内容中的性、暴力、不雅言论和裸体表现程度四个项目作为依据进行分级。除了第三方分级方式外，未来的网络控制软件还将提高用户在自我控制方面的要求，鼓励用户实行自我分级。目前网络信息的分级都是建

① 英国通信管理局主页：http://www.ofcom.org.uk/complaints，访问日期：2021年4月3日。

② 肖远骑：《美国孩子“玩”手机也约法三章》，《中国教育报》2016年5月20日第6版。

立在自愿基础上，以维护网络言论自由和多元化的价值观。

互联网内容分级制度起源于美国，但是韩国和德国是互联网内容分级制度比较成熟的国家。韩国的互联网内容分级围绕自律分级标识、第三方分级标识以及过滤软件 S/W 三个中心环节展开。自律分级标识是一种网络内容提供商或网络服务提供商参与既定的互联网内容分级标准；第三方分级标识是由政府或相关认证机构对网络内容，特别是海外色情、暴力等对未成年人有害的信息进行等级标识，并向网络使用者提供目录数据库；过滤软件是韩国政府通过各地教育主管部门，通过青少年网络安全网“Green i-net”为有使用需求的家庭免费提供 14 种互联网内容过滤软件。德国的互联网内容分级制度主要体现在 2011 年 1 月 1 日生效的《青少年媒体保护州际协议》，它为各网站及网站服务商提供了分级标准，同时要求各大网站和网络服务提供商为其提供的内容设置年龄许可标志，并配合过滤软件等技术手段，使青少年在上网时只能看到符合其年龄段的内容。①

（二）互联网过滤技术

互联网内容过滤是通过开发具有过滤功能的应用软件来实现的。目前，过滤软件的工作机制有两种：一种是基于词的过滤，另一种是基于站点的过滤。

基于词的过滤软件有一个预先定义好的词汇表，包括不良用语、词组和字母组合等，通过关键词和主题词以及面向主题的分析方法等阻挡有关信息，例如一般的过滤软件都对“性”进行过滤。按词来过滤，即关键词过滤，需要对网站和网页进行内容鉴定和内容分析，通过寻找特定词语，把包含这些词的网站或网页屏蔽在外，如果一个网站的内容含有过滤软件设定的禁用词语，就会被列入过滤的范畴。当然，按词过滤也会出现一些问题，例如不看上下文统统过滤掉某一词语，有时会影响过滤的准确性；另外，按词过滤对一些多义、歧义词的处理有时不切实际。为了避免某些不良信息提供者将不良文本嵌入多媒体文件中，或直接以多媒体文件的形式出版，基于文本的过滤软件还增添了专门针对多媒体信息的过滤方法，这是目前多媒体信息过滤最常用的方法。基于文本的多媒体信息过滤原理是以关键词的形式来反映多媒体的物理特征和内容特征，并对抽取的关键词进行标引，建立类似于文本信息检索系统的索引数据库，过滤时通过文本匹配即可完成。

基于站点的过滤实际上就是基于网址的过滤，是对含有不良信息的网址的控制。对站点过滤的方法是建立一个获准名单，把获准名单外的所有站点都屏蔽出去；或者是建立一个拒绝名单，凡是在拒绝名单上的所有站点都不允许进入。不良网站一旦上了过滤软件设定的名单，就会被屏蔽在用户所能接触的信息内容之外。按站点进行过滤的另一种方式是预先设置可访问的网站，让用户放心地在这些网站上浏览。学校和图书馆经常使用这种类似于向用户推荐网站的方式。这种黑名单式的过滤软件通过分析评判信息内容，评判结果形成两个系列的名单，含有不良信息的网站被集中于一个“黑名单”上，能够访问的网站则被集中于一个“白名单”上。由于互联网上的不良信息资源每天都在变化，所以这两个名单也就

① 崇山：《德国：网络分级助力青少年健康成长》，《法制日报》2010 年 10 月 26 日第 11 版。

需要不断地更新。

这种自我分级与过滤体系的开发，能使用户自己选择哪些信息可以浏览，哪些不良信息应该屏蔽。如苹果公司推出了“家长控制软件”，用以过滤手机中的色情内容，家长可以帮助孩子控制对部分互联网内容的浏览，这样就实现了信息过滤、保护儿童免受不良信息侵害。自我分级与过滤机制之所以广受青睐，也正是因为作为一种自愿分级制度，它既解决了互联网的内容问题，同时又保护了网民获取信息的自由。

第二节　我国的网络伦理规范

与世界各国对网络的管理类似，我国除了运用法律和行政管理来规范网络以外，相应的行业自律、网民自律、公众监督以及技术管制等也必不可少。

一、自律与监督

网络带来的各种问题并不是仅仅依靠法律和技术就能解决的，人的因素在互联网管制中发挥着不可替代的作用。作为现代人生存的第二空间，网络应该建立自己的一套伦理体系，提倡网络文明，加强网络道德建设，成为实现对网络信息进行有效管理的重要因素，而这些因素都离不开自律与监督。

（一）自律

自律分为行业自律与网民自律。我国互联网治理中根据“法律规范、行政监管、行业自律、技术保障相结合”原则，充分发挥行业自律在互联网信息管理中的重要作用。先后成立互联网新闻信息服务行业组织，发布《互联网站制止淫秽色情等有害信息自律规范》《博客服务自律公约》等，指导网站加强内部管理，建立帖文先审后发、专家审读、有害信息删除以及管理员岗位责任制、时政类论坛版主实名制、从业人员岗位培训等制度。中国互联网协会是全国性的行业自律组织。协会成立于 2001 年 5 月，由国内从事互联网行业的网络运营商、服务提供商、设备制造商、系统集成商以及科研、教育机构等 70 多家互联网从业者共同发起成立。其宗旨是团结互联网行业的相关企事业单位和学术团体，组织制定行约、行规，维护行业整体利益，保护互联网用户的合法权益，加强企业与政府的交流与合作，促进相关政策与法规的实施，提高互联网应用水平，普及互联网知识，积极参与国际互联网领域的合作、交流，促进中国互联网健康发展。

中国的自律规约，既有政府主导的规约，也有行业协会和商业联盟制定的规约，规约涉及行业自律和个人自律两个方面。中国互联网自律规约主要包括：《中国互联网视听节目服务自律公约》《博客服务自律公约》《网商诚信自律公约》《文明上网自律公约》《抵制恶意软件自律公约》《中国互联网网络版权自律公约》《中国互联网行业自律公约》《互联网站禁止传播淫秽、色情等不良信息自律规范》《互联网新闻信息服务自律公约》《保护网络作品权利信息公约》《中国新闻界网络媒体公约》《反网络病毒自律公约》等。2007 年 12 月，在人民网主办的"第五媒体高峰论坛"上，人民网等18家媒体共同签署了《手机媒体自律公约》，号召全行业从业者加强自律，推动手机行业的职业道德建设。这是国内手机媒体行业推出的首个自律公约，对营造健康、有序的手机媒体环境起到了积极的促进作用。2015年4月，在江西日报社主办的"首届全国手机媒体看江西"活动上，又发布了《全国移动媒体自律倡议》。为达到自律目的，行业自律组织和网站都采取了一些措施，提高自律效果，如开设举报网站：2004年6月，中国互联网协会互联网新闻信息服务工作委员会开通了"违法和不良信息举报中心"网站，接受公众举报网络上违法和不良信息。设立奖项：中国互联网协会在2005年中国互联网大会期间特设了"互联网行业自律贡献奖"，以弘扬自我约束、自我管理、互相监督、共同发展的自律精神，宣传为推动互联网行业自律做出显著贡献并模范自律的会员单位和签约单位。进行宣示活动：网站等互联网单位、特定的网民群体围绕自律的主题以发布公约、签署宣言或发出呼吁等形式进行宣示活动，对行为主体的自律能够起到提示和导向的作用。建立地区特色制度：如北京网络媒体协会的网络新闻信息评议制度对约束和规范网络媒体的传播行为，意义明显，具有良好的区域特色。

我国网络媒体进行行业自律的另一平台是中国网络媒体论坛。该论坛是由中华全国新闻工作者协会、人民网等十几家单位共同发起组织的一个大型论坛。首届中国网络媒体论坛于2001年6月在青岛举办。在此次论坛上，与会代表向全国网络传播界发出倡议，要求坚持网上新闻传播的真实性，提供健康向上的网络信息。2003年10月，第三届中国网络媒体论坛在北京举行，会上发表了38家网络信息服务单位共同签署的以"中国网络媒体的社会责任"为主题的《北京宣言》，宣言阐明了中国网络新闻媒体的定位、职责和宗旨，号召和呼吁中国的网络媒体及网络工作者严格自律，恪守媒体工作者的职业道德和良知，肩负起推动国家发展、民族昌盛、社会文明进步的历史责任。可以说，《北京宣言》开启了中国网络媒体履行社会责任的征程。

除行业自律外，我国网民也开展了一系列自律活动。如2000年12月启动的"网络文明工程"，该工程的宗旨就是通过正面引导方式，形成网上健康文明的道德规范，并号召"文明上网、文明建网、文明网络"，建造一个没有污染的"绿色"网络环境。此后，网络文明工程的一系列提倡成为我国网民的行动指南。2000年12月7日，在网络文明工程启动仪式上，光明网、人民网等15家优秀网站在会上宣读了题为"推进网络文明工程、发展中国网络事业"的倡议书，得到国内60余家知名网站的积极响应。2000年12月26日，北京大学、清华大学、中国人民大学及北京师范大学的学生会向全国大学生发出了《大学生做文明网民倡议书》，号召全国大学生努力学习网络知识、技能，提高操作水平，自觉维护网络安全，建设网络文明，勇做倡导和维护网络安全的先锋。2001年11月22日，共青团中央、教育部、中国青少年网络协会等部门向社会发布《全国青少年网络文明公约》，标志着我国青少年有了较为完备的网络行为道德规范。此后，网络文明工程"绿色行动""青少年健康上网"等活动相继展开，得到众多网民的热情支持。

（二）公众监督

公众监督就是把网络使用监督权交给网络使用者，让他们参与网络监督，发现违法和不良信息及时举报，通过各种渠道参与网络治理，是继政府监管、行业自律之后互联网治理的

第三条途径。[1]

2004年6月,由中国互联网协会互联网新闻信息服务工作委员会主办的“违法和不良信息举报中心”网站开通。该网站的宗旨是举报违法信息,维护公共利益,任何公民在网上发现违法和不良信息,只要登录到该网站,说明相关信息所在网站的名称和页面位置,提供举报人的必要联系渠道,即可实施举报;同时,该网站还公布了《互联网站禁止传播淫秽、色情等不良信息自律规范》。“举报中心”的开通为公众监督互联网信息传播提供了全新的渠道,标志着我国网络媒体在公众监督方面进入实质性发展阶段。另外还有公共信息网络安全举报中心和12321网络不良与垃圾信息举报受理中心等公众举报监督平台,以及不断完善公众评议网络新闻、定期曝光谴责违规网站等监督机制。公众监督成为有效遏制网络色情、网络垃圾、虚假新闻等违法和不良信息的重要途径。这也使互联网信息管理机制更加符合国际惯例和互联网传播规律。需要注意的是,这需要公众较高的信息素养、维权意识和监督意识。

二、技术管制

我国互联网控制技术主要有网络安全技术、内容监控技术和网络行为控制技术。

(一)网络安全技术

运用网络安全技术进行控制的目的是要实现网络系统的运行安全以及网络的信息安全,包括防火墙技术、加密技术和访问控制技术。防火墙技术是一个有软件和硬件设备组合而成、在内部网和外部网之间、专用网与公共网之间的界面上构造的保护屏障,是一种计算机硬件和软件的结合,使Internet与Intranet之间建立起一个安全网关,从而保护内部网免受非法用户的侵入。防火墙主要由服务访问政策、验证工具、包过滤和应用网关4个部分组成,实现防火墙的主要技术有数据包过滤、应用网关和代理服务等。加密技术是实现网络安全的关键技术之一,也是网络信息传输最常用的安全保密手段。利用技术手段把重要的数据变为乱码(加密)传送,到达目的地后再用相同或不同的手段还原(解密)。加密技术包括两个元素算法和密钥,从而提供机密性、数据完整性和身份验证三种功能。访问控制技术策略和机制的集合,允许对限定资源的授权访问。网络访问控制技术是网络安全防范和保护的主要核心策略,它的主要任务是保证网络资源不被非法使用和访问。据公开报道,2018年,位于美国的1.4万余台木马或僵尸网络控制服务器,控制了中国境内334万余台主机;3325个IP地址向中国境内3607个网站植入木马。给我国网络安全带来威胁。访问控制规定了主体对客体访问的限制,并在身份识别的基础上,根据身份对提出资源访问的请求加以控制。网络访问控制技术是对网络信息系统资源进行保护的重要措施,也是计算机系统中最重要和最基础的安全机制。2020年3月,国家市场监督管理总局、国家标准化管理委员会发布《信息安全技术 个人信息安全规范》,旨在遏制个人信息非法收集、滥用、泄露等乱象,最大限度地保障个人的合法权益和社会公共利益。

---

① 孙光海:《公众监督的逻辑归宿》,《网络传播》2006年第1期。

（二）内容监控技术

对互联网内容进行监控的技术包括网络舆情监测技术，主要用于对新闻网站发布的新闻信息内容进行手工设置过滤词收集、监测和分析。内容安全控制技术、网关过滤控制技术，普遍被应用于BBS论坛监控、各类型网站信息内容监控和邮件监控。网络监听技术，主要是针对网络用户的聊天行为、聊天内容、邮件内容进行监控，多被网络警察监测网络社会的日常“运转”以及进行网络犯罪信息的调查。不良信息监测，实时监测互联网上的色情、暴力等不良信息，给出实时预警。内容过滤系统，“绿坝—花季护航”，是中国政府为净化网络环境，避免青少年受互联网不良信息的影响和毒害，由国家出资垄断，供社会免费下载和使用的上网管理软件，是一款保护未成年人健康上网的计算机终端过滤软件，可以有效识别色情图片、色情文字等不良信息，并对之进行拦截屏蔽，产品同时具有控制上网时间、管理聊天交友、管理电脑游戏等辅助功能。

（三）行为控制技术

对网络行为进行控制的技术除网络版权保护技术，主要是对网络作品进行保护，对侵犯网络版权行为进行控制外，“网络用户行为实时监控技术、网络用户行为追踪技术、聊天系统控制-Web-chat监控系统、网络用户登录访问管理技术、网游防沉迷技术都是对互联网用户的上网行为进行监测、跟踪以及控制的技术。网络用户行为实时监控技术、网络用户行为追踪技术的监测结果还往往具有商业用途，分析网络用户的关注点、在网站的停留时间、对某条信息的关注度，都能够作为网站对用户黏着度、网络广告投放点及效果的评定和提高的数据基础”。①

（四）分级技术

分级技术主要是针对色情信息而发展出来的技术手段。我国还没有实行互联网分级制度，不论浏览网站的用户年龄如何，都采用统一的管制标准。2004年，我国青少年网络协会推出了游戏分级标准，这个标准包括两个方面：一是年龄层次标准，二是内容描述标准。其中，年龄层次标准分为全年龄、12岁以上、16岁以上和18岁以上，内容描述标准分为静态指标（如暴力度、色情度、恐怖度、社会道德度等）和动态指标（如PK行为、非法程序、社会责任感等）。虽然这一分级制度还存在一些问题，如有些标准稍显粗糙、对某些指标界定不够清晰等，但它毕竟是我国第一部关于网络媒体尤其是游戏的分级制度，在一定程度上消除了游戏对青少年身心健康的威胁，净化了游戏空间。

（五）网络警察

除了技术防范与监管，我国政府还建立了网络警察部队，主要目的是为打击快速且不留任何作案痕迹的网上犯罪。网络警察均具有高超的计算机能力和良好的专业素质，他们的

① 张东：《中国互联网信息治理模式研究》，中国人民大学博士论文，2010，第89页。

主要任务是进行网上搜寻，检索出淫秽、反动等不良信息，然后根据线索，利用高科技手段对网络犯罪协查破案。他们中有的负责电子信箱，包括打击辱骂、恐吓和垃圾邮件等现象；有的负责调查青少年色情，包括画面和文字；有的负责计算机跟踪恐怖活动，寻找闯入和破坏计算机者；有的负责调查经济诈骗等犯罪活动。由于有些“黑客”还是未成年的孩子，网络警察还增加了“家访”的任务，从打击和疏导两方面维护网络安全。①

第三节 网络素养教育

一、网络素养的内涵

早在 1994 年，美国学者麦克库劳（C. R. McClure）就提出了网络素养（Network Literacy）的概念，认为网络素养包括知识和技能两个方面。② 在我国，人们对这一概念的认识最初建立在“网络素质”基础上。网络素质主要是就技术层面的网络知识普及而言的。后来，随着网络的进一步普及和人们认识的深入，以及媒介素养概念的影响，网络素养的说法出现。③ 一般认为，网络素养是指人们接触、认识和使用网络的能力与修养。包括使用网络的基础技能、网络交流和沟通的能力、用网络解决问题的能力、网络安全意识、网络规范意识和网络伦理意识等。

网络素养与网络伦理有关系，又有不同。网络伦理是人们从事网络活动、处理网络关系的原则或准则，是基于价值取向的。网络素养是关于网络知识与能力的结构，是基于网络环境的。网络素养更为综合，它包含了网络伦理的关系原则和价值取向。④

二、网络素养教育的依据与价值

美国学者麦克库劳提出“网络素养”概念的那一年，互联网正式传入中国。在 20 多年的发展历程中，用户与网络的关系发生了根本性的改变。用户和网络相互作用的关系正逐渐退居到次要地位，取而代之的是人们能够熟练地操作网络对现实社会中的人和事起到影响作用。网络不仅是一种工具，已然成为一种综合的社会环境，即“网络社会”。网络的虚拟性、匿名性和用户至上的特点，在无形中纵容情绪化、非理性的群体行为时，有时会使“群体规范”失去效用。因此，相对于传统现实社会，网络社会需要更高的自律和网络素养，网络上的言行更多地依靠个人的内心信念与道德约束来维系，要求人们在外在控制和监督较少的情况下，能够很好地自我约束、理性地控制自己的言行。近年来，网络谣言、网络欺凌、网络

① 佚名：《中国有了网络警察》，《江南时报》2000 年 8 月 7 日。

② Charles R. McClure，（1994）．“Network Literacy：A Role for Libraries？” Information Technology and Libraries. Vol. 13，No. 2（June 1994）：115.

③ 耿益群、阮艳：《我国网络素养研究现状及特点分析》，《现代传播》2013 年第 1 期。

④ 参见高萍：《当代媒介素养十讲》，中国人民大学出版社，2015，第 259 页。

暴力乃至网络犯罪等频频出现，与网络伦理道德的缺失、网络素养教育的滞后不无关系。网络时代，如何接触和使用媒介、如何选择信息、如何判断分析信息、如何发布和传播信息等，是网民需要具备的基本素养，也是当前网络治理亟须解决的问题。

按照社会学的观点，对于越轨行为需要有社会控制，社会控制分为外在控制和内在控制。外在控制通过奖惩机制起作用，内在控制则可以转化为个人价值观，使其主动遵循社会规范。由此，网络素养则是对网络行为的内在控制，拥有较高网络素养的人就会主动遵循网络规范尤其是网络伦理规范。网络伦理规范对网络社会规范起着基础性作用，它是一种无形的、内在的精神力量。它是规避网络失范行为的内力根基，也是法律法规等外在规制的基础。网络素养教育即是帮助人们掌握网络使用技能、了解网络关系原则、提高网络规则和伦理道德意识，并将其转化为内在行为准则。

三、构建网络素养教育机制

政府。对网络素养教育的巨大社会需求，政府应高度重视、积极回应，并承担起顶层设计和宏观调控的职责。如通过广泛的调查、研究、论证、征求意见等方式，制定有关网络素养教育政策，组织成立相关的网络素养教育委员会以及与相关社会公益组织合作，畅通回应机制和问题解决机制等，对网络素养教育给予宏观指导和积极推动。在这方面，美国、新加坡等国家走在了前面，有很多经验和做法值得各国借鉴。

行业。行业自律是网络文明建设的主要途径之一，互联网行业本身承担着网络素养教育的重要职责。早在2013年，网信办主办的“网络名人社会责任论坛”提出网络空间的“七条底线”成为共识。[①] 底线不仅是约束，也是教育。遵守、呵护网络底线的过程也是网络素养教育的过程。近年来，我国很多互联网行业协会、网站都建立了自律公约、自律条例，在网络素养教育中发挥了积极作用。在此基础上，相关行业可成立专门的网络素养教育机构，定期举办网络法规和网络伦理规范培训，使行业的网络素养教育常态化。

学校。互联网的普及同时也诞生了“网络土著”。原来大学才开设的计算机类、信息类课程随之纳入了中小学必修课程，但主要是技术类内容。对于网络文明、网络道德的要求则主要是通过守则、规范等形式实现，如2001年11月，共青团中央、教育部等部门联合发布的《全国青少年网络文明公约》等。由于网络游戏、网络不良信息对青少年的影响越来越大，加强网络素养教育的呼声也越来越高。2010年全国两会，15位全国政协委员联名提交了一个关于加强未成年人网络素养教育的提案，呼吁把网络素养教育纳入义务教育课程，以保护未成年人免受网瘾、网络欺诈等危害，提高其对网络信息的辨别能力和自我保护能力。[②] 从实践来看，学校的网络素养教育可以独立设置，也可以纳入德育课程，但均应科学制定教育计划、编写教材、配备师资，做到理论教育和实践操作的统一。

网民和公益组织。网民在网络素养教育中的作用主要体现在网络监督上。网络时代，

---

① 殷建光：《“七条底线”促网络文明》，《经济日报》2013年8月19日第2版。

② 王国珍：《新加坡公益组织在网络素养教育中的作用》，《新闻大学》2013年第1期。

网民是重要的舆论监督主体之一，通过对网络违规和不良行为予以举报或谴责，使其引起各方面的重视，进而在社会上形成依法依规用网、遵循网络伦理道德规范的风尚，同时宣传推广网络素养，提升网络文明程度。公益组织是政府、行业和学校进行网络素养教育的重要合作伙伴，可以充分发挥其公益性和公共性，组织广泛的网络素养教育培训和相关活动，为行业培训网络素养教育师资，提供网络素养教育资源等，让网络素养教育在网络空间和现实社会中均得到普及。

本章思考题

1. 世界各国网络伦理规范的重点是什么？有哪些具体措施？
2. 我国网络行业自律、网民自律与公众监督的发展程度如何？
3. 什么是网络素养？如何开展网络素养教育？

本章参考文献

1. 宫承波，刘姝，李文贤．新媒体失范与规制论[M]．北京：中国广播电视出版社，2010.
2. 宫承波．新媒体的多维审视[M]．北京：中国广播电视出版社，2008.
3. 高萍．当代媒介素养十讲[M]．北京：中国人民大学出版社，2015.
4. 北京市互联网信息办公室．国内外互联网立法研究[M]．北京：中国社会科学出版社，2014.
5. 蒋海升．青少年网络道德建构研究[M]．济南：山东大学出版社，2011.
6. 张东．中国互联网信息治理模式研究[D/OL]．北京：中国人民大学，2010[2021-03-26]．https://kns.cnki.net/kcms/detail/detail.aspx? dbcode = CDFD&dbname = CDFD0911&filename = 2010209111.nh&v = dvSFRatuGtFBfqgYoAQHFclg6Q5yv3EyyFGV%25mmd2BJMt35dmLpTOR2aMSQHDPjsro7vx.
7. 陈映．手机不良内容的规制路径、框架和手段——英国的经验及启示[J]．新闻界，2014(14).
8. 耿益群，阮艳．我国网络素养研究现状及特点分析[J]．现代传播，2013(1).
9. 王国珍．新加坡公益组织在网络素养教育中的作用[J]．新闻大学，2013(1).
10. 孙光海．公众监督的逻辑归宿[J]．网络传播，2006(1).
11. 肖远骑．美国孩子“玩”手机也约法三章[N]．中国教育报，2016-05-20.
12. 崇山．德国：网络分级助力青少年健康成长[N]．法制日报，2010-10-26.
13. 殷建光．“七条底线”促网络文明[N]．经济日报，2013-08-19.
14. 佚名．中国有了网络警察[N]．江南时报，2000-08-07.

XINMEITIGAILUN

第七单元

新媒体创新与未来媒体论

用户思维是新媒体创新的重要指导理念，这一思维强调在新媒体传播的各环节都要以用户为中心，并把用户作为媒介产品创新的出发点和落脚点。用户大数据是新媒体创新的重要依据，能够反映用户的基本状态属性和行为趋势属性，帮助分析者了解用户实际需求，从而辅助产品设计和相关决策。用户体验与新媒体创新是相辅相成的关系，提升媒体用户体验是新媒体创新的重要动力，而促进新媒体创新又能够带来积极的用户体验。

新媒体的当下已让人眼花缭乱，新媒体的未来更加值得期待。通过探究新媒体发展现状和技术变革趋势，我们得以窥视新媒体的未来图景——未来媒体。智能化、万物皆媒、社会媒介化是未来媒体的三大核心逻辑；移动化、融合化、智能化和平台化是未来媒体演化的四大基本趋势；泛媒体、全媒体、智能媒体、平台媒体是未来媒体生态的主要构成。随着沉浸式技术和区块链技术等前沿技术的成熟与应用，未来媒体将呈现越来越多的可能。

第二十二章 用户思维与新媒体创新

扫码可见
第二十二章PPT

媒体与用户的关系始终是传媒发展的核心问题之一。伴随着新媒体形态的发展和交互方式的革新，用户对媒体的需求变得越来越巨大，也越来越复杂。在新媒体时代，用户决定市场，只有立足用户思维，紧紧抓住用户需求，对媒体产品进行优化和完善，才能切实提升媒体用户体验，真正丰富新媒体使用和传播价值，从而实现新媒体创新性发展。

第一节 用户思维概说

随着传播环境的改变，媒体竞争越来越激烈；同时，新媒体环境中的用户角色多样且更加具有自主性。只有深入把握用户思维，新媒体才能在设计、生产和运营等各环节更好地满足用户需求，拓展自身生存和发展空间。

一、用户思维的含义

在之前的章节，我们了解到：从商界角度理解的互联网思维包含用户思维；用户思维要求我们明确用户对象，并对用户做必要的分层。由以上内容，可以看出用户思维是互联网思维的组成部分。既然我们已经重点论述了互联网思维，我们为何又要特别介绍用户思维呢？这是因为，要用好互联网思维，首先就要学会去伪存真，与其机械地套用理论，不如抓住互联网思维的实质，使其服务于实践过程中的理念重构，并指导实践中的结构、运营、应用等模式的创新。① 而用户思维是互联网思维最核心、最基础的理念，有助于我们切实把握和运用互联网思维。

那么，什么是用户思维呢？用户思维即在泛互联网、大数据、云计算等科技不断发展的背景下，深度接触用户、采集数据并汇集成用户画像，围绕用户需求不断进行创新——从需求收集、产品构思到市场定位、品牌规划、产品研发、生产销售、售后服务、组织设计等，面向用户提供服务，以用户为中心、以体验为核心，以实现互联网企业不断创新和发展的一种理

① 周冲：《传统媒体转型定位于策略》，《重庆社会科学》2015 年第 1 期。

念。[①] 传统思维一般是以产品为中心的思维方式，用户思维则改变这一点，强调在企业运行的各个环节都要以用户为中心，并将用户作为产品创新的出发点和落脚点。

用户思维虽然源自互联网企业，但其适用范围早已超出互联网企业。用户是媒体传播的关键主体，新媒体更是将用户拓展出信息传播者、关系连接者和社会参与者等多方面的角色。因此，媒体发展同样要重视用户思维。

二、用户思维的基本特征

根据用户思维的含义，我们可以从"以用户为中心""探究用户特征""重视用户体验"三个方面把握用户思维的基本特征，将其更好地运用到媒体创新之中。

（一）以用户为中心

用户思维的首要特征就是"以用户为中心"。进行任何产品创新都必须以用户为中心，并且将这一点贯穿整个创新流程，媒体创新也不例外。媒体创新所设计的产品最终都是要为用户服务的，因此，用户在使用媒体产品时的使用需求是媒体创新在开展任何一项工作都必须要关注的重要内容。以用户为中心就是要求媒体决策者、设计者和生产者把用户放在正确的位置上去展开媒体创新。只有如此，才能使媒体服务真正且满足用户需求。

（二）探究用户特征

用户思维强调以用户为中心，但仅仅以用户为中心是远远不够的。在过去，受技术手段和思维方式等因素的影响，部分媒体内容创作者只能推测受众喜好去创作，或者直接根据自己的经验进行创作，往往出现作品喜爱程度较低的情况。随着调研手段的增多、用户思维的觉醒，越来越多的决策者、设计者、运营者在媒体产品制作过程中积极探究用户特征，了解和挖掘用户的真正需求，在此基础上进行产品创新，以提升媒体产品的个性化、精准化和高效化水平。

（三）重视用户体验

用户思维是不能忽视用户体验的。用户体验的概念以"可用性"和"以用户为中心的设计"为基础，它是指用户使用一个产品时或享受服务过程中的全部体验。近些年，随着计算机技术在移动和图形技术等方面取得的突飞猛进的发展，用户体验在人机交互技术发展过程中受到了相当的重视，这导致对用户体验系统的评价指标从单纯的可用性工程，扩展到范围更丰富的用户主观感受、动机、价值观等方面。可以看出，与满足用户基本需求相比，用户体验更进一步，关注到用户的界面使用、心理、情感、满意度等更多细节和主观感受。重视用户体验是将用户思维落实到具体实践过程的必然要求。

① 许志强、刘彤：《共享与智能——信息技术视角下未来媒体发展趋势》，科学出版社，2020，第167页。

三、用户思维视角下的传媒发展

在用户思维指引下，传媒生态已经发生了巨大的变革，主要体现在以下三个方面：

（一）从“受众”到“用户”，充满媒体服务意识

用户思维相关理念强调，在产品开发设计的流程中要贯彻“以用户为中心”的核心思想。从本质上讲，媒体中的用户思维反映的是媒体用户地位的变化。随着新媒体的发展，“用户”成为对信息接收者的流行称呼，它一方面包含了传统媒体传播过程中的读者、听众、观众等受众概念；另一方面，用户也包括依托新媒体发展成长起来的信息提供者和交互者，较传统受众在信息传递过程中具有了更大的自主性。在用户思维的驱动下，媒体把服务对象从受众看作用户，意味着媒体要从用户角度去设计媒体产品，充满着服务意识。

（二）从“接收”到“体验”，满足用户多元需求

从接收到体验是媒体最重要的转变。过去，媒体工作者只是满足接收对象基本的信息接收需求，对于接收对象的接收感受关照较少。在新媒体语境下，接收对象升格为“体验用户”，他们不仅仅接收媒体内容，还主动拍摄、制作、分享相关信息，与传播内容和其他参与者发生互动，在这一过程中，体验用户与各类媒体交互的范围更为广泛，只有设计更加完善的媒体产品才能让用户形成良好的接触体验，媒体内容生产者也转变为媒体传播内容和服务的设计者，对媒体用户体验的关注度不断加强。这种强调媒体用户主体地位的思想，消解了媒介“异化”的负面效果，在保证用户体验的同时，有助于人本身的发展和成长，真正满足用户需求。例如，2017 年两会时，人民日报社的新媒体部门就对两会内容在社交媒体的传播做了专门的策划：通过《两会喊你加入群聊》H5 页面进行传播，将相关内容呈现在微信群聊、朋友圈场景中，与社交媒体阅读环境适配，互动性和趣味性因此大大提升。

（三）从“内容”到“产品”，提升媒体竞争力

在过去，媒体往往把自身定义为“内容生产和传播”的角色，各种流程围绕“内容”进行。而在用户思维指引下，媒体发展规划者、产品设计者和内容生产者要将“内容”向“产品”过渡，对各类媒体产品的进行优化设计。这种优化设计涉及媒体的方方面面，包括媒体发展的战略规划、运营的短期目标确定、媒介业务的具体开展、特殊时期的策划准备等；也包括对新媒体产品的功能、界面、互动等的设计；还包括媒体传播内容质量和效率的提高等。媒体对这些层面优化设计，其最直接的结果是可以提升媒体用户流量、扩大用户规模，进而形成规模经济，吸引广告商的入驻；对内容产品的优化设计可以助推内容产品的融合，如可以促进网络文学作品的影视剧化、游戏化，促进影游联动，借由优质 IP 提升媒体的美誉度、宣传品牌

文化、提升公信力和传播力。[①] 这个优化设计的过程，实质上就是促进媒体创新发展的过程。唯有创新，才能保持媒体在激烈市场竞争中的核心竞争力。总之，随着媒体用户规模达到瓶颈，整体市场由增量市场向存量市场过渡，贯彻用户思维可以使媒体在众多竞争者中脱颖而出。

第二节　用户大数据与新媒体创新

用户大数据是新媒体创新的重要依据。在新媒体创新过程中，用户大数据对优化新媒体产品、提升用户体验和媒介竞争力具有重要的影响。用户大数据已经在多个场景得到应用，如用户画像、个性化推荐和社会治理。随着大数据时代的深入，用户大数据所蕴含的巨大价值也将被挖掘。

一、大数据与用户大数据

大数据自提出至今得到广泛关注，其并无统一的定义，由于大数据是相对概念，因此目前的定义都是对大数据的定性描述，并未明确定量指标。全球著名的管理咨询公司 McKinsey 则将数据规模超出传统数据库管理软件的获取、存储、管理以及分析能力的数据集称为大数据；研究机构 Gartner 将大数据归纳为需要新处理模式才能增强决策力、洞察发现力和流程优化能力的海量、高增长率和多样化的信息资产；徐宗本院士则在第 462 次香山科学会议上的报告中，将大数据定义为“不能够集中存储、并且难以在可接受时间内分析处理，其中个体或部分数据呈现低价值性而数据整体呈现高价值的海量复杂数据集”。虽然以上关于大数据定义的定义方式、角度以及侧重点不同，但是所传递的信息基本一致，即大数据归根结底是一种数据集，其特性是通过与传统的数据管理以及处理技术对比来凸显，并且在不同需求下，其要求的时间处理范围具有差异性，最重要的一点是大数据的价值并非数据本身，而是由大数据所反映的“大决策”“大知识”“大问题”等。[②]

用户大数据是伴随大数据的形成而得到重视的。根据大数据的概念，我们可以将用户大数据进行如下的定义：所谓用户大数据，指的是传统数据处理应用软件不足以处理的大量或复杂的与用户相关的数据集。用户大数据能够反映用户的基本状态属性和行为趋势属性，帮助分析者了解用户实际需求，从而辅助产品设计和相关决策。在新媒体用户数量快速增长的背景下，新媒体用户的连接、互动、共享等行为持续发生，各种类型的信息在社交网络中不断传播，使新媒体用户的数据越来越庞杂、巨大，形成新媒体用户大数据。

---

① 宫承波、梁培培：《从“用户体验”到“媒体用户体验”——关于媒体用户体验几个基本问题的探析》，《新闻与传播评论》2018 年第 1 期。

② 彭宇、庞景月、刘大同、彭喜元：《大数据：内涵、技术体系与展望》，《电子测量与仪器学报》2015 年第 4 期。

二、用户大数据的应用场景

在大数据技术及其他新媒体技术的支持下,用户大数据已在多个新媒体场景得到应用,本部分将分析当下主要的用户大数据应用场景。

(一)用户画像

数字时代,用户数据(包括人口学特征、设备信息、商业属性等相对稳定的静态数据和访问频率与深度、停留时间、拖拽行为等实时变化的动态数据)直接或间接地反映出了用户行为习惯和态度偏好。若能将用户所有的数据快速归类与聚合分析并进行标签、权重与模型化处理,便能抽象出一个标签化的用户模型,即用户画像。例如,零售巨头沃尔玛推出了一款针对购物的语义搜索引擎"Polaris",其具备语义数据、文本分析、机器学习和同义词挖掘等的能力,可对 Polaris 上的数据进行挖掘和分析,从而构建画像并预测用户的行为。销售部人员通过用户在 Polaris 上的日常商品搜索数据统计了解当季最新最热产品,网站前端负责者则通过用户反馈不断完善网站类各板块属性,此举帮其在线购物的完成率提升了 15% 左右。①

(二)个性化推荐

个性化推荐是互联网企业广泛采用的个性化营销策略之一,它是指运营方根据用户已有的浏览、评论、消费或搜索历史等行为数据以及相似用户的历史行为数据推测目标用户的需求和偏好,然后在目标用户获取服务时为其推荐或展示他们可能喜欢的产品或服务。采用不同的标准,个性化推荐可以划分为不同的类型。根据用于产生推荐的数据类型的不同,可以分为基于显式反馈的个性化推荐和基于隐式反馈的个性化推荐。基于显式反馈的个性化推荐系统通常需要用户提供他们对产品的偏好信息才能提供个性化推荐,而基于隐式反馈的个性化推荐系统在用户不易察觉的情况下记录其行为和偏好,一般不需要用户提供关于产品属性偏好和属性重要性的信息就可以提供推荐。② 根据产生个性化推荐所采用算法的不同,可以分为基于内容的推荐——根据用户过去的浏览记录推荐用户没有接触过的推荐项,基于用户的协同过滤算法——基于一个"跟你喜好相似的人喜欢的东西你也很有可能喜欢"的假设,基于关联规则的推荐——挖掘发现不同内容在售卖过程中的相关性而进行的推荐。③

(三)数字化社会治理

大数据技术在加强和创新社会治理中的广泛应用,将深化我们对智能社会运行规律及其治理规律的认识。在这样的背景下,用户大数据应用于数字化社会治理场景之中。积极

---

① 许志强、徐瑾钰:《基于大数据的用户画像构建及用户体验优化策略》,《中国出版》2019 年第 6 期。

② 孙鲁平、张丽君、汪平:《网上个性化推荐研究述评与展望》,《外国经济与管理》2016 年第 6 期。

③ 陈昌凤、王宇琦:《新闻聚合语境下新闻生产、分发渠道与内容消费的变革》,《中国出版》2017 年第 12 期。

推进社会治理体系智能化，运用先进的理念、科学的态度、专业的方法、精细的标准提升社会治理效能，有助于增强社会治理预见性、精准性、高效性。① 嘉兴以全市实体划分的4365个网格为基本参照，由政府牵头搭建与居民群众互联互通的“微嘉园”。围绕“积分赚取、积分资源、积分应用”三大要素，全面激活基层自治的内生动力；围绕构建线上线下一体化工作体系，设立警民直通车、嘉心在线、在线法院等功能板块，方便居民群众直接反映问题、互动交流；将线上“微嘉园”与线下市级社会治理综合指挥服务中心、县级矛调中心、镇街“四平台”等一一对应，形成服务决策的全量基础数据库。

三、基于用户大数据的新媒体创新思考

目前，基于用户大数据进行创新已成为许多媒体的常规发展路径，许多全新媒体产品或服务形态不断涌现出来。本部分将对这些现象进行思考，以期使用户大数据更好地服务于新媒体创新。

（一）注重用户大数据的积累、维护和分析

用户大数据的获取是将大数据转化为新媒体创新资源的前提。对传统电视媒体来说，收视率便是深入分析电视收视市场的科学基础。新媒体环境下，用户交互行为更加多样，用户大数据的测量指标也随之丰富。如果仅仅通过后期简单的数据抓取，得到的用户大数据信息很可能是表面的、不够具体的。因此，要根据自身需求，尽可能建立起覆盖各个传播环节的用户大数据监测系统，以实现用户大数据的积累和维护，并不断丰富用户大数据的监测维度，为之后的用户大数据分析奠定基础。例如，抖音短视频应用建立起整个平台的用户大数据监测系统，以此来完善平台和制作大数据报告，《2018抖音大数据报告》就包含了用户活跃时间、城市、不同年龄段喜爱内容等指标；此外，抖音还为每一位创作者配置了“数据中心”，创作者可以根据播放量、点赞量、分享量和访问量等指标调整自身的创作方向。

（二）基于用户大数据实现精准传播，优化资源配置

坚持以数据分析为导向，在充分了解用户基本状态属性和历史行为属性等数据的基础上，深入挖掘用户行为、兴趣和偏好等数据，并从多个触点和时间段的大数据分析中找到关键点推动用户最终完成购买或持续使用，使用户连接从过去的“经验主义”的模糊方式迈向“数据驱动”的精确方式，②我们可以将这种方式概括为“精准传播”。“朋友圈广告”是以类似好友的原创内容形式在用户朋友圈进行展示的原生广告，通过整合亿级优质用户流量并基于用户画像实现精准传播，为广告主提供了一个高效的互联网社交推广营销平台。总之，在新媒体环境中，基于用户大数据进行精准传播，能够优化资源配置、降低推广成本和提升传播效果。

---

① 徐浩然：《提高大数据时代社会治理智能化水平》，澎湃新闻，2020年8月29日，https://www.thepaper.cn/newsDetail_forward_8941452，访问日期：2021年5月17日。

② 许志强、徐瑾钰：《基于大数据的用户画像构建及用户体验优化策略》，《中国出版》2019年第6期。

（三）防范用户大数据滥用带来的新问题

信息社会离不开大数据，但用户大数据的滥用也可能带来新的问题，对此我们要高度警惕。在充分利用用户大数据和挖掘其中的价值时，要防范用户大数据滥用带来的新问题。一是用户隐私保护问题。在大数据时代，用户信息可以被轻易地获取、存储、分析和传播，各种妨碍用户信息收集和共享的技术基本上被全面攻克，加之资本和政府的合力作用，用户隐私遭遇了前所未有的危机，用户信息变得越来越公开和透明。[①] 二是信息茧房问题。个性化推荐算法的主要作用，就是过滤掉它认为某个特定对象不需要的内容，以提高内容与用户需求的匹配度，降低用户获取有效信息的成本；这种机制的确有可能会在特定平台里局限用户的视野，形成在这个平台里的茧房。[②] 三是用户大数据"杀熟"问题。所谓"大数据杀熟"，是经营者依据用户个人的消费偏好数据，利用忠诚用户的路径依赖和信息不对称，就同一商品或服务向其索取高于新用户的售价的现象，[③]从而造成部分用户正当权益受到侵害。

第三节　用户体验与新媒体创新

用户体验正成为互联网领域的重要关注点。传媒领域技术日新月异的发展，带来了媒体呈现方式的创新，为用户提供了更多选择，用户体验这一概念也越来越流行。近些年，新媒体技术的迅猛发展带来了用户网络使用习惯的迅速变迁，使用户媒介接触体验成为传媒业的竞争焦点。

一、媒体用户体验的内涵

媒体用户体验的概念涵盖了包括传统媒体和新媒体用户体验在内诸多类型媒体的用户体验。所谓媒体用户体验（Media User Experience，MUE 或 MUX），指的是用户与媒体的交互界面为用户带来的所有方面构成的感知整体。在宏观层面，媒体用户体验还关乎用户在媒体实践过程中的感受和感悟，与用户主观世界的形成、世界观的建构和知识积累息息相关。可以说，媒体是用户认识世界和改造世界的工具，用户在借助媒体与他者发生交互时才会生成自我意识，而这种自我意识的直接来源就是媒体用户体验。这也是媒体与其他产品、媒体用户体验与用户体验的根本差异所在。

除此之外，媒体还与其他产品共享用户体验的一般内涵，具体包括如下几个方面：其一，媒体的可用性，涉及媒体在用户资讯获取、社会交往、教育和学习以及娱乐方面是否有效、高效和令人满意；其二，媒体用户的情感体验，涉及用户对媒体的情绪情感，它直接作用于媒体的品牌忠诚度、用户黏度、活跃用户数以及用户流失等方面；其三，媒体的价值联想，涉及媒

---

① 董淑芬、李志祥：《大数据时代信息共享与隐私保护的冲突与平衡》，《南京社会科学》2021 年第 5 期。

② 彭兰：《导致信息茧房的多重因素及"破茧"路径》，《新闻界》2020 年第 1 期。

③ 詹好、邵靳天、黄智威：《"大数据杀熟"：概念澄清及解决方案》，《软件》2019 年第 8 期。

体的品牌特征、信息的编码和解码以及媒体符号的能指和所指等，可以影响到媒体的美誉度、媒体文化和用户的符号消费与身份认同等社会文化层面的问题。①

二、媒体用户体验的基本类别②

同任何分类一样，依据不同的维度可以将媒体用户体验划分为不同的类型。

依据用户的感知维度把媒体用户体验自具体至抽象、自微观至宏观划分为三大类：用户的内部生理和外在感觉体验，用户的行为体验，用户的内心感受体验。

依据贝恩特·施密特的用户体验体系，可以把媒体用户体验分为：媒体用户感官体验、媒体用户情感体验、媒体用户思考体验、媒体用户行为体验和媒体用户关联体验。③

依据媒体产品的功能，可以划分为：信息获取体验、社交分享体验、生活服务体验、休闲娱乐体验等。

依据媒体内容生产、流通和消费的过程，将媒体用户体验划分为生产阶段的媒体用户体验（涉及用户参与、参与式设计等）、传播阶段的媒体用户体验和消费阶段的媒体用户体验。

依据体验的不同阶段，将媒体用户体验划分为期望体验、即时体验和长期体验。

依据用户使用媒体的过程，将媒体用户体验划分为前体验、中体验和后体验三个阶段。

依据客观现实和虚拟现实等不同的体验场景，将媒体用户体验分为直接体验和间接体验。

三、媒体用户体验的构成要素

媒体用户体验这一整体体验是由许多具体体验要素构成的。我们可以将这些媒体用户体验要素划分为五大层级：设备、平台、媒体、形态与内容。④ 不同层次用户体验要素、同一层次内用户体验要素的相互作用构成了最终的媒体用户体验。对新媒体来说，它的一部分用户体验要素由传统媒体继承和发展而来，又形成了独特的新要素。

（一）设备层：物理层次的媒体用户体验要素

现阶段的媒体难以脱离物理意义上的终端设备。设备层的用户体验要素是物理层次的体验要素，是媒体用户体验最基础的要素。一方面，它与技术直接相联系，是媒体功能实现的基础；另一方面，它也提供给用户最直接的体验，如设备材质的触觉体验、外观的视觉体验和音量音质的听觉体验等。传统媒体时代的物理媒介种类和数量都较为有限，主要是纸张、收音机和电视机。如今，新媒体终端设备无论是在种类上，还是在数量上都在急剧增长。计

---

① 宫承波、梁培培：《从“用户体验”到“媒体用户体验”——关于媒体用户体验几个基本问题的探析》，《新闻与传播评论》2018 年第 1 期。

② 宫承波、梁培培：《从“用户体验”到“媒体用户体验”——关于媒体用户体验几个基本问题的探析》，《新闻与传播评论》2018 年第 1 期。

③ 罗仕鉴、朱上上：《用户体验与产品创新设计》，机械工业出版社，2010，第 5 页。

④ 宫承波、梁培培：《从“用户体验”到“媒体用户体验”——关于媒体用户体验几个基本问题的探析》，《新闻与传播评论》2018 年第 1 期。

算机、移动智能手机、电子阅读器、可穿戴设备、智能音箱、车载媒体终端等构成了丰富的新媒体物理终端设备图景。

媒体终端设备种类的丰富意味着功能体验的多样化。首先，一些新媒体终端设备实现了对原有功能体验的升级，例如传统电视机只能在固定环境收看电视，而移动智能手机可以随身携带、连接网络，利用移动智能手机看电视可以随时随地观看且能进行点播，增加了用户移动化、个性化的体验。其次，新媒体终端设备还创造了新的功能体验，如在 VR 设备上观看 VR 视频，用户可以转换自己的视角带来视频观看视角的改变。最后，媒体终端设备种类出现了两种趋向：一是功能集成趋向，许多功能集成到一个设备之中（如移动智能手机），集传统媒体功能于一身，又不断增添许多新功能，带来了“一站式”的便捷体验；二是功能独立趋向，一些附属在多功能设备上的功能独立出来，演化出具有独立功能的设备，如电子阅读器和智能音箱，主要功能分别为阅读电子书和进行语音交互，带来了“专业化”和“专注性”的体验。

媒体终端设备的普及和增多也赋予了用户更多新体验。首先，媒体终端设备的大规模增加，使每个人都能拥有专属于自己的媒体终端设备（特别是移动智能手机），这自然给用户带来了私密化、个性化的体验。其次，部分媒体终端设备的重量、体积大幅度降低，方便用户携带，增强了移动化体验，这也是媒体场景化体验的物理基础。最后，媒体终端设备的大量增加，意味着媒体能够连接到更多的用户，用户也能连接到更多的其他用户，一定程度上强化了用户的社会化体验。

除此之外，媒体终端设备种类和数量上的变化，也使互动方式得以升级，语音互动、触摸互动、手势互动、体感交互、眼神互动甚至是神经互动都成为媒体交互方式，丰富了互动体验，降低了互动和传播成本，同时增强了趣味性。

（二）平台层：媒体载体集合的用户体验要素

平台是承载媒体的母体，是其基本生态。① 媒体平台是诸多单位媒体的集合，主要类型有社交媒体平台（如微博、微信）、聚合媒体平台（如今日头条、百度客户端）、生活应用平台（如支付宝）、智慧生态平台（如智能家居系统、车联网系统）。这些媒体平台拥有着强大的功能，也是用户进入某一具体媒体的入口，同时为媒体打上了平台的印记。这里将以微信这一社交媒体平台为例，分析平台层主要的媒体用户体验要素——主动性体验、社交性体验、工具性体验。

平台层的主动性体验。传统电视中包含许多频道，可以看作许多电视台的播放平台。但传统电视中电视台具有绝对的内容主导权，用户几乎没有主动性体验。而在微信传播场域中，每个人都获得了相对平等的传播权限，可以在好友对话、群聊、朋友圈等场景中自由发布内容。微信公众平台、微信视频号则将用户的主动权大幅度提升，用户与媒体、政务部门、

① 宫承波、梁培培：《从“用户体验”到“媒体用户体验”——关于媒体用户体验几个基本问题的探析》，《新闻与传播评论》2018 年第 1 期。

企业一起都成为公众号和视频号的主体，在共同的信息流当中推送。

平台层的社交性体验。社交性体验是新媒体激发用户活力的主要体验要素，它主要包括人际社交互动和媒体信息的社交传播两个方面。在微信的人际社交互动中，人与人之间可以通过文字、语音、视频等多种方式连接，并增加了表情包互动、点赞、评论、微信红包等多种社交形式，是现实社交的延伸性体验。在微信中，用户不仅可以获取媒体信息，还可以将媒体信息分享出去，实现媒体信息的社交传播，这种分享活动可能带给用户广泛的认同性体验。

平台层的工具性体验。微信也可看作是一个多功能工具，拥有微信支付、城市服务等功能，实现了数字化的生活体验。此外，微信小程序的上线进一步丰富了微信的使用场景，提升用户的轻量化体验。

（三）媒体层：作为“单位媒体”交互的用户体验要素

媒体是用户交互过程中的主体部分。这里所说的媒体指的是“单位媒体”，是能被称为媒体的较小层次单位，如新闻客户端、微信公众号、单个微博号、新闻网站、智能音频。与其他层次的要素相比，媒体层的要素对形构用户体验起着关键作用；同时，它也肩负着承载和传播内容的职能。[①] 媒体层的用户体验要素以媒体与用户的连接为核心，即如何开展交互活动，这里主要以新闻客户端为例介绍这一点。

新闻客户端的用户体验要素可以分为三类：产品特性、用户感知和情感反应。事实上，这三类体验要素具有一定的逻辑顺序。首先，用户感知到新闻客户端诸如内容（Content）、视觉（Presentation）、功能（Functionality）和交互（Interaction）等特性，在此基础上，开始构建用户自己对产品属性的独特感知，这个感知包含两个层面——实用的（Pragmatic）和享乐的（Hedonic）；然后，用户对产品的感知导致一定的结果：对新闻客户端吸引力、情感反应的判断，以及行为上的结果。当然，产品属性并不一定总是导致同样的结果，这一过程受使用情境的影响。[②] 具体来说，在产品特性方面，在新闻客户端传播内容日益相近的情况下，界面呈现、推送功能和品牌定位起到了较大的作用。在用户感知方面，越能提供使用的内容，在使用上增添创意和趣味性，越能给用户带来强烈的感知和记忆。在情感反应方面，建立在品牌定位和良好感知基础上的新闻客户端，能够促进较长时间的使用，带来持续的吸引力和积极的情感反应，这反过来又能强化与产品特性和用户感知相关的体验。

（四）形态与内容层：微观层次的用户体验要素

由于形态和内容层关系密切，这里我们将形态与内容层放在一起进行讨论。从媒介传播形态的角度来看，内容的主要组成因子为文字、图片、音频、视频、增强现实、虚拟现实和混合现实以及 H5 标准的交互场景动画等。这些不同的媒介样态作用于用户的不同感官和行

---

① 宫承波、梁培培：《从“用户体验”到“媒体用户体验”——关于媒体用户体验几个基本问题的探析》，《新闻与传播评论》2018 年第 1 期。

② 赵雪薇：《移动新闻客户端的用户体验实证研究》，硕士学位论文，暨南大学，2015。

为，进而带来多元的体验。① 这部分我们将以视频新闻用户体验为例介绍形态与内容层的用户体验。

如下图所示，视频新闻的用户体验可以分为“预期”“进程”“反馈”三大类。

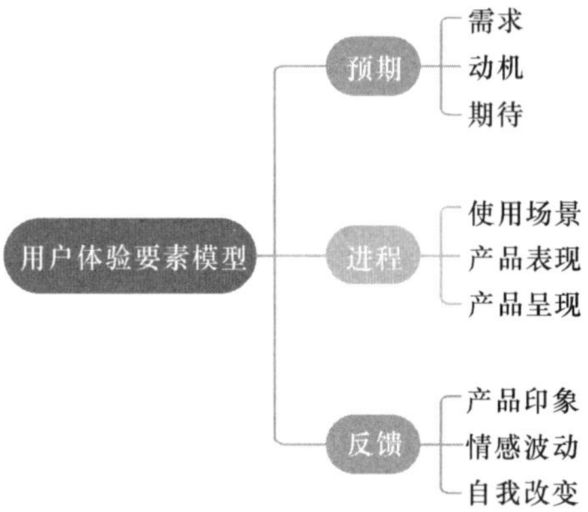

图 22-1 视频新闻用户体验要素模型②

视频新闻的预期体验是用户接触视频新闻之前对其所抱有的希望。具体来说又包括三个方面：一是需求，用户往往先对某一事物产生功能上的需求，或者先产生需求动机才会关注该事物，视频新闻也不例外；二是动机，动机即用户满足自身某一需求而采取的行动；三是期待，这是用户在使用视频新闻之前对其进行的预先定位。

“进程”要素描述的是用户对视频新闻的整个使用过程。其中，在使用场景中包含了视频新闻用户消费的各种场景，使用场景主要提供了视频新闻使用的基本语境。产品表现指的是视频新闻的内容本身，具体包含了内容品质、表达视角和发布权威与否等要素。产品呈现是视频新闻研究中的重要一环，随着媒介技术的发展变革，视频新闻的呈现方式越来越多元化、多样化。

视频新闻的“反馈”要素指的是用户使用视频新闻以后产生的情感反应、使用黏性以及心理归属。这方面的体验是视频新闻呈现给用户心理上的体验，用户对视频新闻的接受充满感情色彩，突出的是用户能否体验到满足、认可等感受。③

四、用户体验视角下新媒体创新的基本方向

要从用户体验视角把握新媒体的创新方向，可以从以下几个方面入手：

（一）贯彻用户思维，由“传播信息”升级到“服务设计”

思维的转变是提升新媒体用户体验的根本创新方向。强调用户体验，就是要坚持“以用

① 宫承波、梁培培：《从“用户体验”到“媒体用户体验”——关于媒体用户体验几个基本问题的探析》，《新闻与传播评论》2018 年第 1 期。

② 王玉风、孙宇、宫承波：《基于视频新闻的用户体验要素模型探究》，《当代传播》2018 年第 5 期。

③ 王玉风、孙宇、宫承波：《基于视频新闻的用户体验要素模型探究》，《当代传播》2018 年第 5 期。

户为中心的设计”的原则，这是用户思维的体现。传统媒体是“短缺传播时代”的产物，他们所熟悉的是“共性的生产”与“主流价值观”的传播，①而面对当今的“精确化”传播市场，最能占据主动权的传播主体是能发现并满足用户个性化需求的媒体或机构。密切了与受众的关系是新媒体相较于传统媒体最大的优势。对新媒体而言，获取用户反馈并满足用户需要十分重要。这一方面源于媒体传播技术的进步和手段的多元化，降低了用户使用媒体选择信息的成本；另一方面也源于互联网生态环境下的新媒体用户获得了更广阔的话语表达空间。作为用户的受众，其地位从附属向中心转变，实则反映出媒体竞争环境由卖方市场向买方市场的转变。面对市场的改变，媒体则需要贯彻用户思维、以用户为中心来制定媒体的传播和发展策略，其实质是通过提升媒体各方面的水平来更好地服务新媒体用户对信息内容的多元化诉求，并由单一的“传播信息”升级到全方位的“服务设计”。

(二)关注媒介使用情境，系统化设计新媒体产品

媒介使用情境，既包括媒介使用的物理场景，又包括媒介使用的信息场景。新媒体打破了地域限制、打破了传统媒体情境，将不同情境融合成“新情境”，人们在这一新情境中也会有一系列新的感知、新的行为和新的表现。人们可以更随意更轻松地进行线上线下切换，可以在各种场景之间任意穿梭。在新媒体环境之下，多个场景之间的互通、并存和相互作用就表现为地域的消失，这种消失既表现为对物理场景的打破，又表现为信息场景的无边和自由。新媒体还在不同社会群体之间创造了一个混合的新情境，对于促成不同地域、不同群体的文化认同、价值观塑造都凸显了强大的影响力。② 用户体验的形成是一个系统化的过程，用户在使用新媒体时处于一定使用情境之中，这些情境会对用户媒介使用产生影响。这也要求新媒体产品设计者要对产品进行系统化设计，而不能抽离这种情境，否则这种用户体验就是空洞的、无意义的。在不同的情境下，用户的情感和行为都不相同，对这一点的重视程度关系着媒体用户体验设计的成败。

(三)利用技术完善新媒体服务，注重“技术人性化”

技术是媒体发展的先导力量，技术的变迁推动着新媒体形态和交互手段的变革，也促使媒体用户体验不断升级。技术与媒体用户体验中设备、平台、媒体、形态和内容五大层级都关系密切，通过技术能够实现各层次要素的优化，从而完善新媒体服务。例如，在设备层，利用技术可以对媒体终端设备进行优化，如屏幕清晰度、信息获取速度、交互方式、体积、形状、质量等；在平台层，可以利用算法推荐等技术使平台更加智能化，实现人与人、人与信息的个性化匹配；在媒体层，可以利用技术加强媒体与用户的联系，如反馈与互动的多样化；在形态与内容层，可以丰富媒体内容呈现的形式。

在利用技术优化用户体验时，要注重技术人性化的原则，这对媒体来说也很重要。技术

---

① 喻国明、姚飞：《强化互联网思维推进媒介融合发展》，《前线》2014 年 10 月。

② 孙莉、孙佳乐：《试论网络媒介情境下的“地域”消失》，《新闻世界》2010 年第 11 期。

人性化就是按照人的生理、心理特点来架构技术形态，它主张技术的发展要把人置于核心地位，强调科技与人的融合。简单来说，就是发展技术要坚持以人为本。[①] 新媒体用户需求变得越来越复杂和多样化，要求表现自我意识、个人风格和审美情趣，这反映在新媒体服务的设计上要使服务越来越丰富和细化，体现出人情味和个性。新媒体的个性化推送、无障碍操作、可穿戴设备都体现出技术人性化的特征。在未来，技术人性化的方向是一方面要继续了解人，深入人的潜意识，达到一种情感交流的状态；另一方面要紧跟时代步伐，让新媒体富有时代特征，成为促进个人发展、社会进步的重要力量。

（四）注重软硬件、交互方式、界面使用等细节要素的完善

新媒体的宏观策略和产品定位固然重要，但一些细节要素也同样不能忽略。细节决定成败，在媒体用户体验上体现得尤为明显。对媒体用户体验的优化，要精益求精，每一个细节都可能影响用户使用的实际体验，甚至决定整个媒体用户体验的成败。优化媒体用户体验的细节，可以从软硬件、交互方式、界面使用等角度认真检查与完善一些细节要素。随着时代的发展，目前已经进入了软硬件整合的阶段，软件和硬件的配合程度关系着媒体使用的诸多细节，因此要注重媒体软件与硬件的一体化设计。在交互方式方面，要努力让媒体交互方式变得自然、智能和便捷，而不是为了凸显媒体特点而使交互变得刻意又复杂。在界面使用上，要注意内容布局、界面风格、交互反馈效果等细节，同时以人机结合的方式不断排查与优化，降低遗漏的可能，提高细节优化效率。

（五）坚持新媒体永续创新，实现“产品创新”与“用户体验”良性互动

需要强调的是，不论采取何种方法研究用户，对用户体验进行评价，都有其局限性，只能为新媒体内容、功能和产品的设计提供一种参考。我们提倡以用户为中心的设计，但不能囿于这一点。事实上，用户往往不能完整准确地描述心中的需求，难以表达出真正需求，所以，即便是满足他们心中所想，也并不一定就是真正满足用户需求。因此，新媒体服务提供者还是要大胆创新，永续创新。通过创新引导潮流，引领消费，创造新的生活方式和体验，不限制自身的思维，创造出用户可能接受的新媒体产品或服务，这是万物皆媒时代新媒体提升用户体验的必然之路。世界上唯一不变的就是万物永远在变化，唯有永续创新，保持新媒体的新鲜感，因时而变，创造新需求，又为媒体产品提供设计新的方向，才能实现“产品创新”与“用户体验”的良性互动。

本章思考题

1. 如何理解用户思维？
2. 请思考基于用户大数据进行新媒体创新需要注意哪些问题？
3. 请结合案例分析各层级新媒体用户体验要素。

---

① 罗仕鉴、朱上上：《用户体验与产品创新设计》，机械工业出版社，2010，第214页。

本章参考文献

1. 罗仕鉴,朱上上. 用户体验与产品创新设计[M]. 北京:机械工业出版社,2010.

2. 宫承波,梁培培. 从“用户体验”到“媒体用户体验”——关于媒体用户体验几个基本问题的探析[J]. 新闻与传播评论,2018(1).

3. 王玉凤,孙宇,宫承波. 基于视频新闻的用户体验要素模型探究[J]. 当代传播,2018(5).

4. 易钟林,姚君喜. 新媒体产品创新的特征与过程[J]. 现代传播(中国传媒大学学报),2016(3).

5. 喻国明. 大数据智能算法范式下的媒介用户体验的效果评估[J]. 教育传媒研究,2018(5).

6. 陈力丹,王之月,王娟. “用户体验”的新型媒体生存模式[J]. 新闻爱好者,2015(5).

7. 许竹. 未来新媒体用户体验模式的发展[J]. 新闻与写作,2016(11).

8. 周冲. 传统媒体转型定位于策略[J]. 重庆社会科学,2015(1).

9. 彭宇,庞景月,刘大同,彭喜元. 大数据:内涵、技术体系与展望[J]. 电子测量与仪器学报,2015(4).

10. 许志强,徐瑾钰. 基于大数据的用户画像构建及用户体验优化策略[J]. 中国出版,2019(6).

11. 陈昌凤,王宇琦. 新闻聚合语境下新闻生产、分发渠道与内容消费的变革[J]. 中国出版,2017(12).

12. 董淑芬,李志祥. 大数据时代信息共享与隐私保护的冲突与平衡[J]. 南京社会科学,2021(5).

13. 彭兰. 导致信息茧房的多重因素及“破茧”路径[J]. 新闻界,2020(1).

第二十三章

未来媒体论

扫码可见
第二十三章PPT

传播技术的不断翻新和传媒形态与应用的层出不穷已然构成“乱花渐欲迷人眼”之景，短视频、小程序、智能可穿戴设备……我们似乎总是跟不上新事物前进的脚步。不过，若是以发展的眼光观察传媒领域的诸种变化，以系统性的眼光考量技术更迭规律、传媒演变轨迹、生活方式变化等，我们便能发现媒体生态的变革趋势，从而探索未来媒体的演变图景。

第一节　未来媒体概观

人们对技术的畅想从未中止，这其中就包括未来媒体的思考。而技术的不断发展与快速迭代使未来媒体的雏形越来越明晰，本节将从概念界定和核心逻辑两个方面来对未来媒体进行介绍。

一、未来媒体的概念界定

未来媒体，顾名思义，就是未来的媒体，它描述的不是过去，也不是现在，而是未来。既然是未来的媒体，它可以指代从此刻之后所有的媒体形态。但为了便于研究，一般是以年份作为时间标准的，这个时间跨度往往是5—10年。5—10年正好是能够把握的时间跨度，如果太短研究的对象就变成了当下媒体，太长又因为媒体技术的迅速革新而失去了现实意义。

从字面上看看，未来媒体包含了媒体的内涵，但已经超出媒体的意义，一方面，媒体超媒化，媒体除了传递信息的基础功能之外，还集合了社交关系、产品服务、使用场景等要素；另一方面，非媒体媒体化，随着媒体外延性的增强，越来越多非媒体的行业和企业，如金融、环境、科技等都将介入媒体业务。

此外，未来媒体与当下媒体的联系是紧密的，未来媒体的发展根植于当下媒体，通过当下媒体的发展可以探究未来媒体的发展趋势。

根据未来媒体的概念，我们发现这一定义具有以下特征：动态性、复合性、预见性和开放性。充分理解未来媒体的定义，是我们把握未来媒体发展的关键。

动态性。与新媒体概念的时间性一致，未来媒体也是一个时间性概念，我们可以将其概括为动态性，这种动态性表现在两个方面：一是视角的相对性，未来媒体是以当下近几年的时间范围作为参照的，随着实践的推移，未来媒体会出现动态变化，即当下理解的未来媒体不再是未来媒体，新一代的未来媒体形态进入人们的视野；二是形态的动态性，未来媒体表现的是一种演变趋势和发展路径，并不是一种固化的形态，即便有其代表形态，但也不是一成不变的，而是随着技术的发展而不断革新。

复合性。未来媒体描述的是媒体形态的发展趋势，并不是单一的媒体形态，因而具有显著的复合性。首先，未来媒体具有发展趋势的复合性，各种发展趋势都可以纳入未来媒体的思考之中。其次，正是由于发展趋势的复合性，未来媒体还具有媒体形态的复合性，未来媒体趋向的媒体形态也是多种类型的。最后，未来媒体具有媒体要素的复合性，内容、技术、组织和用户等要素均可纳入未来媒体的讨论范畴。

预见性。未来媒体是一种面向未来的思考，因而它是对媒体发展的预判和前瞻。由此可以看出，未来媒体具有预见性，蕴含着媒体发展走向的推测意味，因此，这种推测允许出现一定的偏差。但是，未来媒体的预见性并不说明可以随意构想、胡乱猜测，而是要基于当下媒体形态、媒介技术发展脉络和用户需求等，从而使未来媒体的图景更加清晰。

开放性。未来媒体的概念并不是一个具体的概念，它表现出的是媒体发展的开放性，即未来媒体不排斥各种可能。随着技术的发展，未来媒体可能向着新的路径进发，更有可能形成与当下媒体截然不同的形态。此外，这种未来媒体的开放性还表现在未来媒体思维的开放性，即如何将新的技术逻辑和发展理念注入媒体发展之中，促进媒体持续创新。

二、未来媒体的核心逻辑

未来媒体具有很大的不确定性，但就目前而言，其核心逻辑是相对稳定的，包括智能化、万物皆媒和社会媒介化。

（一）智能化

智能化主要指利用现代信息技术及智能自动化技术帮助人类进行信息计算、分析和决策。主要表现为以提升人在生理、心理方面的需求为导向，突出人性化的设计和应用。机器时代传承的审美观念“精密、审慎考量、无瑕疵、简洁、经济”在智能制造时代依然存在。智能化本身也是人类实践活动中追求体验感，满足深层次自我需求的表征。未来媒体以算法为驱动的信息推送将更讲求人性化体验，更注重以人体实时状态的数据为基础的进行聚合推送，而不是一推了之或人脑处于工作繁忙之时给用户推送复杂的资讯。其次，智能化特征表现在对人类部分脑力劳动的可替代性上，如通过智能软件程序进行数据自动清理的机器人，进行信息整合发布的写作机器人。①

（二）万物皆媒

万物皆媒描述了未来泛媒化的趋势，它首先指的是物体的媒介化，依靠于物联网技术、人工智能技术、云计算技术，各个物体间都能够进行互联，实现基础的媒介化；其次，万物皆媒指的是人体

---

① 强月新、陈志鹏：《未来媒体的内容生产与叙事变革》，《新闻与写作》2017 年第 4 期。

的媒介化，目前通过可穿戴设备已经能够让人体作为发射和接收信息的终端。在未来，万物皆媒将进一步向深度发展，物体的媒介化将更加智能，人和物媒、穿戴设备融合将更加紧密。

智能互联网时代，媒体产业链各主体角色泛化：信息采集主体从人拓展到各智能终端，信息加工方式从人工发展到机器智能，信息传播渠道从专用设备与延伸到各种智能物件，一切“物体”均可成为信息生产、加工和传播的主体。万物皆媒背景下，一方面，新的媒介形态倒逼内容生产模式变革，全息影像、一句话新闻、短平快播报等内容“因屏而生”；另一方面，万物皆终端使得个体场景数据和媒介内容数据实现同步交互，海量数据在反哺内容生产的同时也为个性化信息服务提供支撑。媒体从一种独立实体进化成为一种伴生物，万物互联，一切皆媒体。①

（三）社会媒介化

社会的“媒介化”发展是未来社会发展中一个现象级的主流趋势，它意味着整个社会开始传播的机制、法则和模式来进行自身业态和架构的重建。因此，传播起到了穿针引线的激活者、设计者、整合者和推动者的作用，促使其在整合与匹配中形成功能、形成价值，构造出新的关系结构和利益分配的模式，这是时代发展赋予未来媒体发展的巨大机遇。未来的媒介化的社会发展，不仅要求媒体去做内容，更要求媒体特别是主流媒体，要把内容作为社会“媒介化”的载体去激活关系、组织圈层，这是未来主流媒体的基本价值逻辑。②

第二节　未来媒体演化趋势及生态

未来媒体的演化趋势和媒体形态之间并不是一一对应的，一种演化趋势可能演化出多种媒体形态，某种媒体形态也可能由多种演化趋势共同发展而来。本节将分析未来媒体主要的演化趋势的动力和基本路径，并对这一趋势影响下的媒体生态进行展望。

一、移动化趋势与泛媒体生态

移动化是媒体发展的重要方向之一，是信息传播回归于人类最自然的交流方式的必然选择。它不仅意味着媒体平台的迁徙，更是从媒体思维到信息生产逻辑、产品呈现形态、产品结构、传播端口等各方面的一次系统化升级。

（一）未来媒体移动化趋势的动力

1. 技术性动力——移动互联网

移动互联网甫一诞生，便以其便捷性、即时性、精确性、感触性、定向性、私密性、业务与终端和网络的强关联性等优势，将人们从桌面互联网时代推向一个创新无限的崭新世界。它整合了移动

① 向安玲、沈阳：《全息、全知、全能——未来媒体发展趋势探析》，《中国出版》2016年第2期。

② 喻国明：《有的放矢：论未来媒体的核心价值逻辑》，《新闻界》2021年第4期。

终端随时、随地、随身和互联网分享、开放、互动的优势,由运营商提供无线接入,互联网企业提供各种成熟的应用,被称为下一代互联网 web3.0。移动互联网业务和应用包括移动环境下的网页浏览、文件下载、位置服务、在线游戏、视频浏览和下载等,以固有的随身性、可鉴权、可身份识别等独特优势,为传统的互联网类业务提供了新的发展空间和可持续发展的新商业模式。移动互联网成为推动产业乃至经济社会发展最强有力的技术力量。①

媒体的移动化便是由巨大的移动互联网浪潮裹挟而来的趋势之一。这里的"移动化","不仅是一种经营模式和传播形态的转变,更重要的是通过移动新媒体的传播平台在媒介融合的过程中,通过有效的议程设置激发社交主体之间信息生产、传递和交流的热情,从而扩大媒体和所传播内容的影响力"。② 移动互联网不仅大大拓展了信息源,将即时、分享、订阅等因素纳入信息传播链条,也催生出微博、微信、移动客户端等一系列社交产品,将信息传递的途径由 PC 端迁移至移动端,为各种新媒体形态开疆拓土的同时,也倒逼传统媒体开始战略转型,推出创新型信息服务产品,从内容渠道到传受关系各方面重构了传媒生态。

2. 需求性动力——移动化需求

移动化发展的最本质原因是它有效地顺应了人类"延伸自我"的需求。

首先,移动化顺应了人的自由化需求。从传媒发展史的角度看,媒体移动化的内在逻辑源于人类对交流与承载其思想的特殊工具系统功能形态不断完善的需要。移动化在时空上使人获得了解放,呼应了人类自始所追求的"随时随地获取任何信息"的目标。移动传播勃兴,在于它不但有互联网即时、多样、丰富、海量、互动等特点,又有移动端随时随地接受和发布信息、永远在线和永远互联的优势,它代表了信息传播逐渐向人类最自然的交流方式回归的趋势。③

其次,移动化顺应了人的个性化需求。相较于桌面互联网,移动互联网显然更能够满足人们信息获取个性化的需求。一方面,移动终端可以通过基于位置的服务(LBS)定位当前位置,甚至趋向性位置,从而使相关服务更具定向性;另一方面,以智能手机为代表的移动终端及移动信息产品大多具有较强的个性化程度,每一个手机号、微信号、移动客户端账号都精确地指向一个明确的个体,从而使相关服务更具针对性。更为重要的是,移动互联网更加强调以人为本、以人为中心,也就是以用户身份识别为中心,"永远在线",随时互联;强调满足"人"的需求,强调人与人之间的信息与内容交互;强调产品与用户之间的双向价值互动,产品既能给用户提供价值,同时用户也能给产品提供价值,而且,用户与用户之间也能相互提供价值,从而满足用户的个性化需求。

最后,移动化顺应了人的私密性需求。移动互联网的发展使媒体日益往个体化的方向演进,看手机、刷微博、发朋友圈等都是极具个人化色彩的活动,个人传播越来越受到关注。相对于传统互联网,移动互联网具有更强的个人归属性、私密性、规则性,更容易建立起信用机制,这使移动互

① 《移动互联网的现状和趋势》,百家号,2018 年 6 月 10 日,https://baijiahao.baidu.com/s?id=1602864635625226165&wfr=spider&for=pc,访问日期:2021 年 5 月 21 日。

② 唐嘉仪:《传统媒体"移动化"转型路径及策略探究》,《新闻研究导刊》2017 年第 2 期。

③ 崔士鑫:《移动优先、内容为本,推进媒体融合创新》,《传媒》2017 年第 17 期。

联网具有了位置性和可控性的本质特征，也决定了移动互联网具有更大的商业价值。

（二）未来媒体移动化趋势的基本路径

“移动优先”，即将资源、技术、力量向移动端倾斜，它与“内容为本”共同构成了媒体融合发展的两大关键点，也揭示了未来媒体的生存法则。在这一法则的指引下，当前从中央到地方、从新媒体到传统媒体，都在进行着各自的移动化之路。

1. 传播矩阵移动化

开通微博账号、微信公众号，与新闻客户端、网络电台、网络视频平台等移动传播载体进行嫁接、糅合，最终形成载体多样、渠道丰富、覆盖广泛的移动传播矩阵，打造以“两微一端”为基本模式的移动化媒体融合传播体系，在发挥自身信息资源优势和采编优势的基础上实现精准推送，最大限度地吸引用户，是传统媒体进入移动传播领域的第一步，也是目前众多传统媒体的选择。这之中，蕴含了两种趋势。

第一，媒体与用户的连接平台逐渐从传统端向移动端迁移。这也是最为显而易见的，报纸不仅停留在纸上，手机也可以看报听报；广播不再受限于收音机匣子，移动音频 App、车联网、智能音箱等都成为用户收听广播的入口；电视不再囿于电视机，也可以通过微博、美拍等短视频形式观看节目。与此同时，各种新型社交媒体应用也遍地开花，成为移动传播体系中的重要成员。

第二，媒体在从内容生产到终端输出的各个环节都开始具备越来越多的移动化“基因”。传播渠道的移动化迁移只是媒体移动化的基础性工作，“对媒体来说，坚持移动优先战略、提升移动传播能力，不是简单做一个或几个客户端以及微博、微信等，它背后应连接着强大的具有科学高效体制机制的采编资源，连接着强大的新闻信息生产能力，包括能提升用户黏度的信息服务能力……媒体只有加快推进理念、内容、体裁、形式、方法、手段、业态、体制、机制等方面的创新，重构采编发网络、再造采编发流程，移动优先战略才能取得预期效果”。① 这意味着，无论报纸还是广播电视，无论其原本的传播渠道是什么，“以何种形式更好地在移动端呈现”都将是其在新闻信息生产全流程中要考虑的重要甚至首要因素。

2. 信息产品移动化

“移动优先”是媒体发展的战略选择，但无论采取何种战略，“内容为本”都始终不会过时。移动传播更适合“泛阅读、浅阅读、轻阅读、易阅读”，因此新闻信息的内容生产也将顺应移动传播的新态势，构建一套新的优质内容标准。从当前的发展情势看，信息产品的移动化包含了以下几种趋向。

其一，更强调“碎片化”。人类正进入“移动社会”，流动的个体倾向以求新、求变为追求，不再以产品或产量为卓越的标准。有人称之为追求速度、不追求意义。② 因此，“碎片化阅读”成为移动阅读的最大特点。逻辑、理性、深度更多地让位于轻松、随意，“首先篇幅要精

① 崔士鑫：《移动优先、内容为本，推进媒体融合创新》，《传媒》2017 年第 17 期。

② 陈昌凤、仇筠茜：《移动化：媒介融合的新战略》，《新闻与写作》2012 年第 3 期。

练,多提供短小精悍、鲜活快捷、'微言大义'的信息,类似于微博、微信、微视频等'微内容''微信息'。即使是重头、深度,也需直指本质、核心,画龙点睛,用户有深度阅读需要的,可以用链接等方式提供补充延伸阅读”。①

其二,更强调互动性。对话和互动是互联网的核心精神,而人际传播的魅力也在于能够即时互动。移动互联网时代,传统媒体与社交媒体相织相融,是对人类最自然、最原始的人际交流的某种回归,因此更加强调信息产品中的社交属性和互动属性。BBC 基于亚马逊 Alexa 设备制作的交互式广播剧 The Inspection Chamber(检查室)便是一个鲜明的例子。

其三,更强调新技术在内容生产中的应用。先进技术不仅可以带来移动传播载体的创新,也能够创新内容表达,丰富信息产品样态。目前很多创新型新闻产品的背后,都有一定的技术支撑,比如基于音视频数据采集与处理、编码、封包发送等技术的移动直播,基于智能技术的互动新闻、无人机新闻、机器人新闻等,还有许多基于 3D、AR、VR、H5 等技术的一系列新闻产品。未来,5G 传输、全息投影、物联网、可穿戴设备等前沿技术将为媒体的内容生产带来更广阔的想象空间,优质内容将获得更加多样态、全方位、立体化的呈现。

3. 传播体系移动化

首先,智能移动终端为移动传播体系的构建提供了硬件条件,它的普及体现在移动网民的巨大规模上。移动用户的增多形塑了移动化的消费环境,使移动成为媒体的生存要义。据路透社研究所《2017 年数字新闻报告》(Digital News Report 2017)显示,使用移动设备获取新闻的人在很多国家已超越电脑,移动消息通知的使用量迅速提升,成为新闻内容的重要传播渠道。②

其次,移动应用的丰富度已经达到在功能上基本取代 PC 端的程度,它们为移动传播体系的构建提供了软件条件。新闻信息需求可以被多种移动互联网应用所满足,而且这些应用之间并非零和竞争,而是为互联网用户提供差异化的服务价值,所以它们可以共生于新闻市场,并拥有不同规模的用户群体。③

最后,移动应用平台的平台随着移动互联网向纵深发展,媒体与用户的连接将不再局限于信息传播本身,而是促成更多产品和服务的数据化、智能化。在这种连接中,平台占据着核心地位。目前,国内许多互联网平台都已形成生态级规模,它们在移动端都运营着被称为“超级 App”的应用端口,如百度的搜索引擎和新闻、阿里巴巴的淘宝和支付宝、腾讯的微信和新闻。移动应用平台因其功能的丰富性和产业链的完整性,比基于 PC 端的互联网平台更能产生多边资源整合的协同价值,更能体现平台经济的特征,即将多种资源和多种用户通过多类产品和服务进行连接,从多边价值交换的叠加,为移动传播体系的构建提供了必要的运营条件。

(三)未来媒体移动化趋势下的泛媒体生态

移动互联网在内容、产品、渠道、终端等许多方面都为信息传播打上了深刻烙印。移动

---

① 崔士鑫:《移动优先、内容为本,推进媒体融合创新》,《传媒》2017 年第 17 期。
② 宋建武、黄淼:《移动化:主流媒体深度融合的数据引擎》,《传媒》2018 年第 3 期。
③ 宋建武、黄淼:《移动化:主流媒体深度融合的数据引擎》,《传媒》2018 年第 3 期。

化浪潮之下，大众信息消费习惯发生革命性变迁，媒体的面貌和角色也随之发生改变。未来媒体环境将是一个万物皆媒、人人皆媒的泛媒体生态。一方面，未来媒体将进一步向用户赋能，从大众媒体转向关系媒体，成为人人皆媒的生产工具；另一方面，未来媒体将从内容媒体转向生活媒体，成为生活的自然组成部分，身边的一切物体和人体都将接入互联网，随着物联网规模的扩展和数据的积累，联网设备将越来越智能。①

1. 从大众媒体到关系媒体

"社交"正是移动互联网所带来的重大变革。移动互联网技术下诞生的微博、微信、移动新闻客户端等移动化信息产品使人们的信息获取习惯从传统媒体向以社交媒体为代表的关系媒体转变。

首先，社交媒体的便携性、便捷性、互动性等使之跃升为与传统媒体同等重要的信源渠道。以前，人们习惯于从报纸、广播、电视上获取信息；后来，互联网也成为主要的信息获取渠道之一；而如今，通过刷微博、刷微信朋友圈、浏览微信公众号推送、查看新闻客户端，一样可知天下事，社交媒体成为新的信源集散地。

其次，社交媒体对传播权利的下放造就了"人人面前都是麦克风，人人都是新闻发言人，人人都有话语权，人人都是新闻记者"的局面，任何人都可以成为信息源头，社交媒体的"去中心化"传播及其互动、分享功能较传统媒体的单向传播更具吸引力，使重要信息有了二次传播甚至多次传播的机会。

最后，社交媒体的新闻"订阅"功能使人们更加依赖个性化信息接收。社交媒体大多支持基于个人兴趣的关键字订阅、分类订阅等个性化订阅，或基于用户数据的智能化内容推荐，在信息爆炸时代，这无疑为人们的信息筛选提供了便利，也使人们由此养成了信息"私人订制"的习惯，大众媒体逐渐向个性化媒体转变。

2. 从内容媒体到生活媒体

过去，人们只有在读报纸、听广播、看电视时才会产生媒体接触行为，而如今，移动互联网使媒体的随时、随地、随身、随心成为可能，任何人只要拿出手机，就有可能产生视听信息消费，媒体日益超越单纯的资讯供应商而成为一种生活方式。

从时间上来说，移动化让用户"Always On"（永远在线），不仅媒体需要全天候在线，用户接触媒体的时间也大大拉长。"有数据表明，美国用户每天在PC和移动端所花费的时间是4小时15分钟。② 对很多人来说，在睡觉前接触的是移动化媒体，醒来后接触的第一个媒体依然是移动化媒体。可以说，我们已经进入了一个'Always on'的世界。在'Always on'的使用之下，移动化的媒体变成全天候媒体。"③

从空间上来说，移动化增加了媒体在用户生活中的"曝光率"，大大拓展了用户的媒体接触场

① 崔保国、王竟达：《下一代互联网与未来媒体发展趋势》，《新闻与写作》2018年第9期。

② 根据群邑移动发布的《2018上半年移动媒介概览》，中国移动互联网用户的人均每日使用时长约4.8小时，即289分钟/天。

③ 刘胜义：《人民日报新媒观察：移动化媒体的新时代》，《人民日报》2013年6月6日第19版。

景。大众生活已经逐渐被“媒体化”，人们始终处于动态的信息流之中。而且，不仅是移动阅读，在网购、聚餐、支付、出行等各种场景中，智能手机都不可或缺。人们的“联网”场景极大拓展，信息、资讯、媒体与大众的日常生活联系地日益紧密，不少媒体应用甚至已经具备较为完善的生活服务属性。例如，一些交通类广播频率在其微信公众号中嵌入实时路况、天气预报及违章查询等功能，节目组在获知用户反馈的实时信息后可通过插播听众语音、口播文字内容及描述图像信息的形式向正在收听节目的听众实时发布信息，具有较强的工具性和服务性。

二、融合化趋势与全媒体生态

新媒体给整个媒介生态带来了具有颠覆性意义的变革，传统媒体与新媒体之间、新媒体与新媒体之间由过去的各自为政、相互独立走向互联互通、相互融合，媒体融合正在成为整个媒介系统的发展趋势。“媒介融合”的概念应该包括狭义和广义两种，狭义的概念是指将不同的媒介形态“融合”在一起，产生“质变”，形成或趋近一种新的媒介形态，如互联网电视、H5 新闻等；而广义的“媒介融合”则范围要广得多，既包括一切媒介及其有关要素的结合、汇聚甚至融合，也包括媒介形态的融合，还包括信息内容、媒介功能、技术应用、平台终端、管理手段、体制机制、组织结构、人才队伍等要素的融合。广义的“媒介融合”是一种大尺度范围内的聚合，其初级阶段可以用媒介组合来代替，是一种由物理变化向化学变化、从相加阶段向相融阶段逐渐发展的过程，狭义的“媒介融合”使媒介产生化学变化，变成“你就是我、我就是你”，是我们真正要实现的目标，是媒介融合发展的高级阶段。① 从这个意义上看，未来媒体的发展路线之一就是融合化。

（一）未来媒体融合化趋势的动力

“传播媒体的形态变化，通常是由于可感知的需要、竞争和政治的压力，以及社会和技术革新的复杂相互作用引起的。”②媒体融合的动力，来自媒体自身、技术、政策、文化以及市场等方方面面。

1. 内生动力

本质上说，媒体融合更是一种媒体组织、媒体资源的整合，媒体融合的主要内生力量，是新、旧媒体面临自身生存压力和竞争压力、寻求媒体资源利用效率最大化的需要。

一方面，新、旧媒体各有优长，同时也各有不足，需要借助彼此的力量突破发展瓶颈。传统媒体虽然在内容资源上具有优势，但无论其功能还是形式都日渐显得单一，一对多的单向传播方式和相对有限的传播范围也越来越无法满足受众需求，在功能多元、“花样百出”的新媒体面前相形见绌。此时，借助新媒体的互动、即时、多向传播优势，恰好可以弥补自身的传播缺陷。同样，尽管新媒体依托其技术先进性和诸种传播优势迅速打开了市场，但在权威

① 丁柏铨：《媒介融合：概念、动因及利弊》，《南京社会科学》2011 年第 11 期；韦路：《媒体融合的定义、层面与研究议题》，《新闻记者》2019 年第 3 期。

② 罗杰·菲德勒著：《媒介形态变化》，华夏出版社，2000，第 19 页。

性、公信力等方面尚难以与传统媒体相匹敌，新媒体之间的竞争也十分激烈，通过与传统媒体融合，取长补短、优势互补，新媒体也可以实现传播效果最大化。在当前的媒介生态下，融合是新旧媒体互利共赢的必由之路。

另一方面，激烈的市场竞争也促动媒体之间通过融合来降低成本。媒介生态深刻变革之下，传统媒体面临受众流失、广告投放量下滑乃至濒临破产的压力，新媒体则面临初期建设成本高昂、采编团队专业化程度低、缺乏品牌优势等压力。而融合，正是降低成本、实现效益最大化的明智选择。融合之后所形成的资源共享不仅可以最大限度地减少人力、资金和设备的重复投入，降低生产成本，也有利于媒体机构自身信息产品专业化程度的提高，进一步满足广大受众对信息多样化的需求。

2. 技术动力

传媒发展是技术进步直接推动的结果，人类历史上每一次传播技术的变革与创新都把媒介推向一个新的发展阶段。媒体融合概念的生发，便是首先源于技术层面。技术不仅是媒体融合的先决条件，也是媒体融合发展的核心驱动力。

最早提出融合概念的美国学者普尔认为，数码电子科技的发展是导致历来泾渭分明的传播形态聚合的原因。这无疑强调了技术的发展进步在媒介形态发展和更新中所起的重要作用。造纸术和印刷术的发明与改进直接促成纸质平面媒体的出现和发展，电子技术的出现和进步造就了广播电视媒体的兴起和繁荣，网络技术、移动通信技术、数字技术、智能技术则不仅直接创造出网络媒体、手机媒体、智能媒体等新兴媒体形态，更进一步将各种既有媒介连接贯通，造就出具备融合特性的新媒体。

3. 政策动力

在我国，媒体融合从概念走向现实、从自发走向自觉，其中政策因素的推动功不可没。从顶层设计的角度而言，媒体融合是巩固和壮大主流宣传思想文化阵地，维护国家意识形态安全，对外传递中国声音、塑造中国形象、讲好中国故事的需要。

党的十八大以来，习近平总书记多次就推动媒体融合发展做出深刻阐述。2013 年 8 月 19 日，习近平在全国宣传思想工作会议上强调："要适应社会信息化持续推进的新情况，加快传统媒体和新兴媒体融合发展，充分运用新技术新应用创新媒体传播方式，占领信息传播制高点。"这是党中央发出的第一道推进媒体融合发展的动员令。

2014 年 8 月 18 日，习近平主持召开中央全面深化改革小组第四次会议，其间审议通过了《关于推动传统媒体和新兴媒体融合发展的指导意见》，明确提出了传统媒体和新兴媒体融合发展问题，并指明了其理念、路径、目标任务和总体要求。由此，这一年，正是"媒体融合元年"。

2016 年 2 月 19 日，习近平在党的新闻舆论工作座谈会上发表重要讲话，特别强调要推动媒体融合发展，并指出，融合发展关键在融为一体、合而为一，要尽快从相"加"阶段迈向相"融"阶段，从"你是你、我是我"变成"你中有我、我中有你"，进而变成"你就是我、我就是你"，着力打造一批新型主流媒体。

2019 年 1 月，习近平的讲话《加快推动媒体融合发展 构建全媒体传播格局》发表在《求是》杂志上。在这次论述中，习近平总书记对过去媒体融合发展的经验和问题、当下媒体融合发展所处的时代背景作了总结和归纳，深刻分析了媒体融合发展所面临的机遇和挑战。

2019 年 10 月 31 日，党的十九届四中全会审议通过了《中共中央关于坚持和完善中国特色社会主义制度、推进国家治理体系和治理能力现代化若干重大问题的决定》（以下简称《决定》），《决定》除了再次强调要坚持党管媒体的原则，还指出要建立以内容建设为根本、先进技术为支撑、创新管理为保障的全媒体传播体系。①

2020 年 6 月，中央全面深化改革委员会第十四次会议审议通过了《关于加快推进媒体深度融合发展的指导意见》（以下简称《意见》）。同年 9 月，中共中央办公厅、国务院办公厅印发该意见并发出通知，要求各地各部门结合实际认真贯彻落实。《意见》从重要意义、目标任务、工作原则三个方面明确了媒体深度融合发展的总体要求；进一步提出了“推动主力军全面挺进主战场”“走好全媒体时代群众路线”“以先进技术引领驱动融合发展”“大力培养全媒体人才”和“形成政策保障体系”等具体要求。同时，《意见》明确我国媒体深度融合的发展布局是“四级融合发展布局”，即以“中央媒体、省级媒体、市级媒体和县级融媒体中心”为主体建设全新的媒体发展体系。② 自此，中国的媒体深度融合发展进入全面深化、实施阶段。③

4. 市场动力

作为传媒市场活动的核心，受众的需求不仅是一切传媒活动的出发点和落脚点，也堪称传媒发展的“风向标”。受众需求的变化与提高，也是媒体融合不可忽视的重要动力之一。“当下用户市场对媒体的内容特性提出了包括权威性、话题性、趣味性、个性化、年轻化、移动化等多元化要求，媒体需要根据市场反馈对自身内容建设的方略做出调整。”④

一方面，受众对信息获得的时效性和便捷性需求促动了不同媒体之间的内容共享和规模化信息生产。只有通过融合，汲取不同媒体的优势，充分利用数字技术、网络技术带来的多样化媒介终端，才能更好地满足受众的这一需求。另一方面，受众对信息形态的多样性和个性化需求，对信息消费的交互性、参与性需求激发了融媒体式的信息服务。适时、适地只是受众对信息服务的基本要求，而适需则日益成为一种更高层次的信息消费需求。受众不仅想要阅读信息，还想参与信息的生产和二次传播，这激发了不同媒体形式、传播平台、信息产品之间的整合和重组，从而满足受众多样化、个性化的需求。

5. 文化动力

后现代主义文化精神是媒体融合的深层诱因。后现代主义文化的渗透让新媒体及其用户也具备了碎片化、零散化、无中心的特点，从而共同建构了适于媒体融合发展的媒介文化和媒介环境。正如让·鲍德里亚（Jean Baudrillard）所指出的，在后现代的社会文化中，高雅文化与低俗文化、现象与本质等一切传统的二元对立的边界都被消除，传媒所生产的拟象铺

---

① 《中共中央关于坚持和完善中国特色社会主义制度 推进国家治理体系和治理能力现代化若干重大问题的决定》，人民出版社，2019，第 24 页。

② 《中办国办印发〈意见〉加快推进媒体深度融合发展》，《人民日报》2020 年 9 月 27 日第 1 版。

③ 宫承波、孙宇：《习近平总书记关于媒体融合重要论述的演进脉络及目标指向》，《中国出版》2021 年第 3 期。

④ 北京市新闻工作者协会编：《媒体融合蓝皮书：中国媒体融合发展报告（2017—2018）》，社会科学文献出版社，2018。

天盖地，形成一个比现实更现实的超现实独立领域，这意味着现实反过来已经成为表征和媒介的一个分支。在这种媒介文化背景下，大众传播时代向分众传播时代转变，传统媒体时代处于被动接受地位的“受众”向具有个性化需求和互动参与特性的媒介“用户”转变，从而为媒体融合提供了重要的生产指向。

（二）未来媒体融合化趋势的基本路径

媒体融合是一个多维度、逐渐拓宽和纵深的系统化过程。它涵盖了多种路径：技术路径的网络融合、设备融合和应用融合；组织路径的机构融合和产业融合；主体路径的专业生产者融合和用户融合；内容路径的内容来源融合、内容形态融合，等等。

1. 技术路径——网络融合、设备融合、应用融合

技术推动了媒介融合的发展，同时也是媒介融合发展的重要层面。技术路径的媒介融合主要包括网络融合（network convergence）、设备融合（device convergence）和应用融合（application convergence）。[①]

网络融合是不同类别传播网络之间的融合，在中国一般指的是三网融合。三网融合是电信网、广电网和计算机通信网之间的融合。三网融合是为了打破由于三网不同的业务种类，在构成和应用技术上相互独立的状态。需要说明的是，三网融合并不是专注于三网物理上的合并，而是业务上的融合。在我国，电信网和计算机通信网实质上已经实现了融合，当前三网融合的关键是电信网和广电网的融合。虽然三网融合的推进比较艰难，但近几年已经有了较大的突破。设备融合主要是指不同的终端设备之间可以进行信息传输、共享和互动，且这种信息交流应是便捷、快速和无障碍的。应用融合则是基于统一应用平台上的服务的融合。用户通过各自的终端设备连接到统一的服务平台之上，以平台为依托获取所需的内容和服务，这是应用融合的主要形式。

2. 组织路径——机构融合、产业融合

媒介融合涉及投资、金融、经营、广告、产业等不同层次的经济活动，组织路径的融合也是媒体融合不可忽视的方面，它关系着媒体的可持续发展。组织融合主要包括机构融合（institution convergence）和产业融合（industry convergence）。

机构融合是同一媒体内部的融合，通过对媒体内部各类生产要素的调配，以提高媒体机构的活力和生产效率。就与媒体内容生产相关的部门来说，筹备部门、信息采集部门、编辑部门、审核部门、分发部门等部门之间的融合，如县级融媒体中心的建设，就能带来媒体业务层面的融合，以提高稿件的生产和传播效率。如果将媒体内容生产相关的部门看成一个整体，与推广、经营相关的部门与其融合，又有可能激发新的业务。

产业融合则是不同媒体之间的融合，它分为以下几种情况：一是相同类型媒体的融合，比如同为报刊媒体的融合，这种融合一般可以放大媒体的影响力，提高其在媒介产业中的竞争力。二是不同类型媒体之间的融合，优势是能延长产业链条，打通各种壁垒，降低生产成

---

① 韦路：《媒体融合的定义、层面与研究议题》，《新闻记者》2019年第3期。

本，包括按媒体业务链条的融合，如报刊媒体与发行企业、媒体调查企业融合；也包括多元媒体经营的融合，如整合出版、广电、影视、音乐、游戏和网络等类型的媒体，形成大型媒体集团。三是跨行业融合，传媒产业与非传媒产业的联合，其目的是为了发现新的产业增长点或实现某种公益目的，实现长远发展，如网易 2011 年便投入养猪场的建设。

3. 主体路径——专业生产者融合、用户融合

我们这里说的主体，主要是指以人为主的传播主体，媒介融合的落脚点始终在于人。主体融合主要包括专业生产者融合和用户融合。

在过去，一条新闻往往要经历多个媒体从业人员之手才能够最终发布，送达到受众的身边。随着移动通信技术的进步、采编设备的便携化和智能化，"全能记者(超级记者)"开始出现，一个或少量的记者就能进行新闻直播活动，或在短时间内完成文字、图文或视频的新闻采写、上传和互动工作。这便是新闻领域的专业生产者融合，其他媒体领域类似的情况也在发生。

用户融合通常以个人为单位，发生在普通媒体用户层面，它包含三个层次的含义：第一层次是不同媒体用户的融合，使用终端内应用多开技术的成熟、多个媒介使用场景的叠加，造就用户在一个时期内可能同时是不同媒体用户的情况。第二层次是针对同一媒体的用户融合，随着媒体资源的丰富、社交属性的融入、个性化推荐机制的广泛应用，媒体越来越具有兼收所有用户并提供个性化内容的能力，这实现了另一种意义上的用户融合。第三层次的用户融合是最深刻的变化——用户角色的融合，现在的用户已不只是单纯的受众，而是集信息生产者、信息接收者、信息交互者于一体的用户；这同时也意味着用户与专业生产者的界线日益模糊，很多用户虽然不是名义上的专业生产者，但已具备了专业生产者的基本能力。

4. 内容路径——内容来源融合、内容形态融合

所谓内容融合，就是将不同媒介形态的生产依托数字技术形成跨平台、跨媒体的使用，利用数字化终端，形成多层次、多类型的内容融合产品，我们可以从内容生产和内容形态两个角度认识内容融合。

从内容生产角度来看，现阶段的内容融合集中体现在内容来源的融合上，融合内容来源包括报刊、广播、电视、互联网等，来自不同媒介的信息内容既可以被自身利用，也可以供其他媒介使用。内容来源融合描述的是媒体内容来源的多样化给媒体带来的发展。例如，2000 年，美国佛罗尼达坦帕市的媒介综合集团(the Media General Company)"坦帕新闻中心"将集团 30 多个媒体放在了同一个大平台里运作，尝试了一次多家媒体的融合：《TAMPA 先驱报》、电视台 WFLA-TV 和网站 Tampa Bay Online 的编辑部门集中运行，设立"多媒体新闻总编辑"，统管三类媒介的新闻报道，在同一个写字楼的同一平台上办公，网站上有电子版报纸，电视台也会与报纸联合采访，共同工作，三类媒介在新闻采编方面实现了联动。① 又由于媒介主体层面的融合，媒体内容的来源既有专业生产者，又有用户，且用户生产的内容日益成为媒体生态不可缺少的部分；此外，传感器、智能写作机器人采集和编辑的信息成为媒体内容的新来源。需要指出的是，同一媒体内容的来源可能出现交

① 蔡雯：《媒介融合背景下的新闻传播变革与新闻教育改革》，《今传媒》2009 年第 1 期。

叉融合的情况，在一篇专业化生产的新闻中可能附有用户提供的内容，甚至包含传感器和智能写作机器人提供的相关内容。

在内容形态方面，内容融合体现在不同形态内容间的融合，即同一种信息可以被制作成各种不同的媒介形式加以使用和传播，这是媒体内容创新的重要手段。而这些都要以新的传播技术为前提，所以新兴的传播技术是内容融合实现的关键。媒介内容可以划分为文本、图片、影像、声音、数据等，当前的内容形态已经突破了文字、图片、音频、视频等单一化的表达，而是向多种形态组合的方向发展，如数据新闻、H5 新闻、VR 新闻、动画新闻。

（三）未来媒体融合化趋势下的全媒体生态

从“你是你、我是我”到“你需要我、我需要你”，再到“你中有我、我中有你”，媒体融合追求的终极形态是“你就是我、我就是你”，这一过程，正是全媒体生态构建的过程，这与我国提出的四全媒体（即全程媒体、全息媒体、全员媒体、全效媒体）、全媒体传播体系/全媒体传播格局是一致的。本部分主要从媒体形态角度分析融合化趋势下媒体形态的变化，即边界消融的过程。

1. 媒体形态边界消融

媒体形态边界的消融包含了两层含义：第一，媒体机构、组织和生产平台边界的消融；第二，用户娱乐、生产、社交等媒介实践边界的消融。对新媒体来说，媒体融合过程中本就具备技术驱动的先发优势，能够实现内容与技术、内容与渠道的有机融合，也能够娴熟地组织文字、图片、音频、视频等各种传播符号，使其有效地适配各种平台，并进行社交化、精准化、互动式的呈现。对传统媒体来说，纸媒、广播媒体、电视媒体等以传播渠道为依据的媒体族群划分将逐渐淡化，“报社、电台、电视台等媒体名称将只具有机构意义，信息流通的渠道制约将不复存在，所有的信息都能以最佳的表现形式来呈现，用户也可以自由选择信息表达方式。届时，信息服务将无处不在，媒体之间的界线不断模糊消解，形态上殊途同归，都汇流到一个空前的数字媒体平台中”①。

2. 媒体用户边界消融

媒体形态边界消融影响了媒体用户边界消融。过去，平面媒体的受众被称为读者，收听广播的人被称作听众，收看电视的人被称作观众，如今，这种依照媒介不同而区分的“受众”及相关概念逐渐被“用户”所取代。不同于受众，用户具有自由的终端选择权，而且具有更高的信息消费自由度。媒体深度融合之后，用户将呈现如下几种趋势：第一，信息生产者和消费者边界消融，合而为一成为信息产消者（Prosumer）；第二，媒体机构之外的信息生产日益重要，用户在创造和分发内容上扮演着越来越重要的角色，他们可以不断学习如何利用不同的媒体技术使媒体的内容流动更全面地处于其掌控之中，以及与其他用户进行互动；②第三，不同设备联系在一起，用户的跨媒介平台实践增多，看电视的同时可能还在操作手机、平板电

① 韩春苗：《5G 时代与媒体融合》，《新闻战线》2017 年第 21 期。

② 张昱辰：《跨学科视野中的媒介融合研究：多重维度与范式》，《新闻记者》2018 年第 6 期。

脑(如看春晚抢红包),有学者将这种融合环境下开展的多屏幕、社交网络化、数字化娱乐体验称为“联网观看”(Connected viewing)。

3. 媒体行业边界消融

媒体行业边界的消融包含三个方面:首先,媒体的跨界经营增多,经营模式也日趋多元。例如,传统报刊出版业涉足IP、数字出版、在线教育、游戏娱乐、影视文化等领域,传统广电业跨向电商、医疗、教育、汽车、农业、餐饮、特色旅游等领域。其次,媒体的跨界平台整合增多,媒体行业和互联网科技公司、资本公司跨界合作,共同打造品牌化新型媒体平台成为发展潮流。最后,通过技术外包实现集约化发展,专心内容生产与经营,成为传统媒体转型发展的新选项。①

三、智能化趋势与智能媒体生态

随着信息技术的发展,计算机对数据的分析与处理能力不断增强,智能技术已悄然走进了我们的日常生活。在媒体领域,智能技术也为当代媒体的转型和升级带来了新的机遇。当前,智能技术正以其强大的信息处理能力影响着未来媒体的发展。

(一)未来媒体智能化趋势的动力

未来媒体的智能化趋势的主要动力是智能技术。通俗地讲,所谓媒体智能化,即是指媒体在智能技术的辅助下,对传统的媒体形态进行升级与革新,以达到提升信息传播效率目的的媒体技术发展趋势。

智能化媒体的核心可以概括为:软件定义媒体,数据驱动新闻,算法重构渠道,智能创造未来。② 软件定义媒体,即以计算机软件程序为主体的网络信息平台已经成为信息传播的主要手段;数据驱动新闻,即大数据在智能化媒体中起到了关键作用,精准的新闻推送与个性化推荐离不开数据支持;算法重构渠道,即智能算法带来个性化服务已成为影响用户选择信息接收渠道的重要因素;智能创造未来,则点明智能媒体发展的核心动力依旧是人工智能技术,只有技术的进步才能推动智能媒体进一步发展。

有关媒体智能技术的类型和其对媒体的影响,请参见本书第三章第四节“新媒体的智能技术依托”。

(二)未来媒体智能化趋势的基本路径

长期以来,大众传播媒介一直主导着新闻生产与社会信息传递,技术的升级为媒体带来了新模式、新景观。在智能技术的影响下,现代传媒业态在生产环节、分发环节和监管环节都发生了深刻变化。

1. 内容生产智能化

在媒体内容的生产端,应用最为广泛的技术为机器人写作。利用人工智能进行新闻稿

① 北京市新闻工作者协会编:《媒体融合蓝皮书:中国媒体融合发展报告(2017~2018)》,社会科学文献出版社,2018。

② 沈浩、元方:《智能化媒体与未来》,《新闻战线》2018年第1期。

件写作，一般要经过数据抓取、分析处理、选择模拟、调整润色四个步骤，每个步骤由复杂的计算机算法进行处理，最终形成新闻稿件。利用人工智能撰写新闻稿，极大地缩短了新闻生产的时间，提高了新闻生产效率。虽然现阶段人工智能仅能完成体育、财经等拥有较为固定模板的新闻写作工作，尚不具备深度报道与调查分析的能力，但机器人写作所做出的这些改变，无不展示了智能化内容生产令人激动的未来。

"媒体大脑"是新华社在2017年年底推出的智能化内容生产平台，它具备智能分析视频内容的能力，能使用传感器智能识别、检测构成新闻事件的诸要素并获取相关数据，快速生成文字、图片、语音、视频等格式的内容。该平台可以选取报道角度，调配地理位置、气象等多维数据，实时生产"数据新闻"，给媒体机构提供极速的、富媒体式的新闻报道，从而完成了程序化信息生产从数据采集到多种格式文本生成的一体化。这种能力，使得"媒体大脑"除面向新闻市场的服务外，也可以面向企业提供服务。①

2. 信息分发智能化

在当前的媒介环境中，媒体为拓宽市场，必须借助技术手段来提升自己的服务质量，智能技术可以很好地提升媒体服务质量和传播效果，在优化信息分发的环节中作用明显。

一方面，智能推荐技术能够最大限度地满足用户的个性化需求。在当前的媒体环境中，用户的本位属性凸显，对用户的精准定位与分众传播已经成为各媒体的必修课。不同用户对新闻资讯的需求各不相同，这样的差异化需求只有智能推荐技术才能满足，且当前人们获取新闻资讯的渠道正在向移动端过渡，智能手机新闻客户端的大范围应用为智能推荐算法的普及提供了基础。目前，今日头条、一点资讯等客户端都以其强大的个性化推荐功能吸引了大量用户，智能推荐技术已经在不知不觉中走入我们的生活。

另一方面，智能推荐可以起到优化媒体资源配置的作用。在传统的"编辑推荐"模式下，信息内容的曝光时间仅有短短的几个小时，这对众多优质的、时效性不强的内容来说无疑是一种资源损失。对媒体来说，许多签过版权的优质稿件只能得到极其短暂的应用，无法为媒体提供持续的流量和阅读，这也是一种经济损失。然而在"算法推荐"模式下，这些优质稿件会根据用户不同的阅读习惯重复出现，极大地提升了其生命周期，优化了媒体资源配置。

3. 信息呈现智能化

AI虚拟主播是指将人工智能与虚拟仿真技术相结合形成的能够从事媒体内容生产和传播等一系列工作的脱离了"碳基"身体的主播，是信息呈现智能化的代表形态。2016年虚拟主播绊爱（Kizunaai）在YouTube上首次亮相，被称为全球第一位虚拟主播（Virtual YouTuber）。绊爱不止于虚拟主播对身体"形似"的追求，转而追求身体模拟的"神似"。绊爱的形象由画师森仓圆设计，3D模型由Tda制作，二次元的动画人物形象使其脱离身体"像真人"的发展趋向，但其在动作、表情和声音上直接选择真人扮演。在专业公司制定好绊爱的3D模型后，由真人穿上动捕设备，在背后控制绊爱的面部动态表情及动作，并由声优去配音及对口型，从而进行直播或录制视频。这样的设定使得绊爱虽然不具备身体上的"形似"，但

① 宋建武、黄淼：《媒体智能化应用：现状、趋势及路径构建》，《新闻与写作》2018年第4期。

具备了更“像真人”的“神似”，从而使其成了拥有超过250万粉丝的全民偶像。在追求“神似”的同时，追求“形似”的技术也在大踏步地发展。2018年11月7日，新华社联合搜狗公司在第五届世界互联网大会上推出了全球首位“AI合成主播”，运用最新人工智能技术，“克隆”出与真人主播拥有同样播报能力的“分身”，AI合成主播可以在确保音频和唇动保持一致的前提下，产生相应的眨眼、手势等表情，实现高辨识度的音视频输出，同时结合人工智能和动作捕捉训练，模拟真人主播的发音习惯、面部表情、形体运动及场景互动等。①

4. 内容监管智能化

互联网虚假信息和色情信息的泛滥，已经成为全球范围的互联网内容审查、监管难题。互联网信息的巨量增长使人工对每一条发布内容进行核查成为不现实的方式，且这种方式效率低下、成本较高。智能技术为互联网内容审查、监管提供了新思路。目前，“人工+机器”的审查、监管模式成为各类互联网内容平台、内容监管部门的主流模式。利用这种模式，可以在上传、发布、分享和交易等多环节对文字、图片、视频、链接等虚假信息和色情信息的传播进行实时快速阻断，大大提高了内容审查和监管的效率，最大可能保证互联网空间天朗气清。例如，微信推出了“微信辟谣助手”小程序，入驻了诸多辟谣机构，不仅聚合了各类已经辟谣的谣言信息，还能够显示自己阅读过的谣言文章列表，即便是没有使用过该小程序的用户，在阅读谣言信息之后也会及时收到微信的智能辟谣推送提醒。

（三）未来媒体智能化趋势下的智能媒体生态

在媒体智能化趋势下，一个以人为中心，内容、终端、服务智能化深度融合的媒体生态圈正在形成，这个智能媒体生态圈呈现出的最主要特征是虚拟与现实空间互联贯通、媒介化社会实现人机共生。

1. 虚拟与现实空间互联贯通

自互联网诞生之日起，虚拟网络空间与现实空间的融合趋势便已经开始。如今，随着虚拟现实（VR）、增强现实（AR）、混合现实（MR）等技术的发展，这一趋势得到进一步加强。

从宏观层面看，现实空间对网络空间的依存度越来越高，网络虚拟空间也越来越深地嵌入日常生活。这一方面表现在人们花费在网络空间中的时间越来越多，也表现在人们在网络空间中所开展的活动日益频繁。这恰恰印证了约斯·德·穆尔（Jose de Mul）的观点：赛博空间不仅是——甚或在首要意义上不是——超越人类生命发生于其间的地理空间或历史时间的一种新的体验维度，而且也是进入几乎与我们日常生活所有方面都有关的五花八门的迷宫式的关联域。②

从具体的媒体实践来看，智能移动设备的发展促进了VR、AR等技术的勃兴和应用，它们将文本、音视频等多维信息相互叠加，通过将新闻信息与虚拟场景融合使其“再语境化”，

---

① 邵鹏、杨禹：《AI虚拟主播与主持人具身传播》，《中国广播电视学刊》2020年第6期。

② 转引自张昱辰：《跨学科视野中的媒介融合研究：多重维度与范式》，《新闻记者》2018年第6期；原文见约斯·德·穆尔：《赛博空间的奥德赛——走向虚拟本体论与人类学》，麦永雄译，广西师范大学出版社，2007。

不仅使新闻更易于阅读，而且使其可以感知、易于“触达”，大大加深了信息与物质世界的融合程度。5G网络支撑下的六大媒体应用场景①——超高保真媒体、现场实时体验、用户自制内容与机器自动生成内容上传、沉浸式与集成型媒体、协作式媒体内容生产、写作式的网络游戏，都或多或少体现了这种融合。对此，Stina Giesecke 和 Raphael Giesecke 提出了“环境融合”（ambient convergence）的概念，认为伴随着技术的变革，媒介界面将深度融入物质环境，媒介界面变得无所不在。这体现在媒介在各个地方包裹和伴随着我们：数字媒介、地点感知公告板、装饰性媒介（包括互动性墙纸），甚至曾被认为是“被动”的媒介也开启互动频道，移动设施能够提供任何用户想要持续更新的东西。图书馆变成信息的聚集和分享的中心。网络游戏和虚拟世界越来越多地把物理现实当成它们的“游乐场”。②

2. 媒介化社会实现人机共生

移动互联网给媒体带来的“冲击波”还未消退，崭新的智能物联网时代便已悄然来临。物联网（Internet of Things，IoT），是新一代信息科技的重要组成部分，是继计算机、互联网之后世界信息发展的第三次浪潮，它扩展了移动通信的服务范围，从人与人通信延伸到物与物、人与物智能互联。

物联网技术将人与万物置于全方位的信息交互网络之中，它给传媒业带来的变化是显而易见的。

第一，最大限度地拓展了信息传播终端。作为一种联通人与万物的媒介技术，物联网带来的最直接、显著变化是：信息的输出端口被无限拓展了。传播者不再依赖于报纸、广播、电视、手机等有限的渠道播发信息，“每一个物体都可以成为信息的收集端和输出端，每一个智能机器都可能被媒体化，这就意味着未来‘万物皆媒体，一切皆平台’。新闻会变得无处不在，呈现形式也将千变万化”。③ 在此背景下，信息生产的主体将不再局限于传统的媒体机构。物联网社会，大数据成为极其重要的新闻资源，一些掌握数据资源、算法优势的技术公司凭借其对用户数据的掌握，逐渐地向新闻生产的核心领地渗透，新闻生产的主体扩大到掌握智能机器、传感数据的IT巨头、物联网企业。而拥有数据特权、渠道资源和技术优势的企业将逐步在新闻生产领域掌握话语权。④

第二，极大地提高了信息生产能力。物联网时代，物的感知能力增强，传感器作为“触角”延伸到社会的各个角落，被广泛应用于智能基础设施建设的各个方面，一些重要的公共信息从难以捉摸到被作为数据留存下来，将为公共新闻的生产提供优质、丰富的信息来源。传感器新闻就是通

---

① 李远东：《刘奇葆委员谈到媒体融合为何2次提及5G?》，http://www.yidianzixun.com/home? page = article&id = 0FnFiiF6。

② 转引自张昱辰：《跨学科视野中的媒介融合研究：多重维度与范式》，《新闻记者》2018年第6期；原文见Giesecke，S. and Giesecke，R. Media Business Drivers and Concepts 2020：The Case of David and Goliath Revisited. In A. Lugmayr & C. D. Zotto（Ed.），Media Convergence Handbook Vol（2）（pp. 407 – 428）. Berlin Heidelberg：Springer – Verlag，2016.

③ 韩春苗：《5G时代与媒体融合》，《新闻战线》2017年第21期。

④ 董广安、吕冰汝：《物联网技术的传播应用及其伦理挑战》，《现代传播（中国传媒大学学报）》2017年第9期。

过传感器获得数据信息，经分析整合，将其以一定的方式融入新闻报道，进而完成“讲故事”的新闻生产模式。与个人生活较为贴近的智能家居、智能医疗、可穿戴设备等终端，还能感知记录人的生理、行为等数据，这些个人信息数据不仅是对新闻生产资源的极度扩充，还能帮助提供个性化的信息精准推送服务。① 在此基础上，用户从一条新闻中能够获得的信息也会更加丰富，智能终端越来越多，推荐算法所能使用的数据也越来越多，越来越准确。

当然，物联网的发展绝不限于此。如今，物联网已经在向“万物互联”（Internet of Everything, IoE）乃至“万物智联”（AI+IoT）方向迈进，它带来的一种终极景观便是媒介技术与人类身体的融合。这之中，又包含着两种趋向：第一，以人工智能技术为引领的各种技术应用介入媒体领域（如机器人新闻、无人机新闻等），参与内容生产、内容分发，通过对人类智能的深度模仿推动着技术的“人化”。第二，技术更为深度和广泛地“浸入”人的身体，听觉、视觉、嗅觉、触觉、味觉等人体自然感官被越来越多地应用于人机互动界面，推动着人的“数据化”“智能化”。有学者以“赛博人”命名这些为技术所穿透、数据所浸润的身体，认为媒体进入了重造主体的阶段，传播的主体不再是纯粹的生物体，媒介也不再是外在于人的一个工具或者机构，而是转为身体本身。② 媒介真正成为“人的延伸”，人体同时成为一个完整的信息系统。

四、平台化趋势与平台媒体生态

所谓的媒体平台是指媒介机构搭建的，以信息传播技术为支撑的，供媒介机构向受众传递信息的一种媒介形式，如报刊、广播、电视、PC、移动互联网等。2014 年 2 月 Sulia CEO 乔纳森·格里克（Jonathan Glick）在《平台型媒体的崛起》一文中首次使用了“Platisher”。Platisher 由 Platform（平台商）和 Publisher（出版商）合成。Digiday（领英）的一位撰稿人随后对其做了进一步阐述：“‘平台媒体’是指既拥有媒体的专业编辑权威性，又拥有面向用户平台所特有开放性的数字内容实体。简言之，这种平台性的媒介不是单靠自己的力量做内容和传播，而是打造一个良性的开放式平台，平台上有各种规则、服务和平衡的力量，并且向所有的内容提供者、服务提供者开放，无论是大机构还是个人，其各自独到的价值都能够在上面尽情地发挥。”在国外，现在比较成功的平台媒体有 BuzzFeed，Gawker，Vox，Medium 等。平台媒体构建的关键词是开放、激活、整合和服务。平台型媒体区别于媒体平台的重点在于其自身的开放性与聚合性。媒体平台侧重于信息传播方式、媒体服务的横向跨媒体延伸，而平台型媒体则侧重于在一个媒体平台内部各种应用、功能、服务、信息的聚合。③

（一）未来媒体平台化趋势的动力

互联网构造了一个全新的传播场域和社会场域，这是未来媒体平台化趋势的主要动力。在这种以个人为基本单位的社会传播的格局下如何激活、匹配和实现生态型的资源配置和功能整合，预示着包括传媒领域在内的整个社会将出现一场深刻革命。传统不对等的、单向

① 董广安、吕冰汝：《物联网技术的传播应用及其伦理挑战》，《现代传播（中国传媒大学学报）》2017 年第 9 期。

② 孙玮：《赛博人：后人类时代的媒介融合》，《新闻记者》2018 年第 6 期。

③ 许同文：《媒体平台与平台型媒体：移动互联网时代媒体转型的进路》，《新闻界》2015 年第 13 期。

性的、局域式的媒介市场格局被打破，依托大流量开放平台为基础系统，由个人、商业或非商业利益组织以及专业新闻机构共同组成的信息节点在平台间自由流通、平等互动、相互聚合，完成信息的生产、分享与价值创造，并在平台共同体的作用下达至动态平衡。主要表现为以下三个方面：首先，吸聚着海量信息的开放平台为以个人为基本单位的传播能量被激活的微资源提供了互联互通、全新聚合的基础系统。其次，平台赋予所有信息节点的技术地位是平等的，可以连接一切；海量流量开放平台改变了传播中信息的意义，使得社会关系的总和构成共享信息、利益、价值等的共同体，从而达到人人参与、价值多元的动态平衡状态。最后，在互联网逻辑下的新媒介生态中，各方面处于一个共同体中，政府应充当全新的"守夜人"角色，通过制定规则、搭建平台、共营生态，为系统中每个主体提供最基础的保障与约束，而不再是无所不能的控制者和指挥者。①

（二）未来媒体平台化趋势的基本路径

根据当下平台媒体的类型，我们可以将未来媒体平台化趋势的基本路径总结为以下三种：

1. 互联网原生路径

通过互联网原生路径发展起来的平台媒体主要有BuzzFeed、Medium、今日头条等。这类平台媒体的首要功能就是提供高度差异化、个性化、定制化的信息服务。此类平台媒体通过技术手段，整合互联网中庞大的新闻资讯，并通过智能算法对用户使用习惯、社交关系等信息进行挖掘和分析，进而为用户推荐其可能感兴趣的新闻内容，满足用户的个性化需求。互联网原生路径发展起来的平台媒体将专业媒体、机构媒体和自媒体的内容源源不断地提供给用户，成为网络化社会连接信息与用户的枢纽。此外，自媒体也是此类平台媒体的主要内容来源，且大多资讯定制类平台媒体都通过在平台内创设自媒体频道，进行PUGC（专业用户生产内容）的内容生产。互联网原生路径的平台媒体基本打通了信息传播流程中的所有环节，不仅确保了信息的丰富，而且实现了信息的价值，充分彰显了在技术驱动下打造全产业链的强大优势。②

2. 互联网平台公司拓展路径

顾名思义，互联网平台公司拓展路径是由谷歌、Facebook、BAT等互联网平台公司主导的，在这种路径下发展起来的平台媒体往往具有某种高强度的关系连接属性，如微博、微信等社交类媒体，京东、支付宝、百度地图、滴滴出行、美团等生活服务平台，这些平台依据各自的平台特色发挥自身的平台媒体功能。

以Facebook为例，其所聚合的内容既有来自于用户的UGC（用户生成内容），又有以Instant articles（即时文汇）为代表的专业新闻产品。Instant articles是专业化的新闻生产所制造的新闻产品，是来自传统媒体与新媒体等内容生产商的高质量新闻产品（尤其是《纽约时报》等高信誉度的传统媒体），解决了新闻信息的权威性问题，满足了用户的新闻需求。如此，Facebook使用户在同一平台上既实现了社交这一基本需求的满足，也完成了新闻信息的

① 喻国明、焦建、张鑫：《"平台型媒体"的缘起、理论与操作关键》，《中国人民大学学报》2015年第6期。

② 张志安、姚尧：《平台媒体的类型、演进逻辑和发展趋势》，《新闻与写作》2018年第12期。

获取行为。此外,由于 Facebook、Twitter 等在用户持有方面占有绝对优势,它们便可以通过对用户数据的分析处理,更为准确地了解用户其他方面的需求,进而为用户提供更多能满足需求的产品,在充分满足用户需求的同时实现自身盈利。①

3. 传统主流媒体融合路径

这一条路径是从主体来看的,传统主流媒体通过媒体融合进一步实现平台化,成为平台媒体,以提升自身的竞争力和社会服务能力。目前国内比较成功的案例有:浙江日报集团通过"新闻+服务"建设互联网枢纽型传媒集团,以及湖北广播电视台以"全省移动政务新媒体云平台"——长江云为核心,构建"区域性生态级媒体平台"的融合发展战略及实践都具有同样的特点,即依托地方政务服务资源,建设区域性生态级互联网应用平台。②

(三)未来媒体平台化趋势下的平台媒体生态

未来媒体的平台化进程还将不断发展,从这一进程来看,其形成的平台媒体生态主要的特点为模块化结构生态和向平台社会的升级。

1. 形成模块化结构生态

模块化是平台媒体复杂适应性效率得以实现的一种重要途径。平台媒体开放式模块化结构的建立、系统规则和个别规则的确定,以及基于模块化递归性特质的自下而上的系统创新,无一不是其模块化结构之价值的具体实现。因应未来媒体的非线性运行状态和无边界接驳方式,其组织结构及行为机制亦日益呈现出模块化的演化逻辑。首先,平台媒体开放式模块化结构的建立,确保了平台媒体在运行过程中的兼容性和扩张性。其次,硬性的系统规则和柔性的个别规则相辅相成,尤其是个别规则的分散独立创造了大量的选择机会,而选择意味着更多的可能性。最后,基于模块化递归性特质的自下而上的创新系统,将单个模块的个体创新和模块集中化之后的系统创新相结合,使得平台媒体模块化结构所创造的价值广泛地分散于平台成员之中;通过平等赋予每个平台媒体参与者利用模块化作业的能力,能够产生创新的正反馈循环机制,由小规模的自我强化逐级扩散,最终外溢为整个系统的组织结构革新和创新能力递进。③

2. 从平台媒体到平台社会

从社会维度看,平台社会有五大核心特征:数据化、商品化、多元化和集中化、个性化、全球化。其中,数据化特征体现在之前未被量化的社会的许多层面逐渐被量化为数据;商品化是指从数据流中创造经济价值;多元化和集中化即通过平台组织开展多边的市场关系;个性化指通过算法将内容、服务与广告予以个性化;而全球化指建立全球性的通信和服务基础设施。无处不在的网络、信誉体系和低成本访问共享基础设施三者的结合推动了平台化社会的发展。④ 而聚合多种功能的

---

① 喻国明、焦建、张鑫:《"平台型媒体"的缘起、理论与操作关键》,《中国人民大学学报》2015 年第 6 期。

② 宋建武、彭洋:《媒体的进化:基于互联网连接的平台型媒体》,《新闻与写作》2016 年第 8 期。

③ 权玺:《未来媒体架构:平台媒体的模块化结构探析》,《兰州大学学报(社会科学版)》2020 年第 2 期。

④ 《未来媒体前沿讲坛|胡泳:平台化社会》,北京大学汇丰商学院官网,2018 年 11 月 22 日,https://www.phbs.pku.edu.cn/2018/news_1122/5721.html,访问日期:2021 年 5 月 25 日。

平台媒体将在平台社会的构建中发挥越来越大的作用。当下，中国以媒体融合为代表的平台媒体构建相关政策就对国家治理体系的平台化转型产生了重要影响。具体表现在：第一，通过打造新型主流媒体重建传播主体的层级性和国家媒体的权威性；第二，通过自建主流媒体平台和统筹商业互联网平台，推动信息传播超越商业驱动的茧房效应和社交驱动的圈层效应，向更宽阔的公共空间延伸，为广泛协商和达成共识提供技术条件和知情前提；第三，不断丰富和创新互联网思维的内涵，用“四全”媒体、一体化、新型传播平台、新型基础设施等概念指导国家治理体系有效应对社会信息系统的平台化进程。①

第三节　未来媒体发展前沿

技术革新的步伐越来越快，在传媒领域，目前一些前沿技术已经处于应用阶段，但仍处于初级水平，还有一些技术已经在其他领域逐步得到推广，还未在传媒领域崭露头角，但拥有着潜在的可能性。本节重点聚焦这些前沿技术，对未来媒体做出更加广阔的展望和思考。

一、沉浸式技术与未来媒体形态

在第一单元，我们介绍了沉浸式技术，对其基本概念在此不再赘述。但沉浸式技术与其他媒体技术对沉浸传播形态的塑造却不仅局限于“沉浸+原有媒体形态”。在未来，沉浸要素可能注入媒介的每一个组成部分，创造全新的沉浸传播形态。有学者对沉浸传播形态的特征做出了展望，主要包括以下四个方面：

第一，沉浸传播是一个一切以人为中心的、开放的媒介形态，包含所有的新旧媒介，所有可以产生、传播、展示和接收信息的，有形与无形的媒介形态，包括环境本身，更包括人作为媒介形态的一种。沉浸传播就是这样一个所有媒介的集大成形态。

第二，沉浸传播中，传播无时不在。传播可以穿越时空，将过去、现在和未来拉到一起；传播可以通过虚拟与真实的无边界交融，让人们在两个世界里无时无刻不在自在漫游。所以沉浸传播，既有过去形态，也有现在形态；既有虚拟形态，也有现实形态。按约定时间运行的媒介（media by appointment），至今是一切旧媒介的特征。沉浸媒介以其“无时不在”的形态，将自己与旧媒介区分开来。

第三，沉浸重构了传播的第三空间，打通了三大空间的界线，让物质与精神空间、心理与情感空间、真实与虚拟空间、真实的空间与想象的空间，所有这些空间融为一体。沉浸传播的所有形态就在这样一个融合后的大空间或大环境下展开，也就兼具了所有这些空间的特质。

第四，沉浸传播让娱乐、工作和生活的边界消失，让传播发挥无所不能的功能。沉浸传播打破了娱乐、工作和生活的边界，特别是当云计算让我们摆脱了对电脑等的物理性依赖，给了被泛在网络连接在一起的所有媒介以一个统一的、永远在思考的大脑，这样让我们可以

① 姬德强：《媒体融合与国家治理体系的平台化转型》，《青年记者》2020 年第 10 期。

把工作和生活都带着走，因为云在空中，让一切移动变得易如反掌。①

二、区块链技术与未来媒体思维

区块链的本质是由分布式数据存储、点对点传输、共识机制、加密算法、智能合约等技术组合而构成的技术体系，如图 23-1。这些技术以新的方式组合在一起，可以完成防篡改的数据存储、可追溯的数据查看、可信任的点对点传输，可解决许久以来的信任构建难题。② 身处数字化、信息化和智能化的时代，世界各国积极向数字化转型，我国也在十九大报告中提出加快建设数字中国，以信息化培育新动能。而区块链，作为数字时代的前沿新技术，能极大推动数字产业化的整体发展，近年来，正逐渐成为中央和地方政府重点关注的对象，被视作具有国家战略意义的新兴产业。中国政府推出一系列支持区块链技术创新发展的政策，以期超前布局快速占领区块链技术高地，在国际标准制定方面拥有一定发言权。目前，我国对区块链行业的政策主要集中在金融监管和产业扶持两方面，一方面加大对数字货币领域的监管，防范金融风险，另一方面积极推动相关领域研究、标准化制定以及产业化发展。③

应用层	API接口、激励机制、分配机制、资产发行机制等
智能合约层	虚拟机、高级语言编辑器、合约格式化证明
共识协议层	拜占庭容错、PoW、PoS、DPoS等
数据保护层	时间戳、哈希函数、数据加密、数字签名、零知识证明等
网络通信层	P2P网络、同步机制、链间通信、传播机制、验证机制等
数据存储层	分布式文件系统与数据库、数据区块、链式结构等

图 23-1　区块链技术体系架构④

区块链技术不仅会给金融、医疗、电商、公益和法务等领域探索新的解决方案，为相关产业发展注入新动能，还将对媒体行业的发展贡献力量。例如，区块链为简化媒体供应链流程提供了很多机会。它对行业基础流程具有重要影响，包括审计、支付结算、不一致问题管理、税收规则、广告活动级的报告、欺诈缓解、权利清算以及版税管理等。区块链技术还可用于开发新功能和差异化的增值数字服务，满足客户（如内容创作方和广告投放方）以及消费者的殷殷期待。其中，区块链技术可以更好地造福目标受众，为消费者提供数量不多但更加及时相关的内容和广告，从而增强

① 李沁：《沉浸传播的形态特征研究》，《现代传播（中国传媒大学学报）》2013 年第 2 期。

② 艾瑞咨询：《冥古宙-区块链思维研究报告》，数据局，2018 年 10 月，http://www.shujuju.cn/lecture/detail/4978，访问日期：2021 年 5 月 26 日。

③ 腾讯研究院：《2019 腾讯区块链白皮书》，数据局，2019 年 10 月，http://www.shujuju.cn/lecture/detail/6315，访问日期：2021 年 5 月 26 日。

④ 腾讯研究院：《2019 腾讯区块链白皮书》，数据局，2019 年 10 月，http://www.shujuju.cn/lecture/detail/6315，访问日期：2021 年 5 月 26 日。

客户体验，如果能够与人工智能技术相结合，无疑是如虎添翼。①

从认识论上看，区块链技术体现的是一种开放、平权、互信、自治、协作、共享的思维观，以区块链为底层技术架构起来的媒介场域自然也渗透着这种思维逻辑。每一个行动者在媒介场域中都是一个平等的去中心化节点，通过开放、透明的机制达成去中介化的互信与共识，并集体协同维护一个安全可靠的数据库。所谓革命性技术，一定是对旧有习惯和思维定式的全面颠覆和超越，必定产生出一种创新的思维观。如果说当今社会的传媒生态已经在技术驱动下开始了"流动"和"液化"，那么，"区块链+传媒业"必将彻底颠覆传统的运作模式，打破旧有的传媒规则和秩序。中心化的组织架构将被瓦解，专业的"职业共同体"将被消融，行业壁垒将被打破，开放共享、互信自治、创新协同才是新的思维主导。②

区块链技术对媒体生态的影响可能包括以下三个方面：

第一，在区块链的分布式网络中，没有固定中心，每一个节点都可被激活。这必将冲破传媒业"中心化"的固有边界和权力垄断，穿透传媒组织、机构、角色、分工间的壁垒，导致传媒业态的彻底"液化"。

第二，"区块链+新闻业"将有望从技术上重塑新闻的"客观性"，重拾媒体的社会公信力。同时，区块链可以进一步打通线上与线下的信任区隔，构建虚拟与现实的互信，将离散的观点、主张、事实碎片聚合为社会共识，将"想象的共同体"外化为"实在的共同体"，在后现代社会语境下重拾传媒业的社会系统整合功能。

第三，区块链将可以从源头上，在传媒作业"流水线"上构建起一个公开、透明、共享的公共账本，供全民参与和监督媒介产品的生产、分发、营销等全过程，将媒介行业的运作流程彻底"去黑箱化"，使得每一个媒介产品和媒介行为均可被追踪、溯源、核查，如此将有效遏制假新闻、谣言的泛滥。③

本章思考题

1. 如何理解未来媒体？
2. 在媒体移动化趋势下，传统媒体应该如何转型发展？
3. 请根据各种前沿技术，进一步畅想未来媒体的发展形态。

本章参考文献

1. 宫承波．媒介融合概论（第二版）[M]．北京：中国广播影视出版社，2016.
2. 罗杰·菲德勒．媒介形态变化[M]．明安香，译，北京：华夏出版社，2000.

---

① IBM 商业价值研究院：《区块链技术如何为媒体和娱乐行业贡献力量》，数据局，2018 年 11 月，http://www.shujuju.cn/lecture/detail/5059，访问日期：2021 年 5 月 26 日。

② 张文娟、宫承波：《区块链与未来传媒生态秩序：一种新的思维观和方法论》，《新闻爱好者》2020 年第 3 期。

③ 张文娟、宫承波：《区块链与未来传媒生态秩序：一种新的思维观和方法论》，《新闻爱好者》2020 年第 3 期。

3. 约斯·德·穆尔. 赛博空间的奥德赛——走向虚拟本体论与人类学[M]. 麦永雄,译,桂林:广西师范大学出版社,2007.

4. 崔士鑫. 移动优先、内容为本,推进媒体融合创新[J]. 传媒,2017(17).

5. 陈昌凤,仇筠茜. 移动化:媒介融合的新战略[J]. 新闻与写作,2012(3).

6. 宋建武,黄淼. 移动化:主流媒体深度融合的数据引擎[J]. 传媒,2018(3).

7. 韦路. 媒体融合的定义、层面与研究议题[J]. 新闻记者,2019(3).

8. 韩春苗. 5G 时代与媒体融合[J]. 新闻战线,2017(21).

9. 张昱辰. 跨学科视野中的媒介融合研究:多重维度与范式[J]. 新闻记者,2018(6).

10. 沈浩,元方. 智能化媒体与未来[J]. 新闻战线,2018(1).

11. 宋建武,黄淼. 媒体智能化应用:现状、趋势及路径构建[J]. 新闻与写作,2018(4).

12. 强月新,陈志鹏. 未来媒体的内容生产与叙事变革[J]. 新闻与写作,2017(4).

13. 向安玲,沈阳. 全息、全知、全能——未来媒体发展趋势探析[J]. 中国出版,2016(2).

14. 喻国明. 有的放矢:论未来媒体的核心价值逻辑[J]. 新闻界,2021(4).

15. 崔保国,王竟达. 下一代互联网与未来媒体发展趋势[J]. 新闻与写作,2018(9).

16. 丁柏铨. 媒介融合:概念、动因及利弊[J]. 南京社会科学,2011(11).

17. 宫承波,孙宇. 习近平总书记关于媒体融合重要论述的演进脉络及目标指向[J]. 中国出版,2021(3).

18. 邵鹏,杨禹. AI 虚拟主播与主持人具身传播[J]. 中国广播电视学刊,2020(6).

19. 董广安,吕冰汝. 物联网技术的传播应用及其伦理挑战[J]. 现代传播(中国传媒大学学报),2017(9).

20. 孙玮. 赛博人:后人类时代的媒介融合[J]. 新闻记者,2018(6).

21. 许同文. 媒体平台与平台型媒体:移动互联网时代媒体转型的进路[J]. 新闻界,2015(13).

22. 喻国明,焦建,张鑫."平台型媒体"的缘起、理论与操作关键[J]. 中国人民大学学报,2015(6).

23. 张志安,姚尧. 平台媒体的类型、演进逻辑和发展趋势[J]. 新闻与写作,2018(12).

24. 宋建武,彭洋. 媒体的进化:基于互联网连接的平台型媒体[J]. 新闻与写作,2016(8).

25. 权玺. 未来媒体架构:平台媒体的模块化结构探析[J]. 兰州大学学报(社会科学版),2020(2).

26. 姬德强. 媒体融合与国家治理体系的平台化转型[J]. 青年记者,2020(10).

27. 李沁. 沉浸传播的形态特征研究[J]. 现代传播(中国传媒大学学报),2013(2).

28. 张文娟,宫承波. 区块链与未来传媒生态秩序:一种新的思维观和方法论[J]. 新闻爱好者,2020(3).

附录:《新媒体概论》第一至八版编写组

《新媒体概论(第一版)》编写组

主　编　宫承波

副主编　詹骞　张磊　金梦玉　王长潇　蒋海升

执笔人员

第 一 章	宫承波(新媒体概说)
第 二 章	齐立稳、艾诚(门户网站)
第 三 章	詹骞(搜索引擎)
第 四 章	潘晓慧(虚拟社区)
第 五 章	齐立稳(RSS)
第 六 章	张磊(电子邮件/即时通信/对话链)
第 七 章	冯彦武(博客/播客)
第 八 章	管璘(维客)
第 九 章	杨阳、张磊(网络文学)
第 十 章	张磊、刘书峰(网络动画)
第十一章	詹骞、袁哲(网络游戏)
第十二章	詹骞(网络杂志)
第十三章	高莹、詹骞(网络广播)
第十四章	王长潇(网络电视)
第十五章	蒋海升(手机短信/彩信)
第十六章	蒋海升(手机报纸/出版)
第十七章	蒋海升、田迪(手机电视/广播)
第十八章	张磊、王玉霞(数字电视)
第十九章	乔芳(IPTV)
第二十章	王长潇(移动电视)
第二十一章	王长潇(楼宇电视)

《新媒体概论（第二版）》编写组

主　编　宫承波

副主编　詹骞　张磊　齐立稳　陈靖　田旭

执笔人员

第一章　宫承波（什么是新媒体）
第二章　宫承波、齐立稳（新媒体技术概观）
第三章　宫承波、齐立稳（新媒体发展概观）
第四章　詹骞、陈靖（搜索引擎）
第五章　齐立稳（门户网站）
第六章　马丽玮、詹骞（网络视频）
第七章　高莹（网络广播）
第八章　程方远、詹骞（网络报纸/杂志）
第九章　陈靖（网络出版）
第十章　齐立稳（网络社区）
第十一章　迟林晨、田旭（SNS）
第十二章　陈靖、张磊（电子邮件/即时通信）
第十三章　齐立稳（RSS）
第十四章　陈靖（博客）
第十五章　陈靖（播客）
第十六章　管璘（维客）
第十七章　陈超（网络游戏）
第十八章　杨阳、张磊（网络动画）
第十九章　杨阳（网络文学）
第二十章　倪桓（其他网络媒体形态）
第二十一章　程方远（手机短信/彩信/彩铃）
第二十二章　程方远（手机报纸/出版/杂志）
第二十三章　马琳（手机电视/广播）
第二十四章　田旭（手机游戏/动漫）
第二十五章　王晶晶（数字电视）

第二十六章　翁立伟(IPTV)
第二十七章　田旭、迟林晨(户外新媒体)
第二十八章　张燕(楼宇电视)
第二十九章　刘姝(车载移动电视)
第 三 十 章　刘姝、王晶晶、宫承波(新媒体的负面效应)
第 三 十 一章　刘姝、王晶晶、宫承波(新媒体的管理与规制)

《新媒体概论(第三版)》编写组

主　编　宫承波

副主编　詹骞　翁立伟　刘姝　田旭

执笔人员

第一单元　宫承波、齐立稳、詹骞(第一至三章,新媒体概说)

第二单元　詹骞、陈靖、张磊(第四至十八章,网络媒体)

第三单元　翁立伟、马琳、蒋海升(第十九至二十四章,手机媒体)

第四单元　翁立伟、范雪纯(第二十五至二十六章,互动性电视媒体)

第五单元　田旭、倪桓(第二十七至二十九章,新型媒体群)

第六单元　刘姝、宫承波(第三十至三十一章,新媒体失范与规制)

《新媒体概论(第四版)》编写组

主　编　宫承波

副主编　詹骞　翁立伟　倪桓　王晶晶

执笔人员

第一章　宫承波(什么是新媒体)

第二章　宫承波、齐立稳、詹骞(新媒体发展概观)

第三章　宫承波、齐立稳、詹骞(新媒体技术审视)

第四章　詹骞(新兴媒体群之一:网络媒体)

第五章　翁立伟、马琳(新兴媒体群之二:移动媒体)

第六章　翁立伟、范雪纯(新兴媒体群之三:互动性电视媒体)

第七章　田旭(新型媒体群)

第八章　葛云飞、倪桓(新媒体新闻)

第九章　王晶晶、倪桓(新媒体舆论)

第十章　田旭(新媒体艺术)

第十一章　倪桓(新媒体广告)

第十二章　翁立伟、宫承波(新媒体产业概说)

第十三章　翁立伟、宫承波(新媒体产业发展现状及趋势)

第十四章　王晶晶、宫承波(国外对新媒体的管理与规制)

第十五章　王晶晶、宫承波(我国对新媒体的管理与规制)

第十六章　王晶晶、宫承波(新媒体法制与伦理建设探析)

第十七章　翁立伟、宫承波(新媒体对传统媒体的冲击与影响审视)

第十八章　翁立伟、宫承波(新媒体背景下的媒介环境审视)

第十九章　翁立伟、宫承波(媒介融合大趋势)

《新媒体概论(第五版)》编写组

主　编　宫承波

副主编　詹骞　张凌霄　何海翔　田园

执笔人员

第一单元　詹骞、宫承波(第一至三章,新媒体概说)
第二单元　詹骞(第四至六章,新媒体形态论)
第三单元　郝丽丽、宫承波(第七至八章,新媒体新闻;新媒体舆论)
朱逸伦、宫承波(第九章,新媒体艺术)
张凌霄、宫承波(第十章,新媒体广告与营销)
范松楠、宫承波(第十一章,新媒体应用)
第四单元　张凌霄(第十二至十四章,新媒体产业论)
第五单元　何海翔(第十五至十七章,新媒体管理与规制论)
第六单元　田园、宫承波(第十八至二十章,新媒体生态与发展论)

《新媒体概论(第六版)》编写组

主　编　宫承波

副主编　詹骞　张凌霄　何海翔　田园

执笔人员

第一单元　付砾乐、宫承波(第一至三章,新媒体概说)

第二单元　詹骞(第四至八章,新媒体形态论)

第三单元　王晶晶(第九章,新媒体新闻)

郝丽丽(第十章,新媒体舆论)

朱逸伦(第十一章,新媒体艺术与娱乐)

齐立稳(第十二章,新媒体广告与营销)

范松楠(第十三章,新媒体应用)

第四单元　张凌霄(第十四至十六章,新媒体产业论)

第五单元　何海翔(第十七至十九章,新媒体管理与规制论)

第六单元　田园(第二十至二十一章,新媒体生态与发展论)

《新媒体概论(第七版)》编写组

主　编　宫承波

副主编　詹骞　蒋海升　张凌霄　田园

执笔人员

第一单元　宫承波、孙宇(第一至三章,新媒体概说)

第二单元　詹骞、孙宇(第四至七章,新媒体发展及形态论)

第三单元　卢维林(第八章,网络语言与符号)

王晶晶(第九章,新媒体新闻)

郝丽丽(第十章,新媒体舆论)

朱逸伦(第十一章,新媒体艺术与娱乐)

齐立稳(第十二章,新媒体广告与营销)

范松楠(第十三章,新媒体应用)

第四单元　张凌霄(第十四至十六章,新媒体产业论)

第五单元　蒋海升、张晶晶(第十七至十九章,新媒体管理与规制论)

第六单元　田园、宫承波(第二十至二十一章,媒体融合化趋势;媒体移动化趋势)

王凡、宫承波(第二十二章,媒体智能化趋势)

《新媒体概论(第八版)》编写组

主　编　宫承波

副主编　詹骞　闫玉刚　张晶晶　范松楠　孙宇

执笔人员

第一单元　宫承波、孙宇(第一至二章,新媒体概说)

第二单元　詹骞、刘娜、马嘉阳(第三至五章,新媒体形态演变概观;聚合类媒体;社交类媒体)

徐瀚祺(第六章,智能媒体)

第三单元　卢维林(第七章,网络语言与符号)

张文娟(第八章,网络直播与短视频)

降帅杰(第九章,新媒体新闻)

张凌霄(第十章,新媒体舆论)

朱逸伦(第十一章,新媒体艺术与娱乐)

付砾乐(第十二章,新媒体广告与营销)

第四单元　范松楠(第十三至十五章,互联网思维及其应用论)

第五单元　张隽、闫玉刚(第十六章,新媒体产业概说)

蒋珍珍、闫玉刚(第十七章,新媒体产业略览)

第六单元　张晶晶、蒋海升(第十八至二十章,网络文明建设论)

第七单元　孙宇、宫承波(第二十一至二十二章,新媒体创新与发展论)

图书在版编目（C I P）数据

新媒体概论 / 宫承波主编 .--9 版 .-- 北京：中国广播影视出版社，2021.8
ISBN 978-7-5043-8691-5

Ⅰ. ①新… Ⅱ. ①宫… Ⅲ. ①传播媒介—高等学校—教材 Ⅳ. ①G206.2

中国版本图书馆CIP数据核字（2021）第 157172 号

新媒体概论（第九版）
宫承波 **主编**

责任编辑 王丽丹
装帧设计 盈丰飞雪
责任校对 龚 晨

出版发行 中国广播影视出版社
电　　话 010-86093580　010-86093583
社　　址 北京市西城区真武庙二条 9 号
邮　　编 100045
网　　址 www. crtp. com. cn
电子信箱 crtp8@sina.com

经　　销 全国各地新华书店
印　　刷 鸿博昊天科技有限公司

开　　本 787 毫米 × 1092 毫米　1/16
字　　数 480（千）
印　　张 24
版　　次 2021 年 8 月第 9 版　2021 年 8 月第 1 次印刷

书　　号 ISBN 978-7-5043-8691-5
定　　价 58. 00 元
